교유와 논쟁으로 본
관계의 문화사

문명과
●가 치
●총 서
039

교유와 논쟁으로 본
관계의 문화사

김학수 외 지음

한국학중앙연구원출판부

| 총론 |

주자학의 차가운 속성은 차별이었다. 차별은 정명사상(正明思想)으로 포장되어 자신에게 주어진 사회적 명칭과 분수에 맞게 행동하도록 가르쳤다. 조선은 주자학의 나라였고 양반의 세상이었다. 주자학으로 무장한 양반들은 법과 제도 그리고 다양한 윤리 규범을 통해 자기들 외부의 사람들을 통제하려 했고, 그 통제의 수위가 높고 효율적일수록 유교적 이상 사회에 근접하는 것이라 믿었다.

세상에는 물과 불, 얼음과 숯처럼 상극(相剋)의 속성을 가진 것이 넘쳐난다. 문제는 남자와 여자, 주인과 종, 처와 첩, 적자와 서자 등 인간의 욕망이 배태시킨 관계이다. 이 틈바구니에서 분노와 증오 외에 무슨 가치가 배태되고, 또 길러질 수 있겠는가?

이 책은 이 암울한 인위적 현상에 반전을 모색한다. 우리 역사에서 가장 차별이 심했던 조선이라는 상극의 무대에 상생과 화합의 가치는 존재하지 않았는가 물음을 던진다. 그것이 비록 설익은 것이라 할지라도 이 당혹스러운 물음에 대한 해답을 얻기 위해 역사학·철학·문학·종교학·번역학을 비롯하여 사회학·지리학·복식학에 이르기까지 다양한 영역의 전문가들이 심기를 상통하는 공부의 마당을 꾸몄다. 이 책은 한 해의 태양 아래서 12명의 연구자가 공동으로 가꾸어서 거두어들인 지적 수확의 사회적 제공이다.

2024년 7월
연구자를 대표하여
김 학 수

차례

| 총론 | 5 |

조극선의 일기를 통해 본 17세기 유불의 길항적 공생 · 김학수 ____ 9

서양 선교사의 조선 인식과 타자성 · 조현범 ____ 45

조선 후기 노비와 상전 관계의 호혜성 · 정수환 ____ 71

신분을 초월한 양반과 노비의 시적 대화 · 안대회 ____ 95

조선 후기 호론과 낙론의 논쟁과 교유 · 신상후 ____ 115

서계 박세당의 『사변록』과 이단관-새로운 사고의 지평과 대화 · 한형조 ____ 145

한글로 소통한 사대부의 가정생활-16~17세기 한글 편지를 중심으로 · 김봉좌 ____ 181

이일분수(理一分殊)의 사회학, 불가능한 꿈의 오디세이 · 한도현 ____ 215

조선시대 유학자들의 산에 대한 색다른 시선-지리산과 청량산 · 정치영 ____ 237

무장사비 서체에 대한 한중 문인들의 견해 차이 · 신정수 ____ 275

조선 유학자의 심의에 대한 비판적 해석 · 이민주 ____ 297

해방 전후 정인보의 교유 관계 · 이남옥 ____ 331

조극선의 일기를 통해 본 17세기 유불의 길항적 공생

김학수 | 한국학중앙연구원 한국학대학원 부교수

1. 머리말

조선왕조의 설계자들은 문치주의(文治主義)에 바탕한 유교국가의 이념을 실현하기 위해 다음의 네 집단을 장악·통제하는 정책을 입안했고, 그것은 왕조 말기까지 지속적으로 적용되었다. 그 네 집단은 승려·여성·중인·서얼이었는데, 특히 승려는 숭유억불이라는 정치이념적 틀 속에서 강도 높은 통제의 대상이 되었던 것으로 인식되고 있다. 그렇다면 그런 선언적 표방의 실상은 충분히 논증되었는가?

그렇지 않다. 숭유억불은 강력한 선언임에는 분명했지만 그것의 효용성은 시간과 공간 그리고 인간에 따라 결을 달리했고, 또 그것의 구체적 해명을 위해서는 하나의 대표성을 지닌 사례를 포착할 필요가 있다. 이 연구는 17세기 호서(덕산德山) 출신의 학자·관료인 조극선(1595~1658)의 일기를 분석하여 이를 해명하고자 하며, 제도와 이념이라는 도식적 담론이 아니라 '일상' 속에서 펼쳐지는 '유(儒)'와 '불(佛)'의 다채로운 삶의 양상을 추적함으로써 상극과 공존이 교차했던 그들의 관계를 포착·진단하고자 한다.

이 연구의 핵심 텍스트는 조극선의 일기 『인재일록』(1609~1623)과 『야곡일록』(1624~1635)이다. 조극선이 15세 되던 1609년부터 1635년까지 26년 동안의 일상을 적은 이들 일기의 주된 관심사 중의 하나가 승려에 대한 시선과 인식이라는 점에서 이 자료는 17세기 유불 관계를 해명할 수 있는 많은 정보와 단서를 담고 있다.

조극선은 겉으로는 승려를 멸시하고 그들로부터 가르침 받는 것을 매우 수치스럽게 여겼지만, 때로는 그들을 동정하고 때로는 도움을 구하기도 한다. 멸시의 대상을 유자들의 학습처인 서당의 강장(講長)으로 고용한 것을 어떻게 설명해야 하며, '유무상통(有無相通)'에 입각하여 유불이 교역 및 거래를 서슴지 않는 것은 또 어떻게 바라봐야 하는가?

조극선과 그 주변의 유자들은 때로 순종하지 않는 승려들의 행태에 분개하면서도 놀이와 잔치를 매개로 그들과 빈번하게 교유했고, 유불이 혼음(混飮), 동숙(同宿)하는 장면에서는 유불의 차별성을 대입하기 어렵다. 이것이 양자 간 일상적 관계성의 실상이다.

---

* 이 글은 김학수, 「호서학인 조극선의 일기를 통해 본 상극(相剋)과 상생(相生)의 경계」, 『한국학』 170(2023)을 수정 보완한 것이다.

승려에 대한 조극선의 태도에는 우월감이 넘쳐흐른다. 그것은 조극선 개인의 자질 및 역량에 기초하는 수월성에 기반하기보다는 '주자학의 나라'라는 생득적(生得的) 이념의 환경이 그런 우월성의 담보 장치가 되어 주었다. 그러나 그는 자신의 우월성을 타자(승려)에 대한 무관심 또는 결별의 수단으로 삼지 않는다. 그는 승려로부터 가르침을 받는 것은 거부했지만 승려를 가르치는 것에는 관대했다. 조극선은 고향 덕산을 중심으로 수십 명의 문인을 양성했는데, 그중에는 다수의 승려가 포함되어 있었다. 특히 쌍욱(雙旭)이라는 승려는 교육의 열성 및 교육 내용에 있어 어느 유자에게도 손색이 없는 수준을 확보하고 있었다.

이념의 판도는 유자와 불자를 대척점에 위치시켜 놓고 대척의 삶을 강요하였지만, 그것은 구상일 뿐이었다. 양자는 갈등과 대립을 반복하면서도 서로를 대화와 협력의 대상으로 인정하고 받아들였다. 어떤 측면으로는 그들의 관계에서 유자와 불자라는 차이보다는 덕산이라는 공간과 17세기 초반이라는 시간을 공유했던 인간으로서의 동질성이 더 큰 전제일 수 있었다. 이 글은 이런 의문에서 비롯되었고, 그 결론은 이에 대한 선명한 해명으로 이어지게 될 것이다.

2. 조극선의 승려관 이해를 위한 몇 가지 사례: 16~17세기 주자학자의 승려관

조극선의[1] 승려 인식을 보다 선명하게 착상하기 위해서는 다른 사례와의 대비가 전제되어야 한다. 따라서 여기서는 오희문(吳希文, 1539~1613)의 『쇄미록(瑣尾錄)』, 김영(金坽, 1577~1641)의 『계암일록(溪巖日錄)』을 비교의 대상으로 설정하고자 한다. 오희문의 『쇄미록』에는 전란기 근기권 사대부의 승려관이 잘 드러나 있고, 김영의 『계암일록』은 조극선과 거의 동시대를 살았지만 지역·학파·정파를 달리했던 인물의 일기라는 점에서 자료적 상대성이 두드러지기 때문이다. 또한 전자는 성혼(成渾)의 우계학(牛溪學)을 수용한 근기 지역

---

[1] 조극선의 가계 및 학자·관료적 성향에 대해서는 김학수, 「17세기 호서의 지성 冶谷 趙克善」, 『조선시대 아산지역의 유학자들(2)』(지영사, 2010); 김학수, 「조극선의 일기를 통해 본 17세기 지식인의 사제관–숨김과 드러냄」, 『장서각』 38(2017); 김학수, 「17세기 사대부의 지식문화기반의 구축과 활용–趙克善의 『忍齋日錄』·『冶谷日錄』에 나타난 지식정보의 획득 및 활용양상」, 『영남학』 76(2021) 참조.

의 서인 계열(소론계), 후자는 이황(李滉)의 퇴계학(退溪學)을 계승한 영남 지역의 남인 계열로 지역·학파·정파적 성격이 서로 달라 비교 검토에 있어 양질의 표본이 된다.

먼저 『쇄미록』에 나타나는 오희문의 승려관은 친연성(親緣性)에 바탕한 대화와 동정(同情), 소극적 경계의 양태로 규정할 수 있다. 피란이라는 절박한 상황 속에서 불교적 인프라를 적절히 활용할 필요성이 있었던 현실적 처지가 친연성을 수반하는 이유가 된 측면도 있다. 그럼에도 오희문의 내면에는 유자적 정체성에서 비롯된 소극적 견제 의식이 작동하고 있고, 그들로부터의 지원에 위로를 받고 또 사의를 표하면서도 간헐적 분노 또한 자제하지 못하는 이중적 태도를 보이고 있다.

1592년(선조 25) 임진왜란 발발 초기 오희문에게 사찰은 주된 피난처였는데, 장수(長水)의 석천암(釋天菴, 석천사釋天寺)·서남사(西南寺) 등이 그 대표적 공간이었다. 이 과정에서 승려는 동정의 대상이기도 했고, 음식을 대접하는 은인이기도 했으며, 무료함을 달래 주는 벗이기도 했다.

① 오후에 석천암의 중 성운(性雲)과 현각(玄覺)이 골짜기에 숨어 있다가 숲을 헤치고 고개를 넘어 우리가 있는 곳으로 찾아왔는데, 사정이 딱했다.[2]
② 어제 낮에는 무료 함이 너무 심해서 아우와 함께 국사암(國師庵) 앞으로 걸어가서 암자 중을 불러내 냇가 모정(茅亭)에 가서 함께 이야기하다가 해가 기울어서야 돌아왔다.[3]

또한 그는 다급한 상황만큼이나 현실적 이해에 민감하게 반응하기도 했다. 1592년 7월 22일 오희문은 본인 소유의 노비였다가 승려가 된 인물을 수소문하는 꿈을 꾸게 된다.

밤사이 목천 조영연(趙瑩然)과 그 아우를 꿈에서 보았는데, 완연히 지난날과 같았다. 그런데 꿈속에 어떤 중이 함께 있었다. 내가 "중 상현(尙玄)은 지금 승천사(勝天寺)에 있는가?"라고 묻자 그는 모른다고 했다. 이는 무슨 조짐인가? 상현의 속명은 강복(羌福)이다. 본래 직산(稷山)에 살면서 신공을 바치던

---

2 오희문, 『쇄미록』, 〈1592년 7월 3일〉.
3 오희문, 『쇄미록』, 〈1593년 8월 9일〉.

노비였는데, 5~6년 전에 머리를 깎고 중이 되었다. 목천의 승천사에 있다고 들은 적이 있어서 그렇게 물은 것이다. 그의 아비는 막동(莫同)이고, 그의 동생은 내 아들인 윤겸(允謙) 소유의 사내종이다.[4]

이로부터 약 3년 뒤인 1595년 4월 10일 오희문은 연산의 고운사(孤雲寺)에서 주지승 현원(玄源)을 통해 강복(상현)의 동정을 파악하게 된다.

날이 이미 저물어 진잠(鎭岑)까지 갈 수 없는 형편이라 하는 수 없이 연산 고운사로 들어갔다. 고운사는 남방의 큰 절인데, 난리 이후로 관역에 시달려 중들이 매우 적고 빈방도 많았다. 주지승 현원은 본래 안성의 청룡사(靑龍寺)에 있었다. 내 농막과 거리가 멀지 않으니, 전에는 알지 못했지만 듣고 나서는 그 또한 잘 대우해 주었다. […] 현원 대사를 통해 중 상현이 지금 천안 유려왕사(留麗王寺)에 있다고 들었다. 중 상현은 바로 내 사내종으로 본래 직산에 살다가 신역(身役)을 피해 중이 되었다. 전에는 목천의 승천사에 있다가 지금 유려왕사로 옮긴 것이다. 속명은 강복이다. 훗날 그 절에 물으면 추쇄(推刷)할 수 있겠다.[5]

동정에 대한 파악이 추쇄라는 법적·경제적 논리로 전환되고 있다. 노비제 사회에서 오희문의 고려는 지극히 당연한 판단이다. 이처럼 그는 승려를 적대시하거나 멸시하지는 않았지만 당연한 권리 앞에서는 다른 선택의 여지를 남기지 않는다.

오희문의 주자학적 근본 의식은 흥불(興佛)의 조짐에 긴장감을 더하게 했다. 1593년 11월 6일 오희문은 보광사(普光寺)의 주지 신변으로부터 흥불의 기미를 간파하고 우려를 표한다. 그 내용은 명나라에서 주도하여 8도에 양종(兩宗), 즉 선종(禪宗)·교종(敎宗)을 아울러 총 16개의 사찰을 새로 건립한다는 것이었고, 그 이면에는 사찰을 통해 군대 및 부역을 조달하려는 전략이 깔려 있었다.

새 주지가 어제 도착했는데, 이름은 신변(信辯)으로 본래 안성 청룡사에 있

---

[4] 오희문, 『쇄미록』, 〈1592년 7월 22일〉.
[5] 오희문, 『쇄미록』, 〈1595년 4월 10일〉.

었다고 한다. 신변 선사가 "이제부터 명나라 장수의 말에 따라 8도에 양종, 즉 선종과 교종을 합하여 총 16개의 절을 세운다고 합니다."라고 했다. […] 이는 필시 중들을 유지시켜 군대와 부역에 보내는 일을 모두 이들로 하여금 담당하게 해서 숨거나 누락되는 일이 없게 하기 위함일 것이다. 그러나 법을 마련하면 폐단도 생기기 마련이다. 중들이 이를 빙자하여 세력을 만들고 제멋대로 해서 제어하기 어려워져 이로 말미암아 부처를 믿는 조짐이 생겨날까 심히 우려스럽다.[6]

승려에 대해 우월적 지위를 전제한 상태에서 그들과의 친화는 모색할 수 있지만 불세(佛勢)의 확장은 용인할 수 없었던 것이 오희문의 불교 및 승려관의 본질이었던 것이다.

오희문이 승려에 대해 친화적·공존적 태도를 보였다면 이제 언급할 김영의 태도는 고압적이면서도 강한 공격성을 드러낸다. 그에게 사찰 및 승려는 경멸의 대상이자 여행 및 유숙에 따른 편의를 제공하는 사역자일 뿐이었다.

『계암일록』에 따르면, 김영이 유람(遊覽)·유숙(留宿)·회집(會集) 등의 용도로 찾은 사찰은 부석사(浮石寺, 영주), 명암사(鳴巖寺, 예안), 봉정사(鳳停寺, 안동), 개목사(開目寺, 안동), 현사사(玄沙寺, 안동), 신륵사(神勒寺, 여주), 봉은사(奉恩寺, 서울), 용수사(龍壽寺, 예안), 각화사(覺華寺, 봉화), 축서사(鷲捿寺, 봉화), 연대사(蓮臺寺, 예안), 주왕사(周王寺, 청송), 선찰사(仙刹寺, 안동), 영명사(永明寺, 평양) 등 10여 개 처에 이른다. 이 과정에서 그는 여러 승려를 만났지만 『계암일록』에는 덕장(德藏, 부석사), 문홍(文弘, 용수사), 지영(智永, 도리사), 태성(泰成, 연대사), 계안(戒安, 연대사), 도수(道修, 선찰사), 지순(智淳, 각화사) 등 소수의 기록만 나타난다.

『계암일록』은 1603년(선조 36) 7월부터 1641년(인조 19) 3월까지 약 37년 9개월간의 일기인데, 사찰 방문 및 승려에 대한 구체적인 언급이 나타나는 것은 1603년(27세)부터 1619년(43세) 7월까지 약 16년에 불과하다. 즉 그는 20대 후반에서 40대 초반까지 틈틈이 절을 왕래했을 뿐 40대 중반부터는 사찰 걸음을 끊은 것이나 마찬가지였다.

김영은 사찰에 발을 딛는 순간부터 유자, 특히 주자학적 인식의 틀 속에서

---

6 오희문, 『쇄미록』, 〈1593년 11월 6일〉.

이념적 무장을 강화한다. 그가 주목했던 것은 사찰의 공간적 아름다움이나 조형미가 아니라 선유(先儒, 이황), 선인(先人, 김부륜金富倫) 등 주자학적 인간의 자취였다.[7] 제영(題詠)이나 제명첩(題名帖)에 비상한 관심을 표방한 것도 이 때문이었다. 특히 그는 퇴계학파라는 학문적 진영논리에 빠져 이황의 필적이나 시액(詩額)을 발견하면 그것에 의미를 과도하게 부여하는 데 매우 익숙해져 있었다. 예컨대, 봉정사 전방에 위치한 수락대(水落臺)의 의미를 이황과 결부시켜 설명하는 대목에서는 퇴계학에 대한 연원 의식이 고집스럽게 투영되어 있었다. 이것은 그의 큰 장점인 동시에 시야의 협착을 초래하는 이념적 가림막일 수도 있었다.

> 봉정사의 동쪽 위에 있는 방에 절구(絶句) 두 수가 판에 새겨져 있는데, 곧 퇴계 선생께서 지은 것이다. 절 문 밖 2리쯤 되는 곳에는 나무가 우거진 골짜기가 깊고 고요한데, 흰 물이 푸른 바위 위에서 쏟아지고 맑은 소리가 찰찰거렸다. 선생이 이름 짓기를 수락대라고 했다. 이 깊은 산속에 조그마한 땅이 대현(大賢, 이황)을 만난 것으로 인하여 묻혀서 없어지지 않고 모두 수락대가 있음을 알게 되었으니 이 어찌 우연이겠는가![8]

김영의 불교관은 숭유억불이라는 조선왕조의 정치이념적 근본주의에 바탕한다. 그에게 불교는 배척과 비판, 승려는 멸시와 사역의 대상으로 고착되어 있었다. 1605년(선조 38) 2월 1일 여주 신륵사에서 '대장각기(大藏閣記)'가 새겨진 비석에 대해 피력한 소회는 불교를 이단시했던 자신의 이념적 좌표를 천명하는 과정이었고, 비문을 찬술한 이색(李穡)에 대한 조소 및 비난적 어투에는 주자학적 우월 의식이 진하게 묻어난다.

> 비문은 목은 이색이 지었고, 글씨는 한수(韓脩)가 썼으며, 비석의 후면에는 시주한 사람들의 이름을 새겨 놓았는데, 조정의 사대부와 부녀자에서부터 서민에 이르기까지 명확하게 다 알아볼 수 없었다. 이 비석에 충효(忠孝)와 현덕(賢德)의 공업을 기록하게 했더라면 장차 길이 불후의 이름을 드리울 텐데, 단지 쓸데없는 비용을 들여 귀천과 남녀를 가리지 않고 모조리 이름을 실

7　김영, 『계암일록』, 〈1604년 10월 27일〉.
8　김영, 『계암일록』, 〈1617년 4월 6일〉.

어 놓았으니, 고려시대에 이교(異敎)를 숭상했음을 알 수 있었다. 비문이 청아(淸雅)하고 교묘했는데, 목은 또한 인간 세상의 사람이니, 어찌 시속의 추향(趨向)을 붙좇지 않았겠는가?⁹

유람 또는 회합 목적으로 사찰을 방문할 때 승려들에게 음식 제공 및 제반 잡역을 부과하는 것은 당연시되었다. 김영에게 사찰은 언제든지 활용이 가능한 편의 제공처였고, 중은 임의로 부릴 수 있는 사역의 대상일 뿐이었다. 용수사의 종각 위에서 술자리를 겸한 시회(詩會)를 연 것을 '멋진 일'로 자평하는 대목에서는 종교적 무례함이 간취된다.

① 중을 시켜 꽃과 대를 꽂아 놓게 했더니, 붉고 푸른색이 서로 빛나 하늘거리는 모습이 사랑스러웠다. […] 저녁에는 중들을 시켜 징과 북을 치게 하고 구경하였다.¹⁰
② 중들에게 밥을 지으라 하여 먹은 뒤에 두루 돌아보았다.¹¹
③ 오시에 상주형(尙州兄)과 사수가 이르러 종각 위에 벌여 앉아 가져온 술로 저녁이 끝날 때까지 단란하게 술에 취하기도 하고 시를 짓기도 하였으니, 또한 멋진 일이라고 할 만하다.¹²

무엇보다 자신의 방문을 마중하지 않은 승려를 바닥에 내동댕이치고도 그쯤에서 그친 것을 관서(寬恕)함으로 치부하는 장면은 호강성(豪强性)에 바탕한 고압적 불교관의 극단을 보여준다.

각화사에 도착할 때쯤 되니 절의 중이 나와서 맞아 주질 않으니, 어리석고 미련한 놈은 벌을 받아 마땅하다. 잡아서 언 마당에 내동댕이쳐 주었다가 한참 만에 용서해 주었다.¹³

---

9 김영, 『계암일록』, 〈1605년 2월 1일〉.
10 김영, 『계암일록』, 〈1604년 3월 11일〉.
11 김영, 『계암일록』, 〈1615년 7월 3일〉.
12 김영, 『계암일록』, 〈1605년 4월 9일〉.
13 김영, 『계암일록』, 〈1618년 1월 27일〉.

그렇다고 김영이 승려와의 교유를 전면 차단한 것은 아니었다. 하지만 허교(許交)의 대상은 일정한 학문적 소양을 갖추었거나 자신이 알고 싶은 정보를 지닌 승려로 한정했다. 일종의 철저한 '선택적 교유'였고, 여기서 그는 이(利)에 따르는 종래의 그답지 않은 모습을 드러내고 만다.

① 용수사의 승려 문홍이란 자가 약간 글을 알아 경망(景望) 어른이 운자를 불러 주며 시를 짓게 했는데, 나도 화답하여 주었다.[14]
② 서운암(棲雲庵)의 승려 지순이 각화산에 왔었는데, 그는 글을 조금 알았으므로 그의 시에 차운해 준 것이 있다.[15]

1608년 5월 17일 김영은 지영(智永)이라는 승려의 만남 요청을 흔쾌하게 받아들였다. 당시 지영은 선산 도리사에서 기거하고 있었다. 김영이 그를 환대한 것은 승려라는 신분과 아무런 관련이 없었다. 지영은 본래 전라도 동복현(同福縣)의 서리 정몽린(鄭夢麟)의 아들이었다. 동복은 김영의 부친 김부륜(金富倫, 1531~1598)이 1585년(선조 18)부터 1590년까지 현감으로 재직한 곳으로 약 5년 간의 재임 기간 동안 그는 향교의 중수, 8백여 권에 이르는 서적의 구입, 학령(學令)의 제정 등 흥학에 힘쓰는 한편 협선루(挾仙樓)·엄류헌(淹留軒)·포월정(抱月亭)의 건립 등 지역사회의 학술·문화 기반을 확충하는 데에도 크게 기여했다. 이 과정에서 김영 또한 1585년부터 1589년까지 약 4년을 동복에서 지냈다. 이런 정황을 고려할 때, 김영에게 동복은 선친의 치적이 남은 고을인 동시에 유년기의 추억이 깃든 고향에 버금가는 타향이었던 것이다.

이런 이유에서인지 그는 몸소 문밖으로 나가서 맞이할 만큼 지영의 방문을 환대했다. 평소 승려와의 관계에서는 예상조차 할 수 없었던 파격적 상황이 연출된 것이다.

지영이라는 승려가 나를 만나 보고 싶다고 했다. 그는 "저는 복천[동복] 관아의 서리 정몽린의 자식입니다. 경자년(1600)에 군역을 피해 중이 되었는데, 지금은 선산 냉산(冷山)의 도리사에 기거하고 있습니다."라고 했다. 내가 비

---

14 김영, 『계암일록』, 〈1605년 4월 9일〉.
15 김영, 『계암일록』, 〈1610년 윤3월 24일〉.

록 그를 자세히 알지는 못했지만 기쁘게 나가서 맞이했다.[16]

지영은 김영이 알고 싶어 하고, 듣고 싶어 하는 것이 무엇인지를 잘 알고 있었던 것 같다. 김부륜이 건립한 향교·협선루·엄류헌 등 교육·휴식 공간이 전란의 와중에도 잘 보존되었고, 훼손을 면치 못한 포월정 역시 현민(縣民)들이 공조하여 중수하려는 계획이 있음을 전했다. 무엇보다 고을 백성들이 아직도 김부륜이 끼친 은덕에 감탄하고 있다는 말을 들었을 때[17] 김영은 물밀 듯한 효사지감(孝思之感)에 가슴 뭉클해 했다. 그 감동은 지영을 종일토록 붙잡아 두고 대화를 나누며 밥을 대접하는 등 갖은 환대를 베푸는 이유가 되었다.

중과 마주하여 종일토록 이야기하고 밥을 먹었다. 대개 이 중은 저잣거리에서 물건을 교역하는 일로 방잠에 와서 잠시 머문다고 했다.[18]

대상의 차이는 태도의 변화를 수반했다. 1610년 윤3월 9일 봉화 축서사를 찾은 김영은 사찰과 승려에 대한 인상을 아래와 같이 직설한다.

축서사에 이르니 금당과 석불이 있는데, 절은 낡고 중은 우둔하였다.[19]

언어폭력에 가까울 만큼 그의 표현은 비하를 넘어 잔인함에 근접하고 있다. 불교 및 승려를 바라보는 김영의 경멸적 시각이 이 표현에 응축되어 있다.

---

16 김영, 『계암일록』, 〈1608년 5월 17일〉.
17 김영, 『계암일록』, 〈1608년 5월 17일〉.
18 김영, 『계암일록』, 〈1608년 5월 17일〉.
19 김영, 『계암일록』, 〈1610년 윤3월 9일〉.

3. 조극선의 불교 친화적 환경과 조건: 승려라는 인간과 사암(寺庵)이라는 공간

조극선은 자신의 일기 『야곡일록』의 경오년(1630) 모두(冒頭)에 아래의 사연을 보기(補記)했다. 아버지 조경진(趙景璡, 1565~1639)의 사례를 인용한 것처럼 보이지만 이것은 대변(代辯)의 형식을 빈 자의식의 표출로 읽힌다.

> 아버지(조경진)께서 일찍이 말씀하시길, "을해년(1575) 11세 때 조부(조곤趙鵾)의 상을 당했는데, 선인(조홍무趙興武)께서 나를 몹시 사랑하여 이로부터 구두를 떼는 공부를 시작했다. 지형(智瑩)이라는 승려가 있어 갓 공부를 시작한 어린아이들을 가르쳤는데, 100인에 가까운 문도를 거느렸다. 선인께서 그를 초암(草庵)으로 초빙해서는 나를 가르치게 하고 싶어 하셨으나 나는 승려를 스승으로 삼는 것을 부끄럽게 여겨 끝내 따르지 않고 전공(전유형全有亨)에게 학업을 청했다. 매일 과정이 있었고, 비록 큰비나 큰 눈이 내려도 조금도 게으름이 없이 반드시 문하에 나아가 배움을 청했다."[20]

1630년(인조 8)은 조극선이 36세 되던 해이고, 이전까지 그가 승려들과 매우 친화적인 관계를 유지했음은 주지의 사실이다. 그럼에도 일기 1630년조 모두에 지면을 특별히 설정하여 아버지로부터의 전언을 기술한 까닭은 무엇일까? 이에 대한 해명을 위해서는 다양한 측면의 검토가 필요하겠지만, 필자는 이를 '변명'으로 해석하고자 한다. 그것은 친불(親佛)을 넘어 사실상 승려를 동반적 존재로 위치시켜 왔던 자신의 삶에 대한 변명이었다. 1630년을 전후한 시기에 이런 변명을 내놓은 것은 이 시기를 기점으로 자신의 유학자적 지위가 상승하고 관료적 위상 또한 격상되고 있었기 때문이다. 조극선은 당대의 주류 학자 및 관료로 행신(行身)하기 위해서는, 적어도 표면적으로는 친불적 성향을 은폐 또는 희석할 필요가 있었던 것인데, 위의 기사는 그런 의지의 표현으로 해석된다. 따라서 위의 기사를 조극선 및 그 일가의 대불교 및 승려관의 가늠자로 삼는 것은 실상에 대한 오도 내지 호도의 위험성을 수반한다.

---

[20] 조극선, 『야곡일록』, 〈庚午年冒頭〉(1630), "大人嘗自言 乙亥年十一歲時 遭王父喪 以先人鍾愛 自是以後 始就句讀學 有僧智瑩 教授初學小子 率徒數十百人 先人爲迎致于草庵 欲使余受誨 余恥以僧人爲師 終不肯從 遂請業于全公 日有課程 雖大雨大雪 未嘗敢怠 必踵門請學"

표 1. 조극선과 관련을 지닌 승려: 교유 및 상견

승려 (71인)	正明, 克敏, 守玄, 學勳, 太玉, 玄守, 學徽, 太玉, 道軒, 惠照, 琢玉, 緻雲, 胡悅, 彥定, 大振, 雙明, 惠鑑, 徽印, 海正, 性修, 忠鑑, 法心, 瞿談, 惠照, 妙焞, 智禪, 義英, 瞿曇, 處峯, 元規, 德和, 義潛, 處玉, 天印, 戒敏, 天賚, 妙海, 得海, 天眞, 天寶, 勝一, 德和, 戒元, 德融, 道允, 性修, 一雲, 信安, 斗天, 惠澄, 太鑑, 聖恩, 心悅, 天眞, 雙旭, 世浩, 德善, 徽雲, 戒海, 天元, 得香, 義一, 雙俊, 天覺, 海寬, 冲彥, 雪熙, 淨元, 義守, 思允, 胡密

표 2. 조극선과 관련을 지닌 사찰과 암자: 독서·유숙·왕래·교유 등

사찰 (38개소)	伽倻寺, 修德寺, 淵寺, 龍鳳寺, 鳳鳴寺, 大寺, 磨手寺, 間良寺, 國祠堂寺, 安心寺(高山), 靈臺寺, 瓦寺, 能仁寺, 龍鳳寺, 安心寺, 新房寺, 安谷寺, 皁蘭寺, 道泉寺, 池方寺, 尼寺, 元堂寺, 麟觜寺, 講堂寺, 大蓮寺(大興), 西林寺, 地藏坊寺, 東神寺, 元庵寺, 雲庵寺, 報恩寺(京), 靈藏寺(京), 禾谷寺, 神勒寺, 佛成寺, 普覺寺, 雲谷寺, 龍洞寺
암자 (13개소)	草庵, 歸義菴, 日照庵, 什菴, 鳳鳴庵, 元庵, 雲庵, 淨水庵, 兜率庵, 隱寂庵, 元庵, 玉岫庵, 古龍庵

〈표 1〉과 〈표 2〉는 『인재일록』과 『야곡일록』을 통해 조극선의 관계망 속에 존재했던 승려와 사찰 및 암자를 정리한 것이다. 승려의 경우 70명을 웃돌고, 사찰 및 암자 또한 50개소를 상회한다.

사찰의 경우 가야사(伽倻寺)·간량사(間良寺)·용봉사(龍鳳寺)·초암(草菴)·귀의암(歸義菴)·일조암(日照庵)·집암(什菴) 등은 상시적 왕래·독서처였으며, 특히 귀의암은 조극선이 22세 되던 1616년에 그가 명명한 것이었다.

> 저녁이 되기 전에 아버님을 모시고 자익(子翼)을 방문하였다. 어둑할 때 귀의암으로 돌아왔다. (파하고 돌아오다가 송정松亭에 이르러 집안 소식을 물었다. 자익의 집에 들어가 술을 마시고 밥을 먹고는 어둑할 때에 돌아왔다. 자익 형제가 산길에서 전송하였다. 귀의암은 지금 묵고 있는 사찰에 내가 붙인 이름이다.-원주)[21]

---

21 조극선, 『인재일록』, 〈1616년 12월 25일〉. "向夕 陪父主訪子翼 暝 歸歸義庵【龍歸至松亭 問家信 入子翼家 飮且食 乘暝而返 子翼兄弟 將之于山路 歸義庵 余名所寓寺也"

4. 조극선과 승려: 일상에서 펼쳐지는 상극과 상생의 경계와 접점

1) 서당이란 배움 공간 속 유불: 생활 및 지식문화적 공유지대로서 서당

조극선은 덕산이라는 향촌 공동체에서 생활하는 과정에서 사창 등 갖은 공간에서 학업·잔치 등 다양한 용무로 승려들과 접촉했지만 그 교섭의 면면을 가장 선명하게 확인할 수 있는 공간 가운데 하나는 '서당'이라는 교육시설이었다.

이 서당은 사림이 발론하고 관의 협조를 받아 건립한 관립 서당이었고, 그 소재는 조극선의 주거지가 있던 덕산현 내야면(內也面) 대지리(大旨里) 또는 정문동(旌門洞) 일대로 추정된다.『인재일록』의 '서당에서 잤다[宿于書堂]'라는[22] 기사로 비추어 볼 때, 수학기에 조극선 주변에는 복수의 서당이 운영되었던 것으로 파악된다. 다만, 여기서 언급하고자 하는 서당은 1616년(광해군 8) 조극선의 부친 조경진 등 내야면 일대 유림들이 덕산현감의 재정적 지원을 받아 건립한 교육시설이었다.

① 첫째 형과 함께 아버님을 모시고 서당을 만들기로 약속한 사람들과 구룡보(九龍洑)에서 모였다.(신백申伯·송신국宋信國·김덕숭金德崇·정사신鄭思信·고방준高邦俊·고정준高廷俊 및 김충례金忠禮·김충지金忠智 씨와 함께 서당을 만들기로 약속하였는데, 지금 모여서 술 마시며 논의를 정하고자 하여 말을 보내왔다. 나도 부르기에 아버님을 모시고 갔다.-원주)[23]
② 첫째 형도 와서 논의하였는데 서당을 짓는 일 때문이었다. 아버님과 숙부님이 이들과 함께 가서 서당 지을 자리를 살피고 돌아왔다.[24]
③ 수령이 들에서 와서 서당터를 살폈다. 정사신 혼자 유사(有司)로서 응대하였는데 다른 곳으로 옮기도록 명하였다고 한다.[25]

터의 물색을 비롯하여 상량식 등 제반 절차가 관민 공조로 이루어졌고, 이런 과정을 거쳐 다음 해인 1617년 2~3월 무렵 완공을 보게 되었다.

---

22 조극선,『인재일록』,〈1611년 1월 11일〉.
23 조극선,『인재일록』,〈1616년 4월 9일〉. "與一兄陪父主 與約書堂人 會于九龍洑【與申伯·宋先達信國·金德崇·鄭思信·高邦俊·廷俊及金忠禮·忠智氏 約爲書堂 今將會飮以定議 送馬 且邀余 故陪行"
24 조극선,『인재일록』,〈1616년 7월 17일〉.
25 조극선,『인재일록』,〈1616년 7월 18일〉.

① 아버님을 모시고 새로 마련한 서당터에 갔다. 오늘이 서당 상량일(上樑日)이라 유사의 초청으로 간 것이다. 정사신·김덕숭·고방준·인방길(印邦佶)·김주정(金周鼎) 및 첫째 형이 술을 가지고 모여 있었다. 자리 잡고 앉아 술자리를 차렸다. 김좌수는 뒤늦게 도착하였고 조별감도 뒤따라왔다. 저녁 무렵에 김천령(金千齡)도 들렀다가 술자리에 참여하였다.[26]

② 창정(倉井) 숙부와 첫째 형을 비롯하여 김충지·고정준·신백이 모였다. 서당 완공에 관한 일을 다시 의논하였다.[27]

당시 덕산현감이었던 한이겸(韓履謙)[28]이 서당 준공을 격려하기 위한 방문을 기획하고,[29] 생도들에게 직접 유교 텍스트를 강론할 만큼[30] 이 서당은 관의 적극적 지원과 관심 속에 덕산의 중요한 교육시설의 하나로 자리하게 된다.

> 서당에서 잤다.(서당이 이미 완성되어 사람들이 함께 그곳에 거처한다. 인인선印仁瑄과 김하정金夏鼎이 함께 지내던 중 대진大眞·혜감惠鑑과 함께 술을 사 와서 초대하기에 함께 갔다. 술을 마시고 잤다.-원주)[31]

위 인용문에서 주목할 대상은 승려이다. 유교 교육기관에 등장하는 승려의 존재가 자못 이채롭게 착상된다면, 그것은 사료의 충분한 검토에 기반하지 않는 역사적 안목의 빈곤이다. 요컨대, 이 서당은 '유불공영(儒佛共營)'의 운영 체계를 갖추고 있었던 것으로 파악된다. 즉, 운영의 주도권은 유자들이 갖고, 관리 및 운영은 승려가 주관하는 형태였던 것이다. 그렇다고 유불을 철저한 주종관계로 규정할 수 없는데, 그런 근거는 서당의 학장(學長)이 승려라는 사실에서 분명하게 드러난다. '사림과 관의 협모를 통한 건립', '유자와 승려의 공조적 운영', '유자 교육을 승려가 주관하는 시스템'이 이 서당의 성립 및 운영의 골격이었던 것이다. 조극선의 『인재일록』 및 『야곡일록』은 그 운영의 체

---

26 조극선, 『인재일록』, 〈1616년 8월 10일〉.
27 조극선, 『인재일록』, 〈1617년 2월 26일〉.
28 한이겸은 광해군 때 좌의정을 지낸 한효순(韓孝純)의 아들로 북인계에 속한다.
29 조극선, 『인재일록』, 〈1617년 5월 8일〉.
30 조극선, 『인재일록』, 〈1618년 4월 12일〉.
31 조극선, 『인재일록』, 〈1617년 4월 5일〉.

험적 실상을 증언하고 있다.

승려의 서당으로의 유입 현상은 조극선의 일기 곳곳에서 찾아볼 수 있다.

① 일운상인(一雲上人)이 찾아왔다. 예전에 가야산에서 지내던 사람인데, 지금 서당에 있기를 원하였다.[32]
② 묘순(妙淳)은 자익의 외숙으로 본래 대흥(大興)의 서당에 거처했는데, 이번에 태수(太守)가 이 지방의 중을 조사했기 때문에 가야사에 들어갔다. 그러므로 와서 이곳 서당에 들어오기를 원하였다.[33]

유입 승려 중에는 단순히 거소(居所)의 이동을 추구한 이가 있고, 피역적 성격을 지닌 경우도 있었음을 알 수 있다. 특히 인용문 ②는 복수의 정보를 제공하고 있다. 묘순(조극선의 벗 정자익鄭子翼의 외숙)과 조극선의 간접적 관계처럼 일부 승려는 지인의 인척이란 사실을 알 수 있고, 묘순의 직전 거소가 대흥현(大興縣) 소재 어느 서당이었다는 점은 승려의 서당 배속이 보편화되어 있었음을 의미한다.

서당이 낙성된 지 약 반년이 지난 1617년 11월 승려 정명(正明)이 학장으로 부임함으로써 '조경진-정명'의 이원적 훈육 시스템을 갖추게 된다.

① 나는 둘째 형 및 자익·덕이·자명과 함께 돌아오다가 서당에 들러 쉬었다. 인인선·김구정·신철 및 여러 학도들이 모두 모여 책을 읽고 있었다. 학장인 중 정명은 이미 이곳으로 거처를 정한 상태였다.[34]
② 아버님을 모시고 돌아오다가 서당에 들렀다. 여러 자제가 아버님께 수업을 받았다. 오후에 모시고 돌아왔다.[35]
③ 잠시 뒤 하직하고 돌아오는 길에 서당에 들렀다. 아버님이 서당에 있기에 들어가서 뵈었더니 인인선 등 학도의 수가 매우 많았다.[36]

---

[32] 조극선, 『인재일록』, 〈1617년 6월 15일〉. "有一雲上人進見 舊居伽山者 今願書堂"
[33] 조극선, 『인재일록』, 〈1617년 9월 4일〉. "妙淳 子翼外叔也 本居大興書堂 今者 太守以土僧刷 入伽倻 故來願入此書堂也"
[34] 조극선, 『인재일록』, 〈1617년 11월 16일〉.
[35] 조극선, 『인재일록』, 〈1617년 12월 7일〉.
[36] 조극선, 『인재일록』, 〈1618년 2월 12일〉.

표 3. 조극선 집안 혼례 시 부조 현황(1619년 4월 27일)

서당유생 부조자 -각 쌀(백미) 1두	- 印悅, 印好宣, 印善觀, 印孝宣, 印玞, 劉晃, 金義立 - 印義宣, 金九鼎, 金效伋, 兪得民, 兪縉, 印汝柏 - 河弘源, 崔永龍, 鄭哲男, 金江
승려 부조자 -각 누룩〔麴子〕 1원	- 妙淳, 徽印, 緻雲, 胡悅 - 處峯, 大眞, 義盈

 승려 정명의 학문적 소양이 어느 정도였고, 그가 유생들에게 구체적으로 무엇을 가르쳤는지는 자세하게 파악하기 어렵다. 그러나 그는 1623년(인조 1) 3월 26일 사망할 때까지 약 6년 4개월 동안 학장으로 재직하며 서당의 교육을 관장했다. 그가 사망했을 때 조극선이 깊은 애도를 표명하고, 일부 유생들 또한 '행소예법(行素禮法)'을 갖춘 것에서[37] 그의 사적(師的) 지위를 감지할 수 있다.

 일운·묘순의 서당 배속에서 정명의 학장 취임으로 이어지는 일련의 흐름 속에서 대진·휘인·혜김·처봉·원규·세호·언정 등의 승려가 배속되어 서당을 관리하고 유생들의 학업을 보조하게 된다. 서당에 관여했던 유불의 인적 구성은 위의 서술 및 1619년(광해군 11) 조극선 집안 혼사 때의 부조 명단에서 추출해 볼 수 있다.

 그렇다면 서당에서 유불은 어떤 관계를 유지했고, 그것이 갖는 사회적 의미는 무엇일까? 조극선의 사례에 한정하더라도 우선 유자는 승려를 사역의 대상으로 인식했고, 유자를 향한 승려의 식사 및 술 대접, 증물(贈物) 행위도 관례화되어 있었다. 이것은 분명 수직적 관계였고, 숭유억불 사회가 발산하는 자연스런 현상으로 받아들일 수 있다. 사역은 명지(名紙, 시권지試券紙)의 제작, 가옥의 수리, 여행 시의 수종(隨從), 제책(製冊) 작업, 송진의 채취, 보리 수확, 벌목 작업 등 대부분 사사로운 것이었고, 이에 따른 승려들의 반발이나 항의 등 별다른 부작용은 수반되지 않았다.

① 서당의 중 혜감을 불러서 명지를 재단하는 전판(剪板)을 손보게 하였다.[38]
② 첫째 형 집은 오늘 지붕에 기와를 이는데, 서당 중에게 일을 시키고 있

---

37 조극선, 『인재일록』, 〈1623년 3월 26일〉. "朝印汝松·汝栢·義宣·禮宣自書堂來言 學長正明禪師 今日死 殊甚悲憐 […] 子瞻·子衡曾受學於明師之故 行素"
38 조극선, 『인재일록』, 〈1617년 6월 22일〉. "召書堂僧惠鑑 治裁名楮剪板"

었다.³⁹
③ 지금 서당의 중을 빌려서 현에 들어가 조좌수를 보았는데, 한복일은 지금 서산(瑞山)에 갔다.⁴⁰
④ 서당의 중을 불러 백지를 잘라 책을 만들다 보니 이미 어둑해졌다.⁴¹
⑤ 나는 올라와서 사람을 보내 서당 승려를 시켜 송진을 따게 하였다.⁴²
⑥ 이날 사람을 고용하고 또 서당의 승려를 불러 보리[大麥]를 거두었다.⁴³
⑦ 암자의 중 6인이 벤 나무를 싣고 와서 종일 공사를 하여 토담집을 지었다. 나는 또 서당의 중 원규(元規)를 불러서 김첨지의 소[牛] 및 우리 집의 말을 빌려 고산(高山)에 보냈다.⁴⁴

승려 중에는 특별한 재능을 지닌 경우가 있었는데, 휘인(徽印)이 바로 그런 존재였다. 조극선은 휘인을 장승(匠僧)으로 지칭했는데, 그는 관(棺)의 제작 및 묘소 조성에 능숙한 장례 분야의 전문 기능인이었던 셈이다.

① 겸선(兼善)을 서당에 보내서 장승 휘인에게 나무를 베어 깎아서 관을 만들게 했다.⁴⁵
② 죽은 아우 겸선을 초빈(草殯)하였다. […] 초빈한 곳이 서당에서 마주 보이는 곳이므로 두 암자의 중들이 모두 와서 일을 하였다. 볏짚을 많이 쌓아서 땅 기운이 침투하지 않게 하였다.⁴⁶

음식의 제공은 경우에 따라서는 일정한 보상이 주어지기도 했지만 그것은 어디까지나 특례일 뿐 대부분은 무상으로 제공되었다. 이런 무상성(無償性)은 향후에 있을 청탁의 예비비적 성격을 띠고 있었다.

---

39 조극선, 『인재일록』, 〈1618년 9월 22일〉. "一兄家 今日盖瓦其屋 役書堂僧也"
40 조극선, 『인재일록』, 〈1619년 5월 19일〉. "今則借書堂僧人 入縣 見趙座首 則韓復一今往瑞山矣"
41 조극선, 『인재일록』, 〈1620년 3월 12일〉. "召書堂僧 白紙剪割作卷 已暝"
42 조극선, 『인재일록』, 〈1621년 4월 19일〉. "余上來 送人書堂使僧摘松脂"
43 조극선, 『인재일록』, 〈1621년 5월 2일〉. "是日傭人 且召書堂僧 收大麥"
44 조극선, 『인재일록』, 〈1621년 10월 24일〉. "是日 […] 庵僧六人斫木載來 終日爲役 以作土室 余且召書堂僧元規 而借金僉知牛及吾家馬 送高山"
45 조극선, 『인재일록』, 〈1621년 10월 13일〉. "乃遣兼善往書堂 使匠僧徽印 伐木鑿之爲棺"
46 조극선, 『인재일록』, 〈1621년 12월 28일〉. "亡弟草殯 […] 草殯 卽書堂相對之處 兩庵僧輩皆來爲役 多積藁草 使地氣不侵"

표 4. 승려의 음식 제공 및 증물(贈物) 현황

승려의 선물 증정	- 술과 밥 제공 〈18년 3월 28일〉 - 술 제공 〈20년 8월 15일〉 - 삿갓: 대진 〈20년 5월 19일〉 - 생강·등유 등 증정: 휘인 〈24년 3월 11일〉 - 쑥 증정: 휘인 〈24년 4월 26일〉 - 땔감 및 녹두 증정: 묘순, 대진 〈24년 4월 14일〉 - 신발 선물: 대진 〈25년 9월 4일〉 - 서울행에 따른 신발 제공: 묘순 〈28년 3월 5일〉 - 노자 및 신발 제공: 암승 〈28년 3월 9일〉 - 기타: 채소, 과일, 부채 등

> 정오 무렵 서당에서 돌아왔다. 비에 막혀 머물렀다. 중들이 식사를 제공하기에 내가 손님을 위해 쌀 2되[升]와 콩 2되[升]로 보답하였다.[47]

예컨대, 1624년(인조 2) 관에서 묘순을 가야사로 이송 조치하려 했을 때 서당의 유생들이 진정서를 올려 그 부당함을 탄원하고,[48] 1628년 승역(僧役) 해결을 위해 조경진이 수령과의 담판을 마다하지 않았던 것이[49] 이를 방증한다.

일상적 사역 및 술과 음식의 대접으로 대변되는 수직적 관계성은 유자들에 대한 잠재적 공포 의식으로 파급된 측면도 있었다. 이런 정황은 1618년 11월 서당의 유생 인의선(印義宣)의 '행인 구타 사건'이 발생하였을 때 서당의 중들이 지레 겁을 먹고 궤산(潰散)한 것에서도 여실히 드러난다.

> 아버님이 현(縣)에 들어갔다가 왔다. 저녁에 서당에서 잤는데, 인공(印公)이 행인을 때려서 다 죽게 되었으므로 서당의 중들이 흩어져 도망갔다. 아버님이 고을로 들어가 지주(地主)에게 말하고 친히 서당으로 가서 진정시켰다.[50]

---

47 조극선, 『인재일록』, 〈1619년 10월 22일〉. "午 自書堂返 阻雨留 僧輩供食 余爲客 以米二升·太二升償之"
48 조극선, 『야곡일록』, 〈1624년 4월 24일〉. "地主方督送本鄕僧于伽倻寺 妙淳上人亦被侵督 請于二兄 以諸儒士名書呈單字而得情 淳師今以其單字來謁 止善終日應對于此 夕歸宿書堂"
49 조극선, 『야곡일록』, 〈1628년 5월 17일〉. "大人入縣返 將行 季父來見而去 盖以地主不知書堂官造之由 欲加僧役 以故 往言之 地主快許 至欲增修云"
50 조극선, 『인재일록』, 〈1618년 11월 9일〉. "印公打傷路人將死 以故書堂僧徒潰散 父主入言于地主 而親往鎭定也"

사역과 증물이 유불의 수직적 관계성을 보여주는 사례라면 잔치와 음주 그리고 놀이는 수평적 관계의 가능성을 시사하는 장면이다.[51] 특히 술은 유불에 통용되는 기호식품이었다. 승려들에게서 술에 대한 경계나 기휘적 정서는 전혀 찾아볼 수 없고, 유자들 또한 그들의 음주에 어떤 거부감도 드러내지 않는다.

① 서당 학장인 정명이 이때 와서 뵈었기에 술을 먹여 보냈다.[52]
② 한후유(韓後愈)·한후기(韓後琦)·박유정(朴裕貞) 및 생도 김의립(金義立)·유득민(兪得敏) 및 태감상인(太監上人)이 찾아와서 술을 마셨다. 첫째 형도 그의 술을 가지고 와서 마셨으며, 박원길(朴元吉)도 왔다가 갔다.[53]

아래 기사는 조경진이 서당의 학도 및 부형들의 초대를 받아 잔치에 참여한 뒤 서당에 들러 쉬고 있는 장면을 기술한 것이다.

아버님이 외대성산(外臺城山)에서 열리는 잔치에 갔다. 서당의 생도와 그들의 부형들이 모두 외대성산에서 잔치를 열어 와주기를 청하였다. […] 어둑할 때 서당에 가서 묵었다. 뒷산 꼭대기까지 마중 나갔다. 첫째 형을 만나 아버님이 취해서 서당에 누웠다는 말을 듣고서 갔더니 유자와 중들로 서당이 가득 찼는데 모두 취한 사람들이었다. 아버님은 방 안에 취해 누워서 자고 있었고, 인공, 자익, 자앙도 이곳에 머물러 있었다. 인인선과 정명상인이 나에게 술을 권하였다. 밤이 되자 아버님이 술에서 깨어 중에게 북을 치라고 하였다. 생도들이 일어나 춤을 추었다. 마음껏 구경하면서 다시 술을 마시다가 그쳤다.[54]

유불이 혼음·동숙하는 몹시 당혹스런 현장의 중심에 서당의 실질적 운영

---

51 이와 관련하여 『야곡일록』에는 원규(元規)라는 승려가 조극선의 아우 조위선(趙爲善)의 논을 매입하는 기사가 실려 있어 유불 간에 경제적 거래 또한 자연스럽게 이루어졌음을 확인할 수 있다. 〈1634년 4월 29일〉. "又有元規禪師 爲買爲善大枝洞畓 以綿布十五疋 來求明文" 이 장면에서 원규와 조위선의 관계는 논[畓]의 매수자와 매도인일 뿐 여기에 유자와 승려라는 신분적 요소가 개입될 여지는 매우 적어 보인다.
52 조극선, 『인재일록』, 〈1617년 11월 30일〉. "書堂學長正明 是時來謁 飮以送之"
53 조극선, 『인재일록』, 〈1619년 1월 3일〉.
54 조극선, 『인재일록』, 〈1618년 3월 27일〉. "父主赴宴于外臺城山 書堂生徒及其父兄 共開宴外臺城山 以奉請矣 金德崇·子翼·子昻來會 且邀叔主 一時偕赴 午余往話二兄 夕 二兄來語余 暝 往書堂宿 迎侯至後頂 遇一兄 知父主醉臥于書堂 往則滿堂儒釋 盡是醉人 父主醉臥于房中 方睡 而印公·子翼·子昻亦留此矣 仁宣及正明上人勸余飮 旣夜 父主乃醒 使僧擊鼓 生徒起舞 縱觀復飮 止"

주체인 조경진이 위치하고 있다. 조극선에게 술을 권하는 정명의 태도에는 스스럼이 없고, 북을 치고 춤을 추는 광경에서는 유불의 어떤 차이도 발견할 수 없다. 사역과 증물이라는 관계의 수직성만으로 양자의 관계를 규정할 수 없는 이유도 여기에 있다.

바둑이라는 놀이의 영역에서도 양자의 신분적 처지는 그렇게 중요하지 않았다. 이들은 하나의 동호인으로서 무리를 지어 관람했고, 중들의 씨름을 구경하는 장면에서는 문화적 공감 의식과 같은 정서가 감지된다. 만약 중들로 하여금 바둑판을 가져오게 한 것을 사역으로 간주하고, 유자들을 서당으로 맞아들여 술을 대접한 것을 아부 행위로 규정한다면, 이는 사료의 맥락에 대한 이해의 결핍에서 기인하는 단견일 뿐이다.

> 서당 앞산의 소나무 아래에 이르러 중들을 불러다 바둑판을 가져오게 했다. 둘째 형과 자익은 내기 바둑을 두었다. 명사(明師, 정명正明)와 여러 상인(上人)이 와서 보았다. 이어서 서당으로 맞이하여 술을 내어왔다. 또한 중들이 하는 '씨름놀이[角力戲]'를 구경했다. 저녁 무렵에 돌아왔다.[55]

다소 의외일지 모르겠지만, 승려에게도 세속의 생일과 같은 축하의 날이 있었고, 그들 또한 생일연(生日宴)을 마련하여 유자 등 여러 빈객을 접대했다. 조극선의 일기에서 포착되는 생일연의 주인공은 정명과 묘순인데, 묘순의 생일연이 압도적인 비중을 차지한다.[56] 잔치는 '술자리[酒宴]'를 전제로 했고,[57] 조경진은 언제나 귀빈으로 초청되었다. 중요한 것은 잔치를 마련하는 주체, 즉 경제적 비용의 담당자가 승려가 아닌 서당 생도라는 사실이다. 그렇다면 승려의 생일을 매개로 유자들이 잔치를 마련하는 까닭은 어디에 있는가? 그것은 일상에서의 부림에 대한 위로의 의미에 더하여 긴장 또는 갈등의 완화나

---

55 조극선,『인재일록』,〈1619년 7월 14일〉. "與二兄偕至松亭 遇子翼·子衡語久之 仍共步至書堂 前山松樹下 招僧取棊局 二兄與子翼賭棊 明師及諸上人來見 乃邀入書堂 進酒且觀僧輩角力之戲 夕返"

56 묘순의 생일은 2월 19일이고, 1621년을 시작으로 1624년, 1628년, 1629년 등 총 4회의 생일연이 조극선 일기에 기술되어 있다. 조극선,『야곡일록』,〈1624년 2월 16일〉. "大人以眇淳生日 往飲于書堂";〈1629년 2월 17일〉"到書堂返 是日乃淳師生日 有酒奉請 永善陪季父·二兄而至 乃共陪 徒步往馬"

57 1628년 묘순의 생일 때는 안주로 고기[肉]가 마련된 예도 있다. 조극선,『야곡일록』,〈1628년 2월 17일〉. "會于書堂返 是日乃炒淳師生日也 乃致邀 而大人先往 余到下宅 與二兄語 季父亦先之 奴馬還 遂與二兄同往 則子翼及諸兪五人及一兄·鄭敬男氏·晏·昷等亦會矣 看亦有肉 然余則旣行素 只飮數觴酒而已"

해소 과정으로 풀이할 수 있을 것 같다.

① 아버님과 숙부님이 서당에 가서 잔치에 참석했다. 정명상인의 생일이다. 학도들이 술을 가지고 많이 모였고, 마침 마의(馬醫)가 와서 말을 치료하고 있었는데, 두세 번 모시기를 청한 연후에야 가서 술을 마시고는 저녁에 취하여 돌아왔다.[58]

② 서당에서 아버님을 모시고 술을 마셨다. 오늘이 묘순선사의 생일이다. 자익(子翼)과 자형(子衡) 등이 유국전(兪國全)·유충국(兪忠國) 무리들과 함께 술자리를 마련하여 서당의 학도를 보내와 아버님을 모시고 갔다. 나는 사양하고 가지 않았다.[59]

잔치는 때로 승려의 수난을 치유하는 위로연의 형식으로 마련되기도 했다. 1627년(인조 5) 11월 초 이틀에 걸친 잔치가 그것이었는데, 위로의 대상자는 서당의 붙박이 승려 대진(大振)이었다.[60] 대진은 어떤 일과 관련하여 정운룡(鄭雲龍)이라는 사람으로부터 매를 맞는 곡절이 있었다.[61] 이 사건의 전말은 자세하지 않지만 조경진·극선을 비롯한 유자들은 대진을 동정하는 입장에 있었던 것 같고, 그런 마음이 위로연의 개최로 표현되었다. 이에 대진은 11월 8일 답례 형식의 잔치를 마련하여 조경진 부자 등 유자들을 초청했던 것이다. 이 점에서 잔치는 '먹고 마시는 즐김의 자리'를 넘어 유불 간 갈등과 대립의 완화 장치로 작동하고 있었던 것이다.[62] 1621년 조극선의 벗 박원백이 승려들에게 모욕을 당하는 일이 발생했을 때 폭압적 징벌이 아닌 대화로써 해법을 모색했던 것도 같은 맥락에서 이해할 필요가 있다.

---

58 조극선, 『인재일록』, 〈1619년 8월 22일〉. "父主·叔主如書堂赴宴 正明上人生日也 學徒多以酒會 而適馬醫者來醫馬 再三奉請 然後往飮 夕醉返 叔主又入見克善語歸"

59 조극선, 『인재일록』, 〈1621년 2월 17일〉. "陪飮于書堂 今日乃妙淳師生日也 子翼·子衡等與兪國全·忠國輩設飮 而遣書堂學徒來 陪父主歸 余則辭不往"

60 서당은 위로연의 주요 활용 공간이었는데, 1618년 순사(巡使)에게 수모를 당한 계장 조섬(趙摻)을 위로하기 위한 잔치가 개최된 것도 같은 맥락에서 파악할 수 있다. 조극선, 『인재일록』, 〈1618년 6월 5일〉. "會筵于書堂【以契丈趙別監摻氏 昔者見辱於巡使 故今爲之慰問宴】"

61 『인재일록』에 '宣傳官 鄭雲龍'이란 기술이 자주 등장하는 것으로 보아 그는 무관 신분으로 추정되는 인물이다.

62 조극선, 『야곡일록』, 〈1627년 11월 8일〉. "陪大人 飮于書堂 頃日書堂之釀 盖爲大眞上人曾被薰杖於鄭雲龍之故也 大眞遂以答謝之禮 乃大釀 奉請諸尊"

원백이 아침에 왔을 때 승려들에게 모욕당한 일을 말하기에 그대로 서당에 가서 자익·원백 및 승려들을 만나 이야기를 나누고 돌아왔다.[63]

유불 간에 긴장 및 갈등관계가 항존했음은 이론의 여지가 없을 것 같다. 중요한 것은 그것을 해소하거나 완화하는 장치의 유무이고, 그것은 또 그 사회의 수준을 가늠하는 척도가 될 수 있다. 이와 관련하여 덕산 지역의 유불은 그들 나름의 완충적 매체를 생활문화적 영역 속으로 끌어들여 작동시키고 있었다. 생활 예법의 범주에 드는 '세배(歲拜)'도 그 가운데 하나였다.[64]

조극선의 일기에 따르면, 17세기 초반의 세배는 가족 또는 친족 예법이 아닌 마을을 중심으로 하는 생활 공동체 예법으로 유불 간에도 자연스럽게 행해졌다.

① 이웃 마을의 장로, 두 암자의 승려 및 현리가 번갈아 와서 세알(歲謁)했다.[65]
② 임기(林沂) 및 의영상인(義英上人) 또한 세배하고 갔다.[66]
③ 두 암자의 승려 및 마을의 장로 또한 와서 뵈었다.[67]

물론 승려들의 집단적 세배는 수평이 아닌 상향 예법으로 선처(善處)를 예비하는 의미가 컸지만 이것이 호혜적 관계의 지속에 영향을 미쳤음은 부인할 수 없을 것 같다. 예컨대, 조극선이 집안 내부의 긴급한 일이 발생하였을 때 고민을 털어놓으며 해결책을 강구한 대상이 승려였다는 사실도 상호 믿음성과 관련하여 시사하는 바가 컸다.[68]

---

63 조극선, 『인재일록』, 〈1621년 3월 2일〉. "元伯朝來時爲言僧徒見慢事 仍之書堂 遇子翼與元伯及諸上人 敍話而歸來"
64 정구(鄭逑)의 문인 황종해(黃宗海)가 목천현 세성면 공촌에서 시행한 '공촌동약(孔村洞約)'(1641)에 따르면, 세배(歲拜)는 친족문화가 아닌 공동체의 경장문화(敬長文化)였고, 종래에는 신정·동지 및 사맹삭(四孟朔) 등 6회 행하던 관행을 신정으로 한정하는 규정이 보인다. 黃宗海, 『朽淺集』 卷7, 〈洞規凡例四十六條〉. "古人遇新正冬至四孟月朔少者幼者 於尊者長者 皆有謁見之禮 令人雖不能一從此禮 如正朝例有謁見之規 而上下人中或多廢之 殊甚不敬 自今以後 互相勸勉 着意擧行" 조극선의 일기 및 황종해의 『후천집(朽淺集)』에 의거할 때, 17세기 초중반부터 세배가 관행화된 것으로 파악된다.
65 조극선, 『야곡일록』, 〈1624년 1월 1일〉.
66 조극선, 『야곡일록』, 〈1624년 1월 9일〉.
67 조극선, 『야곡일록』, 〈1625년 1월 5일〉.
68 조극선, 『야곡일록』, 〈1624년 4월 14일〉. "家間悶急之事多端 而無處告語 遂往書堂前岸 喚僧 淳師出來 共語 乃盡道所懷 使淳師通告相切處"

한편 서당에서의 유불 관계는 때로 역전성을 수반하기도 했다. 그것은 경제적 측면에서 표출되었는데, 즉 승려에게 쌀을 꾸는 '차미(借米)' 행위였다. 물론 그 빌림 중에는 서당에서의 생활을 위한 한시적인 것도 있었지만[69] 생계 해결 차원의 절박함이 간파되는 상황도 있었다.

① 전답은 장차 거칠어져 가고 집안 살림도 궁핍하다. 지난번에는 서당 중에게 쌀 5되를 빌려 썼고, 어제 저녁부터는 청보리[青牟]를 베어 죽을 쑤는 형편이다.[70]
② 한 달 전 서당의 중 초순의 쌀 2되[升], 처봉(處峯)의 쌀 3되를 빌려 썼는데, 오늘 쌀로 갚았지만 모두 받지 않고 돌려보냈다.[71]

빌림의 규모는 크지 않지만 상황은 몹시 긴박해 보인다. 평소 친분이 두터웠던 묘순의 쌀을 빌린 것도 우연치 않아 보이며, 갚은 쌀을 되받았을 때 그들에 대한 약간의 부채 의식도 불가피해졌다. 바로 이런 관계의 중첩 구조가 긍정적으로 순기능으로 작동할 때 그것은 호혜의 단초가 되는 것이다. 전술한 바와 같이 1624년 묘순에게 가야사로 이송 조처가 내려졌을 때 조극선 등 서당 유생들이 등상(等狀)을 올려 묘순의 입장을 대변할 수 있었던 동기 또한 이런 영역에서 구하는 것이 맞을 것 같다.

서당의 유자와 승려 사이에는 인정적 측면에서 바라볼 수 있는 장면들이 적지 않다. 승려의 환속 및 거소 이동과 관련된 대화나 그것에 대한 심경 표현이 바로 그것이다. 아래는 묘순 휘하에 있던 6명의 사미승이 환속한 사실을 접한 조극선이 그 소회를 적은 것인데, 유자적 정체성이 선명하게 드러나 있다. 승려와 친화적 관계를 유지하면서도 불세의 확산을 결코 달가워하지 않았던 본심의 표출인 것이다.

묘순상인이 찾아왔다. 스스로 말하기를 예전에 사미승 3명이 있었는데 모두

---

69 조극선, 『야곡일록』, 〈1627년 5월 14일〉 "往宿書堂 聞二兄與汝彬·得之會于書堂 旣暮乃往 則子美·子明等共會 爲政圖之戱 覓酒方飮 余亦飮二觴 遂留諸友 貸僧米作飯 共做夜話"
70 조극선, 『인재일록』, 〈1620년 5월 2일〉 "田土將爲荒蕪 家用亦乏 頃者 貸用米五升於書堂僧 自昨夕已刈青牟作粥"
71 조극선, 『인재일록』, 〈1620년 5월 12일〉 "月前貸用書堂僧炒淳米二升·處峯米三升 今以米償之 則皆不受還納"

머리를 길렀고, 지금 또 사미승 3명이 있는데 한꺼번에 장가들었다고 한다. 그런데 내 성품으로는 중이 환속한 것을 들으면 번번이 기뻐하였다.[72]

한편 조극선은 혜감의 환속에 대해서는 별다른 반응을 보이지 않은[73] 반면 1628년 정월 대진과 언정의 이사(移寺)에 대해서는 아쉬움을 감추지 않는다.

> 서당 승려 대진이 와서 뵙고는 '다른 절로 이주한다'고 했다. 이 승려는 양선 (良善)한 자인데, 떠난다고 하니 몹시 애석하지만 억지로 만류할 수도 없는 법이다.[74]

대진이 이거 의사를 표명한 다음 날인 1628년 1월 4일에는 언정(彦定)이란 승려가 찾아와 같은 사유를 표했다.

> 서당 승려 언정 또한 와서는 '다른 절로 옮겨 간다'고 했다. 지난 병진년 (1616) 무렵 이 승려 및 대진이 함께 수덕사로부터 우리 초암으로 왔는데, 둘이 또한 같은 때에 옮겨 가게 되는 것이다. 오가는 승려 가운데 이 두 승려를 제외하고 누가 거취를 아뢴 이가 있었던가.[75]

조극선은 대진을 양선한 승려로 기억하고 있고, 행간에는 이별의 아쉬움이 진하게 묻어 있다. 그것은 12년 동안에 쌓인 정리의 소치였고, 혼례 부조를 비롯한 대진의 각종 증물 또한 조극선에게 깊이 각인되었을 수도 있다. 그러나 이보다 두 유불을 강하게 묶은 것은 일종의 동지 의식이었다. 1617년 서당은 낙성되었지만 승려들이 기거할 공간(승사僧舍)은 변변치 않았던 것 같다. 이런 상황에서 1620년 겨울에 대진이 화주(化主)가 되어 승사 중건을 자임했던 것이다.

---

72 조극선, 『인재일록』, 〈1618년 12월 6일〉. "妙淳上人來見 自言 昔有沙彌三人 皆長髮 今又有沙彌三人 一時娶歸 然余之性 聞僧還俗則輒爲喜也"
73 조극선, 『인재일록』, 〈1620년 5월 18일〉. "一兄來語久去 是時 昔爲書堂僧惠鑑 今退俗 退俗來謁 與之語"
74 조극선, 『야곡일록』, 〈1628년 1월 3일〉. "書堂僧大眞師來謁 以告移住他寺 此僧 良善者 甚惜其去 而不可強留之"
75 조극선, 『야곡일록』, 〈1628년 1월 4일〉. "書堂僧彦定上人亦來 告移住他寺而去 往在丙辰年間 此僧與大眞偕自修德山來于吾草庵 今其移去也 又在同時 他僧去來 何曾告禀 此二僧獨"

대진선사가 스스로 화주가 되어 서당과 승사를 다시 지었다. 이 때문에 아버님이 인동지[印致明] 집에 서까래[椽木]를 구하러 간 것이다.[76]

조경진이 승사 건축에 따른 목재를 구하는 데 정성을 쏟고 있는 것으로 보아 대진의 역할은 유자들의 부담을 크게 덜어 주는 행위였음이 분명했다. 이에 조극선 또한 문자 협찬을 통해 일조하게 되는데, '서당승사중조권선문(書堂僧舍重造勸善文)'이 바로 그것이다. 특히 그는 위 글의 개찬을 마다하지 않았을 만큼 대진의 역할에 적극 호응했다.[77] 승사 중건에서의 동사(同事)가 동지 의식을 배태하기에 충분했던 것이다.

① 아침에 글을 지었다. 대진선사를 위해 '서당승사중조권선문'을 지었다.[78]
② 대진선사를 위해 '권선문'을 다시 지어서 정서하였다.[79]

여기에 더해 조극선이 대진에게 감사했던 것은 거취의 표명이라는 '예법의 지킴'이었다. 어떤 측면에서 '이 두 승려 뿐[此二僧獨]'이라는 표현은 서당에서의 유불 간 친화가 한시적이면서 이해적인 성격을 지녔음을 방증하는 것이기도 했다.

이로부터 1년 3개월이 지난 1629년 4월 조극선은 승려 세호(世浩)의 이거 통보를 받게 된다. 1621년(광해군13) 이래 9년의 정리는 그와의 이별 또한 감당하기 힘든 애석의 기억으로 남게 했다.[80] 그런 마음을 요량한 때문인지 세호는 이거한 지 6개월 뒤인 동년 10월 지나는 길에 조극선을 찾는 정성을 보였다.[81] 대진·언정·세호의 이거를 바라보는 조극선의 심사에서 드러나는 공통적 정서는 무엇인가? 그것은 유자와 불자라는 사회적 신분의 틀을 넘어서는 인정론이다.

---

76 조극선,『인재일록』,〈1620년 12월 4일〉. "大振師自爲化主 重造書堂僧舍 故父主爲求椽木於印同知家"
77 조극선의 문집『야곡집』에서는 '書堂僧舍重造勸善文'의 존재를 확인할 수 없다. 이것은 후손들에 의해 이루어진 문자적 은휘(隱諱) 행위의 결과로 파악된다.
78 조극선,『인재일록』,〈1620년 12월 5일〉. "朝有製 爲大振師製書堂僧舍重造勸善文"
79 조극선,『인재일록』,〈1620년 12월 14일〉. "爲大振師 改作勸善文 而寫之室中"
80 조극선,『야곡일록』,〈1629년 4월 11일〉. "書堂僧世浩來謁告訣 且曰自辛酉 來住書堂凡九年 一朝遠去 情不能自堪云云"
81 조극선,『야곡일록』,〈1629년 10월 8일〉. "昔居書堂僧世浩過謁"

2) 긴장과 갈등: 숭유억불의 이념적 구호성에 대한 진단

유불 사이의 잦은 왕래 및 교유는 인간적 동정 의식에 바탕하여 친연성을 촉진하는 과정으로 다가오는 장면도 적지 않지만 상호 간 이념적 상반성, 사회적 조건의 차이로 인해 필연적으로 긴장과 갈등을 수반하게 된다. 유자를 향한 승려의 증물 행위는 조극선의 일기 곳곳에서 확인할 수 있는데 적어도 형식적으로는 자발성에 바탕하였기 때문에 불만적 요소는 크게 표출되지 않는다. 다만, 그것에 타율성이 개입할 경우 긴장의 조짐이 발동한다. 아래 인용문에는 조극선 등 유자들의 잦은 왕래에 따른 승려들의 정서적 반감이 간명하고 강렬하게 분출되고 있다.

> 오후에 집암(什菴)으로 옮겨 머물렀다. 왕래한 지 오래되어 중이 백안시할 뿐만 아니라 우리들의 양식도 모자랐기에 서로 의논하여 다른 절로 옮기기로 하였다.[82]

이해관계라는 측면에서 도움이 되지 않는 존재에 대한 거부감을 드러낸 것이고, '백안시'는 약자인 승려의 처지에서 취할 수 있는 가장 효율적 대응 방식일 수 있었다. 그나마 백안시로 표현되는 냉대는 감정적 영역의 문제일 뿐이며 당장 심각한 대립으로 비화하지는 않았지만 승려에 대한 유자의 장악력이 절대적이지 않았음은 분명하다.

모든 인간관계는 시세에 영향을 받는다. 조선이 주자학을 건국이념으로 표방함으로써 유자들이 국가 운영의 주체로 등장한 것도 시세에 다름 아니었다. 승려들 또한 시세에 따라 입장과 태도에 있어 가변성을 보인다. 그런 정황은 왕실의 원당(願堂)이었던 가야사 승려들의 고압적 태도에서 여과 없이 노출되었다.

> 가야사에서 돌아왔고 임감역(林監役)은 돌아갔다. 중들이 또 본궁(本宮)의 원당이라고 한창 양반을 능멸하고 모욕하였다. 나는 화를 내며 큰소리를 치면서 중 하나에게 장(杖)을 치고자 하였으나 수승(首僧)이 새벽이 되어서야 찾아뵈었다. 그래서 닥나무를 받았던 여러 중들을 불렀다. 도련지(擣練紙) 등은 이미 만들긴 했으나 다듬지는 않았고, 백지(白紙)는 아예 만들지 않았으

---

[82] 조극선, 『인재일록』, 〈1618년 6월 26일〉.

니 매우 분하다. 대개 수승의 죄는 아니고 또 닥나무를 받았던 자들도 모두 서로 아는 중이기는 하지만 분을 참는 데에도 한계가 있다.[83]

조극선은 가야사의 승려들이 왕가(王家)의 위세를 끼고 양반들을 모욕하는 장면에 몹시 분개한 나머지 매질을 꾀하고 있지만 행간에 흐르는 정서는 허위의 양태를 벗어나지 못하고 있다. 그나마 그 분개가 가시기도 전에 자신 또한 수모의 대상으로 전락하고 있다. 종이 제작 지시에 사실상 태업(怠業)으로 맞선 승려들의 태도에 극심한 분노심을 드러내고 있지만 그 또한 실효성을 담보하기 어려운 감정적 배설을 넘어서지 못한다.

승려들의 불복종 행위는 계속된다. 1621년(광해군 13) 12월 22일 임첨지(林僉知)가 승려들에게 유둔(油芚)을 요청했다가 거절당한 사실을 접했을 때는 한탄을 머금어야 했고,[84] 명령 또는 요청에 대한 거듭된 불응은 사실상 통제력의 상실을 의미했다. 조극선의 분노와 한탄도 바로 그 지점에서 폭발한 것이었다.

물론 통제력의 상실이 상시화된 것은 아니었고 그것은 또 다른 시세의 작용 속에서 조정의 국면을 맞기도 했지만, '불(승려)'이 '유(유자)'의 명령에 불응하고 심지어 대항할 수 있었던 것이 조선 후기 유불 관계의 실상이었고, 조극선 일기는 그 유연성 내지 가변성을 분명하게 증언하고 있다.

3) 유불 간 학문과 지식 수수(授受)의 실제: 승려 쌍욱과의 학연

유자와 승려 간의 교유 또는 지적 대화의 예는 다른 인물에서도 찾아볼 수 있지만[85] 조극선과 쌍욱처럼 사제관계를 맺은 예는 흔치 않다. 더욱이 두 사람의 관계는 단회성이 아닌 지속성을 유지하고 있다는 점에서 표본적 가치를 담보하기에 부족함이 없다.

---

83 조극선,『인재일록』,〈1621년 11월 24일〉.
84 조극선,『인재일록』,〈1621년 12월 22일〉.
85 예컨대 17세기 소론계 유학자 박세당(朴世堂)의 경우 회룡사의 풍열(豊悅), 망월사의 청휘(淸暉), 학수사의 환(還), 석림사의 해안(海眼)·묘찰(妙察), 석왕사의 의현(顗絢)·재헌(才憲)을 비롯하여 혜지(慧智)·법징(法澄)·태현(太玄)·수원(守源)·수견(守堅)·천륜(天倫)·혜총(惠聰)·설묵(雪默)·계정(戒淨) 등 교유했던 승려가 매우 많았다. 이 가운데 학수사의 승려 환은 글씨에 능하고 독경(讀經)을 잘하는 학승으로 기억했고, 석왕사의 승려 의현과는『논어』의 '조문도석사가의(朝聞道夕死可矣)'라는 구절을 두고 논쟁을 벌인 적이 있다. 김학수,「朴世堂의「西溪遺墨」: 사제간의 대화와 진솔한 삶의 기록」,『장서각』29(2013).

조극선이 사도(師道)를 자처하며 향촌의 자제들을 대상으로 교육 활동을 전개한 동몽교관(童蒙敎官)에서 물러난 이후인 1627년(인조 5) 무렵이었다. 당시 그의 나이는 30대 초반으로 박지계(朴知誡)·조익(趙翼)의 문하를 출입하며 학문에 정진하던 시기이기도 했다.[86] 당시 조극선의 야곡 문하를 출입했던 문생들의 대부분은 덕산 인근에 거주했던 사족 자제들로서 조극선의 인친 또는 사우(士友)의 자제들도 다수 포함되어 있었다. 이런 흐름 속에서 야곡 문하에서 수학했던 다소 이질적인 인적 집단이 존재하였는데, 바로 승려였다. 『인재일록』·『야곡일록』 등 조극선의 일기에서 확인되는 승려 문인은 쌍욱과 의영(義英)인데, 여기서는 쌍욱과의 관계에 초점을 맞추고자 한다.

승려와의 학연은 선대 이래의 가풍과 연관성이 컸다. 아버지 조경진이 의영이란 승려를 교육한 사실이 이런 추론에 무게를 실어 준다.[87]

의영상인이 백지 18장을 올렸다. (의영도 배우러 왔다.-원주)[88]

의영과 마찬가지로 쌍욱 또한 본디 조경진에게 가르침을 받아 1627년 무렵부터 그 아들 조극선에게 이관된 경우였다.

박돈(朴暾)·이덕유(李德有)가 또 와서 수학했다. 쌍욱상인 또한 일찍이 아버지께 수학했던 승려인데 요사이 거의 매일 나에게 와서 배우고 있다.[89]

위 인용문에서 보듯 조극선 문하에는 유불이 함께 출입하고 있었다. 이에 따른 유자들의 거부감을 조금도 찾아볼 수 없는 것은 '유불동학'이 이들에게는 하나의 관행이자 자연스런 문화로 받아들여졌음을 의미한다.

『야곡일록』에 따르면, 쌍욱은 1627년 12월 11일부터 1633년 5월까지 5년 6개월 동안 약 80회에 걸쳐 조극선과 상회(相會)한 사실이 확인된다. 이는 상견이

---

86 김학수, 「趙克善의 일기를 통해 본 17세기 지식인의 師弟觀-숨김과 드러냄」, 『장서각』 38(2017).
87 조경진은 이후에도 서당에 배속된 연소한 승려에 대한 교육을 지속했고, 이 과정에서 조극선이 그 임무를 보조한 사실을 확인할 수 있다. 조극선, 『야곡일록』, 〈1627년 9월 10일〉. "申以義之弟積及書堂年少上人 受學于大人 而大人酒困 余誨之"
88 조극선, 『인재일록』, 〈1618년 8월 12일〉.
89 조극선, 『야곡일록』, 〈1627년 12월 11일〉. "朴暾·李德有 又來受學 雙旭上人 亦嘗受學于大人 近亦日學于余"

표 5. 조극선의 문인: 호서권

조극선의 문인 (덕산 등 호서권)	申以義, 朴守一, 李俊明, 趙子儀, 趙俊吉, 朴曒, 李德有, 朴曒, 李一顯, 鄭得善, 鄭永善, 申子肅, 李宰, 林忠男, 鄭季龍, 印信敏, 兪慶(卿)雲, 鄭仁達, 申以孝兄弟, 李時吉, 申必聖, 李翊賢, 朴晙, 忠善, 鄭興周, 鄭生輩, 裵聖顯, 林士鳴, 尹明离, 尹郞, 安俊龍, 李善行, 申續, 金義立, 金德寶

일상화되어 있었음을 뜻한다. 물론 80회 모두가 학업을 위한 것은 아니지만 상회의 본질적 동기가 지식의 취득에 있었음을 전제할 때, 조극선과 쌍욱의 사제관계 틀은 매우 견고했다.

학문적 수수의 공간은 서당 및 조극선의 본가였다. 후자가 수학 공간으로 활용된 것은 1629년(인조 7) 4월 3일 서당이 소실되는 난관이 있었기 때문이다.[90] 쌍욱은 조극선에게 신발[草履], 종이[常紙·白紙], 채소[菁本] 등을 증정하거나 식사 대접을 하는 등 물질적 제공과 노력 봉사를 마다하지 않는다. 그것은 서당에 배속된 승려로서의 의무와 조극선의 학문적 시혜에 대한 사적 답례[幣帛]의 방식이라고 설명할 수 있다.

① 서당 승려 쌍욱이 상지(常紙) 1속을 바쳤다.[91]
② 서당 승려 쌍욱이 작아(爵兒)를 위해 작은 신발을 지어서 바쳤다.[92]
③ 오늘 아침 쌍욱이 또 우리 두 사람에게 밥을 대접했다.[93]
④ 서당으로 돌아오니 쌍욱이 밥을 지어 대접했다.[94]
⑤ 쌍욱이 와서 해채(海菜)를 바쳤는데, 이른바 세모(細芼)라고 하는 것이다.[95]
⑥ 아침에 쌍욱이 와서 뵙고는 상지 1권을 바쳤다.[96]
⑦ 쌍욱이 절일(節日)이라고 신발[草履] 세 켤레를 바쳤다.[97]

---

90 조극선, 『야곡일록』, 〈1629년 4월 3일〉. "書堂災 [詰朝 有人來報 去夜書堂火 不勝驚愕 季父·一兄·二兄會 余仍共二兄往見之 子翼及諸兪皆集 盖有兪兒數來窺伺 僧輩常戒懼 而忽以火熱 無水莫能救 終然灰燼而已 看來慘然 不過因纖芥之恨 而作禍如此 可歎惡人之在洞而不死也 炒淳·元規猶有貯穀于厥兄弟 其他數四僧輩赤脫 將不免餓死 余唐音初卷 雙旭借去不還 亦已爲灰 既返 而季父乃歸]"
91 조극선, 『야곡일록』, 〈1627년 12월 12일〉. "有獻⋯双旭常紙一束."
92 조극선, 『야곡일록』, 〈1628년 3월 4일〉. "書堂僧雙旭亦爲爵兒 作小履以進"
93 조극선, 『야곡일록』, 〈1628년 6월 16일〉. "今朝雙旭上人又爲饋吾二人"
94 조극선, 『야곡일록』, 〈1628년 6월 27일〉. "歸書堂 則雙旭上人 自炊飯以供焉"
95 조극선, 『야곡일록』, 〈1628년 8월 6일〉. "雙旭上人來獻海菜 所謂細芼者"
96 조극선, 『야곡일록』, 〈1629년 7월 2일〉. "朝雙旭上人來謁 獻以常紙一卷"
97 조극선, 『야곡일록』, 〈1631년 5월 4일〉. "雙旭爲節日 進草履三部"

⑧ 쌍욱이 숙마(熟麻)로 지은 신발 한 켤레를 바쳤다.[98]

⑨ 쌍욱이 아버지께 상지 2권을 바쳤고, 나에게도 2권을 바쳤다.[99]

⑩ 쌍욱이 백미 두 말, 누룩[麴子] 한 덩이를 아버지께 바쳤다고 한다.[100]

뿐만 아니라 쌍욱은 조극선을 위해 종이를 제작하는 사역에도 적극 부응했는데, 이 또한 지적 수혜에 대한 보상 행위였다.[101]

이제 조극선과 쌍욱 사이의 학문적 수수 양상을 살펴보기로 한다. 입문 초기인 1627년 12월부터 1628년 6월까지의 수학 내용은 분명하지 않다. 일기 또한 '쌍욱이 와서 배움을 청하자 가르쳤다', '세일(世一)·쌍욱 등을 가르쳤다', '쌍욱이 읽고 있는 책을 가르치다'[102] 등의 포괄적 기술이 중심을 이루고 있기 때문이다. 조극선이 교육한 구체적 서명이 등장하는 것은 1628년 7월 4일 기사이다.

쌍욱에게『당음(唐音)』을 가르쳤다.[103]

원나라 문인 양사굉(楊士宏)이 편찬한 당시(唐詩) 선집인『당음』은 조선시대 서당의 필수 교재였다. 1609년(광해군 1) 조극선이 이명준(李命俊)의 문하에 입문하던 초기에 배운 교재가『당음』이고, 1618년 조극선이 동향의 후진들을 가르친 것이 바로 이 책이었다.[104] 이는 쌍욱 또한 초학 단계에서는 유자와 동일한 과정으로 교육을 받았음을 뜻한다. 쌍욱은 조극선에게 책을 빌려 학습할 만큼『당음』에 애착을 보였는데, 책의 반납이 이루어지기 전인 1629년 4월 3일 서당 화재 때 이 책 또한 화소되는[105] 곡절이 따랐다.

1629년(인조 7) 서당의 화소는 교육 공간의 변동을 수반했고, 이때부터 쌍

---

98 조극선,『야곡일록』,〈1631년 6월 1일〉. "雙旭熟麻履子一部"

99 조극선,『야곡일록』,〈1631년 윤11월 29일〉. "雙旭獻常紙二卷于大人 於余亦以二卷"

100 조극선,『야곡일록』,〈1631년 7월 4일〉. "僧雙旭獻白米二斗·麴子一圓于大人云"

101 조극선,『야곡일록』,〈1631년 11월 8일〉. "使雙旭依以常紙樣造得二卷"

102 조극선,『야곡일록』,〈1628년 3월 4일〉. "而雙旭上人世一請學 誨之";〈1628년 5월 29일〉. "仍又敎世一·雙旭等";〈1628년 6월 19일〉. "余又誨朴暾及雙旭所讀書"

103 조극선,『야곡일록』,〈1628년 7월 4일〉. "敎雙旭唐音"

104 조극선,『인재일록』,〈1609년 12월 3일〉. "與從兄始學唐音于地主李侯"; 조극선,『인재일록』,〈1618년 윤4월 24일〉. "李自善·惟善告往溫陽 兩生近來受唐音於余"

105 조극선,『야곡일록』,〈1629년 4월 3일〉. "余唐音初卷 雙旭借去不還 亦已爲灰"

욱은 조극선의 집을 왕래하며 수학하게 된다. 1631년의 경우 매월 2~4회 정도 왕래했고, 동년 6월에는 11회를 왕래하며 수학하는 열정을 보였다. 이 무렵 그가 수학했던 책은 『중용(中庸)』이었는데, 조극선은 그를 위해 현토(懸吐)를 붙일 만큼 교육에 특별한 정성을 쏟았다.

쌍욱을 위해 『중용』에 현토 작업을 했다.[106]

1631년 7월까지 학업에 열정을 보였던 쌍욱은 약 두 달 동안 아무런 기별도 없이 조극선을 찾지 않다가 동년 9월 19일 백지 한 권을 폐백으로 삼아 다시 조극선에게 배움을 청했다.

쌍욱이 요사이 오지 않다가 오늘 다시 배우러 오면서 백지 한 권을 바쳤다.[107]

이후 쌍욱은 월 3~4회 왕래하며 수업했고, 1631년 12월 13일에는 다소 놀라운 요청을 하기에 이른다. 『장자(莊子)』를 배우고 싶다는 뜻을 표명한 것이었다. 주자학적 학습의 틀에 고착되어 있었던 조극선에게 『장자』는 결코 익숙한 텍스트가 아니었고, 타인을 교육할 만한 처지는 더욱 아니었다. 쌍욱의 『장자』 학습 요청을 받고 며칠 동안이나 예습하며 해독의 어려움을 토로한 이유도 여기에 있었다.

쌍욱이 장자를 배우기를 원했다. 요사이 며칠 동안 장자를 두루 읽어 보았지만 주해가 없고 현토도 없어 처음부터 끝까지 전편을 이해할 수 있는 이가 드무니 웃음이 나올 따름이다.[108]

이로부터 6일 뒤인 1631년(인조 9) 12월 19일 쌍욱은 조극선에게 『남화경(南華經)』을 차람했고,[109] 12월 24일에는 『고문진보(古文眞寶)』를 배우는 등 공부의 난이도를 끌어올리며 지식의 외연을 확대하는 등 상당한 수준의 지적 수수

---

106 조극선, 『야곡일록』, 〈1631년 6월 23일〉. "爲雙旭 庸學懸吐"
107 조극선, 『야곡일록』, 〈1631년 9월 19일〉. "雙旭近不來 今復來學 獻以白紙一卷"
108 조극선, 『야곡일록』, 〈1631년 12월 13일〉. "雙旭願學莊子 近數日將莊子看遍 然自無註無吐 從頭至尾 全篇領悟者甚少 可笑"
109 조극선, 『야곡일록』, 〈1631년 12월 19일〉. "自昨日借余南華經以讀"

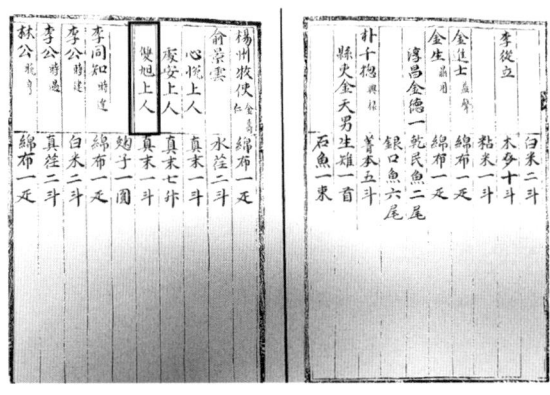

그림 1. 『영사록』 조극선 처 강화최씨 상례 시 부조기(1654)

관계를 지속했다.

　더욱이 쌍욱은 조극선이 난감하게 여겼던 『장자』 학습의 효율성을 위해 스스로 주해와 구토(句吐)가 딸린 『장자』를 구해 질의하는 열성을 보이기까지 했다.

　이후에도 쌍욱은 1632년 11월까지 조극선과의 학문적 수수관계를 꾸준하게 유지하다가 1633년부터는 거소를 옮기게 되면서 학연이 중단되기에 이른다. 그의 새로운 거소가 내원암(內院庵)이란 사실은 1633년 5월 10일 쌍욱이 조극선을 예방한 자리에서 밝혀지게 된다.[110]

　자료적 한계로 인해 두 사람의 관계는 더 이상의 추적이 어렵다. 그럼에도 위에서 서술한 사실만으로도 조극선과 쌍욱의 관계는 유불의 이념과 신분을 초월하여 맺은 학연임을 부인할 수 없을 것 같고, 이 점에서 쌍욱은 조극선의 문인, 즉 '야곡 문인'의 일원으로 편입되어야 한다. 위의 그림에서 보듯 1654년 조극선의 부인 강화최씨가 사망했을 때 쌍욱이 진말(眞末, 양질의 밀가루) 한 말을 부조했던[111] 것은 학은에 따른 예의 갖춤에 다름 아니었다. 무엇보다 조극선과 쌍욱의 학연은 유불 간 사제관계 형성의 가능성을 시사하는 매우 명징한 사례라는 점에서 보론의 여지를 남긴다.

---

110 조극선, 『야곡일록』, 〈1633년 5월 10일〉. "雙旭來謁 今居內院云"
111 『永思錄(上)』 〈受賻賵祭奠記〉.

5. 맺음말

조선시대 유와 불의 관계는 시간과 공간의 조건 그리고 인간의 성격에 따라 그 결을 달리했다. 서울 출신의 사대부였던 오희문에게서는 승려에 대한 분노와 경멸의 정서가 간파되지 않는다. 그것은 오희문 개인의 성격에서 연유한 것이기도 하지만 전란이라는 극한 상황 속에서 생존이 절박했던 현실적 상황이 승려라는 타자를 배척보다는 공존의 대상으로 여기게 하는 이유가 되었다.

반면 예안의 엘리트 사대부였던 김영의 승려관은 숭유억불이라는 국시의 교과서적 적용 양상을 보여주었다. 그에게 승려는 주자학적 문명사회의 저열한 타자였으며, 사찰은 문명사회의 경관을 훼손하는 장애물에 지나지 않았다. 그럼에도 그는 유람 또는 크고 작은 회합을 위해 사찰을 요긴하게 활용하며 그들의 각종 편의 제공을 마다하지 않았다. 그것은 이중성이었고, 주자학적 염치 의식의 상실이었다.

대부분의 경우, 조선 유자와 승려 및 사찰의 관계는 간헐성과 임의성의 범주에 있었다. 이와는 대조적으로 조극선에게 사찰은 일상의 공간이었고, 승려는 생활 공동체의 일원과 크게 다르지 않았다. 이런 정황은 그가 1609년부터 1635년까지 26년 동안 최소 50개 이상의 사찰 및 암자, 70명을 상회하는 승려들과 관계를 맺은 것에서 분명하게 드러난다.

숭유억불이라는 정치이념적 선언은 시간과 공간 그리고 그것을 다루는 인간의 운용 방식에 따라 큰 차이를 보였다. 17세기 초중반 충청도 덕산에서 유교 지식인으로서의 삶을 살았던 조극선의 사찰 및 승려관은 매우 복합적이었다. 유와 불은 이념적으로 대척점에 존재하였지만 승려를 바라보는 조극선의 시선에 상극성의 요소는 매우 엷다. 오히려 그는 승려를 유교적 가치 실현의 유효한 보조 수단으로 여겼고, 협력과 상생의 행보를 주저하지 않았다. 물론 유불의 관계는 결코 수평적일 수 없었고 그가 추구했던 상보적 행위 또한 유자적 우월성을 전제한 것이었지만, 그의 시선과 행동 속에 일방적 탈취, 부림과 같은 약탈성은 드러나지 않는다.

승려를 서당의 학장으로 초빙한 것은 지적 역량에 대한 신인(信認)이고, 생계를 위해 승려의 쌀을 빌리는 차미(借米) 현장에서 유자와 승려는 '빌리는 자'와 '빌려주는 자'라는 경제적 거래의 대상자일 뿐이었다. 그들에게 술과 잔치 그리고 놀이는 상극성을 해소하거나 완화하기 위한 문화적 장치였다. 특히 유불이 동음·혼숙하는 광경에서는 잠시나마 신분 의식을 망각한 인간으로서의 동질성이 강하게 묻어났다.

조극선이 쌍욱이라는 승려를 사실상 제자로 받아들여 무려 6년에 가깝게 관계를 유지한 것은 어떻게 설명해야 하는가? 그것은 이념을 뛰어넘는 지적 수수의 가능성을 웅변하는 장면이었다. 조극선이 끼친 학은은 쌍욱이 조극선 일가의 혼상(婚喪)에 무심할 수 없는 이유가 되었는데, 여기서 우리는 유불 사이에도 호혜의 시스템이 강하게 작동하고 있음을 발견하게 된다.

조극선 일기의 사례가 조선시대의 유불 관계 전체를 설명할 수는 없다. 그러나 여기에 등장하는 다양하면서도 다소 생경한 스토리를 단편적 사례로 평가 절하하는 것도 바람직하지 않다. 어떤 측면에서 이 사례는 전모를 관규(管窺)하는 작지만 선명한 장이 될 수 있기 때문이다.

●참고문헌

원전

金坽, 『溪巖日錄』.
吳希文, 『瑣尾錄』.
趙克善, 『冶谷日錄』.
趙克善, 『冶谷集』.
趙克善, 『忍齋日錄』.
黃宗海, 『朽淺集』.
『永思錄』(필사본, 조극선 종가 소장).

논저

김정운, 「17세기 예안 사족 금령의 교유 양상」, 『조선시대사학보』 70, 2014.
김학수, 「17세기 호서의 지성 야곡(冶谷) 조극선(趙克善)」, 『조선시대 아산지역의 유학자들(2)』, 지영사, 2010.
김학수, 「朴世堂의「西溪遺墨」: 사제간의 대화와 진솔한 삶의 기록」, 『장서각』 29, 2013.
김학수, 「조극선의 일기를 통해 본 17세기 지식인의 사제관-숨김과 드러냄」, 『장서각』 38, 2017.
김학수, 「17세기 사대부의 지식문화기반의 구축과 활용- 趙克善의『忍齋』·『冶谷日錄』에 나타난 지식정보의 획득 및 활용양상」, 『영남학』 76, 2021.
성봉현 외, 『17세기 충청도 선비의 생활기록 : 조극선의 인재일록과 야곡일록』, 한국학중앙연구원 출판부, 2018.
신병주, 「16세기 일기 자료『쇄미록(鎖尾錄)』연구-저자 오희문(吳希文)의 피난기 생활상을 중심으로」, 『조선시대사학보』 60, 2012.
신병주, 「조선시대 신분 및 지역 갈등과 통합 노력」, 『조선시대사학보』 98, 2021.
안정은, 「야곡 조극선의 인재일록 연구」, 충남대학교 석사학위논문, 2013.

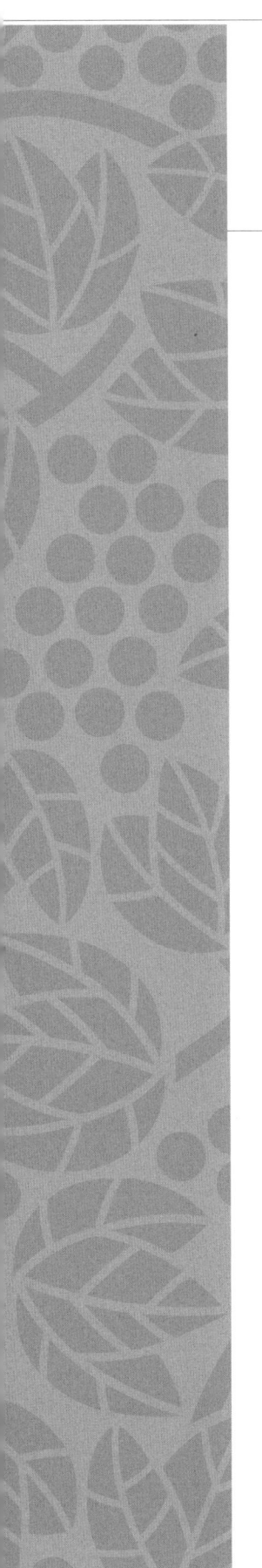

서양 선교사의 조선 인식과 타자성

조현범 | 한국학중앙연구원 한국학대학원 교수

1. 머리말

개항 이전 시기인 19세기 중엽에 천주교 선교를 목적으로 조선에 잠입하여 조선인 신자들과 함께 살았던 서양인으로는 파리외방전교회 소속의 프랑스 선교사들이 있었다. 조선의 입장에서 보자면 이들은 외모나 문화, 사상, 종교, 가치관 등 모든 점에서 완전히 대척점에 자리를 잡은 타자적 존재들이었다. 또한 천주교 선교사들 역시 조선인을 선교의 대상으로 봄과 동시에 유럽인의 시각에서 조선 사회를 바라보았다.

이렇게 서로에 대해서 완전한 타자의 자리에 있었던 선교사와 조선인, 혹은 외래 서양 종교와 기성 재래 종교가 각각 상대방에 대해서 어떤 인식을 형성하고 있었는지를 탐구하는 것은 한국종교사 연구에서도 중요한 주제이다. 그리고 조선 사회를 구성하던 다양한 사회적 집단들(계급, 계층, 관료, 학파, 종교, 공동체) 사이의 관계를 연구하는 데에도 시사점을 던져 줄 수 있다. 이에 프랑스 선교사들이 19세기 조선의 종교적 환경을 어떤 시선으로 바라보았는지, 조선 사회를 지탱하는 종교적 원리를 어떻게 이해하고 있었는지 등을 다루고자 한다.

이하에서 사용할 문헌 자료는 샤를 달레(Charles Dallet)가 프랑스어로 펴낸 조선 천주교 역사서인 『조선 천주교회사』(1874)[1] 「서설」의 원천 사료였던 앙투안 다블뤼(Antoine Daveluy)의 필사 원고이다. 달레의 「서설」은 조선 천주교의 역사를 서술하기에 앞서서 조선이라는 나라를 개괄적으로 설명하는 내용으로 구성되어 있다. 그런데 샤를 달레는 조선을 방문한 적이 없었으며, 조선에 있던 선교사들이 보낸 편지나 보고서만을 토대로 하여 『조선 천주교회사』를 저술하였다. 달레 저서의 「서설」이 어떤 문헌들을 참고하였는지를 밝힌 선행 연구가 존재하는데,[2] 이에 따르면 달레의 「서설」에서 가장 많이 사용한 선교사 자료는 앙투안 다블뤼가 1860년 무렵에 완성한 원고 『조선사 서설 비망기』였다.[3]

본 연구에서는 다블뤼의 『조선사 서설 비망기』를 중심 문헌으로 선택하여

---

[1] Charles Dallet, *Histoire de l'Eglise de Corée* (Paris: Victor Palmé, 1874).
[2] 최석우, 「달레著 한국천주교회사의 형성과정」, 『교회사연구』 3(1981).
[3] 다블뤼는 보고서의 제목을 '조선사 입문을 위한 주석(Notes pour l'introduction à l'histoire de la Corée)'이라고 하였다. 이 자료를 발견하여 학계에 보고한 최석우는 『조선사 서설 비망기』라고 명명하였다. 최초 발견자의 공적을 기리는 의미에서 최석우가 명명한 제목을 쓰겠다.

서양 선교사들이 조선 사회에 관하여 축적한 지식을 살펴보고자 한다. 19세기 프랑스 선교사들이 조선 사회와 조선의 종교를 관찰하던 시선을 연구하려면 문헌적 검토가 선행되어야 한다. 문헌 검토가 완료되어야만 선교사들이 조선의 역사와 지리적 환경, 정치 제도, 법률, 사회 제도와 관습, 종교 등을 서술하면서 참고한 조선 측의 문헌이 있었는지, 있었다면 그것이 무엇이었는지, 그리고 선교사들은 그 문헌에 실린 정보들을 정확하게 인용했는지 등을 해명할 수 있다. 그러므로 이하에서는 19세기 조선에서 활동하였던 선교사 다블뤼가 조선 사회를 소개하는 보고서를 짓게 된 경위를 먼저 소개할 것이다. 그런 다음에 다블뤼의 기록에 나타난 특징적인 내용으로서, 조선 사회에 작동하는 유교적 원리에 대한 천주교 선교사의 관찰 내용을 다루고자 한다.

2. 다블뤼의 『조선사 서설 비망기』

1) 다블뤼의 생애

앙투안 다블뤼는 1818년 3월 16일 프랑스 아미앵에서 태어났다.[4] 부친은 공장을 소유하고 있었으며 시 의회의 의원이기도 하였다. 즉 다블뤼는 부르주아 계급 출신이었다. 다블뤼의 출생지나 배경은 조선에서 활동한 파리외방전교회 선교사들이 대부분 프랑스 지방 농촌 출신이었던 점과는 대비된다.

아미앵에서 어린 시절을 보낸 다블뤼는 1834년 10월에 파리 남서쪽 근교 도시 잇시(Issy)에 있는 생-쉴피스(Saint-Sulipice) 신학교 철학부에 입학하여 2년 동안 철학을 공부하였다. 그런 다음에 1836년 5월 28일 파리 시내에 있는 가르멜회 성당에서 파리 대교구장 루이 드 켈랑(Louis de Quélen)의 집전으로 성직 입문 첫 단계인 삭발례를 받았다. 이어서 1836년 10월에는 파리의 생-쉴피스 신학교 신학부로 옮겨서 사제가 되기 위한 나머지 과정을 밟았다. 1841년 12월 18일에 사제로 서품된 후, 아미앵 교구에 속한 루아(Roye) 본당의 보좌 신부로 부임하였다. 다블뤼가 본당의 보좌 신부로 활동한 것은 1년 정도였다. 당시 리용에서 간행되던 선교 후원회 잡지에서 아시아 선교에 관한 기사를 읽

---

[4] 다블뤼의 생애에 관한 서술은 「다블뤼」, 『한국 가톨릭 대사전 3』(한국교회사연구소, 1996); 샤를 살몽, 정현명 옮김, 『성 다블뤼 주교의 생애』(대전가톨릭대학교 출판부, 2006) 등을 참고하였다.

고 선교사가 될 결심을 하였다.

1843년 7월 아미앵 교구장의 허락을 얻은 다블뤼는 10월 파리로 가서 파리 외방전교회 신학교에 입학하였다. 이미 교구 사제로 서품된 뒤였기 때문에 파리외방전교회 신학교에서 새로운 신학생 교육을 받지는 않았으며, 선교사로 활동하기 위한 간단한 소양 교육만 이수하였다. 주로 파리외방전교회 선교사 활동 수칙 등을 익히는 과정이었다. 그러면서 선교사로 파견될 날짜를 기다렸다. 이듬해인 1844년 2월 5일 출발 의식을 치르고 브레스트(Brest) 항구로 가서 아시아로 가는 배를 탔다.

다블뤼는 1844년 8월 24일 파리외방전교회 극동대표부가 있던 마카오에 도착하였다. 1845년 7월 마카오를 방문한 소선내목구 제3대 대목구장 페레올(Ferréol)이 다블뤼에게 조선으로 함께 갈 것을 제안하였다. 이리하여 다블뤼는 페레올과 함께 상해로 가서, 조선에서 배를 몰고 온 김대건을 만났다. 김대건이 8월 17일 상해의 김가항(金家巷) 성당에서 사제로 서품된 후, 페레올, 다블뤼, 김대건은 배를 구하여 조선으로 향했다.

1845년 10월 조선에 도착한 다블뤼는 페레올을 도와 선교 활동에 종사하였다. 김대건이 1846년 6월 체포되어 9월 새남터에서 순교한 뒤에도 페레올과 다블뤼, 두 명의 선교사는 계속 선교 활동을 벌였다. 페레올이 사망한 뒤에는 새로운 대목구장 베르뇌(Berneux)가 1856년 3월에 조선으로 왔다. 1857년 3월 베르뇌는 다블뤼를 부주교로 서품하고 나서, 그가 선교 일선에서 활동하는 대신, 조선 천주교 역사를 편찬하고 조선인 신자들에게 필요한 천주교 서적들을 간행하는 임무를 맡도록 권하였다.

베르뇌의 조선 입국 이후에 신임 선교사들이 계속 입국하자 다블뤼는 주기적으로 신자들이 사는 마을을 순방하는 선교 활동에서 잠시 손을 떼고 조선 순교자들의 역사를 정리하고 신자용 서적들을 간행하는 일에 종사하였다. 그 과정에서 조선 천주교의 순교자 역사, 조선이라는 나라에 대한 개괄적인 안내서, 주요한 순교자들의 간략한 전기 등을 원고로 엮었으며, 1862년에 자신이 쓴 원고들을 모아서 파리로 보냈다.

1866년 다시 천주교 탄압이 벌어졌다. 1866년 2월 한양에 있던 제4대 조선 대목구장 베르뇌가 체포되었고, 다블뤼는 1866년 3월 11일 충남 예산군 고덕면의 거더리(현 상궁리)에서 조선인 신자 황석두(黃錫斗)와 함께 체포되었다. 3월 14일 다블뤼와 다른 두 선교사 오매트르(Aumaitre), 위앵(Huin) 등은 한양의 감옥으로 이송되어 심문을 받았다. 결국 군문효수형의 판결을 받고 한양에서 100킬로미터 떨어진 충청도 보령의 갈매못으로 이송되어 3월 30일 처형되었다. 함께 처형된 사람들은 프랑스 선교사 오매트르, 위앵, 조선인 신자 황석두와 장주기(張周基) 등이었다.

2) 『조선사 서설 비망기』 집필 경위

다블뤼는 1857년 홍콩에 있던 파리외방전교회 극동대표부와 파리 본부에 서한을 보냈다.[5] 베르뇌로부터 조선 천주교 역사와 순교자 전기의 편찬을 위임받았다는 사실을 알리고, 관련 자료들, 특별히 초기 역사와 1801년 박해에 관한 자료들을 소장하고 있으면 모두 복사하여 조선으로 보내 달라고 요청하였다. 파리에 보낸 서한에서 다블뤼는 최근에 입국한 선교사 페롱(Féron)에게 전해 들었다고 하면서, 파리 본부에서 조선 천주교 역사서를 출판할 계획이라고 하던데 만약 그것이 사실이라면 출판을 중지해 달라고 하였다. 왜냐하면 유럽에서 구할 수 있는 조선 천주교 역사 관련 자료는 불완전하고 모호하며 이용해서는 안 될 사실들이 적혀 있는 경우도 많기 때문이었다.

그런데 이와 더불어 주목할 만한 점은 다블뤼가 조선식 한자 발음에 대해서 가지고 있던 견해이다. 조선에서는 인명이나 지명 등을 한자로 표기하고 있지만, 중국의 한자 발음과 다른 조선식 한자 발음이 별도로 존재한다. 그런데 유럽 자료에는 두 종류의 발음이 혼재되어 있다. 앞으로 조선 천주교 관련 기록을 남기거나 역사서를 편찬할 때는 조선식 한자 발음으로 통일해야 한다는 것이 다블뤼의 주장이었다.

다블뤼가 페롱으로부터 전해 들었다는 조선 천주교 역사서 편찬 계획은 존재하지 않았다. 적어도 현재까지는 기록으로 확인되지 않는다. 아마 페롱이 잘못 들었거나 곡해하였을 가능성이 있다. 그러나 다블뤼의 편지로 인하여 파리 본부에서도 조선에서 조선 천주교 역사와 순교자 전기를 준비하고 있으며, 그 임무가 다블뤼에게 위임되었다는 사실을 알게 되었다. 그러므로 자연스럽게 다블뤼의 원고가 파리에 도착하면 파리 본부에서 이 원고를 책으로 간행할 계획을 수립하였을 것이다.

다블뤼는 수시로 순교자에 관한 기록을 정리하여 파리로 보냈다. 1855년에는 순교자 이도기(李道起)의 전기를 보냈고, 1857년부터 1858년 사이에는

---

[5] 다블뤼가 『조선사 서설 비망기』를 집필하게 된 경위는 최석우(1981), 앞의 글, 121~125쪽을 참고하였다.

박취득(朴取得)과 윤지충(尹持忠)의 전기 그리고 『주요 순교자 전기』를 보냈다. 특히 윤지충의 전기를 보낼 때는 윤지충이 심문을 받을 때 주고받은 대화 내용을 정리한 자술서의 프랑스어 번역본이 증빙 문서로 첨부되었다. 그런데 다블뤼가 『주요 순교자 전기』를 따로 보낸 데에는 다소 복잡한 사연이 있었다.

1857년 교황청에는 조선 천주교 순교자 82위의 순교 행적을 정리한 기록이 접수되었다. 이것은 기해박해와 병오박해 순교자들의 기록을 라틴어로 옮긴 것이었다. 1846년 9월 11일 조선에서 페레올은 현석문 등이 완성한 『기해년 치명 일기』를 프랑스어로 옮겨서 홍콩의 파리외방전교회 극동대표부로 보냈다. 그리고 당시 홍콩에 머물고 있던 최양업(崔良業)은 페레올이 보낸 프랑스어 기록을 다시 라틴어로 번역하였다. 이 라틴어 번역본은 1847년에 파리 본부로 보내졌다. 파리외방전교회 본부에서는 조선에서 기해년과 병오년에 순교한 천주교 신자들의 순교 행적에 관한 기록이 파리에 도착하자 이것을 즉시 교황청 예부성성(현재의 시성성)에 제출하였다. 그리하여 1857년 9월 교황 비오 9세의 인가를 받아 조선 순교자 82위에 대한 시복(諡福) 조사가 개시되었다.[6]

다블뤼는 교황청에서 조선 순교자들에 대한 시복 조사가 개시되었다는 소식을 듣고 조선대목구에서 시복 청원 대상자 명단과 관련 기록을 만들어 교황청에 제출해야 하는 것으로 이해하였다. 1857년에 교황청에서 선포한 것은 교구 단계의 시복 조사가 아니라 교황청 단계의 시복 조사였다. 즉 조선에서 보낸 순교자 관련 기록의 유효성을 이미 인정하고 다음 단계의 시복 절차를 진행한다는 것이었다. 하지만 다블뤼는 조선 순교자의 시복 조사를 위하여 새로운 자료를 제출해야 한다고 생각하였다. 그리하여 다블뤼 자신이 파악한 조선 순교자 360명 가운데 순교 사실이 확실한 210명을 선택하여 그 명단과 관련 자료를 『주요 순교자 약전』이라는 이름으로 보냈다.

조선 천주교 순교자 관련 자료 수집과 역사 기록 편찬 작업은 1859년에도 계속 이어졌다. 다블뤼는 1859년 여름의 삼복더위에 두 명의 조력자와 함께 작업을 강행하였다. 그런 가운데 귀중한 자료를 발견하였다. 신자들이 비신자의 집에서 훔쳐낸 책 가운데 두 권으로 된 큰 책(20.5×32.0cm)이었는데, 다블

---

6 차기진, 「《기해 병오 순교자 시복 조사 수속록》譯註」, 『교회사연구』 12(1997), 226~227쪽.

뤼에 따르면 그 책에는 황사영의 백서 사본이 들어 있었다고 한다. 다블뤼가 활동하던 시기에 조선의 민간에서 황사영 백서를 사본의 형태로 접할 수 있는 길은 천주교를 배척하던 척사론 계통의 저술에 실린 것을 찾아내는 방법밖에 없었다. 신자들이 구해서 다블뤼에게 건네준 그 책 역시 『벽위편(闢衛編)』이나 『사학징의(邪學懲義)』와 같은 척사론 관계 서적이었을 것이다. 혹은 조선 후기 당파들의 기원과 역사를 정리하면서 황사영 백서 이본도 수록한 『동린록(東鄰錄)』 계통의 서적이었을 가능성도 있다.[7]

한문 해독 능력이 없었던 다블뤼는 즉시 한문에 능숙한 사람을 물색하여 그 책을 번역하도록 시켰다. 번역에는 상당한 시간이 걸렸다. 그래서 1859년에는 순교자 전기에 120쪽만 추가할 수 있었다. 또한 다블뤼는 지난 75년 동안의 시헌력 역서를 교회력과 대조하는 작업도 추진하였다. 아마 이것은 조선 기록에 나오는 주요 사건의 일자가 음력으로 되어 있으므로, 이것을 태양력(그레고리오 역법)의 날짜로 환산하는 작업을 진행한 것으로 추측된다. 그리고 순교자들의 생애와 순교 행적에 관한 구비 전승도 채록하였으며, 아직 생존해 있던 목격 증인들을 직접 면담하여 증언을 수집하였다. 다블뤼는 이런 목적으로 3개월 동안 아주 먼 지방까지 여행을 다녔다.

1860년 파리 본부에 보낸 다블뤼의 서한을 보면 조선 천주교 초기 역사에 관하여 초고를 마무리하였다는 말이 나온다. 아마 『조선사 서설 비망기』도 비슷한 시기에 작성된 것으로 보인다. 2년 뒤인 1862년 10월 서한에서는 순교자에 관한 모든 원고를 홍콩의 극동대표부를 통해서 파리로 발송했다는 언급이 나온다. 아울러 이제는 유럽 자료가 필요 없으므로 굳이 조선으로 보내는 수고를 할 필요가 없다는 점, 약간의 지시 사항만 달았을 뿐 제대로 편집하지 못한 초고를 그대로 보내므로 출판과 관련해서 몇 가지 사항을 준수해 달라는 점 등을 주로 강조하였다. 준수 사항은 자신의 원고를 그대로 출판해서는 안 된다는 것, 만약 출판하고자 한다면 반드시 자신의 허락을 받아야 한다는 것이었다. 그러면서 앞으로 순교자와 관련하여 몇 개의 자료를 더 보내게 될 것이라고 하였고, 조선의 산업과 관습에 관한 몇 개의 수기도 작성하고 있다는 말을 남겼다. 또한 조선의 관습을 설명할 때 그림을 곁들이면 훨씬 이해가 빠

---

7 파리외방전교회 문서고 소장 조선 관계 문서철 제577권에는 황사영 백서 불역본이 들어 있다. 문서철의 편찬 시기로 추정하건대 이 불역본은 다블뤼가 만든 것으로 짐작된다. 그리고 이 불역본의 저본이 된 황사영 백서 이본은 『동린록』에 삽입된 것과 같다. 이에 관해서는 다음의 연구를 참고할 것. 조현범, 「황사영 백서 불역본에 관한 연구」, 『교회사학』 12(2015).

를 텐데 그림을 구하지 못하고 있다고 하였다.

다블뤼는 1863년 9월에 보낸 서한에서 미완성 상태의 원고를 보낸 이유를 설명하였다. 즉 박해가 벌어져서 원고를 압수당할 위험도 있거니와, 그보다 더 위험한 일은 화재라고 하였다. 실제로 다블뤼는 1863년 봄에 자신이 거처하던 집에 불이 났다고 하였다. 그리하여 프랑스어 원고의 사료가 되는 한글과 한문으로 된 책 7, 8권이 들어 있던 큰 상자가 완전히 타버렸다는 것이다. 다행히 프랑스어 원고는 다른 곳에 맡겨 두었기 때문에 보존될 수 있었다.

다블뤼가 1862년에 그때까지 완성한 조선 사회와 조선 천주교 순교자 관련 기록을 모두 파리에 보낸 후에도 계속 순교자 관련 자료를 수집하였던 흔적이 있다. 즉 1866년 3월에 체포되기 5개월 전에 마지막으로 보낸 서한에서 순교자 자료 수집을 마무리하지 못한 것이 항상 마음에 걸린다는 말을 남겼다. 이와 더불어 1863년 봄에 이어서 1865년 봄에도 화재가 발생하였는데, 다행히 순교자 행적에 관한 증언록은 불에 타지 않고 보존되었지만 연말까지 이를 정리할 수 없을 것 같다고 하였다. 하지만 1866년 다블뤼가 체포되어 순교하면서 그가 작성한 조선과 조선 천주교에 관한 기록은 프랑스 파리 본부에 보낸 것을 제외하면 남김없이 모두 사라져버렸다. 그가 참고하였을 것으로 짐작되는 한문 자료, 한글 자료, 그리고 파리 본부에 보낸 원고의 초고나 기타 참고 자료들(로마나 파리에서 조선대목구에 보낸 공식 문서들)은 오늘날 남아 있지 않다.

3) 『조선사 서설 비망기』 원고의 행방

다블뤼의 원고는 모두 파리 본부에 잘 도착하였다. 그리고 1866년 박해로 인하여 조선대목구 소속의 프랑스 선교사들이 대부분 순교하고 다블뤼도 순교하자, 파리 본부에서는 순교자들의 기록을 정리하면서 각종 편지와 보고서의 필사본도 제작하여 함께 보관하였다. 이것은 순교자들의 시복 시성 청원이 있을 때 그 기초 자료로 삼으려는 목적이었다. 다블뤼가 보낸 원고 가운데 『조선 순교자 역사 비망기』는 네 개의 원고 뭉치로 이루어져 있었는데, 각각은 1887년 2월 17일까지 파리외방전교회 신학교의 신학생들에 의해서 필사되었고, 다시 교장이었던 델페슈가 원본 대조 확인 서명을 하였다. 그리고 『주요 순교자 전기』역시 대부분 1887년 2월 17일까지 필사되었다. 『조선사 서설 비망기』도 마찬가지로 파리외방전교회 신학교 교장 델페슈의 원본 대조 확인 서명이 첨부된 것으로 보아 1887년 2월 17일에 필사가 완료된 것으로 보인다.

다블뤼가 보냈던 서한들과 『조선사 서설 비망기』, 『조선 순교자 역사 비망기』, 『주요 순교자 전기』 등을 필사한 자료들은 병인박해 순교자 시복을 위한 저술 심사가 1910년 5월 파리대교구장 레옹-아돌프 아메트(Léon-Adolphe Amette)에 의해 이루어질 때 필사본 책자로 편찬되었다. 이 필사본 책자는 베르뇌, 다블뤼 등 병인박해 당시에 순교한 파리외방전교회 선교사들의 서한들을 18권으로 편집한 것인데, 다블뤼의 『조선사 서설 비망기』는 제6권, 『조선 순교자 역사 비망기』는 제7권, 『주요 순교자 전기』는 제8권으로 묶여 있다.

그런데 다블뤼가 보낸 원고들이 필사 과정 혹은 책자 편집 과정에서 뒤섞이는 일이 발생하였다. 가령 『주요 순교자 전기』의 네 번째 원고 뭉치에는 조선의 문객(門客), 천연두, 어사 제도, 여성의 처지, 목수, 석공, 기와장이, 보부상 조합, 향교, 화폐, 입양 제도, 사형집행 방식 등 조선 사회에 대한 소개의 글이 들어가 있다. 아마 『조선사 서설 비망기』에 속하는 원고가 『주요 순교자 전기』의 원고 뭉치에 잘못 들어갔는데, 이를 그대로 필사하여 묶은 것으로 추측할 수 있다. 어쨌든 다블뤼의 원고들은 원본과 필사본 책자라는 두 가지 형태로 파리외방전교회 문서고에 소장되어 있었다. 1924년 4월까지는 그러했다. 그러나 현재는 필사본 책자만 남아 있고, 원본은 소장되어 있지 않다. 원본의 행방이 묘연해진 것은 1924년 기해 및 병오박해 순교자 시복 재판 과정에서 벌어진 일이다.[8]

기해 및 병오박해 순교자 시복 안건이 예부성성에서 진행하는 교황청 수속 단계에 들어간 것은 1921년 7월의 일이었다. 1921년 7월 28일에 첫 번째 반대심문이 있었고, 그 후에 첫 추기경 회의인 '전 예비회의'가 열렸다. 이어서 1923년 3월 22일에 '예비회의'가 열렸다. 그리고 1924년 3월 18일에 추기경들의 '본회의'가 열리기로 되어 있었다. 그런데 뜻하지 않은 문제가 발생하였다.

그 무렵 조선에서는 조선대목구장 뮈텔이 규장각에 소장된 조선왕조 기록, 즉 『헌종실록』, 『승정원일기』, 『일성록』 등을 열람하고 순교자 관련 기사들을 발췌하였다. 이 자료를 프랑스어로 번역한 책자가 1924년 1월 28일 홍콩의 나자렛 인쇄소에서 간행되었다.[9] 뮈텔은 1924년 3월 18일로 예정된 추기경들의 '본회의'에 제출될 수 있도록 이 책자 50부를 로마로 발송하였다. 그런

---

[8] 양인성 외, 『한국천주교회사 5』(한국교회사연구소, 2014), 278~282쪽 참고.

[9] Gustave Mutel, ed., *Documents Relatifs aux Martyrs de Corée de 1839 et 1846* (Hong Kong: Imprimerie de Nazareth, 1924).

데 이 기록 속에는 옥사한 순교자들에 관한 내용이 들어 있지 않았다. 뮈텔의 서문에 따르면 사형집행은 승정원에 보고되었지만, 의금부에 갇혀 있다가 죽은 죄인들에 대한 기록이 없었다. 그러므로 기해 및 병오박해 순교자로서 시복 청원 대상자로 올랐던 82위 가운데 옥사한 17위가 "천주교 때문에 고문을 받다가 감옥에서 죽었다"는 사실이 확증되지 않은 것이었다.

그래서 1924년 3월 18일에 열린 추기경들의 본회의에서 이 17위가 과연 신앙 때문에 순교하였는지를 문제 삼게 되었다. 이 문제를 판가름하기 위하여 특별위원회를 별도로 소집하기로 하였다. 이 특별위원회에 회부된 순교자 17위는 다음과 같다. 이광헌 아우구스티노(4번), 그의 딸 이 아가타(6번), 김아기 아가타(14번), 이광렬 요한 세사(17번), 김정금 안나(25번), 김 로사(26번), 원귀임 마리아(27번), 고순이 바르바라(49번), 이영덕 막달레나(50번), 이인덕 마리아(51번), 정 아가타(63번), 김 바르바라(64번), 한 안나(66번), 김 바르바라(67번), 이 가타리나(68번) 등이었다.[10]

이들의 순교 행적을 확인하기 위하여 파리외방전교회 로마 대표부의 외젠 가르니에(Eugène Garnier)는 1924년 3월 25일 파리 본부에서 조선과 만주 선교지의 대표로 근무하고 있던 에드몽 제라르(Edmond Gérard)에게 서한을 보내어 17위의 순교자에 대한 좀 더 자세한 정보를 달라고 하였다. 그리고 이 일을 위해서 다블뤼가 순교자들에 관한 자료들을 수집한 사실이 기록된 다블뤼의 서한 사본을 보내 달라고 하였다. 왜냐하면 그 서한들에는 조선 주요 순교자 선정 명단이 첨부되어 있었기 때문이다. 특히 다블뤼가 파리 본부의 알브랑(F. Albrand)에게 보낸 1859년 1월 서한에는 이승훈(李承薰)과 이가환(李家煥)을 순교자 명단에서 삭제하라는 지시와 더불어 본인의 보고서 『조선 순교자 역사 비망기』를 첨부하여 보낸 것으로 되어 있었다.

가르니에는 1924년 4월 4일 제라르에게 편지를 보내어 다블뤼 서한 5통의 사본을 보내 달라고 하고는, 다시 4월 9일 서한에서 다블뤼가 1858년 혹은 그 몇 년 뒤에 파리로 보냈으며 달레가 『조선 천주교회사』를 지을 때 사용한 순교자들에 관한 비망기도 필요하다고 말하였다. 가르니에의 말로는 달레

---

[10] 1857년 9월 24일 비오 9세 교황이 가경자(可敬者, Venerabilis)로 선포한 조선 순교자들은 모두 83명이었다. 그런데 1905년 7월 25일 뮈텔 주교가 교황청으로 편지를 보내어 16번 경 마리아와 29번 박 마리아가 동일 인물임이 밝혀졌으며 해당자는 15번 박희순(朴喜順) 루시아의 언니이므로 박 마리아가 정확한 표기라고 알렸다. 이리하여 가경자 16번은 삭제되고, 총 82명이 시복 심사의 대상자로 올랐던 것이다. 위의 본문에 나오는 시복 심사자 번호는 16번이 존재하지 않는 83번까지의 명단에 나오는 번호이다.

가 다블뤼의 원고를 불태우지는 않았을 것이기 때문에 아마 신학교 고문서고 내에 있을 것이라고 하였다. 그러므로 그 비망기들을 찾아서 발견하게 되면 자기에게 보내 달라고 하였다. 특별히 17위 순교자들에 관한 사항들이 들어 있다면 더더욱 보내 달라는 것이었다. 왜냐하면 달레의 저서 안에는 다블뤼의 기록만이 아니라 여러 문서의 사본이 뒤섞여 있어서 사료로서의 가치가 떨어지기 때문이었다. 그러므로 다른 것과 섞이지 않은 "순수하게 다블뤼 주교가 작성한 원고"가 필요하다는 것이었다.

파리에 있던 제라르는 1924년 4월 16일 가르니에에게 서한을 보내면서 그가 요청한 서한 네 통과 다블뤼 원고를 로마로 보냈다. 그리고 그 이전에 원본과 확인 대조한 사본도 보낸 적이 있다고 말하였다. 제라르는 다블뤼의 원본 자료들은 헤아릴 수 없는 값어치를 지닌 귀중한 유물이므로 로마에서 참고한 다음에 반드시 돌려달라고 하였다. 하지만 그 이후로 다블뤼의 원본은 행방을 감추었다. 가르니에와 제라르가 1924년에 주고받은 서한에 등장한 이후로는 사라져버린 것이다.

그나마 다행한 일은 50년 뒤에 파리외방전교회 로마 대표부의 조르주 퀴삭(Georges Cussac)이 교황청 예부성성 문서고에서 필사본 책을 찾아낸 것이다. 퀴삭은 1968년부터 1980년까지 로마 대표부의 총대표였는데, 그 기간에 예부성성 문서고에서 파리외방전교회 관련 기록을 수색하다가 다블뤼의 원고 필사본을 발견하였다. 다블뤼 원고 필사본 책자는 1979년 3월 한국교회사연구소에 기증되었다가 현재는 파리외방전교회 문서고로 이관되었다. 한국교회사연구소에는 필사본 책자의 복제본이 소장되어 있다. 그리고 한국교회사연구소에서는 이 필사본 책자 가운데 『조선 순교자 역사 비망기』와 『조선사 서설 비망기』를 판독하여 1994년에 타자본 자료집으로 간행하였다.[11]

4) 『조선사 서설 비망기』의 구조와 내용

현존하는 『조선사 서설 비망기』 필사본을 살펴보면 네 개의 원고로 이루어져 있다. 각 원고의 말미에는 파리외방전교회 신학교의 교장이었던 프로스페르 델페슈(Prosper Delpech)가 원본 대조 확인 서명을 하였다. 그러므로 네 명의 신학생이 다블뤼의 원고를 나누어 맡아서 필사한 것으로 보인다. 서명한 날짜는

---

[11] 최석우 편, 『다블뤼(A. Daveluy, 安敦伊) 문서(Ⅲ) -조선사 서설 비망기』(한국교회사연구소, 1994). 이하 인용 시 '다블뤼, 『조선사 서설 비망기』, 쪽수'의 형식으로 표기.

적혀 있지 않으나 여러 자료를 종합하면 1887년에 필사하고 원본과 대조한 것으로 짐작된다.

네 개의 원고에는 각각 여러 개의 세부 제목이 붙어 있다. 첫째 원고에 네 개, 둘째 원고에 여섯 개, 셋째 원고에 열세 개, 넷째 원고에 열다섯 개가 적혀 있다. 하지만 네 개의 원고 서두에는 별도의 제목이 있지 않다. 필사자들이 임의로 분량을 나누어 맡다 보니 네 개의 원고로 나뉜 것으로 보인다. 그러므로 다블뤼가 보낸 『조선사 서설 비망기』의 전체 분량이 어느 정도인지를 정확하게 알 수는 없다. 앞서 지적한 바와 같이 다블뤼의 『주요 순교자 전기』에서 네 번째 원고는 조선 순교자의 약전이 아니라 조선 사회에 대한 일반적인 내용으로 이루어져 있다. 그러므로 아마 『조선사 서설 비망기』에 들어가야 할 원고가 『주요 순교자 전기』에 잘못 묶였을 가능성이 있다. 정확한 사정은 원본이 발견되어야만 밝혀질 수 있을 것이다. 각 원고에 붙어 있는 세부 제목들을 나열하면 다음과 같다.

첫째 원고
① 조선의 행정 조직 일람표
② 군사 및 형사 조직
③ 중인 계급
④ 이조 등 관료 조직과 담당 업무

둘째 원고
① 이름에 관한 주석
② 과거시험과 등급
③ 다양한 사회 계급들
④ 사회적·정치적 당파들
⑤ 불교 사원
⑥ 학문에 대한 존중

셋째 원고
① 포졸, 손님 환대, 인부
② 종교, 상제, 조상 제사
③ 나태, 수다, 감각적 쾌락에 대한 사랑

④ 희극, 놀이
⑤ 현 왕조의 개요
⑥ 조선의 의학, 침술
⑦ 상호 부조
⑧ 양반의 재산 상속, 아동 교육
⑨ 관료의 봉급, 가난
⑩ 탐식
⑪ 조선 역사, 중국 예속
⑫ 부부 관계, 가족 관계
⑬ 천주교 금지령

넷째 원고
① 여성, 친족
② 아전, 포졸
③ 고을 수령
④ 소 도축 금지령, 소나무 벌채 금지령
⑤ 신중함
⑥ 처녀
⑦ 환관
⑧ 종친
⑨ 창녀
⑩ 불교, 맹격
⑪ 사냥, 산림 개간
⑫ 입양 제도
⑬ 각 도의 풍속
⑭ 울릉도
⑮ 기우제

이상의 세부 제목을 보아도 알 수 있듯이 다블뤼의 『조선사 서설 비망기』는 조선 사회를 체계적으로 서술하는 형식을 취하고 있지 않다. 세부 항목들 사이의 편차가 매우 심하다. 즉 조선의 행정 조직을 일목요연하게 정리한 항목도 있지만, 다블뤼가 직접 목격한 조선인들의 생활 습관을 무차별적으로 나열하는 항목도 존재한다. 그러므로 조선의 지리, 역사, 제도, 정치, 경제, 사회, 문화, 과학, 종교 등 일관된 체제에 맞추어 차례대로 서술한 것이 아니라, 다블뤼 자신이 수집한 조선 측 문헌에 나온 정보들과 자신이 직접 경험한 사회상을 즉흥적으로 설명하고 있다.

이에 비해서 달레의 「서설」은 매우 체계적으로 조선 사회를 서술하고 있다. 아마 달레는 다블뤼의 원고를 읽으면서 자신이 생각하는 조선 박물지의 체계에 맞추어 다블뤼의 서술을 재배열하고 보충 설명을 추가하였을 것이다.

다블뤼의 원고에는 들어 있지만 달레가 인용하지 않은 부분도 적은 숫자이지만 분명히 존재한다. 다블뤼 본인의 경험에 지나치게 의존하여 조선 사회의 일반적인 모습이라고 보기 어려운 서술(환관의 성불구 원인과 양성구유자의 존재, 최하층 창녀의 행태, 조선의 야담집에 실린 허무맹랑한 이야기들, 울릉도에서 발생하였다는 초자연 현상), 다블뤼가 오랫동안 조선에 살면서 체득하게 된 조선 사회의 작동 원리에 대한 설명(오륜과 사회적 책무), 그리고 천주교 박해에 대한 기록 등은 달레가 의도적으로 누락한 부분이다. 천주교 박해 관련 기록은 달레가 자신의 저서 본문에 넣을 계획이었기 때문에 「서설」에 포함하지 않은 것은 당연하다. 또한 기이하고 초자연적인 현상은 조선을 소개하는 박물학적 지식에 적합하지 않았을 것이다.

하지만 조선 사회를 관통하는 사회적 원리를 파악하려는 다블뤼의 통찰을 배제한 것은 달레가 조선을 미개한 비문명 국가로 이해하고 있었음을 보여준다. 조선 사회를 지탱하는 정교한 원리를 제시하는 것은 달레가 갖고 있었던 저술 의도에 맞지 않았다. 물론 달레의 「서설」도 조선을 야만적인 나라로만 그리고 있지는 않다. 조선인의 공동체 관습 등에 대한 찬사는 다블뤼의 서술을 그대로 가져온 것이었다. 그렇기는 하지만 달레는 19세기 후반 유럽의 제국주의 팽창 정책에서 완전히 자유로울 수 없었으므로 조선 사회에 대한 다블뤼의 인식을 전적으로 수용할 의향은 없었다.

그러면 다음 장에서는 다블뤼가 조선 사회의 근본 원리라고 파악한 오륜(五倫)에 대한 이해와 다블뤼가 조선 사회에서 실제로 경험하였던 오륜의 구체적인 모습에 대한 묘사를 살펴보도록 하자. 이것은 일반적으로 서양인이 조선이라는 동아시아 사회를 짧은 기간에 관찰한 내용과는 상당히 다른 면모를 보여준다. 왜냐하면 규범적 원리를 이해하고 있으면서도 그것이 실제 사회적 삶에서 어떻게 드러나는지를 생생하게 경험한 내용을 담고 있기 때문이다.

3. 다블뤼가 관찰한 조선 사회의 유교 원리

다블뤼는 조선 사회를 지탱하는 원리가 유교의 다섯 가지 윤리 규범을 따른다고 생각하였다. 즉 군신유의(君臣有義), 부자유친(父子有親), 부부유별(夫婦有別), 장유유서(長幼有序), 붕우유신(朋友有信)의 오륜이 조선 사회의 근간이라는 것이다. 그중에서도 다블뤼가 집중적으로 거론하는 것은 국왕에 대한 충성, 아버지에 대한 효성, 남편에 대한 헌신이다. 먼저 오륜에 대한 일반적인 설명에서 시작하자.

> 유교의 토대를 이루는 근본적인 원리는 오래전부터 유럽에 잘 알려져 있다. 그것은 사회의 모든 구성원 사이에 존재하는 관계를 규정하는 다섯 가지 관계이다. 그것은 국왕과 신하의 관계(헌신), 아버지와 아들의 관계(효성), 배우자 사이의 관계(구별), 노인과 청년 사이의 관계, 그리고 친구들 사이의 관계를 말한다. 보다시피 여기에 신성성의 문제는 들어 있지 않다. 단지 인간들 사이의 의무일 뿐이다. 그리고 모든 관계는 이 다섯 가지 중심 관계와 연결된다. 이러한 사회적 의무들은 공자와 여타의 현인들에 의해서 탁월한 방식으로 발전해 왔다. 그리고 이러한 교육의 기초가 되는 중요한 서적들은 유럽인들의 찬사를 받을 만하다. 말하자면 동양인들은 중요하고 도덕적인 책들 그리고 도덕적인 방식으로 그려진 역사적인 교훈들만을 자식들의 손에 쥐어주기 때문에 서양인들보다 훨씬 더 교육을 중시한다. 아시아 사회는 이 다섯 가지 원리로 구성되기 때문에 나쁜 점들만큼이나 좋은 점도 많이 가지고 있다.[12]

다블뤼는 오륜이 사회적 삶의 규범이라고 보았다. 그래서 종교적 의미를 지니지 않는다는 것이다. 다블뤼는 오륜에 신성성의 문제가 들어 있지 않다는 식으로 단언한다. 단지 인간들 사이의 의무를 규정하는 원리일 뿐이라는 것이다. 물론 오륜 자체에 종교적 성격이 들어 있는 것은 아니다. 그러나 오륜의 실천 자체에는 종교성이 없을 수 없다. 왜냐하면 살아 있는 현재의 국왕에 대한 충성도 중요하지만, 역대 국왕의 신주를 모셔 두고 거행하는 종묘 제례

---

12 다블뤼,『조선사 서설 비망기』, 61쪽.

역시 신하의 의무 사항이기 때문이다. 또한 부모에 대한 효성 역시 살아 있는 부모를 잘 모시는 것 못지않게 돌아가신 부모에게 제사를 올리는 것도 중시한다. 마찬가지로 부부 관계에서 남편과 아내의 의무를 규정하는 것은 우주적인 원리로 정당화된다. 이렇게 본다면 오륜에는 분명히 유교 고유의 종교적인 성격이 깃들어 있다. 하지만 천주교 선교사로서 다블뤼는 오륜을 종교적인 원리로 여기지는 않았다. 다만 사회적 삶의 규범이라고 볼 뿐이다.

1) 국왕에 대한 충성

다블뤼는 오륜의 첫째 규범인 군신유의를 충성(dévouement)이라는 가치로만 해석한다. 신하는 마땅히 국왕에게 충성을 바쳐야 하며, 이것이 가장 큰 규범이라는 것이다. 오륜의 의(義)와 국왕에 대한 충(忠)이 어떻게 연관되는지를 해명하려면 유교 경학의 지식을 동원해야 할 것이다. 어쨌든 다블뤼는 오륜의 군신유의를 국왕에 대한 신하의 의무로만 이해하였다.

> 국왕에 대한 존경과 사랑은 백성들의 마음에 각인되어 있고, 심지어 훨씬 더 극단적인 데에까지 이른다. 아주 드문 경우가 아니라면 국왕을 만지는 것은 사후라도 금지되어 있다. 대궐의 문 앞에서는 말에서 내리지 않으면 들어갈 수 없다. 그리고 국왕을 알현하려면 예복을 갖추어 입어야 한다. 국왕이 거동할 때는 행렬이 동반된다. 국왕은 누구와도 격의 없이 친하게 지내지 못한다. 단 소녀들은 예외이다.[13] 만약 국왕이 누군가에게 손을 댄다면 국왕의 손이 닿은 신체 부위는 신성해진다. 백성들은 국왕에게 나라의 주요 산물들 가운데 첫 수확물을 바친다. 모든 공물은 성대하게 운반된다. 용의 시장의 첫날(le premier jour de marché du Dragon)은 왕의 시종들에게 배당되어 있다. 그들이 어디에 가건, 그들은 360개의 지역 가운데에 하나를 선택한다. 각 지역은 매일 나누어 맡아서 국왕에게 필요한 것을 조달한다. 백성들의 눈에 국왕은 잘못을 저지를 수 없는 존재이다. 아무도 감히 국왕이 잘못된 말을 하고 있다고 말하지 못한다. 왕관에서 유래한 것은 모두 신성하다. 국왕이 하사한 공문서(교지)와 상은 자기 집에서 종교적인 예식을 갖추고 받아야 한다.[14]

---

13 아마 궁녀를 가리키는 것으로 보인다.
14 다블뤼, 『조선사 서설 비망기』, 61쪽.

흥미로운 점은 다블뤼가 이러한 오륜의 규범을 바탕으로 하면서도 구체적으로 조선 사회에서 국왕에 대해서 지켜야 하는 의무들도 잘 파악하고 있다는 점이다. 그래서 조선에서는 국왕의 몸에 손을 대서는 안 된다거나, 대궐의 문 앞에서는 누구나 말에서 내려야 한다는 사실을 소개한다. 아울러 국왕의 손이 닿은 신하의 신체 부위가 신성하게 취급된다는 점도 지적한다. 다블뤼의 언급은 신하가 왕의 몸을 함부로 만질 수 없어서 침을 놓지 못해서 병을 다스리지 못했다는 이야기, 그리고 황사영이 대과에 급제해 정조를 알현했을 때 정조가 손목을 잡자 평생 그 손목에 명주 천을 둘렀다는 일화 등과도 상통한다.

그런데 조선의 행정 조직인 군현이 360개 존재하는 이유에 대한 설명은 선뜻 납득할 수 없다. 360개의 군현이 1년 중 하루씩 나누어 맡아서 국왕이 소모할 물자를 제공한다는 설명은 그 출처가 무엇인지 의심스럽다.[15] 그리고 지방에서 국왕에게 바치는 공물을 거둘 때 '용의 시장의 첫날'에 국왕의 시종이 배당된 지역을 선택하여 돌아가면서 공물을 받아 온다는 말은 조선 측의 어느 기록에서도 확인되지 않는 주장이다.

앞서 다블뤼는 오륜에 종교적 의미가 들어 있지 않다고 하였다. 하지만 국왕이 하사한 문서나 포상을 신성한 것으로 간주한다는 말을 덧붙이고 있다. 또한 국왕의 교지를 받을 때는 자기 집에서 신성한 종교적 예식을 갖춘 다음에야 국왕이 보낸 글을 읽을 수 있다고 하였다. 그러므로 다블뤼도 오륜, 특히 국왕에 대한 존경을 사회적으로 실천하는 일 자체에는 종교의례가 수반된다는 점을 알고 있었다.

2) 부모에 대한 효도

오륜의 첫째 덕목은 국가적인 차원에서 실현되어야 할 윤리적 지침이다. 이에 비해서 둘째 덕목은 조선 사회의 기본 단위인 가족을 중심으로 한 것이다. 부자유친의 도리가 구체적으로 어떤 의미를 지니는 것인지에 대해서는 다양한 논의가 가능할 것이다. 하지만 다블뤼는 무엇보다도 부모에 대한 자식의 효도를 가리킨다고 보았다. 그리고 조선에서 효성은 지고의 덕목인 만큼, 효성을 실천하기 위하여 온갖 사회적 관습이 동원된다는 점을 지적하였다. 그렇지만 효도의 실천이 긍정적인 면만을 지닌 것은 아님을 주장하였다. 즉 자식이

---

15 달레도 이와 유사한 설명을 하였다. 샤를 달레, 『한국천주교회사(상)』(한국교회사연구소, 1979), 69쪽.

부모에게 효도해야 한다는 일방적인 강요 때문에 왜곡되는 측면도 많다는 것이다. 다블뤼는 윗사람의 불의를 고발하지 않는 관행, 부모가 돌아가시면 의무적으로 행해야 하는 장례와 제사의 문제점 등을 대표적인 사례로 제시한다. 그러면서 조선 사회가 이러한 문제점을 바로잡고 효성의 가치를 더 잘 드러내려면 천주교를 받아들여야 한다고 주장한다.

> 조선의 백성들이 가장 강하게 묶여 있고 또 보존할 가치가 있다고 여기는 덕목은 효성이다. 아버지는 가족에게 전부이다. 그를 두려워하고 존경하며 복종한다. 그래서 조선에서는 아이들이 부모를 위해서라면 근대 유럽에서는 전혀 볼 수 없는 그런 일들을 하는 경우를 종종 보게 된다. 적어도 이런 문제에 관해서 법률은 대단히 엄격하다. 가장 미약한 범법 행위는 풀어 주지만, 법이 엄격하게 처벌하는 큰 문제들은 금지한다. 효성스러운 아이에게는 상과 명예가 주어진다. 신분에 따라서 각종 의무를 면제해 준다. 그리고 기념 표지물과 사당이 세워진다. 가족의 버팀목, 자랑이 된다.[16]

> 가장의 권위에 대한 존경은 아버지에 국한된 것이 아니라 삼촌, 형에게로 확대된다. 이들은 모두 아랫사람에게 강력한 권위를 가지며 큰 존경을 받는다. 남자는 어머니의 젖과 함께 가부장의 권위에 대한 존중을 먹고 자라며, 커서는 어려움 없이 시민적 권리를 얻게 된다. 모든 것이 질서정연하게 이루어진다. 이런 점들은 유럽이 아시아에서 잘 연구해야 하는 것들이다. 유럽은 이를 잃어버렸고 더 이상 그 기초를 천주교에서 찾으려 하지 않는다. 유럽의 새로운 법률 체계는 무신론적일 뿐만 아니라 불경건하기까지 하다. 자기밖에 모르는 순전한 이기주의에 빠져 있으며, 불행히도 그 결과들이 나타나고 있다. 반대로 이곳 조선에서는 법률 질서가 오로지 가족을 유지하는 것만 목표로 하며, 가족을 가장 귀중하게 여긴다. 어떤 면에서는 가끔 개인이 희생되기도 한다. 그러나 전체적으로 보자면 이기주의가 초래하는 무질서보다는 덜 비극적이지 않은가? 자기 부친이나 가까운 친척을 감히 고발하여 처벌받게 하려는 자가 있겠는가? 큰 손해를 감수하면서까지 친척 어른의 말을 법적으로 반박할 수는 없다.[17]

---

16 다블뤼, 『조선사 서설 비망기』, 62쪽.
17 다블뤼, 『조선사 서설 비망기』, 62쪽.

아들이나 조카는 윗사람의 불의를 보호해야 한다고 생각한다. 그리고 가부장의 권한에 대해서 감히 도전하면 안 된다고 여긴다. 친척 어른과의 관계에서 허물없이 가깝거나 평등하다는 생각은 낯선 것이며, 반말을 하는 것은 가부장의 권위를 무시하는 언동으로 간주한다.[18]

법과 관습은 이 타락한 시대에도 여전히 유지되고 있다. 공자의 판단으로 볼 때 덕의 실천은 민족들의 삶에서 첫째가는 일이다. 위대한 철학자 공자의 말이 틀린 것은 결코 아니었다. 그러나 그가 아내를 버린 일은 가장 위대한 민족들을 바닥을 알 수 없는 심연에 빠뜨렸다.[19] 여기서 일이 너무 멀리 나가게 된 것이다. 아버지들과 친척들은 권위를 남용하여 자식을 학대하였다. 또 권위를 남용하여 타락한 의지를 만족시키려고 악을 행하고 선을 가로막는다. 아이들 사이에서 신으로 군림하는 몇몇은 씩씩한 민족답지 않게 애지중지하고 어루만지며 부드럽게 대한다. 하지만 잘되라는 부모의 바람은 오히려 아이들에게 부담이 된다. 반발할 여지 없이 여기에서 악습이 생겨난다. 상을 당하면 27일 동안 제사와 미신과 불쾌한 관습들이 끝도 없이 이어진다.[20]

한편으로 참된 헌신을 표현하는 것이건, 자기를 낳아 준 분에 대한 외적인 존경이건 간에 아이들이 자기 부모에 대한 의무를 다하는 것은 보기 좋은 일이다. 그리고 다른 한편으로 모든 것을 고려할 때 위에서 말한 악습들이 있더라도 쉽게 억제할 수 있다. 그렇지만 이 근본 원리를 회피하려는 사람들에게는 돌려줄 방법이 없다.[21] 그러므로 우리는 이 먼 이방의 민족에서 이런 도덕적인 덕목을 발견하며, 천주의 도우심으로 이곳에서 효성을 대신하여 천주교가 성장하기를 희망한다. 천주교는 효성을 올바른 방향으로 인도하고 강화하고 또 진정한 기반 위에 올려놓을 수 있다.[22]

---

18 다블뤼, 『조선사 서설 비망기』, 62쪽.
19 공자가 자기 아내를 내쫓았다는 '공자출처(孔子出妻)'는 『예기(禮記)』와 『공자가어(孔子家語)』에 전한다. 『예기』나 『공자가어』를 읽었을 리 없는 다블뤼가 어떤 문헌을 통해서 이런 사실을 알았는지 더 연구할 필요가 있다.
20 다블뤼, 『조선사 서설 비망기』, 63쪽.
21 유럽인들을 가리키는 것으로 추측된다.
22 다블뤼, 『조선사 서설 비망기』, 63쪽.

이상의 인용문을 보자면 다블뤼가 조선 사회에서 효도가 얼마나 큰 의무이자 규범인지를 잘 알고 있었다고 하겠다. 특히 "부모를 위해서라면 근대 유럽에서는 전혀 볼 수 없는 그런 일들"을 행한다고 하였는데, 이것은 억울하게 죽은 부모를 위한 사적인 복수, 혹은 부모의 병을 낫게 하려고 행하는 단지(斷指)처럼 신체 절단 같은 경우를 암시하는 것으로 보인다. 그리고 부모의 권위 남용에서 나오는 자녀 학대를 지적하기도 한다. 상장례와 제사를 미신으로 여기는 것은 천주교 선교사라는 신분에서 나오는 선입견으로 볼 수 있다.

그렇지만 다블뤼는 가부장 제도에 기반하여 질서정연하게 사회가 결속되는 것을 이상적인 모습으로 여겼고, 유럽은 근대화 과정에서 중세 때 유지되던 가족적 유대를 상실하였다고 보았다. 그래서 조선 같은 아시아 사회를 잘 연구해서 근대 유럽이 잃어버린 것을 되살려야 한다는 주장까지 한다. 다만 조선을 일방적으로 미화하지는 않았으며, 천주교야말로 효성을 올바른 방향으로 인도할 유일한 가능성이라고 말함으로써 조선 사회와 천주교의 보완적인 관계를 제시하는 태도를 보인다.

3) 부부 사이의 윤리

다블뤼가 오륜의 유교 윤리 가운데에서 가장 비판적으로 바라보는 것은 부부 윤리이다. 즉 조선에서는 남성이 일방적으로 우위에 있고, 여성을 지배하고 복종을 강요한다는 것이다. 반면 남성은 어떠한 의무 조항도 없이, 오로지 여성 위에 군림하는 존재로만 인식하고 있다. 특히 여성에게는 정절을 지키는 것이 지고의 가치이기 때문에 종종 비극적인 일들이 발생한다고 보았다. 더구나 과부의 재가를 금지하는 조선의 관습은 많은 악습을 낳는데, 양반층에서 이런 일이 매우 빈번하다는 것이다. 반면에 천주교는 남편이 죽은 뒤에 부인이 재혼하는 것을 금지하지 않기 때문에 악습을 제거하는 데 중요한 역할을 할 수 있다고 주장한다. 다음의 인용문은 다블뤼가 오륜을 설명하면서 조선의 부부 관계에 관한 풍습과 폐단을 소개한 부분이다.

> 배우자들 사이의 각기 다른 관계에 관해서는 우리도 책에 어떻게 적혀 있는지 모른다. 그러나 실제로는 모든 것이 부인이 남편을 섬기는 방식과 유사한 것처럼 보인다. 왜냐하면 남편은 부인에 대해서 모든 의무에서 면제된 것 같기 때문이다. 그래서 우리는 부인이 배우자에 대해서 헌신과 절개를 다하는 모범적인 사례들을 언급하는 것을 자주 듣는다. 그러나 충실한 남편이라는

말은 쓰지 않는다.[23]

남편을 구하기 위하여 자기 몸의 일부를 자르거나 남편이 죽은 뒤에 자결하는 것은 절개를 지키는 행위로 여긴다. 우리는 이런 일을 종종 접하게 되며, 때때로 이런 부인에게 경의를 표하는 비석이나 사당을 세운다. 양반들은 자기 부인의 정절을 극도로 의심하여 밖에 못 나가게 한다. 이 때문에 양반 부인은 외적으로 아주 큰 조심성을 지니고 있다. 그러나 이런 치욕이 공개적으로 알려지면 극단적인 일이 벌어진다. 만약 무뢰한이 양반 부인에게 몰래 접근하는 일이 벌어지면 대개 어떤 저항도 하지 못한 채 당하고 만다. 아무도 알면 안 되기 때문이다. 명예를 훼손당하느니 차라리 육체의 순결을 잃는 것이 더 낫다고 여긴다. 사실 능욕을 당하지 않았더라도 외간 남자가 방에 들어왔다거나 자기 손을 잡았다는 사실만으로도 엄청난 불명예가 된다. 설사 양반 부인이 저항했다고 하더라도 사람들은 달갑게 여기지 않는다. 얼마나 불행한 일인가![24]

남편에게는 부부의 정조가 요구되지 않는다. 원하는 대로 모든 것에 몸을 내맡긴다. 아무도 이것을 나쁘게 생각하지 않는다. 아마 그래서인지 조선의 부녀자 마음에는 질투심을 좀처럼 찾아보기 어렵다. 그녀는 모든 것을 안다. 남편의 부정한 행위를 눈으로 직접 보기도 한다. 그래도 너무나 조용하고 너무나 유순하다. 적어도 외교인(外敎人) 사이에서 부인은 남편의 종이다. 남편의 의지에 복종해야 할 뿐이다. 그래서 자기가 바라는 바를 남편에게 말하지 못한다.[25]

200~300년 전부터 뿌리를 내린 관습에 따라서 남편이 죽게 되더라도 부인은 재가해서는 안 된다. 그녀는 평생 상복을 입고 살아야 한다. 만약 재가하게 되면 그녀와 그녀의 가문에 불명예가 된다. 그래서 재가를 하려면 은밀하게 해야 하고 신분이 강등되는 것을 감수해야 한다. 서민들 사이에서는 재가하는 것이 그렇게 어려운 일은 아니다. 특히 하층민들에게서는 빈번하게 행

---

23 다블뤼, 『조선사 서설 비망기』, 63~64쪽.
24 다블뤼, 『조선사 서설 비망기』, 64쪽.
25 다블뤼, 『조선사 서설 비망기』, 64쪽.

해진다. 과부 재가 금지의 관습은 매우 큰 악습을 낳는다. 천주교가 공인되지 않는 한 이런 악습은 심각하게 흔들리지 않을 것이다.[26]

재가 금지는 남편을 마음에 들어 하지 않던 젊은 부인들이 독약이나 기타의 방법으로 남편을 죽이고 자기 멋대로 다른 남자에게 재가하려고 했던 일에서 왔다고들 확언한다. 이런 불행한 사태를 대비하려고 재가한 여자는 모두 소실로 취급되고, 그 자식은 서출로 여겨 고위직에 오를 수 없도록 정해 놓았다. 이 때문에 양반들은 더 이상 이런 여인들을 원하지 않게 되었고, 그녀들 역시 신분이 강등되는 것을 원하지 않았다. 그리하여 양반들에게 재가는 금지 사항이 되었다. 이 관습이 널리 퍼지면서 서민들도 시대적인 풍조를 따르게 되었다. 오늘날에 와서 재가 금지는 완전히 정착된 관습이 되었다. 그러나 재가 금지의 기원이 과연 사람들이 말하는 그대로일까?[27]

다블뤼가 조선에서 여성의 처지에 관하여 매우 비판적인 견해를 가지고 있었음은 분명하다. 남편은 온갖 악행을 일삼고 부인을 종처럼 부리면서도 자기 자신에 대해서는 윤리적인 규범을 적용하지 않는다. 그리고 부인은 남편이 병으로 죽을 위험에 처하면 손가락을 잘라 피를 마시게 하거나, 결국 남편이 죽으면 따라 죽어야만 칭송을 받는다. 또한 양반층에서는 여성이 극단적으로 육체적 순결을 지켜야 명예를 지킬 수 있다는 신념을 가지고 있어서 불행한 일들이 벌어지고 있다. 이런 점들은 다블뤼가 조선에서 살면서 직접 보았거나, 주변의 조선인 신자들에게 들었던 이야기였을 것이다. 실제로 과부의 수절이나 열녀문 같은 사례는 조선시대 문헌에서 많이 접할 수 있는 것들이다. 그렇지만 이에 대해서 다블뤼는 강하게 비판한다.

흥미로운 것은 재가 금지의 기원에 대한 설명이다. 남편이 마음에 들지 않은 젊은 부인이 남편을 죽이고 재혼하려고 했기 때문에 이것을 막으려고 재가 금지의 관습이 생겼다는 것이다. 다블뤼는 이런 기원 설명에 대해서 의문을 제기한다. 그러나 단순한 의문 제기에 그칠 뿐 더 이상 상세한 언급은 하지 않는다. 전체적으로 보자면 오륜의 부부유별이라는 윤리 규범이 조선 사회에서 중요한 가치로 작용하고 있음을 다블뤼는 잘 알고 있었다. 그리고 그 폐단

---

26 다블뤼, 『조선사 서설 비망기』, 64쪽.
27 다블뤼, 『조선사 서설 비망기』, 65쪽.

도 분명하게 인식하고 있었다. 그러나 아시아 사회가 왜 그러한 규범을 유지하고 있었는지를 더 깊이 파헤치지는 않는다. 그리고 가부장 제도에도 불구하고 조선의 여성이 독자적인 권리를 지니고 남성과 동등한 존재로 살았던 경우도 있다. 다블뤼의 『조선사 서설 비망기』에도 그런 여성을 묘사하는 부분이 나온다. 다만 여성의 사회적 지위를 설명하는 부분이 아니라 다른 대목에 실려 있다. 그러면서 유교적인 원리에 따라 움직이는 조선 사회의 실상을 드러낼 때는 여성, 특히 결혼한 여성의 열악한 처지를 강조하고 있다.

4. 맺음말

프랑스 파리에 본부를 둔 천주교 선교 단체 파리외방전교회는 1831년부터 조선으로 선교사를 파견하였다. 정하상, 유진길 등이 사제를 보내 달라는 서한을 로마 교황에게 보냈고, 이에 호응하여 시암 왕국의 방콕에서 선교 활동을 하던 바르텔레미 브뤼기에르(Barthélemy Bruguière)가 조선 선교사를 자원하면서 시작된 일이었다. 브뤼기에르는 조선으로 오는 도중에 1835년 만주에서 병사하였지만, 피에르 모방(Pierre Maubant)이 1836년 조선 입국에 성공하였다. 그 뒤로 1866년 병인사옥이 벌어질 때까지 30년 동안 20여 명의 프랑스 선교사가 조선에 들어와서 활동하였다.

프랑스 선교사들은 개항 이전의 조선에서 살았던 유일한 외국인들이었다. 그것도 단기간 체류하는 여행자가 아니라 조선에서 살다가 죽을 각오로 온 인물들이었다. 그래서 그들은 스스로를 "두 개의 조국을 지닌 사람들"이라고 불렀다. 그런 만큼 그들이 남긴 조선 관련 기록들은 이방인의 타자적 시선으로 바라본 조선이라는 측면에서 대단히 가치가 높다. 게다가 조선에서는 너무나 자명하여 기록할 필요를 느끼지 못했거나 아예 기록의 주체가 존재하지 않았던 민간 풍습들이나 하층민의 생활과 문화에 대해서도 묘사하였다. 그래서 조선 측 사료로 밝혀지지 않았던 조선 사회의 실상을 파악하는 데 도움을 준다.

19세기 프랑스 선교사의 조선 인식과 타자성의 문제는 이미 학계에서 많이 다루어진 주제이다. 주로 샤를 달레가 지은 조선 천주교 역사책, 특히 그 「서설」이 주된 자료로 인식되었다. 그렇지만 달레는 조선에 파견된 적이 없었다. 대신에 조선에서 활동하던 선교사들이 보낸 편지나 보고서를 읽고 정리하여 자신의 저서를 집필하였다. 기존 연구에 따르면 달레가 가장 많이 참고한 자료를 보낸 인물은 다블뤼였고, 그는 1855년부터 1862년까지 집중적으로 조선 관계 자료를 파리로 보냈다. 그 원고들의 원본은 아직 행방불명인 상태이지만 필사본이 남아 있어서 그 내용을 파악할 수 있다.

다블뤼가 보낸 자료에는 『조선 순교자 역사 비망기』, 『주요 순교자 전기』, 『조선사 서설 비망기』 등이 들어 있었다. 그중에서 달레는 『조선사 서설 비망기』를 주로 참고하여 저서의 「서설」을 지었다고 알려져 있다. 달레의 「서설」과 다블뤼의 『조선사 서설 비망기』를 대조하는 작업은 최석우에 의해서 처음 시도되었다. 그러나 최석우는 달레의 저서 전체와 다블뤼의 기록을 전체적으로 대조하였기 때문에 「서설」과 『조선사 입문』을 정밀하게 분석하지는 않았다. 그래서 아직 그 성과가 미진한 형편이다.

이 글은 프랑스 선교사들이 19세기 조선 사회를 어떤 시선으로 바라보았는지, 또한 그것이 과연 조선의 실상을 어느 정도 반영하고 있었는지를 살펴보기 위하여 다블뤼의 『조선사 서설 비망기』를 분석하였다. 그리고 다블뤼의 서술 가운데 조선 사회의 유교적 원리를 설명하는 부분을 상세하게 소개하였다. 제2절에서는 다블뤼의 생애, 『조선사 서설 비망기』 집필 경위, 『조선사 서설 비망기』 원고의 행방 등을 살펴보았다. 제3절에서는 다블뤼가 조선 사회의 유교 원리로서 꼽은 오륜의 내용과 구체적인 실상에 대한 다블뤼의 평가를 집중적으로 소개하였다.

이상의 작업을 통하여 다블뤼의 『조선사 서설 비망기』는 두 가지의 가치를 지니고 있음이 분명하게 드러났다. 먼저 달레의 「서설」이 주로 참고한 원천 자료로서의 가치를 지니고 있다. 이와 동시에 다블뤼의 『조선사 서설 비망기』는 그 자체로 별도의 연구가 필요하다. 아직 한국어로 번역되지 않아서 연구자들이 접근하기 어려운 만큼, 번역과 주해의 작업이 진행되어야 할 것이다. 특히 주해의 과정에서는 다블뤼가 참고한 조선 측 문헌의 정체가 밝혀져야 하리라고 본다. 다블뤼의 『조선사 서설 비망기』 전체를 번역하고 주석을 붙이는 작업은 차후의 연구 과제로 남기고자 한다.

●참고문헌

원전

Dallet, Charles, *Histoire de l'Eglise de Corée*, Paris: Victor Palmé, 1874.

Mutel, Gustave, ed., *Documents Relatifs aux Martyrs de Corée de 1839 et 1846*, Hong Kong: Imprimerie de Nazareth, 1924.

샤를 달레, 안응렬·최석우 공역, 『한국천주교회사(상, 중, 하)』, 한국교회사연구소, 1979.

최석우 편, 『다블뤼(A. Daveluy, 安敦伊) 문서(Ⅲ) -조선사 서설 비망기』, 한국교회사연구소, 1994.

논저

샤를 살몽, 정현명 역, 『성 다블뤼 주교의 생애』, 대전가톨릭대학교 출판부, 2006.

양인성 외, 『한국천주교회사 5』, 한국교회사연구소, 2014.

조현범, 「황사영 백서 불역본에 관한 연구」, 『교회사학』 12, 2015.

차기진, 「《기해 병오 순교자 시복 조사 수속록》譯註」, 『교회사연구』 12, 1997.

최석우, 「달레著 한국천주교회사의 형성과정」, 『교회사연구』 3, 1981.

조선 후기 노비와 상전 관계의 호혜성

정수환 | 한국학중앙연구원 수석연구원

1. 충노와 충비의 신화

1932년 9월 여주이씨·경주손씨·안동권씨 등 주요 성씨를 대표하는 경주 지역 지식인들은 2년 5개월에 걸친 편찬 작업 끝에 『경주읍지』를 간행했다.[1] 읍지의 「충의조(忠義條)」에는 충노(忠奴)와 충비(忠婢) 다섯 사례를 수록하고 있다.

- 옥동은 정무공 최진립의 노이다. 임진년(1592)에 그의 주인이 창의할 때 옥동은 겨우 15~16세였지만 정성을 다해 주인을 모셔 위기와 곤궁함을 피하지 않았다.
- 기별은 옥동의 조카이다. 병자년(1636) 험천 전투에서 정무공이 자기 노에게 이르기를 […] 기별이 울면서 옷을 입고 "주인이 이미 충신인데 종이 어찌 충노가 아니겠습니까?" 하고 진중에서 죽었는데, 시신은 주인 곁에 있었다.
- 억부는 전승지(贈承旨) 손종로의 노이다. […] 주인이 궁지에 몰리자 억부에게 돌아가라고 했지만 주인을 따라 죽었다. 정종 계묘년에 손종로에게 정려가 내리며 함께 정려되었다.
- 애경은 부북 모아촌에 살던 사비이다. 주인을 3대 동안 섬겨 충애(忠愛)를 독실히 했다. […] 항상 주인이 병이 생기면 똥맛을 보아 살폈다.
- 흔월은 부남 월남촌에 살던 사비이다. 임진년에 주인 김씨가 남편을 잃고 자식이 없었다. 흔월이 지극한 정성으로 봉양하여 김씨가 온전할 수 있었다.[2]

『경주읍지』에는 지역 인물의 열전을 연대순으로 기록하고 '충의'에 해당하는 내용을 첨부했다. 대상 인물도 넓혀 사족에 이어 노비의 내용까지 담았다. 위의 인용문은 그중 충노와 충비 기록이다.

옥동은 임진전쟁 때 최진립(1568~1636)의 의병진에 동원되어 적진에서 적을 유인하고 주인을 살렸다. 옥동의 조카 기별은 병자전쟁 때 최진립과 함께 전장에서 죽어 '충노'로 형상화되었다. 손종로(1598~1637)의 노 억부도 호

---

* 이 글은 정수환, 「조선후기 노비와 상전의 이해: '충(忠)'과 '이(利)' 그리고 호혜와 시혜」, 『청계사학』 27(2024)을 수정 보완한 것이다.
1 조철제, 「〈慶州邑誌〉해제」, 『국역 경주읍지』(경주시·경주문화원, 2002), 19쪽.
2 이상 인용문들은 『경주읍지』 권5 「열전 中」 충의 조를 재인용하였다.

란에 주인과 함께 세상을 떠나면서 1783년(정조 7)에 정려되었다. 이들 노는 충의 혹은 충노로 칭송되고 정려가 내려지기도 했다. 전장에서 상전인 양반이 국가를 위해 충을 다하듯이 노 또한 상전을 위해 충을 다하는 것을 충노로 형상화했다. 사비 애경과 흔월은 주인을 봉양하고 섬기는 데 지극한 정성을 다한 사실로써 충비로 기록됐다. 국가 혹은 국왕에 대한 사족의 충을 상전을 향한 노비의 충으로 연결하는 일차원적인 도식화를 실현했다. 충노와 충비가 전쟁과 고난이라는 극한 상황에서도 상전을 위해 봉사를 다하는 것을 숭고한 가치로 형상화했다.[3] 이러한 모습은 조선시대 노비 실태에 대한 연구 성과와 다소 거리가 있다.

조선시대 노비, 특히 사노비 연구는 신분과 재산적 가치에 주목했다. 사노비의 솔거·외거 형태 및 신공(身貢)의 관리 등 노비제의 특징을 확인했다.[4] 사노비의 형성 및 경제적 처지와 관련하여 법제적 연구를 바탕으로 경제적 위상을 확인했다. 그리고 서양 노예제도와 비교한 조선 노비제도의 특징에 대한 해석을 시도했다.[5] 그리고 노비 매매명문에 대한 분석 등으로 재산으로서 노비의 매매와 노비 경영의 특징이 규명되고,[6] 노비 소유권의 확보와 관련한 쟁송을 추적했다.[7] 호적대장 등을 활용해서 노비의 가족 및 신분의 변화에 주목

---

[3] 전쟁이 계기가 된 이러한 사례 외에도 상전을 향한 충의 사례를 다수 발견할 수 있다. 17세기 중엽 황진이 지은 「충노 김말산 행실(忠奴金末山行實)」에는 노 말산이 성실하게 상전가에서 앙역하고 환난이 있을 때도 배신하지 않은 사실 그리고 노비의 부모에 대한 효심을 모두 '충'으로 서술했다. 『古文書集成 9-昌原黃氏篇』(한국정신문화연구원. 1990), 856쪽. 황진의 이러한 자세는 부여에 낙향하고 정착하는 과정에서 분대리 마을을 '충효열'로 형상화하는 데 목적이 있었다. 김학수(2023), 「창원황씨 황신가(黃愼家)의 공간적 기반과 그 운용」, 『고문서현대화연구-한국고문서 정서, 역주 그리고 종합연구 3차년도 중간발표회 자료집』(2003), 41~43쪽.

[4] 平木實, 『朝鮮後期 奴婢制 硏究』(지식산업사, 1982); 전형택, 『朝鮮後期 奴婢身分硏究』(일조각, 1989); 김용만, 『朝鮮時代 私奴婢硏究』(집문당, 1997); 정재혁, 「리조 후반기 납공노비에 대한 신공착취와 그들의 처지」, 『력사과학』 1999-2(과학백과사전종합출판사, 1999); 박경, 「속량 문서를 통해 본 17세기 조선 정부의 사노비 통제 양상의 변화」, 『역사와현실』 87(2013).

[5] 이성무, 「조선초기 奴婢의 從母法과 從父法」, 『歷史學報』 115(1987); 이재수, 「16·17세기 奴婢의 田畓 所有와 賣買 實態」, 『朝鮮史硏究』 9(2000); 歷史學會, 『노비·농노·노예-隸屬民의 比較史』(일조각, 1990); 이영훈·양동걸, 「朝鮮 奴婢制와 美國 黑人奴隷制: 比較史의 考察」, 『經濟論集』 37-2(1998).

[6] 정석종, 「조선후기 奴婢賣買文記 分析」, 『金哲埈博士回甲祈念史學論叢』(간행위원회, 1983); 이정수·김희호, 『조선시대 노비와 토지 소유방식』(경북대학교 출판부, 2006); 문숙자, 「17~18세기 초 해남윤씨가의 노비 매입 양상」, 『장서각』 28(2012); 권기중, 「조선후기 경주 최부자댁의 가족구성과 노비경영」, 『사림』 76(2021).

[7] 이혜정, 「16세기 어느 도망노비 가족의 생존전략-1578년 노비결송입안(奴婢決訟立案)을 중심으로」, 『인문논총』 72-4(2015); 김경숙, 「17세기 소송현장과 노비의 소송전략」, 『韓國史硏究』 187(2019); 김경숙, 「16·17세기 유기아수양법과 민간의 轉用」, 『古文書硏究』 57(2020).

하기도 했다.[8] 노비의 특징과 관련하여 서원 노비와 신공,[9] 일기를 통해 노비 가족과 역할의 내용이 확인되었다.[10] 노비의 재산 소유와 상전과의 관계에 주목해서 노비에 의한 기상전답의 성격을 규명했다.[11] 더불어 노비제도를 바라보는 조선시대 지식인의 시각과 개혁론에 대한 분석이 있었다.[12] 선행 연구는 노비의 관리 및 존재 양상에 대한 제도와 사회현상에 주목한 특징이 있다.

조선시대 노비는 법제적으로 사회의 최하층 신분으로 고정되었고, 토지와 더불어 중요 자산이었다. 20세기까지 노비에 대해서는 종류와 관리 형태, 분재와 매매 등 재산의 대상, 도망 및 투탁 등 저항 양상 등이 연구의 중심이었다. 21세기 들어 이러한 노비에 대한 제도적·경제적 시각에서 벗어나 인간으로서 노비를 수목하기 시작하면서 노비 시인을 발굴하기도 했다.[13] 이 글에서는 이런 변화를 고려하면서 조선 후기 노비의 처지와 일상을 살펴보는 시도를 한다. 노비와 상전의 관계에서 노비가 드러낸 행동이나 생각과 관련된 기록을 분석하여 적출한다. 다만, 노비에 대한 기록이 상전 중심으로 서술되어 있는 한계를 일부 상쇄하기 위해 고문서를 중요 자료로 활용한다. 이와 관련하여 본론에 앞서 충노와 충비의 문제를 다시 살펴본다.

읍지와 함께 문집에서도 충노에 대한 기록을 다수 발견할 수 있는데, 이 경우도 노비의 봉사와 정성을 '충'으로 추모하는 내용이다.[14] 20세기 초까지 이어진 노비에 대한 형상화, 특히 성리학적 가치에 따른 '충효열'의 기준을 적용하는 현상은 19세기 관념의 연장이다. 성리학적 '군사부일체'의 관념이 작동

---

8 전형택, 「조선 후기 한 양반가의 호적자료를 통해 본 사노비의 존재양태」, 『朝鮮時代史學報』 15(2001); 정진영, 『조선후기 호적자료를 통해 본 사노비의 존재양상』, 『지방사와 지방문화』 11-1(2008); 김건태, 「戶名을 통해 본 19세기 職役과 率下奴婢」, 『韓國史研究』 144(2009).

9 이수환, 「조선후기 서원노비 身貢에 대한 연구」, 『민족문화논총』 10(1989); 김영나, 「조선후기 경상도 서원노비 연구」(경북대학교 대학원, 2019).

10 이성임, 「조선중기 어느 양반가문의 농지경영과 노비사환」, 『震檀學報』 80(1995); 이정수, 「조선후기 盧尙樞家 奴婢의 역할과 저항」, 『지역과역사』 34(2014); 정진영, 「18세기 일기자료를 통해 본 사노비의 존재양상」, 『고문서연구』 53(2018).

11 전형택, 「朝鮮後期 奴婢의 土地所有-記上田畓을 중심으로」, 『한국사연구』 71(1990); 김경숙, 「소송을 통해 본 조선후기 노비의 記上抵抗-1718년 구례현 결송입안을 중심으로」, 『歷史學研究』 36(2009); 이정수, 「16세기 奴婢의 記上田畓과 性格」, 『역사와 경계』 59(2006).

12 정구복, 「磻溪 柳馨遠의 社會改革思想」, 『歷史學報』 45(1970); 송양섭, 「반계 유형원의 奴婢論」, 『한국인물사연구』 19(2013), 한국인물사연구회; 전세영, 「퇴계 인본주의와 노비관의 상치성」, 『한국동양정치사상사연구』 17-2(2018).

13 안대회, 「18세기의 노비 시인 정초부」, 『역사비평』 94(2011).

14 『安義邑誌』 「誌」 忠奴在佐美; 『西坡文集』 권4 「忠奴金福永訣文」.

하여 국가와 사회에 대한 사족의 충효열을 상전을 향한 노비의 충효열로 연결했다. 관련해서는 19세기 실록의 기록을 참고할 수 있다. 순조는 1808년(순조 8) 김해의 비 숙진을 '충비'로 지칭했다.[15] 세상을 떠난 학생 조수문의 처 이씨가 시어머니 봉양 후 순절하자 비 숙진이 주인의 정려를 청원한 행위에 의미를 부여한 결과였다. 다음의 사례도 있다.

> 열녀 박씨에게 정문을 세워 주라고 명하였다. 박씨는 사족의 청상과부였는데, 이 고을 사람 김조술의 핍박을 받게 되면서 자결을 해서 몸을 깨끗이 하였다. 그런데 흉도들이 옥사를 번복시켜 3년이 되도록 판결이 나지 않았는데, 그의 노 만석이 눈물을 흘리며 여러 차례 호소한 끝에 비로소 밝혀져 예조로 하여금 처리하게 하였다. 만석을 충노로 삼았다. 그를 살아서 복호 조처하고 죽어서는 정려하라 했다.[16]

1822년(순조 22) 노 만석은 상전 박씨가 절개를 지킨 사실을 알리는 노력을 다하고, 그 결과 박씨가 열녀로 인정되었다. 그의 행적을 근거로 조정에서는 그를 '충노'로 지칭하고 당대에 부세를 면하는 복호 조치를 내리고 그의 사후에는 정려를 내렸다. 충의 대상은 상전이었다. 19세기 초반 공노비의 해방 상황에도 불구하고 상전에게 봉사하며 특히 상전의 절의를 현창하기 위해 노력한 것에 의미를 부여했다.[17] 19세기에는 충효열과 관련해 상전을 향한 노비의 봉사를 '충'으로 계속 강조했다.

1832년(순조 32)에는 예조에서 매 식년에 '충효열'에 해당하는 전국의 사례에 대해 장계를 받았다. 그 결과를 실록에 수록하면서 '충비정려질(忠婢旌閭秩)'로 강원도 삼척의 사비 창분의 사례를 담았다.[18] 1830년(순조 30)에는 사유를 밝히지 않았으나 어사의 계청으로 경상도 연일의 사비 갑련을 '충비'로 규정하고 정려를 내렸다.[19] 이처럼 19세기 공노비 혁파 이후에도 노비에 대한

---

15 『순조실록』 8년(1808) 3월 19일.

16 『순조실록』 22년(1822) 10월 21일. 『순조실록』 인용문은 국사편찬위원회 〈조선왕조실록〉을 바탕으로 수정·보완하였다. 이하 실록 기사 인용은 이와 같다.

17 1587년(선조 20) 말질종이 주(主, 상전)를 대신하여 극형을 받으려는 사례도 '충노'로 평가받았다. 『선조실록』 20년(1587) 12월 25일, 29일.

18 『순조실록』 32년(1832) 4월 13일.

19 『순조실록』 30년(1830) 11월 21일.

'충'이 강조되고 있었다.

이처럼 19세기 노비제의 변화에도 불구하고 충노와 충비의 형상화가 있었다. 사회적으로 충의 계기는 18세기 이전까지만 해도 노의 경우 전란이었으므로 이후 국가적 변란이 없어지면서 사례가 줄었다. 오히려 사대부녀의 정절을 상징하는 '열(烈)'을 드러내는 내용이 강조되었다. 이런 현실에서 노비의 경우, 충노와 충비에 대한 형상화는 19세기에 사례가 희소해지는 문제가 발생했다. 그렇지만 오히려 임진전쟁, 병자전쟁 등 전란을 계기로 발생한 사례를 적극 발굴하고 이를 '충노', '충비'로 기록함으로써 흐트러지고 있던 주종 질서에 대응했다.

열녀에 대한 신화화와 함께 충노·충비에 대한 신화화를 계기로 사족의 위상 확립을 도모하는 목적을 달성하려 했다. 이러한 배경이 20세기 초 『경주읍지』에 충노와 충비들에 대한 기록이 등장하는 사유 중 하나이다. 상전은 노비에게 일방적 봉사와 사회이념에 대한 순종을 요구했지만 현실에서는 제한이 있었다. 그렇기에 희소한 사건에 의미를 부여하고 기록으로 '충'에 대한 형상화와 신화화를 시도하고 있었다. 조선 후기 상전과 노비의 이러한 관계성의 변화를 사례를 중심으로 하나씩 살펴본다.

2. 노비와 상전의 이해(利害)

조선 전기에, 특히 『경국대전』 체제에 따르면 노비의 재산(전답, 가사, 노비 등) 소유를 보장하고 있었으며,[20] 이런 현실을 반영하는 고문서도 널리 알려져 있다.[21] 15세기 말부터 사족의 이해에 따라 노비가 증가하였으며 이와 더불어 노비의 재산 혹은 노비가 개간한 토지가 상전의 소유로 바뀌기 시작했다.[22] 15세기 노비와 상전의 신분적 관계에 따른 노비의 신공 납부 의무와 달리 이들 둘 사이의 경제적 활동과 이해는 별개의 문제였다. 이를 보여주는 매매명문이 있다.

---

20 『경국대전』「형전」공천조.
21 전형택(1990), 앞의 글, 66~67쪽.
22 이수건(1987), 「古文書를 통해 본 朝鮮朝社會史의 一研究」, 『韓國史學』 9(1987) 72~73쪽.

1522년(중종 17) 3월 16일 사노 박금손은 상전 박영기에게 논 3마지기를 방매했다.

> 노의 몸인 저는 빈한하여 환자를 차곡차곡 납부할 수 없습니다. 저의 어머니로부터 전해 내려온 미금원의 길 위와 아래의 황조 세 마지기 논을 목면 7필 반의 값으로 쳐서 받고 아주 팔아버립니다. 그러니 오래오래 갈아 지으시되, 나중에 저의 동생과 친족 등이 다투려 한다면 이 명문 내용으로 관청에 아뢰어 바로잡을 일입니다.[23]

방매자는 '사노 박금손', 매득자는 '박영기 상전'으로 매매명문에 적고 있어, 이들이 주노관계임을 밝혔다. 증인으로 박금손의 의부(義父) 한옥동이 참여한 점은 방매 토지와 관련한 이해관계가 있었다는 점을 보여주고,[24] 그렇기에 매매물은 사노 박금손의 소유임을 알 수 있다. 매매물의 전래 경위 또한 박금손의 '모변전래(母邊傳來)'라는 점도 이를 보여준다. 이 매매명문은 16세기 상전과 노비의 재산권 관계가 대등하고 법전의 규정이 이를 보증하고 있음을 보여주는 사례이다. 이처럼 상전과 노비의 주종관계에서도 경제적인 이해에 있어서는 서로 민감했다.

경제적 측면에서 노비와 상전이 절대적 주종이 아닌 양상을 보여주는 사례는 더 있다. 1540년(중종 35) 사노 복만이 두 딸에게 분재하면서 상전에게 기상(記上)할 수밖에 없는 사연을 밝히는 분재기가 있다.

> 이 몸이 이제 76세로 오늘내일 삶과 죽음을 분간하기 어려운데, 나의 딸 둘이 각각 다른 상전(上典)에게 몫으로 나누어졌다. 나의 상전께서 이 몸을 나이가 많은 것을 허락하지 않으면서 자식이 없는 노로 하나같이 적용해서 해마다 신공을 받으며 낱낱이 괴롭힌다. […] 등을 나의 상전께 자식에게 주는 것과 같이 하여 각별히 기상한다. 그리고 나머지 가사, 전답과 날마다 쓰는 살림 도구[家財] 등은 너희 형제에게 전해 주니 각기 가질 일이다.[25]

---

23 『고문서집성 82-영해 무안박씨편(I) 무의공(박의장)종택』(한국학중앙연구원, 2005), 315쪽.
24 자녀가 없는 전모(前母)·계모(繼母)의 노비는 의자녀(義子女)에게 5분의 1을 몫으로 정했다. 『경국대전』 「호전」 사천조.
25 『고문서집성 41-안동 주촌 진성이씨편(I)』(한국정신문화연구원, 1999), 487~488쪽.

사노 복만은 연로하여 생사를 예측하기 어렵게 되자 두 딸에게 분재를 결심했다. 두 딸은 노비종모법 등의 사유로 예측할 수 있듯이 소유자는 복만의 상전이 아니었다. 사노 복만은 60세로 신역을 벗어났음에도 상전이 신공을 계속 독촉하고 있다고 호소하면서,[26] 자신을 '무자식노(無子息奴)'로 규정하면서 재산을 '침노(侵勞)'한다고 노골적으로 분재기에 적었다. 이러한 그의 상황 인식과 행동은 재산을 향한 노와 상전의 이해에 법전의 규정이 작동하는 사회라는 사실과 관련이 있다. 하지만 신분상 질서가 엄격한 상황에서 현실적 타협점을 찾아 재산 중 일부인 전답과 놋화로, 놋양푼 그리고 큰 소 2마리를 상전에게 '각별기상(各別記上)'하고 나머지 전답과 가재 등을 두 딸에게 평균분집했다. 상전에게 특별히 기상한 것보다 두 딸이 평균분집한 재산의 규모가 더 많았던 사실 또한 사노 복만의 현실적 타협의 결과로 볼 수 있다.[27] 사노 복만의 사례와 같이 경제적 자립이 이루어진 사노의 경우 독자적 이해를 바탕으로 자신의 가산에 대한 처분권을 행사하고 있었음을 알 수 있다.

노비와 상전의 경제적 이해를 둘러싼 긴장관계가 지속되면서도 점차 상전 우위의 환경으로 변화하기 시작했다. 상전이 노비 재산의 주도권을 확보하는 추세는 멈추지 않았다. 몇 사례가 있다. 1580년(선조 13) 노 애충이 환자를 갚을 길이 없자 조상으로부터 물려받은 토지를 방매하는 명문에 그의 상전이 증인과 문서 작성자로 참여했다.[28] 1591년(선조 24) 생원 최인제는 비 억진이 금득한 밭을 '상전자필(上典自筆)'로 명문을 작성하고 방매했다.[29] 상전이 노비 재산의 처분에 깊숙이 관여하고 있는 모습이다. 노비의 재산에 대한 상전의 침해가 점증하자 노비의 도망이 늘어났다. 상전은 '충비의노(忠婢義奴)'도 자발적인 신공 납부를 하지 않는 현실을 받아들일 수밖에 없었다.[30] 이런 경향은 임진전쟁과 병자전쟁이라는 두 번의 전란을 계기로 심화되었다.

노비와 상전의 경제적 이해는 토지 생산성의 증가로 노비보다 토지의 재

---

26 공노비는 16세에서 59세까지 신공의 의무가 있었으며, 이는 사노비에도 적용됐다. 『경국대전』 「호전」 요부조; 「형전」 공천조.
27 18세기 초의 노비 기상을 둘러싼 쟁송은 17세기 후반의 기상을 둘러싸고 비부(婢夫)가 제기한 내용으로 이해의 복잡성 등으로 볼 때 16세기의 상황과 차이가 있다. 김경숙(2009), 앞의 글, 78~79쪽.
28 『고문서집성 32-경주 경주손씨편』(한국정신문화연구원, 1997), 526쪽.
29 위의 책, 531쪽.
30 『고문서집성 65-경주 옥산 여주이씨 독락당편』(한국정신문화연구원, 2003), 400~441쪽. 1578년(선조 11) 노비결송입안은 노비 도망과 투탁 그리고 상전의 추쇄와 침학 현상을 보여준다. 이혜정(2015), 앞의 글, 173~174쪽.

산적 비중이 증대하는 경향과 관련이 있었다. 이와 함께 상전의 신공을 확보하기 위한 노력은 여전히 지속되었고 이 과정에서 노비의 선택이 있었다. 1613년(광해군 5)에 답주 비 은서비는 상전이 요구하는 신공 마련을 위해 조상전래로 분재받은 논 7마지기를 동생 도금에게 방매했다.[31] 동복남매 사이의 매매로서 노비들은 가산을 '손외여타(孫外與他)'하지 않으려는 노력을 기울이고 있었다. 한편, 1624년(인조 2) 사노 권화는 연명이 힘든 상황에서 상전의 신공 독촉에 대응하기 위해 '모변전래'의 밭과 말을 방매했다.[32] 이들 매매명문의 배경을 정확하게 파악하기에는 어려움이 있으나, 상전들이 신공을 빌미로 토지 확보를 도모했을 가능성이 있다. 이에 노비는 '신공'이라는 빌미에 대응하면서도 가산을 지키면서 납공을 실현했다.

노비가 부채 등의 사유로 상전에게 토지를 방매한 사례는 상전의 토지 집적 노력과 관련한 이해의 작동으로 생각할 수 있다. 1659년(효종 10)에 반노 계남은 자기가 매득해서 갈아먹다가 빈한을 이유로 상전댁에 논을 방매했다.[33] 같은 해, 반비 연춘은 조상전래로 분재받은 논을 역시 빈한을 이유로 상전댁에 방매했다.[34] 1691년(숙종 17) 비부노(婢夫奴) 계룡은 흉년으로 생계가 곤란해지자 논을 처상전댁(妻上典宅)에 방매했다.[35] 조선 후기는 토지의 재산적 가치가 증대하면서 이매(移買)를 통한 거주지 인근의 토지와 재산 집적, 그리고 가작, 병작 등의 방법을 통한 전답 경영 경향이 있었다.[36] 이런 경제 환경을 배경으로 상전은 소유 노비의 신공보다 토지를 비롯한 가산을 집적하려는 경향이 증대하고 있었다.

법전에서 규정하는 기상은 상전이 노비 재산을 확보하는 경향을 확대하는 데 용이한 구실이 되었다. 1617년(광해 9) 비 인덕과 그의 남편 고음미가 상전댁에 재산을 기상하는 명문이 있다.

---

31 『고문서집성 3-해남윤씨편』(한국정신문화연구원, 1986), 218~219쪽.

32 『고문서집성 41』, 550쪽.

33 『고문서집성 3』, 256쪽.

34 위의 책, 254쪽. 1714년에도 반노 비신(泌信)이 상전댁에 자기매득경식(自己買得耕食)하다가 흉황으로 상전댁에 방매했다. 위의 책, 326쪽.

35 위의 책, 313쪽.

36 정수환, 「17세기 화폐유통과 전답매매양상의 변화」, 『藏書閣』 23(2010), 17~176쪽; 김영나, 「15~17세기 광산김씨 예안파의 전답소유양상」, 『嶺南學』 15(2009), 398~399쪽; 김건태, 「조선후기 병작제의 양상-칠곡 석전 광주이씨가 사례」, 『대동문화연구』 32(1997), 157~158쪽.

> 비인 이 몸은 나이가 많고 자식이 없습니다. 그래서 비의 지아비 고음미와 뜻을 같이하여 전답과 노비, 그리고 잡물 등을 법전에 의거해서 기상납댁(記上納宅)하고 노비와 전답의 이름과 있는 곳을 뒤에 적었습니다. […] 본문기도 모두 납상하니 뒷날 비의 부부 일족 중 잡담을 하거든….[37]

'노비전답주(奴婢田畓主)' 비 인덕은 남편과 합의하여 자신의 재산을 상전댁에 '기상납댁(記上納宅)'하는 '상전댁전기상명문(上典宅典記上明文)'을 작성했다. 그녀는 명문에 법전의 사유에 부합하는 내용을 적었다.[38] 비부(婢夫) 고음미는 양인으로 보이나, 처 사비 인덕의 기상에 동의했다.[39] 상전댁은 이 기상을 계기로 사급입안을 받아 노비 가족과의 분쟁에 대응했다. 이러한 법전의 조항에 맞는 기상 행위에 대해 상전은 노비와 신분적 관계와 경제적 이해에서 토지를 확보했다.

1686년(숙종 12) 노 예복의 '상전주댁입납명문(上典主宅入納明文)'은 상전과 노비의 경제적 시선과 관계를 보여주는 사례이다.

> 종인 이 몸은 가난하기가 너무도 심합니다. 상전댁의 '석물곡(石物穀)'과 지난해 환자 납부를 독촉받을 때 옥에 갇혀 있어서 달리 갖추어 납부할 길이 없었습니다. 그래서 7석을 빌려서 준비해 드렸[納上]습니다. 그 뒤에 이 몸이 풀려나고 나의 아버지로부터 몫으로 받아서 가지고 있던 […] 등을 팔아서 이자[利息]와 함께 드립[納上]니다. 이 밭 등의 값은 석물곡 (결락)의 수를 넘지 않으므로 이제 영원히 상전댁에 납입하오니….[40]

노 예복은 사유를 알 수 없지만 옥중에 있을 당시 내용을 알기 힘든 석물곡과 환자 납입의 어려움이 있었다. 명문의 내용상 이 두 내용은 상전과의 관계에서 발생하였으며, 예복은 이를 해결하기 위해 상전댁으로부터 7석을 빌렸다. 그리고 방환된 뒤에 본곡과 이자 등의 해결을 위해 조상전래의 토지를

---

37 『고문서집성 33 – 영해 재령이씨편(I)』(한국정신문화연구원, 1997), 384~385쪽.
38 『경국대전』 「형전」 공천조.
39 1575년(선조 8) 관비로 면역되어 단양군수 정밀(鄭密, 1520~?)의 첩이 된 양정(量貞)은 남편에게 기상하는 명문을 작성했다. 그녀는 자식이 없자 부변전래 노비와 전답을 어머니로부터 급득하고 남편에게 '기상(記上)'했다. 『고문섭집성 60 – 진주 진양하씨 단지종택편』(한국정신문화연구원, 2002), 156쪽.
40 『고문서집성 41』, 554쪽.

상전댁에 '방매'가 아닌 '납상(納上)'을 했다. 다만, '기상'과는 다른 '납상'으로 예복의 남은 재산에 대한 향방은 결정하지 않았다. 이 명문은 상전과 노비의 채무관계 등에서 상전이 토지를 집적하는 사례이다.

노비가 경제적 처지가 안정적이고 기반을 갖출 경우, 상전을 향한 노비의 봉양이 '충'으로 평가되었다. 1691년(숙종 17) 노비가 상전의 생계를 위해 헌신한 내용이 '충노'로 언급되었다.

> 홍주의 죽은 선비 홍순개는 성품과 행동이 아주 효성스러워 정려를 받는 은혜를 입었습니다. 그런데 가난하여 어버이를 봉양하지 못했습니다. 그러자 그의 노 개손이 자기의 토지와 노비를 바쳤습니다. 그것이 3세 동안 전해지면서 사람들이 효자에게 충노가 있다고 칭찬합니다.[41]

효자로 정려된 홍순개가 가난하여 부모 봉양의 어려움에 직면하자 그의 노 개손이 자신의 재산을 납상하여 상전의 생계를 지원했다. 상전을 향한 노비의 시선은 효자라는 사회질서에 대한 공감이었으며, 이에 대한 반응으로 전민을 상납했다. 상전을 경제적으로 봉양한 노비를 칭송하여 '충노'로 평가했다.[42] 이상과 같은 여러 배경에서 경제적 이해의 발로로 노비 재산에 대한 상전의 접근과 점유가 점증하고 있었다.

3. 18세기 전반, 노비와 상전의 호혜

19세기에 충노와 충비에 대한 현창과 형상화가 있었고, 이러한 현상이 20세기까지도 박제되었다면, 그에 앞선 18세기 상전과 노비의 호혜적 관계성은 어디에서 살펴볼 수 있을까? 이 시기 노비의 도망이 증대하고 추심이 점차 힘들어지는 사회 변화 속에서 노비와 상전이 서로다른 입장에서 합의점을 찾은 호혜

---

41 『숙종실록』 17년(1691) 3월 21일.
42 이 기사는 1691년(숙종 17) 노 개손의 손자 공천(公賤) 강해숙(姜海叔)이 조부의 납상을 둘러싸고 인맥을 동원하여 송사를 일으킨 내용이다. 강해숙의 이해를 정확히 알 수 없으나 홍순개와 노 개손 사이의 일에 대해 충노로 평가한 기록은 17세기 중엽의 분위기를 반영하고 있다.

의 사례는 노비 방량(放良)에서 볼 수 있다.

이형상(1653~1733)은 외방에 거주하는 외거노비들이 대거 속신을 요청하자 이들을 방량했다. 이 사건은 1710년(숙종 36) 그가 근기에서 영천에 '초옥 삼간(草屋三間)'을 건립하고 정착한 뒤에 있었다. 그가 노비의 방량과 관련한 기록을 남긴 문서는 2건이다. 먼저 가노(家奴) 선일과 맺은 계약문서 계권(契券)의 내용이다.

> 몸을 잊고 충성을 바침은 노복의 직분이고 수고로움과 일에 보수를 주는 것은 주인의 권한이다. 내 노복 중 선일이 있으니 바로 예산의 노 용원과 양인 사이의 소생으로 금년 나이가 74세이다. 36년 동안 우리 집 일을 해 오면서 길경상장(吉慶喪葬)을 함께하였지만 한 번도 속이거나 숨기는 마음이 없었고 가상한 성의는 수없이 많았다. 질병을 당하면 연연하고 걱정하는 마음이 아비와 같았고 좋은 음식을 얻으면 효성스럽게 봉양함이 자식과 같았다. 이러한 것은 참으로 보고 듣기 힘든 일이다. 을해년 적을 만났을 때와 무인년 전염병이 있었을 때는 참으로 급박하고 위태한 지경이라, 생사가 면전에 있었는데도 목숨을 생각하지 않고 오직 상전을 보지 못할 것을 한으로 여겨 파리처럼 손을 비비며 하늘에 호소하여 주위 사람들을 감동시켰다. 이 일이 전파되어 이미 호서와 영남에서 고사가 되었다. 이는 또 천성에 바탕한 것이 본래 그러하고 밤낮으로 성의를 다하며 자기 직책에 부지런히 한 것은 일일이 붓으로 들 수조차 없다. 내가 이를 가상히 여겨 금년에 비로소 특별히 종에서 풀어 양민으로 삼는 것이다. 그리고 복마 1필을 주어 재산을 경영하는 밑천으로 삼도록 한다. 마땅히 법에 따라 배탈(背頉)하여 뒷날의 증빙이 되도록 하여야 할 것이나 동기간에 재산을 나누는 것도 우리 집안에서는 매우 수치로 여기는 바이고 또 선대로부터 그대로 부려 왔을 뿐 본래 작성된 계권도 없었다. 하물며 이는 친필이라 금석의 글이나 다름이 없다. 이로써 위의 사항을 밝혀 두는 바이니, 선일이 영영 마땅히 양민 되는 것을 허락하노라.[43]

이형상이 선일에게 발급한 계약문서 계권으로 노비를 방량하는 내용이다.

---

43 이형상, 『瓶窩先生文集』 권13 「約家奴善一文」; 『瓶窩全書 1』(한국정신문화연구원, 1980), 255쪽. 인용문은 「가노 선일과 맺은 계권」(『國譯 瓶窩集 III』, 한국정신문화연구원, 1990, 48~49쪽)을 바탕으로 수정·보완하였다.

서두에는 상전으로서 이형상이 바라보는 노비에 대한 시선이 나타나 있다. 가장 먼저 선일을 '망신헌충노(亡身獻忠奴)'라고 강조하면서 몸을 아끼지 않고 헌신한 사실로써 충노의 범주로 규정했다. 여기에 대한 반대급부로 상을 주는 일이 상전의 권한이라고 강조했다. 상전으로서 노비를 바라보는 시선이 이와 같았으며, 18세기 일반적인 현실이라고 볼 수 있다.

1710년 당시 노 선일은 74세로 이형상의 솔거노비였다. 그의 나이와 신역 부담 기간 36년을 단순 고려하면 1672년(현종 13)부터 이형상 집안을 위해 신역을 지고 있었으며, 선일의 부모는 예산의 노 용원과 양녀 사이의 소생이었다. 이로 본다면 이형상의 부친이 이들을 매득 등으로 확보했다고 볼 수 있다. 이런 배경에서 이형상은 선일이 수노로서 36년 헌신했다고 확인했다. 이러한 헌신과 더불어 강조한 사실은 을해년과 무인년의 사건이다. 이 부분에서 이형상이 결정적으로 선일을 '충노'로 규정하고 방량을 결정했다. 을해년과 무신년의 일은 각각 1695년(숙종 21)과 1698년(숙종 24)의 대기근에 이은 도적의 창궐을 암시한다. 경신대기근(1670~1671)에 이은 을병대기근(1695~1696)으로 사회적 위기의식이 고조되고 있었다.[44] 이 상황에서 상전 이형상을 배신하지 않은 사건이었다. 배경과 직간접적 연관에서 이형상은 노 선일의 헌신을 충과 연결하여 서술했다.

이형상은 노를 '충노'로 규정하고 방량할 뿐만 아니라 복마를 제공하여 경제 자립의 기회를 주었다. 충노 선일의 방량, 그리고 경제적 배경을 제공한 이유는 그의 헌신도 있었으나 상전을 향한 행위가 '호영간고사(湖嶺間故事)'로 호서와 영남의 전고로 알려져 이형상 혹은 그 가문의 위상을 일신한 사실에 있었다. 그리고 방량하는 과정에서 이 시기 분재기를 작성하지 않는 분위기를 상기하고, 또 선일을 매득하거나 소유권을 증빙할 문서가 별도로 없어 구문기에 배탈은 하지 않는다고 확인했다.

이형상이 가노, 즉 솔거노를 방량하기로 결정한 것은 상전과 노비 상호 간 호혜가 작동한 결과였다. 18세기 초 노비 도망이 만연했다. 대표적으로 이즈음 성균관 공노비가 2,500명이나 도망하는 사건이 발생하기도 했다.[45] 관노비뿐만 아니라 임진전쟁 이후 이미 동산이었던 사노비의 도망이 일상화하면

---

44 박종천, 「공감과 개방의 문화공동체, 석천마을」, 『석천마을과 공동체의 미래』(한국학중앙연구원 출판부, 2017), 106쪽.
45 『승정원일기』 1732년 9월 2일.

서 재산적 가치로 볼 때 관리 비용이 증대해 불완전한 자산으로 여겨졌다. 그렇기에 부동산인 토지에 비해 노비는 분명한 한계가 있었다. 이런 상황에서 36년간 헌신하며 함께 위난을 헤쳐 온 노에 대한 방량으로 다른 노비에 대한 단속을 일부나마 담보할 수 있었다. 방량이라는 가치를 제시하여 노비 도망을 조금이라도 유예하고 이를 통해 사대부의 위상을 갖추는 모양새의 하나였다. 게다가 노의 행적이 '충노'로 알려지면서 이형상 가문의 위상이 높아진 상황도 중요했다.

노 선일도 특별한 사회적 기반을 갖추고 있지 않은 상황에서 도망을 고려하기에는 너무 많은 모험을 감수해야 한다. 도망한 노비가 지역사회에 정착하기에는 여전히 제한이 많았다. 이런 상황에서 상전에 대한 헌신으로 변수를 줄이고 자유의 기회를 엿보았으며, 이 과정에서 상전의 위난이라는 기회를 놓치지 않았다. 상전 이형상과 노 선일의 대응에는 현실에 바탕을 둔 호혜가 작동하였다. 노비와 상전 사이에 놓인 현실이 방량이라는 합의에 이를 수 있었다. 그렇기에 이 문서는 그가 밝혔듯이 「약가노선일계권(約家奴善一契券)」으로, 일방적인 시혜의 뜻을 담은 방량문이라기보다 헌신에 대한 보상을 전제로 호혜를 합의한 계약문서이다.

이형상은 노비에 대한 방량을 약속한 문서와 함께 노비를 속량하는 계약문서 「약가노인발문(約家奴仁發文)」을 남겼다. 이 사례는 가노 인발을 비롯한 다수의 외거노비에 대한 내용이다. 노 선일의 방량과 인접한 시기에 있었던 속량의 사례는 노비와 상전의 현실에 기반을 둔 호혜를 보여준다.

호남의 남자 종 천익 등은 처음부터 8~9세대간 전래하였으므로 저들은 감히 숨으려 하지 않는다. 지난해 이름 기록을 또한 스스로 써서 납입했고, 지금에 이르도록 2년 안에 세 번 와서 현신했다. 매번 여러 달을 머물면서 가족과 모두 속량하기를 바랐는데 지금 그 이름 수가 적지 않다. 또 저들이 말하는 내용으로 보면 늙고 어리거나 남과 여를 모두 계산하니 수백이 거의 넘는다. 바야흐로 피 끓는 정성으로 와서 빌기에 그것을 허락해 주니 나의 부족을 덜어낼 수 있고, 우리 집은 넉넉해질 수 있다. 다만 법전에 "일이 60년 전에 있었다면 들어서 처리하는 것을 허가하지 않는다"는 말을 생각한다. 또 하늘의 이치가 30년이면 한 번 작은 변화가 있고 60년이면 한 번 큰 변혁이 있다고 하니 하물며 인간에게, 하물며 재물에 있어서도 그렇지 않겠는가? 내가 아홉 고을에서 송사를 판결하면서 매번 연한이 된 내용으로서 중요하게 여긴 사실은 마음으로 알맞음을 알았기 때문이다. 이것은 이미 아주 멀고 오랫동안 전해 내려왔으므로 저들 또한 무엇보다 분명히 알고 있어서, 비록 스스로 돌아와 속량을 바라지만 실제 사정은 60년 동안 찾지 않은 데 있다. 지금 만일 그들을 종으로 삼으면 공사나 정리와 법으로 나누면 둘이 된다. 살면서 지난 일이 이익을 보아 갑자기 변한다면, 내 마음은 살아 있으나 죽으나 부끄럽겠으니 부귀와 영화 또한 어찌 귀하다 하겠는가? 하물며 그 가운데 또한 유생과 장관(將官)이 있어 더욱 차마 하지 못하는 경우이다. 지난해 다섯 종을 특별히 방량한 일은 또한 이런 까닭이다. 지금에 이르러 그 일을 생각하니 다만 다섯 양인을 허락하고 유독 나머지를 천인으로 두었으니 참으로 반쯤 오르다가 아래로 떨어졌다고 할 만하다. 이미 이치가 아닌 것을 가려잡았다면 부유해도 가난함만 못하다. 자녀들과 상의하여 모든 수를 양인으로 놓아주며 이 패지(牌旨)에 의거해서 사급(斜給)하는 문서를 만들어서 이로 하여금 후손이 다시금 침해받는 근심을 벗어나도록 함이 매우 마땅하다.[46]

인용문은 세전하고 있는 외거노비에 대한 '속(贖)', 즉 속량을 언급한 내용이다. 이형상이 방량한 노비는 호남에 8~9대에 걸쳐 외거하고 있었으며, 그 수는 수백이 넘는 방대한 규모였다. 이들 노비 중 대표가 2년 전부터 세 번이나 찾아왔으며, 한 해 전에는 노비 명단을 제출하였다. 이를 계기로 이형상은 호남의 가노가 수백 명이 넘는다는 사실을 인지했다. 이들 호남 노비가 대화를 시도한 내용은 신속을 통한 방량, 즉 속량이었다. 노 천익 등은 이형상을 방문하여 속량가를 내고 방량해 주기를 '피 끓는 정성'으로 간청했다.

외거노비의 요청에 따라 상전 이형상은 대답했다. 그는 관료로 아홉 고을의 지방관을 역임하며 송사를 처리한 경험을 상기했다. 즉, 결송 연한이 노비 소유권을 둘러싼 쟁송에서 중요한 판단 기준이 된다는 사실을 인지하고 있었다. 관련하여 『경국대전』에는 사천에 대해 세 번 심리한 내용에 대해 다시 심리하지 않는다고 밝히고 있다.[47] 그리고 『사송유취』에는 『경국대전』의 이 내용에 대한 주석으로 『후속록』의 내용을 인용하여 60년과 30년이 지난 사례에 대해

---

[46] 이형상, 『병와선생문집』, 권13, 「約家奴仁發文」; 『병와전서 1』, 254~255쪽. 인용문은 「가노 인발과의 약문」(『국역 병와집 III』, 49쪽)을 바탕으로 수정·보완 하였다.

[47] 『경국대전』, 「형전」 사천조.

심리하지 않는다는 내용을 밝히고 있다.[48] 이형상은 지방관을 역임하면서 쟁송 판결 과정에서 『사송유취』의 내용을 적용하였기에 이 부분의 중요성을 알고 있었다.[49] 이 내용은 비록 해석의 여지는 있지만 노비 도망의 만연으로 변화하는 시대에 노비에게 유리한 근거로 작용하고 있다는 사실과 현실을 반영한다. 그리고 18세기 서얼 철폐 및 노비 속량에 대한 조치가 증대하는 분위기 속에서 이형상은 노비 보유의 한계도 인지하고 있었다. 이 부분은 18세기 당시 널리 알려진 사실로 이형상은 외거노비도 이 점을 잘 알고 속량을 바라고 있다는 사정을 간파하고 있었다.

이형상과 호남 노비의 사례는 상전과 노비가 서로 법의 규정과 해결의 답을 알고 있는 대화였다. 그렇기에 이형상은 외거노비도 이 사실을 알고 찾아와 속량을 요청한다는 사실을 적었다. 뿐만 아니라 그가 밝히고 있듯이 이들 외거노비가 60년 동안 찾지 않다가 갑자기 2년 전 방량을 목적으로 찾아왔다. 그는 이 부분을 노비의 제안으로 받아들이고 있었다. 상전 이형상과 노비가 찾은 대안은 변화한 시대에 따른 호혜였다. 특히 이형상도 적고 있듯이 노비가 제시하는 속량가는 현실적으로 경제적인 '넉넉함'을 전제로 하고 있었다.[50] 이러한 현실을 인식한 상전과 노비는 현실의 시선으로 대화를 나누고 의견을 모았다. 이러한 호혜를 통해 이형상이 얻는 이익은 인욕을 떨쳐냈다는 성리학자로서의 자존감과 함께 경제적 이익이었고, 노비들은 신분상의 자유라는 가치였다. 다만 이들 사이의 호혜에 대해 이후 논쟁이 발생할 여지는 남아 있었다.

이형상에게는 외거노비를 방량하지 않을 수 없는 현실이 또 있었다. 외거노비의 후손이 유생이나 장관으로 양역을 수행하고 있었으며, 이로 인해 '정법(情法)'의 양측면에서도 실익이 없는 현실이 이형상의 몫이었다. 이 사실을 일상 지식으로 알고 있던 외거노비도 이형상에게 협상에 응하도록 묵시적으로 종용했다. 이로 본다면 18세기 초엽 외거노비는 이미 양역을 수행한 지 60년이 지났고 이러한 사정을 그들도 알고 찾아와 상전에게 호혜를 제안했다. 상전 이형상도 이러한 사실을 알고 노비의 대화 요청에 응하지 않을 수 없었다.

---

48 『사송유취』 「단송」.

49 1585년(선조 18) 간행된 『사송유취』는 지방관의 쟁송 지침서였다. 김명화, 「조선시대 수령의 소송지침서 《詞訟類聚》의 편찬과 활용」, 『서지학연구』 66(2016), 362~363쪽.

50 상전의 속량 행위를 보여주는 문서로, 1898년 상전 이상후가 19세의 순이에게 40냥을 받고 속량한 수기(手記)를 참고할 수 있다. 『고문서집성 93-성주 벽진이씨 완석정종택편』(한국학중앙연구원, 2009), 185쪽.

이로 인해 상전은 방량을 시행하여 성리학적 가치를 얻고 노비는 실익을 찾는 호혜를 실현할 수 있었다. 서로를 향한 시선은 노비와 상전이었으나 대화를 통한 답은 호혜였다.

4. 18세기 후반, 노비에 대한 상전의 시혜

상전과 노비의 관계는 조선시대 동안 일방적이었다. 16~17세기의 이황이나 유형원과 같은 엘리트도 노비제도의 불합리한 점을 인지하면서도 또한 불가피성을 인정하고 있었다.[51] 상전 우위의 일방적 현실에서 노비와의 대화도 한 방향이다. 방량에 대한 시선도 같았다.

> 상돌에게 쓴다. 너의 아주 원망스럽고 매우 애통한 사정은 온 마을의 양반과 평천민이 평소에 모두 알고 있다. 그런데 중간에 있었던 일은 그렇지 않은 것이 있다. 또 감히 명을 거스를 수 없어 여러 가지로 생각해 보아도 달리 좋은 방법이 없다. 그래서 지금 고민하여 너를 방량하는 하나의 대책을 얻었다.[52]

상전 이씨가 사노 상돌에게 발급한 속량문기(贖良文記)이다. 속량 사건과 관련한 배경은 자세히 서술하고 있지 않으며, 시기도 '신사년' 정도만 알 수 있다. 상전은 사노 상돌의 원통한 사연을 언급하면서 동중(洞中) 구성원의 공감을 바탕으로 방량을 실시했다. 상전은 사노에 대한 일방적 결정권을 전제로 방량이라는 시혜를 베풀었다.

상전이 노비를 시혜의 관점으로 보는 명문이 있다. 1791년(정조 15) 노 득손이 상전에게 납상하는 명문이다.

> 1791년 임자년 5월 9일 상전께 하는 명문입니다. 이 명문을 합니다. 조상으로부터 전래받은 대전(垈田) 2마지기에 여러 해 동안 거주하며 살다가 환자를 거둠을 당할 지경에 바야흐로 방매당할 처지를 당했습니다. 상전님의 분부에

---

51 정구복(1970), 앞의 글, 35~36쪽; 전세영(2018), 앞의 글, 26~27쪽.
52 「上典李贖良文記」, 『고문서 31』(서울대학교규장각 한국학연구원, 2006), 227쪽.

따라 하나같이 다른 곳에 방매하고 7냥을 문서를 갖추어 납상하는 것이 마땅합니다. 그러므로 어쩔 수 없이 본문기와 더불어 문서를 만들어 납상하는 일입니다.[53]

발급자 '가대주(家垈主)'는 노 득손이고 수취자는 상전으로 명문에 기재했다. 이 행위의 증인으로 노 득손의 동생 득삼이 참여했다. 노 득손은 조상전래의 재산으로 분재받은 가대에 여러 해 거주하다가 환자를 독촉받게 되어 방매를 강요받는 상황에 직면했다. 조상전래의 가대를 방매하는 노가 방매처를 상전으로부터 지정받고 있다. 게다가 방매가 7냥을 상전에게 납상했다. 상전의 신분을 확인할 수 없으나 사회적 우위를 바탕으로 관과 연계하여 환자의 복잡성을 해결하거나 혹은 대납하고 매매가를 납상받았다고 볼 수 있다. 노 득손은 이에 따라 가대를 방매한 7냥을 납상하는 문서를 작성하여 관련한 논란(형제나 자손들의 이해관계)을 차단했다.

노 득손의 이러한 행동은 상전으로부터 일정 부분 시혜받은 내용으로 볼 수 있는 여지가 있다. 노 득손이 '납상' 등으로 자신의 토지에 대한 처분을 제한받은 상황은 조선시대 '기상(記上)'과 관련이 있다. 조선 전기에 대체로 노비는 자신의 토지와 노비를 별도로 소유할 법적 규범에 따라 이를 현실화했다. 하지만 두 번의 전쟁 이후, 법전에서 정한 후손이 없는 경우에 해당하지 않더라도 상전에게 재산을 귀속하는 '기상(記上)'이 확산했다. 이것은 상전이 노비의 신분적 예속 상태를 강조하면서 무후(無後)가 아닌 사례에 기상을 확대 적용한 결과로, 특히 노비종모법(奴婢從母法)에 따라 노주가 다른 사람 소유의 비 사이의 소생이나 재산을 유실할 것을 염려하면서 노비의 기상을 핍박하던 분위기가 확산된 결과였다.[54] 16세기 후반 일기자료에는 노비들이 이러한 기상 압박을 회피하기 위해 몰래 재산을 팔거나 토지의 경우 관리를 방해하거나 소송으로 대응하기도 했으나 제한적이었던 현실을 묘사하고 있다.[55] 이러한 분위기에서 18세기 말, 노 득손은 기상 압박이 높거나 만연한 상황에서 기

---

53 『고문서집성 38-구례 문화류씨편(II)』(한국정신문화연구원, 1998), 356쪽.

54 전형택(1990), 앞의 글, 66~67쪽.

55 이혜정, 「奴婢의 記上행위와 爭訟-『默齋日記』를 중심으로」, 『韓國思想과 文化』 87(2017), 101~102쪽. 1718년(숙종 44) 비와 주인의 30년에 걸친 기상을 둘러싼 쟁송에서 비부(婢夫)가 소송의 전면에 서거나 상전은 강상의 명분을 내세우는 등 압력을 행사했다. 김경숙(2009), 앞의 글, 99~100쪽. 상전이 승소한 이 쟁송은 18세기 전반 상전 우위의 사회 분위기를 잘 보여준다.

상보다는 상전의 의견에 따라 매매와 환자가 상환이라는 형식을 취하고 있어 상대적으로 상전의 시혜로 볼 여지가 있었다.

노비의 기상과 관련하여 16세기 전환기의 모습을 살필 수 있는 매매명문 사례가 있다. 1550년(명종 5) 사비 일금과 그의 남편 막손이 논을 방매하는 명문에는 그녀의 재산 방매와 관련해 상전댁과의 관계성을 담고 있다.

> 이 몸이 환자를 해마다 받아 까먹고 사창에 납입할 수 없다가 올해에 별도의 담당자를 정해서 날마다 독촉하니 감당할 수 없습니다. 그러므로 나의 아버지로부터 분재받은 […] 저희 부처(夫妻)가 상의하여 4동(同)으로 값을 쳐서 정조 14석을 수대로 받고 영영 팔아버립니다. 나의 상전과 인척 등이 분쟁을 하거든….[56]

토지의 소유주인 '답주(畓主)'는 명문에 사비 일금과 '부(夫)' 막손이 연명하고 있어 매매 대상 논이 이들의 공동소유인 사정을 알 수 있다. 그렇지만 명문에 답주로 사비 일금을 밝힌 다음 '부 막손'을 적고 있어 이 매매의 주체와 명문의 주어는 사비 일금이었다. 일금 부처는 환자를 갚을 길이 없고 독촉이 극심한 상황에서 일금이 '부변전래'로 분재받은 논을 방매했다. 이 매매에 대해 그녀의 상전과 인척들이 이의를 제기할 가능성에 대해 단서를 달았다. 이처럼 16세기 중엽 사비가 상전과 독립하여 자신의 재산을 지키는 행위와 대비한다면 18세기 말 노 득손의 납상명문의 사례는 일종의 상전이 행한 시혜에 가깝다고 하겠다.

노비가 기상전답을 매매하는 매매명문 사례가 있다. 전라도 해남의 해남윤씨 윤생원 댁의 노 일복은 1697년(숙종 23)에 노 출생으로부터 해남현에 있는 전 5두락을 정조 5석 15말로 매득하면서 매매명문을 작성할 때 구문기의 일환으로 패지를 전수받았다. 이 패지는 1696년(숙종 22) 12월 노 출생의 상전이 매매를 위임하면서 작성해서 준 한글 패지였다. 내용은 다음과 같다.

> 남자 종 출생에게. 니산댁에서 밭을 구하는 것을 기약하고 있는데, 그것은 옛 종 의호가 가지고 있는 갯가의 텃밭으로 나에게 산다고 하신다. 나도 그 땅이 있다는 것은 예전에 들은 적이 있다. 너는 마음먹기를 꼭 며칠까지 팔아야

---

[56] 『고문서집성 41』, 527쪽

한다고 얽매이지 말고 값을 넉넉히 받고 팔아서 그 대금을 가져오너라. 내 이렇게 지시한 뒤에 만일 너가 나를 속이거나 거짓으로 팔거나 했다가는 큰 죄를 받을 줄 알아라. 상전이 병자년, 12월 초 이틀에 써 준다.[57]

상전이 노 출생에게 발급한 패지 내용에는 일방적인 관계를 언급하고 있다. 상전 이씨는 사노 출생에게 토지 매매를 위임하면서도 절대 우위의 입장에서 일방적으로 지시하면서 '중죄'를 언급하고 있다. 특히 상전이 방매 대상으로 확인한 토지는 '옛 종', 즉 세상을 떠난 노 의호 소유의 밭으로, 해석하기에 따라 갯가 혹은 개간한 텃밭이었다. 이로 본다면 세상을 떠난 노 의호의 재산을 '기상전답(記上田畓)'이라 할 수 있다. 기상전답 매매에서 방매자와 매득자 주체는 각기 차노(差奴)로 하여금 매매를 실현했다. 매매와 관련한 패지, 그리고 매매 대상 토지의 성격으로 볼 때 17세기 말 기상전답의 처분과 매매 행위에 있어 노비의 대리 모습은 상전 우위의 사회상을 보여준다. 그렇기에 1791년(정조 15) 노 득손의 납상이 상전의 시혜라고 볼 수 있다는 점을 다시 확인할 수 있다.

18세기를 전후해서는 노가 상전에게 전답을 방매한 사례도 주노가 대등한 입장의 매매로 보기 어렵다. 그렇기에 이 또한 넓은 의미에서 '기상'으로 볼 수 있다. 한 가지 예를 들자면, 1755년(영조 32) 3월 25일 노 원백이 '상전주(上典主)'에게 밭을 방매한 매매명문이 있다. 노 원백은 당해년의 흉년으로 삼세납부의 어려움에 직면하면서 자신의 밭 5두락을 전문 6냥으로 상전에게 영영방매했다.[58] 같은 해에 이루어진 전답 매매가를 비교하면 노 원백의 방매가 책정의 배경을 가늠할 수 있다. 예를 들어 같은 해 3월 유학 김시룡이 유학 김희성에게 논 6두락을 전문 38냥으로 방매하거나, 같은 해 2월 숙부가 조카에게 밭 2두락과 번답(反畓) 2두락을 31냥으로 방매하는 사례를 참고할 수 있다.[59] 5두락 6냥의 매매가는 현저히 낮게 책정한 결과였다. 전답 규모와 위치, 경작 상태 등의 많은 변수를 고려하더라도 노 원백과 상전의 거래가 대등한 관계에서 이루어졌다고 보기 어렵다.

매매에 있어 상전의 시혜적 분위기는 이미 살펴보았듯이 충노 혹은 충비와

---

57 『한글-소통과 배려의 문자』(한국학중앙연구원 장서각, 2016), 116~117쪽; 『고문서집성 3』, 319쪽.
58 『고문서집성 76-밀양 밀성박씨·덕남서원편』(한국정신문화연구원, 2004), 285쪽.
59 『고문서집성 65』, 718쪽; 『고문서집성 27-영광 영월신씨편(I)』(한국정신문화연구원, 1996), 546쪽.

같이 노비의 행위에 대한 가치 부여에서도 확인할 수 있다. 1779년(정조 3) 실록에는 열녀 행적과 함께 충비 기록이 있다.

> 상주의 사인 조현기의 며느리 정씨는 남편을 따라서 죽은 절개가 있으며, 정씨의 비 미정은 정씨가 물에 빠지자 상전의 시체를 업고 함께 죽었습니다.[60]

남편을 따라 순절한 상전을 구하다 죽은 사비 미정도 상전과 함께 정려되었다. 상전은 열녀로, 열녀를 위해 죽은 사비는 충비로 가치를 규정했다. 사비의 행위에 대한 의미 부여는 상전이 열부라는 점을 전제로 했다. 이런 측면에서 열부의 시혜에 따라 충비로 규정하였다고 하겠다. 이런 사례는 1794년(정조 18) 상전을 정려하면서 비를 함께 정려한 내용에서도 확인할 수 있다. 내용은 상전과 비의 시혜관계를 포함하고 있다.

> 박계곤에게는 홀로 된 딸이 있었는데, 그가 젊은 나이로 고통스럽게 절개 지키는 딸을 가엾게 여겨 비 하나를 명하여 청소나 해 주도록 하였습니다. 그 비의 이름은 고소락이었는데 […] 주인이 그의 뜻을 가엾게 여겨 방량을 했으나 시집을 가지 않고 더 열심히 주인을 섬김으로써 끝내 주인과 여종이 서로 의지하여 살다가 늙어 죽었습니다.[61]

제주도의 박계곤은 이미 세상을 떠난 효자였다. 인용문은 효자 박계곤의 사비가 충비로 명명되는 과정에 대한 기사이다. 박계곤은 생전에 과부 딸이 수절하는 일을 돕기 위해 비 고소락으로 하여금 봉양하게 했다. 비 고소락의 지극한 정성에 '감동'한 상전 박계곤이 그녀를 방량하고 출가시키는 시혜를 베풀었다. 그럼에도 고소락이 상전의 수절하는 의리를 본받아 혼인하지 않고 상전을 따랐다. 비 고소락은 방량이라는 상전의 시혜를 받았고, 또한 상전을 따른 결과에 따라 '충비'로 사후에 시혜를 받았다. 이러한 이야기는 실록에서 '충효열'을 포괄하는 내용으로 강조하였다. 비 고소락에 대해 '충비'로 지칭하고 효자 박계곤에게 정려하면서 그의 정문에 한 줄 낮추어 '충비'를 쓰도록 하여 상전의 시혜를 드러내고자 했다.

---

60 『정조실록』 3년 6월 14일.
61 『정조실록』 18년 4월 22일.

5. 맺음말

상전과 노비는 주종이 분명하게 법전에 규정되어 있으며 변함없는 신분 계승은 조선만의 특이한 제도였다. 그리고 사회적으로도, 특히 두 번의 전쟁 이후 노비 도망으로 노비제도의 근간이 위태로운 상황에 직면했음에도 주종으로서 상전과 노비의 관계는 유지되었다. 다만, 전쟁을 전후한 시기 경제적 측면에서 독자성을 인정하던, 즉 『경국대전』 체제가 유지되던 시대에는 노비에 의한 노비 및 토지 소유 그리고 그와 분리된 상전의 가산이 존재했다. 그러나 전쟁 이후 노비 도망의 만연과 전답의 생산성 증대로 인한 토지의 재산 가치 상승에 따른 토지 확보 경쟁, 상전과 노비 사이의 재산, 특히 토지를 대상으로 한 기상 문제가 대두하면서 신분적 주종이 경제적 주종과 연결되었다.

전쟁 이후 상전을 '주'로 하고 노비를 '종'으로 하는 사회적 관계가 변화를 맞이했다. 17세기 중엽 이후 상전의 경제적 집적이 달성되고 법전에 따른 노비의 가산 소유를 보장받기 어려워지면서 상전이 기상 등에 의해 노비의 경제적 토대를 잠식하는 일이 많아졌다. 이렇게 경제적 우위를 점한 상전의 노비를 향한 시선은 이해의 충돌에서 발생하였다. 납상 혹은 기상을 보여주는 매매명문의 사례는 상전에 의한 노비 재산 침탈을 보여준다. 급기야 이러한 분위기 속에서 경제적으로 상전을 지원하는 노비에 대해 '충'의 가치를 부여하기 시작했다.

18세기 이후 서얼허통과 공노비에 대한 해방 논의가 본격화되면서, 그리고 노비의 도망이 일상화되면서 상전에 의한 노비의 통제 및 관리의 한계가 분명해졌다. 이런 현실에서 외거노비의 경우 신분적인 변화를 도모하면서 상전과의 관계를 장기간 단절하는 입장을 드러냈다. 상전도 이들에 대한 적극적인 추쇄의 한계로 노비를 바라보는 시각의 변화가 나타났다. 이형상이 노비를 방량한 사례에서 경제적 이해를 통해 호혜를 찾는 지혜를 찾을 수 있다. 외거노비가 60년 이상 신공을 바치지 않거나 거주와 가족관계가 파악되지 않는 경우 굳이 상전을 찾아와 속량을 요청한 사실은 서로를 향한 지혜가 필요함을 인지하고 있었음을 보여준다. 상전도 이들 노비에 대한 지속적 관리의 한계를 분명히 알고 노비 또한 법전의 규정과 사회의 변화를 인지하고 있었기에 서로 원만하게 해결할 지혜를 발견하기는 어렵지 않았다.

노비의 관리가 한계에 이른 18세기 후반부터 상전은 기상이라는 변화한 현실을 관행으로 인식하고 그들 노비의 재산을 확보했다. 절대적인 상전 우위의 사회 분위기는 부채나 가난 등의 사유로 노비의 토지 등 재산을 획득하는 것을 당연히 여기고 나아가 이를 일종의 시혜의 시선으로 바라보려는 모습까지 나타난다. 이렇듯 경제적 이해와 결합한 노비와 상전의 인식이 가속화하여 '충노'와 '충비'의 신화를 만들어내게 되었다. 이러한 신화는 급기야 19세기 후반 노비제의 해체에도 불구하고 시대를 소급하여 주종의 신화를 다시 생산하게 되었으며, 『경주읍지』의 사례와 같이 16~17세기 노비의 '충효열' 이야기로 이어졌다.

●참고문헌

원전

『경국대전』.
『승정원일기』.
『조선왕조실록』.
『경주읍지』.
『안의(安義)읍지』.
李衡祥, 『瓶窩先生文集』.
서울대학교 규장각한국학연구원, 『고문서』.
한국학중앙연구원 장서각, 『고문서집성』.
한국학중앙연구원 장서각, 『한글-소통과 배려의 문자』, 한국학중앙연구원 출판부, 2016.

논저

김건태, 「조선후기 병작제의 양상-칠곡 석전 광주이씨가 사례」, 『대동문화연구』 32, 1997.
김경숙, 「소송을 통해 본 조선후기 노비의 記上抵抗-1718년 구례현 결송입안을 중심으로」, 『역사학연구』 36, 2009.
김명화, 「조선시대 수령의 소송지침서 《詞訟類聚》의 편찬과 활용」, 『서지학연구』 66, 2016.
김영나, 「15~17세기 광산김씨 예안파의 전답소유양상」, 『영남학』 15, 2009.
박종천, 「공감과 개방의 문화공동체, 석천마을」, 『석천마을과 공동체의 미래』, 한국학중앙연구원 출판부, 2017.
안대회, 「18세기의 노비 시인 정초부」, 『역사비평』 94, 2011.
이수건, 「古文書를 통해 본 朝鮮朝社會史의 一研究」, 『한국사학』 9, 1987.
이혜정, 「16세기 어느 도망노비 가족의 생존전략-1578년 노비결송입안(奴婢決訟立案)을 중심으로」, 『인문논총』 72-4, 2015.
이혜정, 「奴婢의 記上행위와 爭訟-《黙齋日記》를 중심으로」, 『한국사상과 문화』 87, 2017.
정구복, 「磻溪 柳馨遠의 社會改革思想」, 『역사학보』 45, 1970.
정수환, 「17세기 화폐유통과 전답매매양상의 변화」, 『장서각』 23, 2010.
조철제, 「〈慶州邑誌〉해제」, 『국역 경주읍지』, 경주시·경주문화원, 2003.

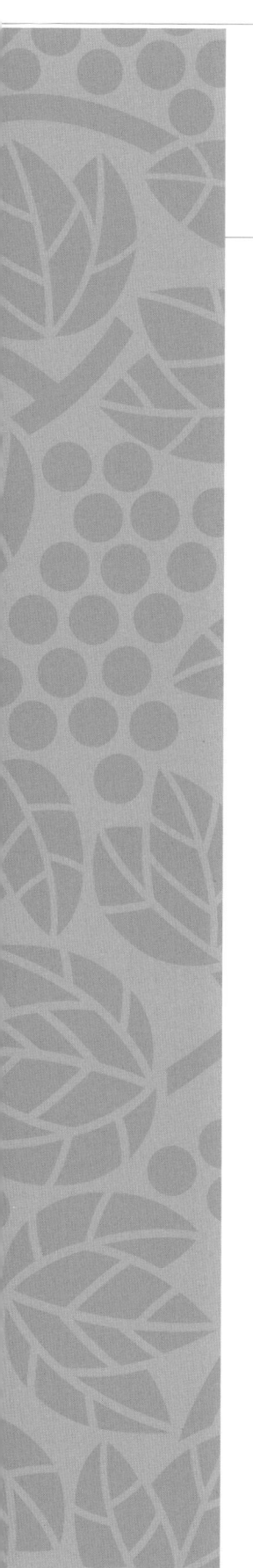

신분을 초월한 양반과 노비의 시적 대화

안대회 | 성균관대학교 한문학과 교수

1. 시인이 된 노비

조선 중기에 구곡(龜谷) 최기남(崔奇男, 1586~1669)이란 시인이 있었다. 도회지 중인과 서민을 주축으로 한 시인들로 형성된 시단을 여항시단(閭巷詩壇)이라 하는데 이 시단의 초기에 활약한 대표자 가운데 한 사람이다. 뜻밖에도 최기남은 본디 노비였다. 그 주인은 신익성(申翊聖, 1588~1644)으로 선조의 부마 동양위(東陽尉)이다. 그러니 이른바 궁노(宮奴)였다. 궁노 신분의 시인이 나중에는 『구곡시고(龜谷詩稿)』라는 번듯한 시집을 간행하였고, 그 자료적 가치를 인정받아 한국문집총간에도 수록되었다. 그저 꼴만 갖춘 그렇고 그런 시집이 아니라 여러 면에서 중요한 의의가 있는 시집이다. 최기남은 이처럼 당시에도 꽤 이름이 알려졌고, 후대에도 크게 인정받았다.

궁노가 어떻게 시인으로 인정받고 시집까지 간행할 수 있었을까? 비범한 재능을 갖춘 데다 큰 노력을 기울인 결과일 것이다. 그러나 개천에서 용이 나오기 힘들기는 그때나 지금이나 마찬가지이다. 더욱이 자유를 박탈당한 노비 신분이라면 문학에 재능이 있다고 하더라도 재능을 가꾸고 발휘할 기회 자체가 원천적으로 차단될 수밖에 없다. 노비로서 시인이 된다는 것은 사실상 불가능하다. 세계적으로도 그 사례가 매우 드물다.

그러나 조선 중기 이후 사회에서 불가능한 일이 일어났다. 최기남의 주인인 신익성은 학문과 문학을 사랑한 지성인으로 집안 분위기를 문화적 향기가 넘치도록 조성하였다. 그 분위기가 아랫사람에게까지 영향을 주어 노비까지도 예술적 향기에 젖어들게 만들었다. 여자 노비 가운데도 시를 잘하는 이가 나타났고, 남자 노비 가운데는 최기남이 두각을 나타냈다. 최기남이 시를 잘 쓰자 신익성은 궁노 신분을 벗겨 주어 자유롭게 살게 하였다. 놀랍게도 『구곡시고』에 서문을 쓴 이는 다름 아닌 신익성이다. 그 서문에서 신익성은 이렇게 말하였다.

> 내가 비천한 사람 중에서 시인을 하나 얻었다. 그의 학문은 선불교에 가깝고, 그의 시는 당시(唐詩)에 가까웠으니 틀림없이 깨달음[悟入]으로 신묘하게 이해한 자이다. 아! 이 사람의 시재(詩才)를 힘으로 가져갈 수 있다면 힘 있는 권세가가 빼앗아 간 지 벌써 오래됐을 것이다. 조물주가 그의 곤궁하고 비천함을 안타깝게 여겨 시로 울분을 풀게 했나 보다.

이 서문은 두 가지 점에서 주목해 볼 만하다. 첫째, 노비였던 이가 한시를 배워 높은 수준의 작품을 썼고 게다가 작자가 살아 있을 당시에 시집을 출간하였다. 조선시대에 문집은 거의 모두 죽은 뒤에 간행되었다. 둘째, 아무리 자유 신분으로 풀어 주었다고는 해도 자신의 노비였던 이에게 가치를 높이 인정한 서문을 써 주었다. 비천한 사람 가운데서 최기남 같은 천부적 재능을 가진 시인이 등장하였고, 하늘이 그에게 부여한 재능은 막강한 권력으로도 뺏지 못하는 고유한 것이라고 인정하였다. 비천한 사람에게서 자유도 재물도 뺏는 사회이지만 시적 재능만은 뺏을 수 없다는 취지의 글이다. 이 글을 쓰게 된 뒷배경에는 뭉클한 감동을 선사하는 사연이 있다.

20세기 이전 한국 사회에는 노비가 버젓하게 존재하였다. 1894년 갑오경장 이전에는 법률로 노비제도가 보장되었다. 육체의 자유를 박탈당한 노비는 사유의 자유와 능력마저도 박탈당하였다. 그러니 조선시대 문화의 영역에서 존재감을 드러내는 노비가 눈에 뜨이지 않는 것은 당연하다. 몇 가지 예외가 있는데 이 글에서는 그것에 주목하려 한다. 노비가 양반 남성의 전유물이던 학문을 접하고 시문을 창작한 예외적 현상을 말하는데 여기에는 노비의 천재성을 발견하여 그 천재성을 발휘할 수 있도록 도와준 양반 사대부의 배려가 있었다. 신분상 큰 간격이 있었으나 시를 통한 대화로 이 간격을 극복하였다.

노비의 재능과 노력, 양반 사대부의 지원이라는 두 개의 축에는 신분제도가 느슨해지고 지식의 독점이 해체되던 조선 후기 사회의 현상이 투영되어 있다. 17세기에는 최기남과 홍세태를 대표적 사례로 꼽을 수 있고, 18세기에는 정초부와 이단전을 대표적 사례로 꼽을 수 있다. 또 집단으로는 반인(泮人)도 포함할 수 있다. 노비가 양반 사대부 문인과 교류하고 시문을 주고받은 드문 현상은 이 시기 서민문화의 확대 현상과 긴밀한 관련이 있고, 이는 사회적으로나 문화적으로나 중요한 의미가 있다.

2. 노비의 공부와 면천

능력은 남녀와 신분, 지역과 빈부를 가리지 않는다. 조선 사회에서는 여러 면에서 차별이 극심하여 능력이 있어도 그 능력을 발휘할 기회를 얻지 못한 이들이 많았다. 차별의 질곡에 속박되지 않은 남성, 양반, 경기와 충청도 지역민,

부자 등의 조건을 온전히 소유한 특별한 이들만이 능력을 발휘할 기회를 얻었다. 훌륭한 자질의 소유자가 세상에서 존재감을 드러낼 뛰어난 인재로 성장할 기회를 얻는 데는 이처럼 많은 제약이 따랐다. 노비는 그런 나쁜 환경과 악조건을 모두 소유한 존재이다. 그런 처지임에도 불구하고 능력을 발휘한 노비가 나타난다면, 그때는 그를 어떻게 대우해야 할까?

노비가 공부하여 일정한 수준의 학식을 가지기는 지극히 어려워 그 사례가 많지 않다. 노비에게는 주인에게 봉사할 의무가 있고, 대부분 그렇게 삶을 살다 갔다. 특별하게 학식을 쌓은 노비가 나타났다면 그가 능력을 발휘할 기회를 얻을 수 있을까? 그런 능력은 발견하기도 쉽지 않고, 발견했다고 해도 그것을 발휘할 기회를 얻기는 정말 쉽지 않았다. 하지만 주인이나 타인에게 인정받아 면천(免賤)을 거쳐 평민과 중인의 신분으로 상승했던 드문 사례가 있다.

숙종 시대의 저명한 문인 유하(柳下) 홍세태(洪世泰, 1653~1725)가 대표적인 사례이다. 그의 부계는 무인이었지만 어머니가 천민이라서 이씨 집안의 노비 신분으로 태어났다. 어머니가 노비이면 그 소생은 노비가 된다는 노비종모법(奴婢從母法)에 따라 자동으로 노비가 되었다. 홍세태는 노비 신분임에도 공부하고 시 짓는다며 노비로서 할 일을 게을리하였다. 시를 잘 지어 세상에 널리 알려진 명사들과 어울려 지냈다. 그 꼴을 보지 못한 주인집에서 그를 잡아다가 죽이려 들었다. 죽이기까지야 하겠는가마는 꼼짝없이 큰 징벌을 당할 수밖에 없는 상황이 됐다.

그 소식을 듣고서 그의 재능을 아낀 권세가 김석주(金錫冑)가 죽을 고비를 넘기게는 했으나 주인의 마수에서 완전히 벗어나게 하려면 속량(贖良)하여야 했다. 주인에게 노비 몸값을 치러야 했는데, 주인은 눈치를 채고 무려 은전(銀錢) 200냥을 요구하였다. 보통 40냥이던 노비의 몸값을 고려하면 터무니없는 값이었다. 결국 김석주가 100냥을 마련하고, 동평군(東平君) 이항(李沆)이 100냥을 내주어 속량하도록 하였다. 동평군은 숙종 시대 종실로서 권세와 명성이 대단히 높은 인물이었다. 이는 성대중(成大中)의 『청성잡기(靑城雜記)』와 같은 여러 야사에 미담으로 나오는 흥미로운 사연이다. 저들의 도움으로 홍세태는 노비 신분에서 벗어나 자유의 몸이 되었다.

엄청난 몸값을 치르고 명사들이 노비 신분을 벗겨 준 것은 그의 남다른 재능을 아꼈기 때문이다. 홍세태는 노비에서 풀려난 뒤 "돌아가는 기러기는 드넓은 창공에서 득의양양하고/ 누웠던 버들은 물살이 흔들리니 생기가 도네.[歸鴻得意天空闊, 臥柳生心水動搖.]"라는 시를 썼다. 바닥에 처박혀 있던 신세에서 벗어나 자유를 얻어 솟구치는 의욕과 득의양양한 기분을 잘 표현하였다.

맡은 일을 하지 않는 노비를 징치하려 든 주인을 당시 사회관례상 비난할 수 없다. 법적으로나 사회관례로나 문제가 없는 처분이다. 노비가 특별한 능력을 소유했다고 해도 그 능력을 키우도록 배려할 주인이 얼마나 되겠는가? 다만 홍세태에게 선의를 베푼 김석주와 이항은 인재를 아낄 줄 아는 양심적 지식인의 특별한 사례이다. 홍세태가 글을 아는 식자였기에 저들은 선행을 베풀었다. 문맹률이 매우 높았던 조선 사회에서 국제어인 한문을 이해하고 쓸 수 있는 문해력(文解力)을 공유한다는 유대감은 이들을 묶을 수 있는 중요한 고리였다. 천민이라도 글을 읽고 쓸 줄 아는 사람은 함부로 대우하지 않고 특별하게 대우하는 것이 그 시대의 문화적 분위기였다.

홍세태가 숙종 시대를 대표하는 노비 출신 시인이었다면, 영조 시대를 대표하는 노비 시인은 정초부(鄭樵夫, 1714~1789)였다. 정초부 또한 뛰어난 학식을 지닌 시인이었다. 그러나 공부하고 시를 쓸 수 있도록 배려한 주인이 없었다면 시인으로 성장할 수 없었을 것이다. 정초부는 조선 후기 명문가 중 하나인 함양(咸陽)여씨(呂氏) 집안의 노비였다. 강준흠(姜浚欽)의 『삼명시화(三溟詩話)』에 다음과 같은 기록이 보인다.

> 정초부는 양근(楊根)의 승지 여만영(呂萬永)의 가노(家奴)이다. 그는 어려서부터 주인을 위하여 날마다 나뭇짐을 졌고, 밤에는 주인을 모시고 잤다. 주인이 책을 읽는 소리를 들으면 곁에서 듣고는 바로 외웠다. 주인이 기특하게 여겨 자제들과 함께 글을 읽도록 했는데 학업을 빨리 성취하였다. 특히 과시(科試)를 잘하여 주인집 자제들이 그의 도움을 많이 받았다.

지금의 경기도 광주시 남종면 수청리(水青里)에 거주한 함양여씨 집안의 상황을 묘사한 글이다. 혁혁한 명문가 집안의 노비 정초부는 주로 땔나무를 하는 일을 맡아 하였다. 그는 노비 구실을 묵묵히 수행하면서도 학습 능력을 보였다. 주인집에서는 집안 자제들과 함께 공부해도 좋다며 허락했는데 학업 성취도가 자제들보다 더 나았다. 자제들이 오히려 노비의 학식에 도움을 받는 지경에 이르렀다. 더욱이 시적 재능을 발휘하자 주인집에서 정초부를 면천시켰다. 고려대학교 도서관에 소장된 정초부의 시집 『초부유고(樵夫遺稿)』에 "정초부는 이름이 이재이다. 여씨가 노비 문권을 불살라 갈대울에 거주하였다."라고 밝혀서 노비 문서를 불태워 자유의 몸으로 만들어 주었다고 분명하게 말하였다.

정조 시대에는 이단전(李亶佃, 1755~1790)이 노비 출신 시인으로 유명하였다. 이단전은 연암 박지원의 절친한 벗으로 우의정을 지낸 유언호(兪彦鎬)의 종이었다. 어머니가 그 집의 여종이었다. 이단전은 하라는 나무는 하지 않고 시를 짓는답시고 돌아다녔다. 홍세태의 주인처럼 보통 사람이었다면 그를 가만 놔두지 않았을 것이다. 하지만 유언호는 이단전을 일반 노비로 대우하지 않았다. 다음은 황인기(黃仁紀)의 문집 『일수연어(一水然語)』에 실린 「이단전전(李亶佃傳)」의 일부이다.

> 어렸을 때 유씨 집 소년들이 글을 읽으면 곁에서 숨어 듣고서 몰래 외웠는데 대강의 뜻을 알았다. 주인이 기특하게 여겨 나무하고 소 치는 일을 맡기지 않고 자기 하고 싶은 대로 하도록 내버려 두었다. 드디어 문자를 다루는 일에 종사하여 예술적 재능이 크게 발전하였다.

유언호는 공부하려는 노비에게 벌을 주기는커녕 오히려 공부하도록 배려하였다. 하라는 일은 하지 않고 공부하고 시 쓰는 노비를 달갑게 생각하지는 않았겠지만, 어깨너머로라도 글을 배우려는 모습을 기특하게 여겨 하고 싶은 대로 공부하도록 허락하였다. 그 배려 덕분에 이단전은 글씨를 베끼는 서수(書手)로 생계를 이어 가면서 식자들과 어울리며 시를 쓸 수 있었다.

최기남의 주인 신익성, 정초부의 주인 여춘영, 이단전의 주인 유언호는 이른바 경화세족으로 한 시대의 명사로 유명하였다. 뛰어난 문인이기도 한 그들은 글을 배우고 시를 쓸 줄 아는 노비를 일반 노비와는 구별하여 특별하게 대우하였다. 글을 아는 사람으로서 글을 짓는 사람에 대한 배려였다.

3. 제멋대로인 이단전을 보듬은 양반 사대부 문인

양반 사대부가 노비, 또는 노비 출신 시인과 시문을 주고받은 사례를 조선 전기에는 찾아보기가 힘들다. 조선 후기라고 해도 많지는 않으나 얼마간 찾아볼 수 있다. 앞에서 말한 신익성은 통신사 수행원으로 일본을 다녀온 최기남에게 시를 주어 "행장을 풀면 시집이 있을 것이니, 이 정도면 족히 명가가 되리라.[解裝詩卷在, 此是足名家.]"라고 하였다. 면천된 이후 최기남은 실력을 인정받아 외교 사절단에 실무자로 따라갔다가 돌아왔는데, 사행 중에 지은 시를 보면, 명가로 인정받기에 충분하다고 높이 평가한 것이다.

노비가 면천되어 양민이나 중인으로 신분의 상승을 이뤘다고 해도 그를 보는 사람들의 시선이 갑자기 우호적으로 바뀌지는 않는다. 홍세태는 당대의 대표적 시인으로 인정받았으나 그를 향한 사대부의 시기와 질투, 괴롭힘은 평생을 따라다녔다. 양반 사대부는 대체로 신분이 낮은 양민이나 중인과 대등한 위치에서 시를 짓지 않았다. 면천됐다고는 하나 노비였던 사람을 허물없이 대하고 시를 주고받는 열린 가슴을 양반 사대부에게 요구하기는 쉽지 않았다. 그러니 많은 경우 면천한 시인은 자신의 출신을 숨기려 들었다. 이는 아주 자연스런 행위로 기록에 흔히 나타난다.

정현동(鄭顯東)의 필기 『만오만필(晩悟謾筆)』에는 최춘봉(崔春奉)이란 노비 출신 문인의 사연이 전한다. 한양의 동학동(東學洞)에 사는 박주천(朴柱天) 집 노비인 최춘봉은 석수장이의 아들이었다. 어릴 때부터 주인이 아들을 가르치는 곁에서 곁눈질로 글자를 배워 빼어난 시인으로 발돋움하였다. 나중에는 면천하여 과거시험까지 보아 진사시와 문과에까지 급제하였다. 하지만 영조 임금의 하문에 면천이라 하지 않고 양인(良人)이라 답했다. 비천한 출신임을 감췄다고 하여 질타를 받았다.

그런 사회 분위기에서 이단전은 정말 특별한 시인이었다. 스스로 지은 이단전(李亶佃)이란 이름에서 단(亶)은 '진실로'라는 뜻이고, 전(佃)은 소작인 또는 머슴이다. 단전은 영락없는 머슴, 진짜 하인이라는 뜻이다. 이단전은 또 아호를 필한(疋漢)이라고 했다. 호가 특이하여 무슨 뜻이냐고 묻는 이에게 이단전은 "필(疋)은 하인(下人)이오. 내가 바로 하인놈이니 필한이란 호가 합당하지 않겠소?"라고 대꾸하였다. 필(疋)은 하(下)와 인(人)을 합친 글자요, 한(漢)은 천한 사내라는 뜻이기 때문에 한 말이었다.

여기에 그치지 않는다. 그는 또 인헌(因軒)이란 호도 썼다. 인(因)은 큰 사람[大]이 울타리[口]에 갇혀 있는 형상이거나 한 사람[一]의 죄수[囚]라는 형상이다. 자유를 구속당한 노예의 의미로 쓴 것이다. 스스로에게 하인놈이나 죄수라고 하여 이름과 호를 통해 '나는 종놈이다'라고 떠벌린 사람이 이단전이었다. 면천되었다고 해서 노비 출신임을 숨기지 않고 오히려 '나는 종놈이다'라고 자학적으로 표현하였다. 그 자의식의 과잉이 참으로 유별나다.

그런 태도가 오히려 당시 서울의 저명한 사대부에게 호평을 받았다. 하지만 그렇다고 하여 품위 있는 시회나 사대부 모임에 이단전을 부르지는 않았다. 이단전은 개의치 않았다. 남들의 싸늘한 시선에는 아랑곳하지 않고 가고 싶으면 어떤 자리든 찾아갔다. 예의범절은 그가 따져야 할 것이 아니었다. 사대부들이 모여 시를 짓는 곳에 이단전은 불청객으로 불쑥 나타났다. 훗날 영의정을 지낸 당대의 명사 남공철(南公轍)은 "시를 짓고 그림을 그리는 우리들의 산수(山水) 모임에 군이 번번이 뒤를 따라온다."라고 추억하였다. 남공철의 시집에는 〈봄날 이단전이 이르렀다[春日李佃至]〉라는 제목의 시가 있다. 어느 봄날 그가 불쑥 찾아왔을 때 지은 시로 후반부에 다음과 같은 대목이 보인다.

好事莫如君	호사가로 그대만 한 사람이 없어
偶然來不約	약속도 없이 우연히 나를 찾았네.
容靈漸疲齧	얼굴은 날이 갈수록 쪼글거리고
衣巾亦弊落	갓도 옷도 해지고 떨어졌구나.
守素癖詩句	분수 지켜 시를 지어 고질병 되니
妻子甘藜藿	처자식은 죽조차도 달게 여기네.
誓不謁公侯	맹세코 고관대작 찾아다니며
屑屑事干囑	청탁하는 허튼짓은 하지 않누나.
喜玆有素心	본분대로 살아가는 그가 좋아서
晤言日將夕	대화를 나누는 사이 날이 저무네.

으레 그렇듯이 약속도 없이 불쑥 찾아온 이단전에게 화를 내거나 언짢아하지 않고 그를 연민하는 취지로 시를 지었다. 이 시에도 나타난 것과 같이, 이단전에게 시를 지어 준 당시 사대부가 공통으로 언급한 것이 있다. 아무런 기별 없이 불쑥 찾아와 술을 마시거나 시를 함께 짓는 이단전의 버릇이다. 사람들은 그를 광생(狂生)이나 망자(妄子)라며 욕을 하였다.

또 하나는 이단전에게 호의적인 사대부 문인이 당파를 가리지 않고 많았다는 점이다. 특정한 사대부에게 인정받거나 교유한 것이 아니라 두루두루 안면을 텄다. 이용휴, 윤기, 이덕무, 최북, 남공철, 임천상, 황인기, 임하상, 조수삼 등이 대표적인 인물이다. 그는 정조 시기 마당발 시인이었다. 윤기(尹愭)는 〈이단전의 시에 차운하여 그에게 주다[次贈李亶佃]〉란 시를 지었다.

年來閉戶度殘春	새해 들어 칩거하며 가는 봄을 보내는데
偶爾相逢靑眼新	우연히 그대 보니 눈이 번쩍 뜨이누나.
世上曾無知我者	세상에는 알아주는 사람 하나 없건마는
城中還有似君人	도성 안에 그대 같은 친구 하나 겨우 있네.
詩惟遣興吟酬懶	시름 달랠 시나 읊고 화답에는 게으르며
意在不言默視頻	침묵에나 뜻을 두고 멀뚱멀뚱 바라만 보네.
勝賞江樓仍累日	경치 좋은 강변 정자에 여러 날 눌러앉아
忘形痛飮始超塵	처지 잊고 실컷 마시니 세상사에 초연해지네.

1787년 마포 한강변에 있는 정자에 머물던 윤기에게 이단전은 아니나 다를까 기별도 없이 찾아왔다. 무명의 식자로서 남에게 인정받지 못해 늘 불우하다는 생각에 사로잡혀 있던 윤기는 반가운 마음에 그에게 자신의 소회를 털어놓았다. 다른 시인과 시를 주고받지 않는 외로운 시인으로서 14세 연하인 이단전을 대하고 보니 시가 절로 나와 위 시를 지었다. 그로부터 1년이 지나 다시 이단전이 찾아오자 또 기뻐서 입에서 나오는 대로 절구 2수를 지었다. 이렇듯이 윤기는 이단전과 여러 차례 만나 시를 지었는데 다음과 같은 시도 있다.

一盞一篇意氣高	술 한 잔에 시 한 편, 기세도 드높아라!
長吟猛拍不勝豪	길게 읊고 장단 맞추며 호기롭기 그지없네.
醉看乾坤無一物	취한 눈에는 천지간에 뵈는 것 하나 없건마는
世人輕汝九牛毛	세인들은 그대를 터럭 하나로 무시하누나.

이단전은 술에 취해 세상을 오만하게 대하고, 세상은 그런 이단전을 터럭처럼 가볍게 무시한다고 하였다. 비천한 신분의 이단전을 무시하는 세상을 향해 대신 분노하는 마음을 담았다. 이단전을 아낀 사대부 문인이 많았으나 윤기는 시를 지어 그의 처지를 연민하였고, 그의 작품을 높이 평가하며 많은 시를 지어 그에게 주었다.

4. 정초부와 그 주인 여춘영의 시적 대화

노비 출신 시인을 아낀 사대부 가운데 가장 인상적인 인물은 여춘영(呂春永, 1734~1812)이다. 수청리의 나무꾼 시인 정초부는 혼자만의 재능과 노력으로 시인이 될 수 없었다. 정초부가 노비 신분의 역경을 이기고 시인으로 성장한 배경에는 그의 주인 여춘영의 지원과 격려가 있었다. 노비가 시인으로 발돋움할 수 있도록 면천하여 도와주고, 그 노비와 스스럼없이 친구처럼 지내고자 했던 양심적인 주인이었다.

여춘영의 자는 경인(景仁)이고, 호는 헌적(軒適)이다. 여씨 집안은 경기도 광주시 남종면 수청리에 살았다. 수청리는 우리말로 물푸레여울인 수청단(水靑灘)이 있어서 붙여진 마을 이름이다. 이 집안을 중흥시킨 여성제 이래로 이곳에 세거하였다. 집안을 물려받은 여춘영은 문과를 치르지 않은 채 시인으로 활동했다. 진사에 급제하고 참봉 등의 음직을 제수받았으나 한 번도 관직에 나가지 않았다. 양근과 서울을 오가며 명사들과 교유하면서 문인으로 활동하여 당시에 명성이 높았다. 그가 남긴 작은 문집 『헌적집(軒適集)』이 규장각과 후손가에 소장되어 있다.

정초부가 여춘영의 노비였다는 사실은 많은 기록에서 입증된다. 여춘영의 『헌적집』에서도 확인할 수 있을 것이다. 그러나 정초부와 관련한 작품이 적지 않으나 그를 자신의 종이라고 명확하게 밝히지는 않았다. 오히려 정초부를 특별히 대우하는 듯한 표현이 많이 보인다. 남들은 노비라고 불렀으나 정작 주인인 여춘영은 그렇게 부르지 않았다. 정초부와 함께 지은 시가 여러 편이고, 아예 정초부를 읊은 시가 10여 편에 이른다. 심지어 정초부가 죽었을 때 지은 제문까지 실려 있다.

그 제문에서 "그 주인의 친구이자 그 마을에 사는 자는 실로 헌적(軒適)뿐인데, 그의 두 아들을 데리고 큰 술잔 하나를 가지고서 그 무덤에 찾아왔노라"라고 말한 대목에서도 자신이 주인임을 밝히지 않았다. 주인의 친구라는 말은 주인임을 완곡하게 표현한 말이다. 그 마을에 함께 산 기간이 34년이라고 한 언급을 볼 때 그렇다.

여춘영은 1789년 정초부가 76세로 사망하자 만시(挽詩) 12수를 남겼다. 그 가운데 "어릴 때는 스승, 어른이 되어서는 친구로 지내며, 시에서는 오로지 내 초부뿐이었지.[少師而壯友, 於詩惟我樵]"라는 구절이 있다. 어릴 적에는 노비인 정초부를 스승으로, 커서는 벗으로 지내며 시를 함께 지었다고 밝혔다. 여춘영은 시에서 스무 살 연상의 정초부를 상당히 우대하고 있다. 하지만 그런 표현을 했다고 하여 정초부가 노비가 아니었다는 말은 아니다. 그가 신분이 낮은 노비였음은 여춘영이 그를 묻고서 돌아온 길에 쓴 시에도 보인다.

黃壚亦樵否	저승에서도 나무하는가?
霜葉雨空汀	낙엽은 빈 물가에 쏟아진다.
三韓多氏族	삼한 땅에 명문가 많으니
來世托寧馨	내세에는 그런 집에 나시오.

-〈초부를 묻고 돌아오는 길에 읊다[哭樵夫葬, 歸路有吟]〉

정초부를 가을에 매장하였다. 여춘영은 낙엽을 보고 정초부가 저승에 가서도 나무를 하는가 보다고 했다. 또 내세에는 명문가에서 태어나기를 기원했다. 신분이 천하고 나무꾼 일을 했던 점을 안타까워한 것이다.

여춘영은 정초부와 시벗이 되어 지내며, 연민과 동정으로 그를 보살폈다. 그뿐만 아니라 그의 재능을 한양의 사대부 사회에 널리 퍼뜨렸다. 세상이 정초부의 이름을 알게 된 것은 주인 덕분이었다. 자신의 종이었다 하여 그를 하대하지 않고 대등하게 시를 주고받으려고 했다. 정초부는 스무 살 아래라도 여춘영에게 깍듯하게 주인 대접을 하였고, 반면에 여춘영은 정초부를 스승이니 친구니 하면서 대우하였다.

시를 좋아하는 문인으로 두 사람의 관계가 얼마나 돈독하였는지는 작품이 입증한다. 일상생활을 영위하면서 자주 시를 주고받았는데, 정초부는 먼 길을 떠날 때마다 여춘영에게 인사를 갔고, 그때마다 여춘영은 시를 써 주며 잘 다녀오기를 축원하였다. 그러면 정초부는 또 그에게 답시를 쓰곤 했다. 그렇게 지어진 작품이 몇 수 남아 있는데 서로 주고받은 시 한 편씩을 다음에 보인다. 먼저 여춘영의 시이다.

未逐貧窮鬼	가난 귀신 아직도 쫓아내지 못해
詩鋒定不銛	시의 칼날 정녕코 날카롭지 못하네.
佳篇世爭誦	멋진 시편 세상에서 다투어 읊은들
渴肺酒誰沾	바싹 마른 배 속을 누가 술로 채워 줄까?
收麥那盈石	보리 거둬도 한 섬을 어찌 채우랴?
爲樵不勝鎌	나무 베는 낫질을 멈추지 못하네.

隋城知己宰　　수원은 친구가 다스리는 고을이니
肥汝豈傷廉　　그대를 살찌워도 청렴함이 훼손되랴?
-〈수원에 가는 정초부를 보내며[送樵夫客隋城]〉

　　수원부사와 안동부사를 지낸 김상묵(金尙默)도 정초부를 매우 존중하여 가는 부임지마다 정초부를 초대하였다. 여춘영을 찾아온 정초부에게 시를 지어주며 그의 빈궁함을 위로하고 김상묵이란 친구가 후하게 대우하리라 기대하였다. 시를 잘 써 명성이 있어도 산에 올라가 나무를 해다 팔 수밖에 없는 살림살이를 말함으로써 연민의 감정을 표하였다.
　　이번에는 정초부의 답시이다. 안동부사로 부임한 김상묵에게 갈 때 늘 하던 대로 여춘영에게 인사를 올리러 갔다. 여춘영이 배웅하는 시를 써 주자 정초부가 답시를 썼다. 세 편을 썼는데 그중 첫 번째 시이다.

樵夫本浪跡　　초부는 본래 방랑객이라
到處是吾家　　머무는 곳이 제집이지요.
北渚收殘釣　　북쪽 개울에서 낚싯줄 걷고
南關訪早花　　남쪽 고을로 때 이른 꽃을 보러 갑니다.
春寒燒美酒　　봄이 추우면 술을 덥히고
秋熱削甛瓜　　가을에도 더우면 참외를 깎지요.
豈忘薪歌樂　　나무꾼 노래의 즐거움을 잊으리오만
其如白首何　　이제 머리 하얘지니 어쩌나요?
-〈화산에 가려 할 때 헌적 여춘영 공께서 내게 주신 시를 받들어 화답한다[將往花山, 奉和軒適呂公春永贈別韻]〉

　　본디 한곳에 정주하지 못하는 방랑객의 처지라 어디를 가든 꺼릴 것이 없다는 말과 함께 이제는 나이가 많이 들어서 나무꾼으로 살고자 해도 그렇게 하기 힘들다는 속마음을 자연스럽게 털어놓고 있다. 이렇게 주인과 노비였던 두 사람의 시에서는 날 선 반목이 아니라 따뜻한 인간애가 엿보인다.
　　이 밖에도 두 사람의 문집과 시집에는 서로에게 준 시편이 적지 않게 남아 있다. 여춘영만 해도 정초부를 아끼고 존중하는 마음을 담은 시를 다수 지었고, 정초부 역시 여춘영과 그 형제, 그 부친에게 준 시들이 적지 않다. 대체로 앞에서 살펴본 시와 비슷한 마음을 표현하고 있다. 그중에서 정초부가 50세를 전후한 시기에 쓴 시는 다음과 같다.

回仙愛老樵	회선이 늙은 나무꾼을 아껴서
卄載同今朝	20년을 오늘처럼 한결같았네.
落筆搖山嶽	붓을 휘두르면 산악이 흔들리고
吐辭驅海潮	말을 내뱉으면 바닷물도 몰아내네.
戶庭無咫尺	저택은 지척도 안 되는 거리
懷抱得依聊	회포를 그에게 의지해 왔네.
我已當知命	내 나이도 어느새 지천명
可無思舊要	오랜 약속을 어찌 아니 생각하랴!

-〈헌적에게 올림[上軒適]〉

제목에서 헌적 여춘영에게 헌정한다고 밝혔다. 시에서 회선(回仙)은 여춘영을 가리킨다. 회선은 본디 송나라 때의 도사인 여동빈(呂東瀕)을 가리켜서 여씨 성을 가진 사람을 비유한다. 그 여춘영이 20년을 하루같이 나무꾼 신세인 자신을 아낀다고 고마워했다. 20년을 아꼈다는 것은 여춘영이 10살 전후부터 정초부에게 공부를 배웠고 그 뒤에 면천시켜 준 고마움을 표현한 것으로 보인다. 이후에는 여춘영의 호방한 문장을 예찬하고 지금도 여전히 가까이에 살면서 그에게 의지하고 있다고 했다. 의문은 마지막 구절에 있다. 이제 50세가 되는 처지에 오랜 약속을 실천해야겠다고 다짐하고 있다. 그 약속이 무엇인지는 알 수 없다. 분명한 것은 여춘영이나 자신과 한 약속일 텐데 완전한 독립이나 보답을 가리키는 것은 아닐까 추정해 본다.

『헌적집』권5에는「정초부의 제문[祭樵夫文]」이 실려 있다. 1789년 정초부가 76세로 사망하자 그 두 아들을 데리고 여춘영이 무덤에 가서 읽어 준 제문이다. 옛 문인들이 쓴 제문 가운데 노비의 죽음을 애도한 제문이 있기는 하지만 그중에서도 여춘영의 제문은 빼어난 작품에 속한다. 그 일부를 다음에 인용한다.

그 벗의 주인이자 한동네에 사는 사람에 헌적이란 이가 있어 그 두 아들을 이끌고 큰 사발에 막걸리를 따르고 그의 무덤에 와서 섰다. 꺼이꺼이 곡을 하니 초부는 듣고 있는가! 아니면 어둡고 아득한 저승에 있는가! 들은 듯 못 들은 듯 평소처럼 자리에 앉아서 꾸벅꾸벅 조는 듯하구나! 듣고 못 듣고는 그대로 놔두자. 초부가 죽었으니 어찌 헌적이 한마디 말이 없을 수 있으랴?

아아! 왕공(王公)이 멋대로 가져가지 못하고, 장사가 완력으로 빼앗지 못하는 것이 바로 초부의 동호(東湖)를 읊은 작품이 아니냐? 하늘이여! 사람이여! 사람이 그 같은 재능을 가졌는데도 늙도록 구렁텅이에서 뒹굴다니! 초부의 시가 사람들 눈에는 좋은 작품이나 귀신의 눈에는 졸렬한 것인가? […] 궁함을 떨치기는커녕 도리어 맞아들이고, 가난을 쫓아내기는커녕 도리어 불러들였구나! 아니면 세상이 재주를 아낀다고 하나 하나같이 돈을 아끼는 것만은 못해서인가! 세상에 산 기간은 짧지 않건마는 부여받은 운명은 기박하구나! 헌적은 초부와 옛날에 이른바 막역한 사이라 할 수 있다. […] 술이 없을 때는 시를 읊어 내게 주고, 술이 있을 때는 농담을 하며 즐겁게 하니 바람 부는 아침이나 비오는 저녁이나 가리지 않았다. 이제 헌적 곁에 술동이에 맛난 술이 있어도 예스런 용모에 희희낙락하는 모습을 찾을 길 없고, 아름다운 시구를 지어도 모퉁이에 앉아 무릎을 치는 사람이 사라졌다. 그런 지가 벌써 백여 일이 되었다. 도끼는 누구를 위하여 휘두르고, 거문고 줄은 누구를 위하여 퉁기고 있을까?

헌적과 초부는 모두 만물의 조화 속에서 잠시 형체를 빌려와 인간의 몸에 가탁한 사람이다. 이제 초부가 헌적보다 앞서서 조화 속으로 복귀해서 다시는 돌아오지 않는다. 초부가 처음 인간의 몸에 가탁하여 세상에 오게 만든 것은 기(氣)이니 반드시 다시 사물에 몸을 기탁하리라. 그러면 큰 산등성이에 들어가 울퉁불퉁한 나무가 될까? 아니면 바닷가 산에 들어가 구멍이 숭숭 뚫린 바위가 될까? 헌적이 비척비척 지팡이 짚고 가다가 범상치 않고 속되지 않은 바위 하나 나무 하나를 만나면 흔연히 어깨를 툭 치고 다시 막역한 벗이 될 것인가? 초부가 내 말을 여기까지 듣는다면 혹시라도 크게 한번 웃으려나! 오호라 슬프다!

제문에서는 평생을 나무꾼으로 비천하게 살았고 능력을 인정받지 못한 한 시인을 향한 연민과 동정의 마음을 표현하고 있다. 노비를 암시하는 대목이 잘 보이지 않는다. 그 두 아들은 훗날 양평의 아전이 되어 신분 상승을 했다. 세상이 무시하고 번듯한 자리를 차지하지 못한 정초부를 자신만은 인정하고 배려하고자 했음을 드러냈다. 정초부의 지기(知己)이자 지음(知音)으로서 전하는 따뜻한 위로와 슬픔이 지면에 넘친다. 인간의 위의에 대한 깊은 동정 없이는 불가능한 일이다.

5. 정초부에게 보낸 영남 사대부의 편지

불행히도 이단전은 최기남이나 홍세태처럼 번듯한 시집을 후대에 남기지 못했다. 시집이 있기는 했으나 어떤 경로인지 사라지고 없다. 그러나 정초부는 100여 수의 시를 실은 시집이 몇 종 전해진다. 그만큼 사람들에게 애호를 받았다는 증거이다. 그의 짧은 시 중에서 다음 두 수가 유명하다. 두 편 다 백로를 소재로 하였다.

東湖春水碧於藍　　동호의 봄 물결은 쪽빛보다 푸르러
白鳥分明見兩三　　두세 마리 해오라기 한결 더 또렷하네!
柔櫓一聲飛去盡　　노를 젓는 소리에 새들 모두 날아간 뒤
夕陽山色滿空潭　　노을 아래 산빛만이 강물 아래 가득하다.

亭亭人立夕陽時　　석양 무렵 꼿꼿하게 사람마냥 서 있으니
紅蓼綠蓑兩相宜　　붉은 여뀌 푸른 도롱이와 서로 잘도 어울리네.
意到忽然翻雪去　　퍼뜩 머리 들고 홀연히 눈발처럼 날아가니
靑山影裏赴誰期　　푸른 산 그림자로 누굴 보러 가는 걸까.

앞의 시는 정초부의 작품 세계와 18세기 한시를 대표한다. 서정성이 풍부한 정초부의 시적 정취를 느끼게 한다. 경상도 상주에는 이경유(李敬儒, 1750~1821)란 시인이 살고 있었는데 그는 『창해시안(滄海詩眼)』이란 시화(詩話)를 저술하였다. 그 시화에서 이경유는 동해초객(東海樵客) 정일(鄭逸)을 노비라 밝히고, 지극히 맑고 고운 시를 썼다고 호평하였다. 이어서 위의 시 두 편과 다른 한 편을 포함하여 모두 세 편의 시를 인용하였다. 시를 인용하고 난 다음 그의 집안 할아버지인 천연자(天然子) 이지정(李之鼎)과 사이가 좋아 서로 주고받은 시가 여러 편이며, 모두 만당(晩唐)의 흔적을 보인다고 평가하였다.

정초부보다 한 세대 뒤의 젊은 문인인 이경유는 영남의 명문가 사대부로 그 자신도 꽤 유명한 시인이었다. 그런 이경유의 문집 『임하유고(林下遺稿)』에는 「동해초객 정일에게 보내는 편지[與東海樵客鄭逸書]」 한 통이 실려 있다. 언뜻 보면 벼슬하지 않고 은거한 선비에게 보내는 편지로 오해할 수 있으나, 『창해시안』의 내용과 함께 읽어 보면 정일은 다름아닌 정초부임을 알 수 있다. 정

초부를 정일(鄭逸)로 쓴 것은 일사(逸士)라는 의미로 상대방을 높여서 표현한 것이다. 조선시대 편지 가운데 가장 독특한 편지의 하나가 아닐까 생각한다. 조금 긴 편지이지만 다음에 그 일부를 옮긴다.

경유(敬儒)의 집안은 문학으로 세상에 유명하여 제가 말을 할 수 있는 때부터 집안 어른으로부터 배운 덕택에 5언과 7언 고시 및 근체시 절구를 배웠고, 한위(漢魏) 이하 당송(唐宋)과 명나라의 많은 작가를 폭넓게 살펴서 거의 수천 명의 작가에 이르러도 싫증을 내지 않았습니다. 공부를 마치고 또 우리 동방의 시도 빨리 공부하여 멀리 신라와 고려로부터 가까이로는 당대의 작가까지 보았으니 경유는 시에 대해서 열심히 배웠다고 할 수 있습니다.

그런데도 여전히 부족하게 여겨서 드디어 서울로 가서 노닐었습니다. 서울에서 시를 잘하는 이들은 하나둘 세기가 불가능하였으나 원고 전체를 보기도 하고 친구들 사이에서 전송되는 작품을 보기도 하여 시구와 시어를 대충 보았습니다. 경유와 노닌 이들은 제가 좋아하는 것이 이런 데 있음을 알고서 새로 들은 작품이 생기면 바로 경유에게 전송해 주었지요. 이로부터 듣지 못한 작품을 더욱 듣게 됐습니다. 일찍이 아무개의 시가 고상하고, 아무개의 시는 기이하며, 아무개의 시는 한가롭고 원대하며, 아무개의 시는 농염하고, 아무개의 시는 고와서 각자의 시가 지닌 요점을 얻었습니다. 거울을 보면 얼굴의 미추가 다 나타나고 저울에 달면 경중이 분간되듯이, 세상의 유능한 시인을 분명히 다 알 수 있었습니다.

몇 년 전에 북쪽 땅에서 온 사람이 '동호의 봄 물결은 쪽빛보다 푸르러[東湖春水碧於藍]'란 시구를 읊으며 "이는 초부의 시이다"라고 하였습니다. 경유는 정말 깜짝 놀라서 저도 모르게 마음으로 기뻐하고 정신이 쏠렸습니다. 비로소 세상에 초부가 있는데도 보지 못했음을 한스럽게 여겼습니다. 봄에 경유가 집안 아저씨 천연자(天然子)께서 제게 초부를 아주 자세하게 말해 주면서 더불어 주고받은 시 여러 편을 읊어 주었는데 모두 절창이었습니다.

그리하여 경유는 초부처럼 산림에 은둔하는 선비가 많으나 그 이름이 이처럼 세상에 드러나지 못하였음을 탄식하고 정말 슬퍼졌습니다. 그로부터 남들만 보면 '고대광실 환한 달빛 아래 사뿐사뿐 걸었었지.[畫樑明月下輕塵]'의 시구를 읊으니 듣는 이마다 낯빛이 바뀌며 만당 이후 처음 보는 시라고 생각하였습니다. 다만 초부께서 만당이란 점을 수긍할지 모르겠습니다.

경유는 시가 매우 졸렬하고 난삽하여 말할 수준이 아닙니다만, 간혹 선배와 어른들께서 추켜세워 주시고 입에 올리기를 아끼지 않는 분까지도 있습니다. 경유는 여전히 부끄러워 남에게 감히 보여주지 않았으나 지금 초부께는 꺼내 보입니다. 진정으로 은자의 행적이라는 면에서 똑같고, 재주가 서로 감발시키는 점이 있어섭니다.

바라건대 초부께서는 무딘 칼로 도검의 명장에게 인정받지 말라고 하거나 수준 낮은 노래라 하여 고상한 화답을 아끼지 말고 저에게 묻은 때를 씻어 주시기를 바랍니다. 경유가 이전에 낙화를 읊은 시에 '산들바람이 끌어들이니 천 개의 문이 고요하고, 밝은 달빛에 멀리서 보니 더부룩하던 나무가 썰렁하네.[微風引入千門靜, 明月遙看叢樹寒]'라는 구절이 있습니다. […] 어떤 분들은 이 몇 편의 시가 당시에 매우 가깝다고 호평하였으나 경유는 감히 받아들이지 못합니다. 초부께서는 어떻게 보실지 모르겠습니다.

북쪽으로 가는 사람이 낚시하고 나무하는 은사들을 만나 영남에 이경유라는 자가 있는데 사람은 광사(狂士)이고 더불어 시를 말할 수준이며, 벼슬아치 틈에서 지낸다 해도 산과 들에서 지내던 본성이 흔들리지 않을 사람이라고 하던가요? 지내시기 어떠하신지요. 이만 마칩니다.

흔히 볼 수 있는 단순한 안부 편지가 아니다. 만나 보지도 않은 정초부에게 자기를 소개하며 뵙고 싶다는 바람을 담아 보낸 편지이다. 『창해시안』에서 노비[人奴]라고 밝혔으므로 이경유는 정초부가 노비였다는 사실을 모르지 않았다. 그런데도 신분이 낮다고 해서 하대하거나 낮춰 보는 언사나 태도가 편지 어디에도 보이지 않는다. 아니 오히려 존중하고 가르침을 받고 싶어 하는 마음이 물씬 풍긴다. 이경유가 지체가 낮은 양반이라서 그런 것은 절대 아니다. 5대조가 이조판서, 고조부가 예조참판을 지냈고, 증조부는 유명한 유학자 이만부(李萬敷)이다. 어디에 내놓아도 뒤지지 않을 문벌 집안 출신의 학식이 있고 시문에 능한 사대부였다. 그런 그가 정초부에게 남에게는 보이지 않는 자신의 시집을 부치면서 가르침을 청하고 있다. 훗날 이경유의 문집을 편찬할 때도 이 편지를 버리지 않고 실어 놓았다.

더욱이 이경유가 지체와 문벌을 따지는 영남 남인 사대부라는 점을 고려하면 이 편지는 매우 특별한 의의가 있다. 신분이 낮았기 때문에 오히려 더 대우하고 더 높이 평가한 것으로 보인다. 온갖 불우한 환경을 극복하고 자기 세계를 일군 이에 대한 존경심이 드러나기도 하고, 신분과 지체가 아니라 실력과 성취에 가치를 두는 달라진 평가의 기준도 보인다. 이경유가 벼슬하지 않고 숨어 사는 지식인으로 처지가 같다고 하며 동병상련의 뜻을 보였고, 시를 잘 짓는 재능이 상통하는 점이 있다고 말한 점을 보면, 사대부와 노비라는 신분상 큰 장벽이 적어도 이들 사이에서는 허물어지고 있음을 보여준다. 그 점에서 이 편지는 상당히 문제적이다.

6. 문해력이 있는 노비와 양반 사대부의 시적 대화

편자를 알 수 없는 『해동시화(海東詩話)』에는 한 선비와 어린 종의 이야기가 전한다. 한 선비가 남쪽 지방에서 추노(推奴)하여 어린 노비를 데려왔는데 그 노비가 땔나무를 한 묶음도 해오지 않았다. 선비가 그에게 "주인이 종에게 밥을 주는 이유는 땔나무를 해오라고 한 것인데 너는 이렇게 게으르구나. 앞으로는 반드시 많이 해와야 한다."라고 타일렀다. 하지만 그 뒤에도 어린 종은 달라지지 않았다. 어느 날 주인이 그 뒤를 밟아 보니 종은 산언덕에서 꾀꼬리가 나는 모습을 구경하고 있었다. 주인이 불러다 이유를 물었더니 종이 "해가 땅에서 솟아오르면 새가 해를 따라 날아오르는데 날마다 점차 더 높이 올라가요."라고 대답하였다. 그 말을 기특하게 여긴 주인은 "네가 사물의 이치를 잘 헤아리는구나. 문자를 아는가 본데 네가 시를 지을 수 있겠느냐?"라고 묻고 하늘 천(天) 자를 불러 주었다. 종은 바로 '물에서 뛰어노니 물고기는 본성대로 움직이고, 하늘을 날아가니 새는 천성대로 사는구나.[躍來魚率性, 飛去鳥能天.]'라고 지었다. 주인은 그 시를 보고서 "너는 남에게 부림을 당할 아이가 아니로구나. 네 집으로 돌아가서 네가 좋아하는 것을 하려무나."라고 하고 노비 신분에서 풀어 주었다.

이 시화에 나오는 선비와 어린 종은 특정한 인물이 아니다. 또 어린 종이 나중에 어떤 수준의 성취를 거뒀는지도 알려지지 않았다. 시를 짓게 하여 자질과 능력을 파악한 다음 노비를 면천시켜 능력을 발휘하게 해 주었다는 이 이야기는 야담과 설화에서 전형적 제재의 하나이다. 그 수가 많은 것은 아니나 그렇다고 드문 것도 아니다. 이 제재는 현실에서 일어난 다양한 이야기를 토대로 만들어졌다. 앞에서 살펴본 최기남과 홍세태, 정초부, 이단전, 최춘봉이 훌륭한 사례이다.

이는 비인간적인 노비제도의 악습 속에서 드물게 찾아볼 수 있는 훈훈한 풍경이다. 시를 사랑하는 문예 공화국 조선에서는 천재적 시인을 선망하였기에, 수많은 노비 가운데 이카로스의 날개를 단 특별한 몇 사람만이 시적 대화의 하늘로 비상할 수 있었다.

●참고문헌

원전

姜浚欽, 『三溟詩話』, 민족문학사연구소 한문분과 역, 소명출판, 2006.
成大中, 『靑城雜記』, 사본, 개인소장.
呂春永, 『軒適集』, 필사본, 서울대학교규장각 소장.
尹愭, 『無名子集』, 한국문집총간 256.
李敬儒, 『林下遺稿』, 사본, 개인소장.
이경유 저, 장유승 등 옮김, 『滄海詩眼』, 성균관대학교 출판부, 2020.
鄭樵夫, 『樵夫遺稿』, 필사본, 고려대학교 소장.
정현동 저, 안대회·김종하 외 옮김, 『晩悟謾筆』, 성균관대학교 출판부, 2021.
崔奇男, 『龜谷詩稿』, 한국문집총간 속22집.
편자 미상, 『海東詩話』, 사본, 개인소장.
黃仁紀, 『一水然語』, 필사본, 국립중앙도서관 소장.

논저

서문기, 「정초부 한시 연구」, 성균관대학교 석사학위논문, 2016.
안대회, 『조선을 사로잡은 꾼들』, 한겨레출판부, 2010.
안대회, 「18세기의 노비 시인 정초부(鄭樵夫)」, 『역사비평』 94, 2011.
안대회, 『벽광나치오: 한 가지 일에 미쳐 최고가 된 사람들』, 휴머니스트, 2011.

조선 후기 호론과 낙론의 논쟁과 교유

신상후 | 한국학중앙연구원 한국학대학원 조교수

1. 머리말

호락논쟁은 충청 기반의 호론계(湖論系) 학자들과 서울 및 근기(近畿) 기반의 낙론계(洛論系) 학자들 간에 벌어진 논쟁이다. 호론과 낙론은 모두 율곡(栗谷) 이이(李珥, 1536~1584)와 우암(尤菴) 송시열(宋時烈, 1607~1689)의 학문을 계승한 학파이다. '호(湖)'는 호서(湖西), 즉 충청 지역을, '낙(洛)'은 서울 지역을 가리키는 말로,[1] 호락논쟁이 성립되기 이전에도 율곡학파 내부에서는 해당 지역을 가리키는 말로 사용됐다. 그러다 호락논쟁이 활발히 전개되어 학파 간의 학문적 견해가 분명히 갈라진 뒤로는, 호학(湖學)·낙학(洛學)의 학파를 가리키는 말로 그 의미가 점차 변화되었다.

우리 학계에서는 이 호락논쟁을 사단칠정논쟁(四端七情論爭), 예송논쟁(禮訟論爭)과 함께 조선조 유학의 3대 논쟁으로 꼽거나, 사단칠정논쟁(이하 사칠논쟁)과 더불어 조선조 성리학(性理學)의 2대 논쟁으로 꼽는다. 조선조에서 축적된 호락논쟁의 학술적 성과가 사칠논쟁 못지않기 때문이다. 그런데 호락논쟁에 관한 학계의 연구는 사칠논쟁에 관한 연구에 한참 미치지 못한다. 지금까지 발표된 논문의 숫자가 이를 증명한다.(표1)

이러한 연구 동향은 해외 학계 역시 마찬가지인데, 철학용어사전 중 세계적으로 가장 권위 있는 스탠퍼드 철학백과사전(Stanford Encyclopedia of Philosophy, 이하 SEP)의 한국철학·한국유학 항목 서술에서 확인할 수 있다.[2] 이 사전에는 2021년 11월까지 한국철학 관련 항목이 없었는데, 2021년 11월 24일에 비로소 '한국유학(Korean Confucianism)' 항목이 생기고, 2022년 1월 14일에는 '한국철학(Korean Philosophy)' 항목이 생겼다.[3] 그런데 이 두 항목의 저자 모두, 호락논쟁보다 사칠논쟁 서술에 더 많은 분량을 할애하였을 뿐만 아니라, 그 내

---

* 이 글은 신상후, 「조선후기 호론(湖論)과 낙론(洛論)의 논쟁과 교유」, 『한국학』 170(2023)을 수정 보완한 것이다.
1   '낙'은 낙양(洛陽)을 가리킨다. 낙양은 중국 허남성의 도시명인데, 중국 여러 왕조의 수도였기 때문에 전하여 '수도'를 의미하는 일반명사처럼 쓰이게 되었다.
2   스탠퍼드 철학백과사전은 온라인 사전으로 스탠퍼드대학의 Center for the Study of Language and Information 소속의 The Metaphysics Research Lab이 소유한 사전이다. 1995년 에드워드 잘타(Edward N. Zalta)에 의해 만들어진 이래, 미국 정부의 지원을 받아 꾸준히 항목을 추가하고 설명을 보완하였으며, 2018년 3월에는 거의 1,600개 항목을 보유하게 되었다. 이 사전은 제작 과정에서 각 분야의 전문가들을 섭외해서 각각의 항목을 쓰게 하고 다양한 참고문헌을 상세하게 밝히게 하여 기존의 연구 성과를 충실히 반영하도록 하였다.
3   한국유학 항목의 저자는 Kevin N. Cawley, 한국철학 항목의 저자는 Halla Kim이다.

표 1. 사칠논쟁, 호락논쟁 관련 국내 학술지 논문 현황[4]

검색 조건	검색어	논문 편수(편)
제목	사단칠정	93
	사단칠정논쟁	9
	호락	33
	호락논쟁	19
주제어	사단칠정	253
	사단칠정논쟁	17
	호락	57
	호락논쟁	44

용을 살펴보면 사칠논쟁을 학술적으로 더 가치 있는 논쟁으로 평가하는 듯하다.[5] '한국유학' 항목의 저자는 사칠논쟁에 대해서 "한국의 신유학을 대표하는 높은 수준의 형이상학적 논쟁"이라고 평가하고, 사칠논쟁을 "조선왕조의 가장 중요한 지성 논쟁"이라고 평한 마이클 칼튼의 말을 인용하였다.[6] 또한 사칠논쟁으로부터 도출되는 개인의 도덕적 책임감의 강조는, 지금과 같은 팬데믹 시대에 필요한, 서로에 대한 존중과 보호를 가능하게 하는 것이라고 결론 맺었다. 반면, 호락논쟁에 대해서는 "문제는 학술적 의견의 차이가 당파나 지역 간의 적대감과 관련이 있다는 것이다."라고 한 강재은의 말을 인용하고,[7] "호락의 학자들은 그들이 소속된 당파에 따라 퇴계나 율곡의 해석에 기울었다. 만약 누군가 자기가 속한 당파의 세력에 동조하지 않으면, 매우 심각한 결과로 이어질 수 있었다.(미국의 공화당원과 민주당원을 생각해 보라.)"라고 하여, 호락논쟁의 학술성보다 당파성을 더 강조하였다.

---

4   국내 학술지 현황은 KCI 기준이다.(검색일: 2023년 1월 25일)

5   한국철학 항목에서는 사칠논쟁을 하나의 장(章)으로 다루고 있으나, 호락논쟁은 그 장의 말미에서 약간 언급하는 것으로 그쳤다. 한국유학 항목에서는 두 논쟁을 모두 하나의 장으로 다루었으나 분량은 호락논쟁이 사칠논쟁의 절반을 조금 넘는 수준이다. '사칠논쟁' 장의 낱말 수는 2,112개이고, '호락논쟁'은 1,267개이다.(검색일: 2023년 1월 25일)

6   Michael C. Kalton, trans., "The Writings of Kwŏn Kŭn: The Context and Shape of Early Yi Dynasty Neo-Confucianism", Edited by WM. Theodore de Bary and JaHyun Kim Haboush, *The Rise of Neo-Confucianism in Korea* (New York: Columbia University Press, 1985), p. 119.

7   Kang Jae-eun, Translated by Suzanne Lee, *The Land of Scholars: Two Thousand Years of Korean Confucianism* (Paramus, NJ: Homa & Sekey Books, 2003[2006]), p. 300.

지금까지의 연구에서 호락논쟁이 사칠논쟁만큼 주목받지 못했던 이유를 SEP '한국유학' 항목의 이와 같은 서술로부터 유추해 보면, 사칠논쟁이 학술 가치를 가지는 순수한 철학 논쟁으로 간주되었던 것에 비해, 호락논쟁은 당파적 대립의 성격이 짙은 정치적 논쟁으로 이해되었기 때문이다. 물론, 호락논쟁을 '당파적 이해관계와 무관하게 진행된 순수한 학술논쟁'이라고 단정할 수는 없다. 호락논쟁이 전개되어 각 학파 간의 정체성이 분명해진 뒤로는, 두 학파 간의 대립이 노론(老論) 내의 정치적 주도권을 둘러싼 당파적 대립의 양상으로 변질 혹은 확장되기도 하였기 때문이다.[8] 그러나 분명한 것은 호락논쟁이 사칠논쟁만큼이나 철학적으로 중요한 쟁점들을 다룬 논쟁이라는 점이다. 논쟁에서 다룬 주제들의 깊이나 넓이로 보았을 때, 호락논쟁은 사칠논쟁보다 학술적으로 더욱 진전되고 심화된 논쟁이었다.

하지만 호락논쟁의 이러한 가치는 이에 관한 연구가 충분히 집적된 뒤에야 밝혀질 수 있다. 그리고 호락논쟁에 관한 연구가 동력을 얻기 위해서는 '학술적으로 그다지 중요하지 않은 문제들을 다룬 한가한 논쟁', '철학적 논쟁의 탈을 쓴 정치적 권력투쟁'이라는 식의 선입견을 잠시 놓아둘 필요가 있을 것이다. 그런데 필자가 보기에, 호락논쟁을 대립 일변도로 파악하는 견해는 이러한 선입견을 형성 혹은 강화하는 밑거름으로 작용한다. 반대로, 호락 학자들 간의 교유 양상을 갈등이나 친목 한쪽에 치우침 없이 양면에서 살펴보는 일은, 이러한 선입견의 시비를 검토하고 호락논쟁을 다시 평가하려는 새로운 시도의 기반이 될 수 있다.

이러한 기반을 제공하기 위하여 이 글에서는 호락 학자들 간의 교유 양상을 조명하되, 지금까지 주목되지 않았던 친목의 사례를 중심으로 살펴볼 것이다. 그리고 이러한 사례 검토에 앞서 호락논쟁의 철학적 의의를 분석함으로써 이 논쟁이 지닌 무게와 심각성을 가늠해 볼 것이다. 호락논쟁의 철학적 의의를 먼저 따져 보는 이유는, 이 글의 최종 목표가 호락논쟁에 관한 정당한 평가와 적실한 분석의 시급성을 알리는 데에 있기 때문이다. 만약 호락논쟁을 '철학적으로 그다지 중요하지 않은 논쟁'으로 이해하거나 호락 견해의 대립을 '충분히 해소될 수 있는 대립인데도 당파성을 지키느라 고수하는 것'으로 간주한다면,

---

8 김운주(金雲柱)를 대표로 하는 호론계 유생 653인은 1799년(정조 23)에 남당(南塘) 한원진(韓元震)의 작호(爵號)와 시호(諡號)를 청하는 연명 상소를 올렸는데, 그 내용을 보면, 남당이 율곡 이이와 우암 송시열의 적통을 이었음을 강조하는 것을 확인할 수 있는바, 이러한 사례들을 통해 호락논쟁이 학술논쟁의 성격을 넘어, 노론의 적통을 차지하려는 당파적 대립의 양상으로 흘러갔음을 알 수 있다.

이 글에서 아무리 호락 간 교유 사례를 다양하게 제시한들 이러한 설득은 애초에 가능하지 않을 것이기 때문이다. 따라서 2절에서는 먼저 호락논쟁의 핵심 쟁점과 그 철학적 의의를 대략 서술할 것이다. 이어지는 3절에서는 호락 간 대립이 강화되었던 경위를 살펴보고, 4절에서는 이러한 대립에서도 발견되는 호락 제현(諸賢) 간의 친목과 교유의 사례를 소개할 것이다.

2. 호락논쟁의 쟁점과 의의

1) 호락논쟁의 주체

사칠논쟁이 퇴계학파와 율곡학파의 분기에 결정적인 논쟁이었다면, 호락논쟁은 율곡학파 내부에서 전개된 학술논쟁이었다. 호락논쟁이 율곡학파 내부에서 벌어진 논쟁임은 의심의 여지가 없으나, 이 논쟁의 주체와 시기, 핵심 쟁점에 관해서는 재고할 필요가 있다. 근대 이후 연구에서는 대체로 호락논쟁의 발단을 율곡의 4전 제자 수암(遂菴) 권상하(權尙夏, 1641~1751) 문하의 남당(南塘) 한원진(韓元震, 1682~1751)과 외암(巍巖) 이간(李柬, 1677~1727)의 논쟁으로 설정한 경우가 대부분이다.[9] 즉 권상하 문하의 두 사람이 서로 다른 심성론을 주장하였는데, 충청 지역의 학자들은 대체로 한원진을 지지하여 호론을 형성하고, 이간과 같은 입장을 견지한 서울 지역의 학자들 예컨대 농암(農巖) 김창협(金昌協, 1651~1708) 등이 낙론을 형성하였다고 보는 것이다.[10] 하지만 문석윤이 지적하였듯이, 호락논쟁의 시작을 이 두 사람의 논쟁으로 보는 것은 호락논쟁의 형성 과정에 부합하지 않는다.[11] 한원진과 이간의 논쟁이 있기 전에도 유사한 논쟁이 있었으며, 두 사람의 논쟁 당시에도 논쟁의 당사자

---

9 장지연의 『조선유교연원』, 다카하시 도오루의 『조선 유학사에서 주리파·주기파의 발달』, 현상윤의 『조선유학사』, 이병도의 『한국유학사』, 유명종의 『조선후기 성리학』, 배종호의 『한국유학사』를 검토해 보면, 상략(詳略)의 차이는 있으나 모두 이처럼 서술되어 있다.

10 이간을 낙론의 창시자로 규정하면서 그를 경기 지역의 학자로 소개하는 잘못된 서술들도 보인다. 대표적인 것이 SEP의 '한국유학' 항목인데 호락논쟁을 주도한 두 학자가 남당 한원진과 외암 이간이라고 하면서 "한원진은 충청도 출신이고 이간은 서울이 있는 경기도 출신이다."라고 하였다. 그러나 '외암'이라는 호에서도 확인할 수 있듯이 이간은 충남 아산 외암리에 살았으며, 그의 묘소 역시 처음에는 아산의 유곡(楡谷)에 마련되었다가 외암리로 이장되었다. 『梅山集』 卷34 「贈吏曹判書諡文正公巍巖李先生神道碑銘」 참조.

11 문석윤, 『호락논쟁: 형성과 전개』(동과 서, 2006), 17~19쪽 참조.

들이 이 논쟁을 호락 간의 논쟁으로 인식하지 않았기 때문이다.

호락논쟁이 본격화된 것은 1720년대 이후라고 할 수 있다. 낙론 측에서는 기원(杞園) 어유봉(魚有鳳, 1672~1744), 여호(黎湖) 박필주(朴弼周, 1665~1748), 도암(陶菴) 이재(李縡, 1680~1746)가, 호론 측에서는 남당 한원진, 병계(屛溪) 윤봉구(尹鳳九, 1681~1767)가 주도적 역할을 담당하였는데, 이 시기에 들어와서 쟁점이 더욱 명료해지고 학파 간의 대립이 더욱 첨예해졌다. 따라서 호락논쟁을 '호론과 낙론 간의 직접적인 논쟁'으로 규정한다면, 엄밀한 의미의 호락논쟁은 이 시기 이후의 논쟁으로 한정해야 할 것이며, 호락논쟁의 주체 역시 이 시기 이후의 인물들로 설정해야 할 것이다. 이렇게 설정하면 호락논쟁의 주체는 위에서 언급한 인물들을 비롯하여 후대의 인물 몇 명을 포함하게 된다. 예컨대 낙론계 학자로는 미호(渼湖) 김원행(金元行, 1702~1772), 근재(近齋) 박윤원(朴胤源, 1734~1799), 노주(老洲) 오희상(吳熙常, 1763~1833), 매산(梅山) 홍직필(洪直弼, 1776~1852), 전재(全齋) 임헌회(任憲晦, 1811~1876), 간재(艮齋) 전우(田愚, 1841~1922) 등을, 호론계 학자로는 운평(雲坪) 송능상(宋能相, 1710~1758), 용재(庸齋) 김근행(金謹行, 1713~1758), 어당(峿堂) 이상수(李象秀, 1820~1882), 호산(壺山) 박문호(朴文鎬, 1846~1918), 지산(志山) 김복한(金福漢, 1860~1924) 등을 들 수 있다.

2) 호락논쟁의 전개

호락논쟁은 두세 단계의 과정을 거쳐 성립된 것으로 보인다.[12] 한원진과 이간의 논쟁이 있기 전에도 김창협과 권상하 등 호락의 학자들이 호락논쟁에서 다루어진 주제들을 산발적으로 토론해 왔는데, 이때의 토론은 각 학파 내부에서 진행된 경우도 많았다.[13] 이 시기는 내부의 논쟁을 통해 각 학파의 기본 입장이 정립되고 호락논쟁의 기초가 생성되던 시기로, 호락논쟁의 맹아기에 해당한다고 할 수 있다.

이후 한원진과 이간 사이에서 논쟁이 본격화되고 여기에 서울·경기 지역의 학자들이 참여하기도 하였는데, 그제야 비로소 지역에 따른 심성론의 차이가 나타나고 여러 가지 쟁점들이 몇 가지 큰 줄기로 정리되었는바, 이 시기를 호

---

12 호락논쟁의 형성 과정과 그 시기 구분에 관해서는 문석윤(2006), 위의 책, 295~298쪽 참조.

13 예컨대 낙론 내부의 논쟁에 관해서는 신상후, 『조선조 洛學의 未發心論 연구』, 이화여자대학교 박사학위논문(2018), 91~114쪽 참조.

락논쟁의 발생기라고 할 수 있을 것이다. 이 시기에는 한원진과 이간, 삼연(三淵) 김창흡(金昌翕, 1653~1722)과 정암(正菴) 이현익(李顯益, 1678~1717) 등이 논쟁의 주체로 활약하였다. 이때까지도 학파 의식이 정립되지는 않았기에, 학자의 거주 지역과 철학적 견해가 부합하지 않는 경우도 있었다.

엄밀한 의미의 호락논쟁이 성립된 시기는, 낙론의 이재와 호론의 윤봉구의 논쟁 이후라고 할 수 있다. 이때에 이르러 호론과 낙론 사이에 학술적 논쟁이 첨예해졌을 뿐만 아니라, 당사자들 간에 학파적 대립 의식이 정착되었다. 이 시기의 주요 인물은 이재와 윤봉구로, 두 사람은 심(心)에 관한 논변을 담은 서신을 수차례 주고받으며 호락의 논쟁을 주도하였고, 이 시기 이후 이재가 낙론의 종사(宗師)로 떠오르게 되었다.

이재와 윤봉구의 논쟁이 진행되던 시기는 1735년에서 1736년으로, 한원진은 당시에도 충청 지역의 석유(碩儒)로 큰 영향력을 발휘하고 있었다. 이재는 한원진과 직접 논쟁하지는 않았고, 윤봉구와의 논쟁도 윤봉구가 심설변문(心說辨問)을 보내온 데서 시작되었다. 이재는 견해가 다른 사람들과 굳이 논쟁하려 하지 않았던 것으로 보인다. 그는 다만 상대가 서신으로 물어왔을 때 답변을 하였을 뿐인데, 한원진이 그러한 시도를 하지 않았기에 이 둘 사이에는 직접적 논쟁이 없었던 것이다.

그러다 이재의 문인인 최석(崔祏)이 이재와 한원진 사이를 왕래함으로써 두 사람의 대립이 호락의 학자들에게 노출되었고, 특히 한원진이 이재의 학설을 '이단(異端), 즉 불교의 견해'로 평함으로써 두 학파 간의 대립이 더욱 심화되었다. 요컨대 이 사건은 호락논쟁이 격화되는 데에 결정적 역할을 하였으며, 이 사건 이후 호락 간의 대립은 학술적 논쟁을 넘어 감정적 갈등이나 정치적 대립의 양상을 보이기도 하였다.[14]

3) 호락논쟁의 핵심 쟁점과 철학적 의의

최석의 왕래 이후로 호락 간의 대립이 격화되면서 양자 사이의 논쟁이 감정적 갈등과 정치적 대립의 양상을 띠기도 하였으나, 호락논쟁의 골자는 어디까지나 심성론(心性論)의 차이, 즉 철학적 견해의 차이에 있었다. 감정적 골이나 정치적 대결 의식이 없어진다고 해서 종식될 수 있는 논쟁이 아니라는 것

---

14 호론과 낙론의 대립이 당파적 대립의 양상으로 흘러간 사정에 관해서는 권오영, 『조선후기 유림의 사상과 활동』(돌베개, 2003), 74~89쪽 참조.

이다. 그렇다면 호락논쟁의 철학적 쟁점은 무엇인가?

이 문제를 논하기에 앞서 호락논쟁의 명칭에 주목해 보자. 돈점(頓漸)논쟁, 사칠논쟁, 예송논쟁, 명덕주리주기(明德主理主氣)논쟁 등에서 보듯이 사상사의 논쟁은 대체로 논쟁의 주제로 그 명칭을 정한다. 그런데 호락논쟁은 논쟁의 주체로 그 명칭을 정하였다. 어째서인가? 호락논쟁의 주제가 한 가지가 아니기 때문이다.

호락논쟁의 여러 주제 중에 가장 잘 알려진 것은, 사람의 본성과 동물의 본성의 같음과 다름을 따지는 '인물성동이(人物性同異)' 문제이다. 호락 제현의 글 중에 가장 빈번히 보이는 주제가 이것이고, 호락논쟁에 관한 연구 중에 가장 많이 다루어진 주제도 이것이다. 그러나 많이 다루어졌다고 해서 그것을 핵심 쟁점으로 단정하기는 어렵다. 필자가 보기에 호락논쟁의 핵심 쟁점은 '개인의 심성(心性)이 태생적 오염으로부터 얼마나 자유로울 수 있는가?'를 묻는, '미발심 선악유무(未發心善惡有無)'라는 주제이다.[15] 이 주제는 개인의 마음과 기질의 결함 문제를 다룬다.

주자학에 따르면, 사람은 모두 아무런 결함이나 오염이 없는 온전한 천리(天理)를 본성으로 지니고 태어난다. 그래서 만인의 본성은 같다. 그렇다면 마음은 어떠한가? 만인의 마음도 본성처럼 같은가? 사람은 누구나 결함이나 오염이 없는 선한 마음을 타고나는가? 아니면 마음은 본성과 달리 태생적으로 기질의 오염에 매몰되어 있는가? 호락의 제현들은 이 문제를 심각하게 다루었다. 이를 심각하게 다룰 수밖에 없었던 이유는 두 가지이다. 첫째, 주자(朱子)가 이에 관한 모순적 언설을 남겼기 때문이고, 둘째, 이 문제가 주자학적 인간 이해의 성격을 좌우하는 골자가 되기 때문이다.

주자학자들에게 있어 학문과 삶의 목표는 선한 본성을 온전히 실현하는 인격, 즉 성인(聖人)이 되는 것이다. 즉 학문의 지향이 '배워서 성인이 됨[學以至聖人]'에 있는 것이다. 이러한 지향이 가능한 이유는, 주자학에서 '누구나 학문을 통해 성인이 될 수 있음[聖人可學]'의 이론적 근거를 제시하기 때문이다. 이 이론적 근거를 약술하면, "사람이면 누구나 선한 본성을 타고나며, 이것을

---

15 홍직필은 호락논쟁의 주제에서 가장 심각한 것이 미발심 문제라고 하였다. 『梅山集』 卷13 「與李龜巖」 참조. 문석윤은 호락논쟁의 핵심 쟁점을 인물성이론으로 설정하면 논쟁의 실체와 의미를 제대로 파악할 수 없다고 지적하였다. 문석윤(2006), 앞의 책, 20~21쪽 참조.

실현해낼 통철(洞徹)한 마음도 지니고 있다"는 것이다.[16]

'성리학(性理學)'이라는 명칭에서 알 수 있듯이, 주자학은 "누구나 한 점의 오염도 없는 순선(純善)한 천리를 본성으로 지닌다"고 주장한다. 이는 성인과 보통 사람이 같다. 그런데 왜 성인은 본성대로 살고 보통 사람은 그러지 못하는가? 기질(氣質)이 다르기 때문이다. 기질에는 '맑고 탁함[淸濁]'과 '순수하고 잡박함[粹駁]'의 차이가 있는데, 성인은 오염이 없는 청수한 기질을 타고 나고 보통 사람은 탁박한 기질을 타고난다.[17] 탁박한 기질은 본성을 엄폐한다. 컵에 붙은 먼지가 컵 속 맑은 물의 정체를 가리듯이, 탁박한 기질이 선한 본성을 엄폐하여 그것의 온전한 발현을 가로막는다는 것이다.

이 엄폐의 발생 원인을 주자학에서는 '외부 사물과의 접촉'으로 설명한다. 예컨대, 맛있는 음식을 접하면 그 음식을 먹고 싶다는 생각이 일어나는데, 탁박한 기질은 이 생각을 왜곡된 욕망[人欲]과 그릇된 행동[不中節]으로 이끈다. 절제하지 못하고 많이 먹어서 탈이 난다든가, 옆자리 남의 음식까지 훔쳐 먹게 만든다는 것이다. 이를 주자는 '기질의 구애와 인욕의 엄폐'라고 설명한 바 있다.[18]

그렇다면 외부 사물과 접촉하기 전에는 어떠한가? 왜곡된 욕망이 발생할 계기가 없을 때는 어떠한가? 사물이 내 앞에 이르지 않아 나의 감정이나 사려가 발생하지 않은 때, 즉 미발(未發)의 때에는 인욕에 의한 엄폐가 없지 않은가? 원론적으로 말하면, 미발의 때에는 인욕이 없고 인욕에 의한 본성의 엄폐가 없다. 그렇다면 적어도 이 미발 시에는 성인과 보통 사람 간의 차이가 없다고 해야 할 것이다.

하지만 그렇게 쉽게 단정할 수는 없다. 기질에 의한 오염은 태생적인 것이기 때문이다. 미발 시에 인욕이 발생하지 않는다고 해서, 기질의 오염이 존재하지 않는다고 할 수 있을까? 오염된 기질은 타고난 것이니, 태어나서 죽을 때까지 그 영향력을 계속 발휘하는 것이 아닐까? 호론은 기질에 의한 엄폐가 미발과 이발을 막론하고 상존(常存)한다고 하고, 낙론은 그렇지 않다고 하

---

16 『大學或問』. "唯人之生, 乃得其氣之正且通者, 而其性爲最貴. 故其方寸之間, 虛靈洞徹, 萬理咸備. 蓋其所以異於禽獸者, 正在於此, 而其所以可爲堯舜, 而能參天地以贊化育者, 亦不外焉."

17 『朱子大全』卷15「經筵講義」. "以生之類而言之, 則得其正且通者爲人, 得其偏且塞者爲物. 以人之類而言之, 則得其淸且純者爲聖爲賢, 得其濁且駁者爲愚爲不肖. 其得夫氣之偏且塞而爲物者, 固無以全其所得以生之全體矣, 惟得其正且通而爲人, 則其所以生之全體無不皆備於我, 而其方寸之間, 虛靈洞徹, 萬理粲然, 有以應乎事物之變而不昧, 是所謂明德者也."

18 『大學章句』. "明德者, 人之所得乎天而虛靈不昧, 以具衆理而應萬事者也. 但爲氣稟所拘, 人欲所蔽, 則有時而昏. 然其本體之明, 則有未嘗息者."

였다. 호론은 미발 시에도 타고난 기질의 오염은 자재(自在)하다고 하였다. 그래서 미발에 선악이 혼재하고 미발 시에도 성범(聖凡)의 차이가 사라지지 않는다고 주장하였다. 반면에 낙론은 구름이 자욱했던 하늘이 일순간에 맑게 갤 수 있듯이 미발 시에는 오염된 기질이 완전히 숨어서 선한 본성과 마음을 가리지 않는다고 하였다. 그래서 미발 시에는 오직 선함이 있을 뿐이고, 성범의 미발이 같다고 주장하였다. 이것이 '미발심 선악유무' 논쟁의 대강이다.

　미발 시 기질에 대한 상반된 이해는 개인의 마음에 대한 상반된 이해로 이어진다. 기질의 오염이 상존한다고 보는 호론의 인간학에서 개인의 마음은 타고난 기질에 따라 그 광도(光度)가 달라지며 본성과의 거리도 달라진다. 오염된 기질을 타고난 사람은 마음이 어둡고 그 순수함이 본성과도 크게 다르다. 이런 인간학에서 심성일치(心性一致)의 경지는 극소수의 사람에게만 허락된다. 이와 달리, 기질의 오염을 '인욕의 발생 이후'에만 존재하는 것으로 간주하는 낙론의 인간학에서 만인은 본성이 같을 뿐만 아니라 마음도 같다. 적어도 본연의 마음, 미발의 마음은 그렇다. 보통 사람도 성인과 같은 통철한 마음을 소유하기에, 이 마음으로부터 성인 되는 공부를 해 나갈 수 있다. 낙론의 인간학에서 심성일치는 보통 사람도 경험할 수 있는, 멀지 않은 경지이다.

　성인과 보통 사람의 차이가 기질의 청탁수박(淸濁粹駁)에 있다면, 탁박한 기질을 타고난 범인은 그 기질을 청수하게 만들어야 성인이 될 수 있을 것이다. 탁박한 기질을 청수하게 만드는 공부를 '교기질(矯氣質) 공부'라고 한다. 그런데 이런 공부의 주체가 기질일 수는 없다. 탁박한 기질로 어떻게 탁박한 기질을 교정할 수 있겠는가. 주자학에서 모든 공부의 주체는 마음이다. 그런데 만일 마음이 시종 탁박한 기질의 영향에서 벗어날 수 없다면, 마음은 이 공부를 제대로 해 나갈 수 있을까? 마음이 탁박한 기질에 가려져 그 마음 안의 본성도 그 탁박함에 매몰되어 있다면, 찬란한 본성이 어느 때고 그 모습을 드러낼 수 있겠는가.[19]

　낙론계 학자들은 '배워서 성인이 될 수 있음'의 이상을 이론적으로 지지하

---

19 물론 한원진을 비롯한 호론 학자들의 학설도 주자학의 범주를 벗어나지 않는다. 따라서 그들도 천리와 합일하는 순선한 본성을 논하고, 천하의 대본(大本)으로서의 순선한 미발을 말한다. 그러나 호론에서 이것들은 다만 단지(單指)의 논리로써 논할 수 있을 뿐이다. 예컨대 한원진의 성삼층설(性三層說)에서 만물의 동일한 본성, 즉 천리와 동일한 본성은 초형기(超形氣)의 성(性)에 해당하는데 한원진은 이에 대해서 '단지(單指)'로써 논할 수 있을 뿐이라고 하였다. 본성은 차별적 기질 속에 떨어진 뒤에 존재하는 것이기에 현실의 모든 본성은 차별적 기질지성(氣質之性)일 뿐이며, 기(氣)를 빼고 리(理)만 지적해서 말한 뒤에야 순선하고 보편적인 본성을 말할 수 있다는 것이다. 『南塘集』 권7 「上師門」 참조.

기 위하여 '본연적으로 선한 마음'을 지지하였고, 이 주장의 입론 근거로 '기본말론(氣本末論)'을 제시하였다.[20] 아래는 낙론계 학자 오희상의 평이다.

> 호서지방의 여러 선비들은 본성을 논하면 사람과 동물의 본성이 다르다고 하고, 미발을 논하면 미발에도 선악의 종자가 있다고 하니, 여러 성현이 주장한 본뜻과 비교해 보면 서로 같지 않은 듯하다. 호론의 이론이 잘못되게 된 원인을 따져 보면, 온전히 '기(氣)에 본과 말이 있어서 본은 같고 말은 다름'을 알지 못한 데서 연유한 것이다. 그러므로 매양 지말의 다름을 가지고 근본의 같음을 의심해서, 본성과 미발에 대해 모두 신체의 형기(形氣)를 섞어서 말을 한다. 이럼으로써 '현실적 차별성[分殊]'과 '근원적 동일성[一原]'이 서로 연결되지 않고 성선(性善)의 뜻이 어둡게 되는 것이니, 참으로 안타깝다.[21]

오희상에 의하면, 호론은 기의 본말 구분을 알지 못하기 때문에 심(心)과 형기를 구분하지 못하며, 이 때문에 기를 차별적인 것으로만 본다. 그래서 본성과 미발을 말하면서도 형기의 국한성과 차별성을 고려하여 인물성이론을 주장하고 미발유선악을 견지한다. 낙론의 관점에서 이러한 주장은 성선의 이념을 위태롭게 만드는 것이다. 낙론의 심성론에서 마음은 기의 근본에 해당하는 것으로, 차별적 형기에 구애되지 않아 만인에게 동일하며 본성만큼 선한 존재로 규정된다.

그러나 호론의 입장에서 보면, 기(氣)에 속하는 마음을 설명하면서 개체적 차이를 간과하고 생득적 오염을 부정하는 낙론의 심성론은 이단사설(異端邪說)에 가까운 학설이다. 호론이 보기에 낙론의 심성론은 종신토록 불교를 배척했던 주자의 심성론과 결코 부합될 수 없으며, 그 말류에 가서는 불교가 갖는 폐해를 공유하게 된다. 호론의 이러한 비판 의식을 한원진의 다음 말에서 확인할 수 있다.

> 지금 사람들은 모두 '담일허명(湛一虛明, 차별성이 없이 온전히 맑고 밝음)의 기(氣)'와 '청탁수박의 기'가 본래 동일한 기라는 것을 알지 못한다. 그러므

---

20 기본말론에 관한 상세한 설명은 신상후(2018), 앞의 책, 116~127쪽 참조.
21 『老洲集』 권9 「答成順之」. "湖中諸公, 論性則謂人物性異, 論未發則謂有淑慝種子, 揆諸聖賢立言本旨, 竊恐便不相似. 而苟究其所以差處, 則專由於不知氣有本末, 而本同末不齊也. 故每每以末之不齊, 疑本之同, 其曰性曰未發, 率皆和形氣而爲言, 分殊一原, 不相通貫, 而性善之旨晦矣, 可勝歎哉."

로 마침내 미발 시의 허명한 기를 순수하고 지선(至善)한 것으로 여기고, 또 반드시 기가 순선(純善)한 뒤에야 본성이 비로소 순선하다고 여긴다. 그리하여 기질에 선악이 혼재해 있음을 아는 자는 기질을 마음 밖의 물건이라고 여기고, 마음이 기질이 됨을 아는 자는 또 미발의 기질까지 아울러 순선하다고 말하니, 그 의도는 본래 성선을 밝히고자 한 것이었으나 도리어 성선을 잡아 끌어다가 선악이 혼재한 기질의 구덩이로 떨어지게 함을 면치 못한다. 그리하여 기로 본성을 말한 제자백가들의 고루한 학설과 석씨(釋氏)의 본심설(本心說)과 함께 하나의 길로 귀결하고 말았으니, 어찌 애석하지 않겠는가.[22]

요컨대, 호락논쟁의 쟁점은 단순히 경전의 문구나 정주(程朱)의 언설을 어떻게 해석할 것인가?에 있는 것이 아니었다. 호락논쟁의 요점은, 마음을 다만 '선천적 기질과 후천적 습관의 경향성을 탈피하지 못하는 사적 마음'으로 볼 것인가, 아니면 '기질과 습관의 한계를 초월하여 보편적 천리와 합치하는 공적 마음'으로 볼 것인가에 있었다. 이는 존재론과 인성론의 오랜 주제로서, 두 견해는 절충이 가능하지 않은, 그래서 치열하게 대결할 수밖에 없는 대립적 주장이다. 결국 호론과 낙론의 열띤 논쟁은, 일차적으로는 그들이 견지한 심성론이 양립 불가능한 평행적 이론이라는 데에 기인했다고 할 수 있는 것이다.

3. 호락 간 대립 의식의 강화: 최석의 왕래

위에서 살펴보았듯이, 호락 간 철학적 논쟁은 한쪽이 자신의 소견을 포기하지 않는 한 하나로 귀결될 수 없는 구조를 갖는다. 각 학파의 철학적 견해가 이렇듯 화해할 수 없는 것이었던 데다가, 이재에 대한 한원진의 비판이 최석에 의해 널리 알려지면서 두 학파 간의 대립과 갈등이 더욱 첨예해졌다. 3절에서는 호락 갈등의 계기가 된 최석 내왕의 경위를 살펴보겠다.

1746년(영조 22) 8월, 도암 이재의 문인 최석(崔祏, 자는 숙고叔固)은 호락의

---

22 『南塘集』 卷32 「書玉溪與黎湖寒泉往復書後」. "今人盖皆不知湛一虛明之氣與淸濁粹駁之氣, 本只是一氣, 故遂以未發虛明之氣爲純粹至善底物事, 而又必謂氣純善然後性方純善, 其知氣質之有善惡者, 輒斥氣質以爲心外之物事, 知其心之爲氣質者, 又幷與未發氣質而謂之純善, 其意本欲明性善, 而反不免於挽性善而墮善惡氣質之科, 與諸子以氣言性之陋 釋氏本心之學, 幷歸一轍, 豈不可惜哉!"

심성론을 하나로 귀결시키겠다는 웅대한 목표를 가지고 남당으로 가서 한원진을 방문하였다. 그러나 별 소득 없이 돌아와 이 일을 스승 이재에게 보고하였고, 자초지종을 들은 이재는 다음의 시를 써서 자신의 소회를 피력하였다.

〈최생(석-원주) 숙고가 남당에서 돌아와, 그곳에서 강설한 내용을 상세히 말하기에 이를 듣고서 짓다(남당은 장령 한원진이 사는 곳이다-원주))〉[23]

德昭豪傑士	덕소(한원진의 자)는 호걸의 선비로
往昔擧于海	예전에 바닷가[24]에서 일어났네
自有累世好	원래 대대로 교분이 있었고
幸又生間歲	다행히 몇 해 차이로 태어나기도 했네
到老不一識	그런데도 늙도록 한 번을 만나지 못했으니
意見知相戾	의견이 서로 어긋남을 알아서였네
秋間崔叔固	가을 무렵 최숙고가
過我告南逝	나에게 들러 남쪽으로 간다고 하였네
聞是雄辯人	"듣자니 이 사람은 웅변이 있는 사람인데
子將何以說	그대는 무슨 말로 설득하려 하는가?
欲令大議論	중대한 의론을
歸一立談際	짧게 담소하는 사이에 하나로 귀결되게 하려는 것이겠지
知君大力量	내 그대의 큰 역량을 알고
且恃明見解	또 밝은 견해를 믿지만
然亦不易事	이는 또한 쉽지 않은 일이니
自信或太銳	너무 자신하면 지나치게 날카로워진다네
徧交諸君子	그래도 여러 군자와 두루 사귀면
資益亦不細	도움이 또한 적지 않을 것이네"
留連數月歸	숙고가 수개월을 머물다가 돌아와서
問疾復來稅	문병차 다시 방문해 주었네
初學於先進	"초학자는 선배에게
推遜乃其例	공손하게 하는 것이 법도이니
得無或失言	혹 실언을 하지는 않았는가

---

23 『陶菴集』 권4 「崔生【祏】叔固歸自南塘, 盛道講說, 聽之有作【南塘卽韓掌令元震所居】」.
24 한원진의 고향인 남당리를 가리킨다.

旨意願深諦	그 뜻을 잘 살피기를 바라네"
蓋聞心性間	숙고에게 들어 보니 그는 심과 성에 있어서
過占氣分界	기의 영역을 지나치게 확대하여
偏全作本然	기질에 의해 치우친 성을 본연지성으로 삼고
氣質當心體	기질을 심의 본체에 해당시켰다고 하네
難將一寸筳	"한 치의 풀대를 가지고
敵得千勻勢	천균의 기세를 대적하기는 어려우니
和者僅一二	화합하는 것은 겨우 한둘이고
不合難數計	부합하지 않는 것은 이루 다 세기가 어렵네
千萬極不是	천만부당 전혀 옳지 않다고 하신
栗翁說得快	율옹의 말씀이 명쾌하네[25]
外此宜未敢	이외에는 감히 일일이 다 말하지 못하니
恐亦坐亢厲	너무 과격해질까 염려되어서라네
義理天下公	의리는 천하의 공적인 것이니
偏見難拘制	치우친 식견으로는 남을 구속하기 어렵네
此事非可法	이 일은 본받을 만한 것이 아니니
宜作反身戒	마땅히 반성하는 경계로 삼아야 하네
濯舊以來新	옛 견해를 깨끗이 씻어버려 새로운 생각이 나오게 함에[26]
永言願自勵	스스로 힘쓰기를 길이 바라노라
況聞狀師德	하물며 그가 스승의 행장을 쓰면서

25 율옹은 율곡 이이를 말한다. 이이는 우계(牛溪) 성혼(成渾, 1535~1598)에게 답한 편지에서, 미발 시에 불선(不善)의 싹이 있다는 주장은 매우 잘못된 것이라고 논한 바 있다. 『栗谷全書』 卷9 「答成浩原」. "미발의 체에도 말할 만한 선악이 있다는 것은 매우 잘못되었습니다. […] 지난번 편지에서 '미발 시에도 불선의 싹이 있다.'라고 하였는데, 다시 생각해 봄에 이 말이 매우 잘못되었음을 더욱 깨달았습니다. 우리 형이 대본(大本)을 알지 못하는 병통의 근원이 바로 여기에 있습니다. 미발이란 성(性)의 본연이며 태극의 묘함으로, 중(中)이며 대본(大本)이니, 여기에도 불선의 싹이 있다면 성인만 대본을 소유하고 보통 사람에게는 대본이 없을 것입니다. 그렇다면 맹자의 성선설이 공허한 고담(高談)이 되어서 사람이 요순이 될 수 없게 됩니다. 자사는 어찌하여 '군자의 희로애락의 미발을 중이라고 한다.'라 하지 않고, '희로애락의 미발을 중이라고 한다.'고 넓게 말했겠습니까. 천만부당 옳지 않으니, 그 의견을 속히 고쳐야 할 것입니다.[未發之體, 亦有善惡之可言者, 甚誤. […] 昨書以爲未發之時, 亦有不善之萌者, 更思之, 尤見其大錯, 吾兄之不識大本, 病根正在於此. 未發者, 性之本然也, 太極之妙也, 中也, 大本也, 於此亦有不善之萌, 則是聖人獨有大本, 而常人無大本也, 孟子性善之說, 爲駕虛之高談, 而人不可以爲堯舜矣, 子思何不曰君子之喜怒哀樂之未發謂之中, 而乃泛言喜怒哀樂之未發謂之中耶? 千萬不是, 切宜速改.]

26 이 말은 횡거(橫渠) 장재(張載)의 말로, "의리에 의심스러운 것이 있으면, 옛 견해를 깨끗이 씻어버려서 새로운 생각이 나오게 하여야 한다.[義理有疑, 則濯去舊見, 以來新意.]"라고 하였다. 『近思錄』 권3 「致知」 참고.

以是爲關棙	이것을 관건으로 삼았다고 하니[27]
蓋於本說外	아마도 스승의 본래 말씀 외에
推演謂善繼	더 부연하는 것을 스승을 잘 계승하는 것이라 여겼던 것이리라
尤菴及遂翁	우암과 수옹은
傳授有次第	전수함에 차례가 있었으니
自誤還小事	자신을 그르치는 것은 오히려 작은 일이지만
貽累豈不大	스승에게 누를 끼침은 어찌 큰일이 아니겠는가
吾道本衰敗	우리의 도가 본래 쇠퇴하고 있어
論議又不齊	의론도 같지 않은 것이라네"
客去私自識	손님이 가고 홀로 기록하노니
蓋亦憂衰世	이 또한 쇠락한 세상을 걱정해서라네

이재의 이 시는 한원진의 학설에 대한 비판을 정중한 말로 표현하고 있다. 또한 한원진이 스승 권상하의 행장을 지으면서 스승이 자신과 같은 학설을 견지했다고 하고, 또 이것을 이이에서 송시열로, 송시열에서 권상하로 전수된 요결이라고 한 데에 대하여 더욱 우려를 표명하였다. 이재의 이 말에서 호락 논쟁의 심화에 '율곡과 우암의 적전(嫡傳)'을 둘러싼 두 학파 간의 대결이 그 배경으로 작동했음을 확인할 수 있다.

이재는 이 시를 지은 뒤 곧 별세하였다. 두 사람이 직접 논쟁할 수 있는 기회가 사라져버린 것이다. 그러나 한원진은 이 시를 받은 뒤 곧바로 이에 대한 자신의 의견을 발문(跋文)의 형식을 빌려 피력하였다. 다음은 그 발문이다.

---

[27] 한원진이 지은 수암 권상하의 행장을 가리켜 말한 것이다. 그 행장에 다음과 같은 말이 보인다. "오상(五常)의 성(性)의 인물동이(人物同異)를 논하면서는 다음과 같이 말씀하셨다. '인성과 물성은 리(理)로 말하면 모두 같고 형기를 품수받은 것으로 말하면 모두 같지는 못하다. 인의예지는 바로 『주역』의 성지자성(成之者性)과 같다. 그러므로 오행에 있어서 이미 같지 못해서, 각각 그중의 하나를 온전히 소유할 뿐이니, 그렇다면 인물(人物)이 품수받음의 다름을 이를 통해 알 수 있을 것이다.' 미발 시 기질지성 유무를 논하면서는 다음과 같이 말씀하셨다. '인(人)과 물(物)이 태어남에 기(氣)로서 형체를 이루고 리(理) 또한 거기에 부여되니, 부여받은 리만을 가리키면 본연지성이라고 하고, 형체를 이루는 기를 아울러 가리키면 기질지성이라고 한다. 그러므로 사람은 본디 태어날 때부터 이미 기질지성을 소유하는 것이요, 때에 따라 있었다가 없었다가 하는 것이 아니다.[其論五常之性人物同異, 則曰, 人物之性, 以理言則皆同, 以其形氣所禀而言, 則不能皆同. 仁義禮智, 猶是成之者性, 故其在五行, 已不能同而各專其一, 則在人物所禀之不同, 從可知矣. 其論未發之前氣質之性有無, 則曰, 人物之生, 氣以成形, 理亦賦焉, 專指所賦之理而謂之本然之性, 兼指成形之氣而謂之氣質之性, 故人自有生之初, 便已有氣質之性, 非可以隨時有無者也.]" 『남당집』 권34 「寒水齋權先生行狀」 참조.

〈한천의 시 뒤에 쓰다〉

이상[28]은 한천(이재의 호)의 시이다. 병인년(1746, 영조 22) 8월 모일에, 한천의 문인 최석이 이곳을 내방하여 나에게 심성설을 물었는데, 내가 병으로 인해 제대로 답변하지 못하였다. 최석이 돌아가서 그 스승을 뵈니, 스승이 이 시를 지어 그 일을 기록하였는데, 같은 해 10월에 병으로 일어나지 못하였으니, 이 시가 그의 생전 마지막 작품인 셈이다. 의견이 합치되지 않으면 시를 써서 논평하는 것이 진실로 무방하나, 그가 논한 심성설을 보니, 사람의 성선이 금수와 다르다는 것, 성인의 마음이 보통 사람의 마음과 다르다는 것을 알지 못하고, 또 유학과 불교의 변별이 오로지 심성의 분별에 있음을 알지 못하고 있었다. 애석하도다! 그의 강설이 시작되자마자 상세히 말하기도 전에 이 지경에 이름이여!

시 가운데 율곡·우암·수암 세 선생을 들어 말한 것은, 세 선생의 문집이 모두 있으니, 독자들이 스스로 알 수 있을 것인바, 여기에 대해서는 굳이 깊게 변론할 것이 없다. 그런데 시 가운데 '늙도록 한 번도 만나지 못함'을 한스러워하면서 이를 '의견이 서로 어긋났기 때문'이라고 하였으니, 이것은 내 뜻이 아니다. 의견이 같지 않은 부분이야말로 참으로 강론하기가 좋으니, 이 때문에 주자가 육상산(陸象山, 명 구연九淵)과 그 학문이 같지 않은데도 아호(鵝湖)에서 만나기를 기약한 것이요, 처음에 장남헌(張南軒, 명 식栻)과 심설(心說)이 같지 않았는데도 몸소 장사(長沙)에 가서 3일 동안 논변을 했던 것이니, 내 비록 고루하나 어찌 이러한 의리를 모르겠는가. 예전에 한천이 죽현(竹峴) 이상서(李尙書, 명 병상秉常)의 집에 방문했는데, 여기와의 거리가 겨우 한 집 건너였다. 그런데 내가 병으로 인하여 가서 뵙지 못했으니, 이는 나의 잘못이다. 시를 받은 다음 날에 그 아래에 쓰니, 정묘년(1747, 영조 23) 2월 모일이다. 양곡(暘谷)의 병든 늙은이가 기록하노라.[29]

---

28 위에서 이재의 시를 인용하였다.

29 『남당집』권32 「題寒泉詩後」. "右寒泉詩也. 丙寅八月日, 寒泉門人崔祏來訪此中, 問余以心性之說, 余以病不能酬酢. 歸見其師, 師作此詩以記之, 而是年十月, 病不起, 蓋絶筆也. 意見不合, 則作詩論評, 固無害也. 然觀其所論心性之說, 則盖不知人之性善與禽獸不同, 聖人之心與衆人之心不同, 惜乎! 其講說伊始, 未及反復而止於此也. 詩中又擧栗谷尤菴遂菴三先生爲言者, 三先生文集俱在, 讀者自知之, 此不必深辨也. 詩中又以到老不一識爲恨, 而謂由於意見之相戾, 非余意也. 意見不同處, 正好講論, 故朱子與陸象山其學不同, 而期會於鵝湖, 始與張南軒心說不同, 而躬往長沙, 三日論辨, 余雖固陋, 豈不知此義也? 頃年, 寒泉來竹峴李尙書家, 距此僅一舍地, 而余以病不得往見, 此則余之過也. 得詩之翌日, 書其下, 丁卯二月日也. 暘谷病夫識."

이 발문에서 한원진은 이재의 심성설을 언급하면서 '유학과 불교의 변별을 알지 못한다'고 비판함으로써 이재의 학설이 불교와 유사함을 은근히 드러내고, 또 이이·송시열·권상하의 도통이 자신에게 있음을 넌지시 표출하였다. 이뿐만 아니라, 생전에 만나서 함께 토론하지 못한 책임을 이재에게 돌림으로써 자기 학설의 자신감을 표현하였다. 반면 최석은 "늙도록 한 번도 만나지 못함을 한스러워 했다"는 한원진의 말에 대하여 다음과 같이 반론하였다.

> 선사(先師) 도암 선생이 예전에 호서를 가면서 남당을 방문하지 않고 돌아온 것은 실로 뜻이 있었다. […] 선사께서 남당을 방문하지 않았던 뜻은 실로 그를 깊이 미워하고 통렬히 끊은 데서 나온 것이었다.[30] […] 남당을 방문하지 않은 것은 실로 그를 보고 싶은 마음이 없었기 때문이니, 일찍이 늙도록 한 번도 만나지 못한 것을 한스러워한 적이 없는 것인바, 그 말이 완곡하면서도 그 뜻이 깊은 것이다. 남당은 선사의 시의 뜻을 살피지 않고, 이렇게 말하여 스스로 반성할 줄을 몰랐으니, 그가 스스로 살피지 않음을 더욱 볼 수 있다.[31]

한원진의 발문은 여기에서 그치지 않았다. 그는 곧바로 발문 하나를 더 썼는데, 그 내용은 이전의 발문보다 더 과격한 것이었다.

> 최생(崔生)이 나에게 말하기를 "우옹(尤翁, 송시열) 또한 개와 소와 사람의 같지 않은 본성을 기질지성이라고 하였습니다."라고 하기에 내가 "우옹의 말씀은 그대의 말과 같지 않네."라고 하였다. 최생이 돌아간 뒤에 우옹의 말씀을 보니, 거기에 "맹자는 입만 열면 성선을 말씀하셨으니, 이는 모두 본연지

---

30 이 말은 『맹자』 「진심 하(盡心下)」의 "내 문 앞을 지나면서 내 집에 들어오지 않더라도 내 서운해하지 않는 자는 오직 향원(鄕原)일 것이다. 향원은 덕(德)의 적(賊)이다."라는 공자의 말에 대한 주자의 주석에 다음과 같이 보인다. "문 앞을 지나면서 들어오지 않더라도 한(恨)하지 않는다는 것은 그가 친히 찾아오지 않는 것을 다행으로 여긴 것이니, 깊이 미워하고 통렬히 끊으신 것이다.[過門不入而不恨之, 以其不見親就爲幸, 深惡而痛絶之也.]"

31 『泉門俟百錄』. "先師陶菴先生頃年往湖時, 不訪南塘而歸者, 實有意. […] 先師不訪南塘之意, 實出於深惡而痛絶之也. […] 不訪者實無願見之心, 未嘗以到老不一識爲恨, 其辭婉而其意深矣. 南塘不察先師之詩意, 有此云云, 而不知所以自反, 多見其不自量也." 『천문사백록』은 최석이 엮은 책으로, 이재의 시와 한원진의 발문 2편을 싣고, 그 뒤에 한원진의 발문을 조목조목 비판하는 자신의 글을 실었다.

성을 말한 것이다."라고 하였다.[32] '입만 열면[開口]'이라는 두 글자에서 곧 '이 장[33] 또한 본연지성을 말한 것에 속해서 성선 외에는 다른 설이 없음'을 볼 수 있다. 이 장은 바로 고자가 미혹되고 잘못된 근본이고 맹자가 열어 보여준 요체인데, 되려 맹자의 말씀을 기질지성이라고 여긴다면, 『맹자』 일곱 편의 뜻에 다시는 성선을 말한 부분이 없을 것이요, 이것을 가지고 고자의 설을 비판한다면 함께 목욕하면서 나체인 것을 비판하는 데에 가깝지 않겠는가. 정자 또한 어째서 맹자의 성선설을 '성만 논하고 기(氣)를 논하지 않아서 구비되지 못한 것'으로 삼았겠는가.[34]

우암의 말씀 하단에 "개와 소의 성은 또한 기질을 가지고 말한 것이다."라고 하였으니, 최생이 의거한 것이 오로지 이 한 구에 있는데, 이는 우옹의 뜻을 전혀 알지 못한 것이다. 우옹의 뜻은, '맹자가 비록 기질을 말하지 않았으나 개·소·사람의 성이 같지 않음을 말씀한 부분은 바로 기질을 가지고 말한 것이다.'라는 것으로, 맹자가 구비하지 못한 것을 보충하려는 뜻이지, 개·소·사람의 성이 모두 본연지성이 아니라고 말씀한 것이 아니다.

본연 두 글자는 일원(一原, 동일한 근원)상에 나아가 말한 것이 있고, 이체(異體, 서로 다른 개체)상에 나아가 말한 것이 있다. 일원으로 말하면, 만물이 똑같이 태극을 갖춘 것은 본연이고, 만물이 각각 그 한 가지 성을 오로지 간직함은 기질이다. 이체로 말하면, 개끼리 같고 소끼리 같고 사람끼리 같은 것은 본연이고, 개끼리 다르고 소끼리 다르고 사람끼리 다른 것은 기질이다.

맹자가 성선을 말씀하심은 또한 이체에 나아가서 말한 것이다. 그러므로 사람에 있어서는 같고 금수를 아울러 말하면 같지 않은 것이니, 다만 이 장의

---

32 『宋子大全』 卷131 「看書雜錄」. "본연지성과 기질지성, 이 두 개념은 비록 정자와 장자에서 시작되었으나, 공자의 '성상근(性相近)' 세 글자가 이미 본연지성과 기질지성을 겸하여 말씀한 것이고, 맹자는 입만 열면 성선을 말씀하였으니 이는 모두 본연지성을 말한 것이지만, '소의 성'과 '개의 성'을 말한 것은 또한 기질지성을 가지고 말씀한 것이다.[本然之性, 氣質之性, 此二名雖始於程張, 然孔子性相近三字已是兼本然氣質而言也, 孟子開口便說性善, 是皆說本然, 然其曰牛之性馬之性則亦以氣質而言也.]"

33 "그렇다면 개의 성이 소의 성과 같으며, 소의 성이 사람의 성과 같단 말인가?[然則犬之性, 猶牛之性, 牛之性, 猶人之性與?]"라는 맹자의 말이 나오는 『맹자』 「고자 상」 3장을 말한다.

34 『二程遺書』 卷6. "성만 논하고 기를 논하지 않으면 구비되지 못하고, 기만 논하고 성을 논하면 밝지 못하다.[論性不論氣, 不備. 論氣不論性, 不明.]" 이에 대하여 주자는 "기만 논하고 성을 논하지 않음은 순자가 성악을 말하고 양자가 선악혼재를 말한 것이 이것이고, 성만 논하고 기를 논하지 않음은 맹자가 성선을 말한 것이 이것이다.[論氣不論性, 荀子言性惡 揚子言善惡混是也. 論性不論氣, 孟子言善是也.]"라고 하였다. 『주자어류』 권59 「孟子九 告子上」 참조.

뜻만 그런 것이 아니다. "사람이 금수와 다른 것이 얼마 안 되니 보통 사람들은 이것을 버리고 군자는 이것을 보존한다."라고 하신 말씀에서 군자가 보존하는 것이 과연 본연지성이 아니라 기질지성이겠는가.

『대학혹문』에 말하기를 "오직 사람이 태어남에 기의 바르고 통한 것을 얻어서 그 본성이 가장 귀하다. 그러므로 방촌(마음)의 사이에 허령통철해서 만리(萬理)를 모두 구비하니, 금수와 다른 까닭은 여기에 있다."라고 하였으니, 명덕(明德)은 사람이 갖추고 있는 가장 귀한 본성인데, 이것 역시 과연 본연지성이 아니고 기질지성이겠는가.

주자께서 말씀하시기를 "리와 기는 마땅히 이간(離看, 분리시켜서 봄)하고 합간(合看, 합해서 봄)해야 한다."라고 하셨으니, 이 한 말씀이 실로 리기를 궁구하는 요결이다. 이간하면 리가 모두 같음을 보고(일원이다.-원주) 합간하면 리가 같지 않음을 보니(이체이다.-원주) 합간처에서 또 이간하고(인성과 물성은 같지 않은데 인성은 모두 선함-원주) 이간처에서 또 합간하면(인성은 모두 선한데 기질이 같지 않음-원주), 같음 가운데서 다름을 보고 다름 가운데서 같음을 보아서, 본성을 논하고 기를 논함이 분명하고 철저해서 장애가 없을 것이다. 한천의 문하는 이러한 뜻을 알지 못하기 때문에 사람의 성이 금수와 다른 것을 말할 적에 모두 기질지성이라 하고 본연지성은 아니라고 하니, 이는 사람과 금수의 분별을 알지 못하여 석씨의 견해로 빠진 것이다. 작은 오류가 아니므로 다시 말하노라.[35]

---

35 『남당집』권32 「題寒泉詩後[又書]」. "崔生謂余曰, 尤翁亦以犬牛人不同之性, 爲氣質之性. 余曰, 尤翁說則不如君言也. 崔生旣去, 取見尤翁說, 其說曰, 孟子開口便說性善, 是皆說本然. 開口二字, 便見此章亦在其中, 而性善之外, 無它說也. 此章乃是告子迷謬之根本, 孟子開示之切要者, 而乃以孟子之言, 爲氣質之性, 則是七篇之旨, 更無言性善處, 而以此而辨告子之說, 不幾於同浴而譏裸裎乎? 程子亦何以孟子爲論性不論氣不備乎? 尤翁說下段言犬牛之性, 亦以氣質言也, 崔生所抵賴者, 專在於此一句, 而全不識尤翁之意. 尤翁之意以爲孟子雖不言氣質, 其言犬牛人不同處, 亦以氣質言也, 蓋以追補孟子不備之意也, 非謂犬牛人之性, 皆非本然也. 蓋本然二字, 有就一原上言者, 有就異體上言者, 以一原言之, 則萬物同具太極, 是本然也, 而萬物各一其性者氣質也, 以異體言之, 則犬與犬同, 牛與牛同, 人與人同, 是本然也, 而犬與犬不同, 牛與牛不同, 人與人不同者, 氣質也. 孟子之言性善, 亦只就異體而言, 故在人則同而幷禽獸而言則不同也. 非獨此章之指爲然, 其曰人之所以異於禽獸者幾希, 庶民去之, 君子存之, 君子所存者, 果是氣質而非本然也耶? 大學或問曰, 惟人之生, 乃得其氣之正通者而其性爲最貴, 故其方寸之間, 虛靈洞澈, 萬理咸備, 蓋其所以異於禽獸者在此. 明德所具最貴之性, 果亦氣質而非本然耶? 朱子之言曰, 理氣當離合看, 只此一言, 實是窮理氣之要訣也. 離看則見理之皆同,【一原】合看則見理之不同,【異體】合看處又離看【人物不同而人性皆善】離看處又合看【人性皆善而氣質不同】則同中見其異, 異中見其同, 而論性論氣, 玲瓏穿穴, 無有窒礙矣. 泉門不知此意, 故凡言人性之異於禽獸者, 皆以爲氣質而非本然, 則是不知人獸之別, 而陷於釋氏之見矣, 非細誤也, 故又言之."

이 발문에서 한원진은 자신의 성설(性說) 즉 성삼층설(性三層說)[36]의 내용을 상론하면서 경전과 정주(程朱)의 말을 근거로 제시하고 있다. 이를 표로 정리하면 다음과 같다.

```
본연     ┌ 일원: 만물에 동일한 태극(太極)    → 초형기(超形氣)의 성
(일원)   └ 이체: 종(種)끼리 같은 성          → 인기질(因氣質)의 성(=본연지성)

기질     ┌ 일원: 종끼리 같은 성              → 인기질의 성(=본연지성)
(이체)   └ 이체: 종 안에서도 개체 간 다른 성 → 잡기질(雜氣質)의 성(=기질지성)
```

낙론 심성론의 견지에서 위와 같은 성론은 '성즉리'에 위배되는 것으로시 수용할 수 없는 이론이고, 호론의 견지에서 위의 성론은 만물일체의 이념과 만물이체의 현실을 모두 간과하지 않는 '구비된 이론'이다. 이 두 견지는 절충될 수 없는데, 한원진이 위의 발문에서 이를 명시했던 것이다.

게다가 여기에서 한원진은 송시열의 말을 논제로 삼아 자신의 이론을 지지하게 만듦으로써 이이에서 권상하로 이어지는 도통이 자신에게 있음을 다시 한 번 강조하였다. 최석을 비롯한 낙론계 학자들은 이제 도통의 적전을 밝히기 위해서라도 이 논쟁에 참여하지 않을 수 없게 된 것이다.

무엇보다 주목할 점은, 첫 번째 발문과는 다르게 이 글에서는 한원진이 이재 문하의 심성론과 불교 사이의 유사성을 명시했다는 것이다. 첫 번째 발문에서 그는 다만 "이재는 유학과 불교의 변별을 모른다"고 했을 뿐인데, 여기에서는 "이재 문하의 학설이 불교의 견해로 빠져버렸다"고 하여, 과격한 언설을 사용하는 것을 주저하지 않았다. 상대의 비판에 맞설 적에는 그와 유사한 논조를 사용하는 것이 일반적인 대응이기에, 이제 최석을 비롯한 이재의 문인들과 주변 낙론계의 학자들 또한, 한원진을 비롯한 호론계 학자들의 학설을 비판할 적에 과격한 논조를 사용하게 되었고, 이로써 호락논쟁은 학파적 대결 의식이 더욱 강화되고 그 안에 심리적 갈등과 정치적 대립을 포함하게 되었다.

---

36 성삼층설은 성을 세 개의 차원으로 나누어 설명한 한원진의 본성 이론이다. 한원진은 인과 물이 같은 초형기(超形氣)의 성, 인과 물이 다르지만 종별로는 같은 인기질(因氣質)의 성, 같은 종 안에서도 개체 간에 서로 다른 잡기질(雜氣質)의 성으로 성을 구분하였으며, 성은 리(理)가 기질 속에 떨어진 뒤에 말할 수 있는 개념이라는 것을 근거로, 현실에 존재하는 성은 인기질 이하의 성이라고 보았다. 초형기의 성은 기질 안에 떨어져 있는 성만을 따로 발라내어 가리켰을 때 비로소 말할 수 있는 개념으로, 실존하는 성이 아니라 개념적으로 지적할 수 있는 성에 불과하다.

4. 호락 간 친목과 교유: 홍직필의 시선

3절에서 살펴보았듯이 호락 간의 철학적 논쟁은 해소되기 어려운 것이었고, 최석의 왕래 이후로 논쟁이 더욱 격화되어 갈등의 골은 점차 깊어지게 되었다. 이러한 경향은 시간이 갈수록 더욱 강화되어, 19세기 무렵엔 양자 간의 교유 사례를 찾아보기 어려울 정도가 되었다. 동춘당(同春堂) 송준길(宋浚吉, 1606~1672)의 현손 한정당(閒靜堂) 송문흠(宋文欽, 1710~1752)은 몽오(夢梧) 김종수(金鍾秀, 1728~1799)에게 보낸 편지에서 당시의 상황을 이렇게 묘사했다.

> 성리에 관한 논쟁이 장차 현황(玄黃)의 지경이 되게 되었으니, 예로부터 사문(斯文)에 이러한 일이 있지 않았습니다. 성현의 성리설은 자신의 심신에 보탬이 되려 한 것인데, 지금 사람들이 본성을 논함은 입에 상쾌함을 취하여, 기뻐하고 성내고 교만하고 인색함이 모두 여기에서 일어나니, 비록 공허한 말에서 터득함이 있더라도 자신의 실제 덕을 해치고 파괴함이 많습니다.[37]

현황은 『주역(周易)』 곤괘(坤卦) 상륙(上六) 효사에 보이는 말로, 싸움으로 인해 검고 누런 피가 사방에 뿌려진 모습을 가리킨다. 송문흠은 당시의 호락논쟁을 현황의 지경으로 묘사했던 것이다. 그렇다면 최석의 왕래 이후, 즉 호락논쟁이 격렬해진 뒤로는 호락 제현들 사이의 교유나 친목의 사례를 찾아볼 수 없을까? 호론과 낙론은 철저하게 대립 일변도로 치달리게 되었을까?

지금까지의 연구는 호락이 첨예하게 대립한 것에 집중하여 그 갈등만을 주로 부각해 왔다. 예컨대 호론계 학자 윤봉구가 송시열을 모신 화양서원(華陽書院)의 묘정비문(廟庭碑文)을 지었는데, 화양서원의 원유(院儒)들이 이것으로 비를 세우려고 하자, 당시 서원의 원장이었던 낙론계 학자 김원행이 이를 저지한 일 등이 그 대표적 사례라고 할 수 있다.

그러나 호락 제현들의 관계를 단순히 갈등관계로만 단정할 수는 없다. 그들이 교류한 사례들 역시 발견되기 때문이다. 가장 주목할 만한 사례는 문서의 청탁이다. 행장(行狀)·묘지명(墓誌銘)과 같은 전기류의 글이나 문집의 서문(序文)·발문(跋文)은 고인의 덕과 학문을 기리는 것이자 고인의 명망과 지위

---

[37] 『閒靜堂集』 권4 「答金定夫」. "性理之爭, 將見玄黃, 從古斯文, 未有此事. 聖賢論性, 將求益於身心, 而今人論性, 惟取快於口舌, 喜怒驕吝, 皆由此作, 雖使有得於空言, 其爲傷敗於實德大矣."

를 상징하는 것이기에 아무에게나 글을 청탁하지 않는다. 문집을 간행하는 후손이나 제자들은 명성 높은 학자의 글을 받기 위해 노력을 아끼지 않았던 것이다. 또한 어지간해서는 다른 당파의 사람들에게 글을 청탁하지 않는다. 괜한 시빗거리를 만들 수 있기 때문이다.

그런데 어유봉은 자신과 다른 심성설을 견지했던 이현익의 행장을 지었고,[38] 낙론계 학자 김원행은 호론계 학자 봉암(鳳巖) 채지홍(蔡之洪, 1683~1741)의 행장을 지었다.[39] 이런 사례는 호락 간의 학파적·당파적 대립이 강화된 18세기 중반 이후에도 발견된다. 낙론계 학자 홍직필은 호론계 학자 성당(性堂) 정혁신(鄭赫臣, 1719~1793)의 문집의 서문을 지었으며,[40] 낙론계 학자 오희상은 호론계 학자 한계(寒溪) 심건영(沈健永, 1737~1784)의 묘지명을 지었다.[41] 또 홍직필의 사후에 개천(价川)의 유생들이 홍직필을 경현사(景賢祠)에 배향하였는데, 이때 윤봉구도 함께 배향되었다.[42]

위의 예시에서 특별히 주목되는 것은 홍직필의 사례이다. 홍직필은 19세기 초·중반에 활약한 낙론계의 종사로 그 명성이 매우 높았으며, 이재-김원행-박윤원으로 이어지는 낙론의 계통을 이은 학자였다. 호락의 논쟁이 격화된 이후에 활동한 학자이자 19세기 낙론을 대표하는 학자임에도 불구하고 호론의 학자들과 교유한 사례가 발견되는 것이다. 따라서 이 장에서는 홍직필의 시선을 빌려, 조선 후기 호락 제현들의 교유와 친목의 일면을 살펴보고자 한다.

홍직필은 지역과 출신, 학파를 불문하고 여러 사람과 널리 교유하였다. 그래

---

38 기원 어유봉은 낙론계 학자로서 이간의 인물성동론을 지지하였다. 정암 이현익은 농암 김창협의 문인이고 삼연 김창흡과 교류하였으나 심성론에 있어서는 한원진의 견해를 지지하였다. 어유봉은 이현익의 행장을 지었는데, 이 글은 어유봉의 문집인 『기원집(杞園集)』 권26에 「진안현감 이공 행장(鎭安縣監李公行狀)」으로 실려 있다.

39 미호 김원행은 낙론계 학자 이재의 문인으로 낙론의 학설을 지지하였다. 봉암 채지홍은 수암 권상하의 문인으로 남당의 심성론을 지지하였다. 김원행은 채지홍의 행장을 지었는데, 이 글은 김원행의 문집인 『미호집(渼湖集)』 권19에 「삼환재 채공 행장(三患齋蔡公行狀)」으로 실려 있다.

40 이 서문은 『매산집(梅山集)』 권27과 『성당집(性堂集)』 권두에 실려 있다.

41 이 묘지명은 『노주집(老洲集)』 권16에 「증호조좌랑 심공 묘지명(贈戶曹佐郎沈公墓誌銘)」이라는 제목으로 실려 있다. 이 글에 따르면, 심건영은 윤봉구에게 수학하였으며, 심성설은 한결같이 한원진의 주장을 따랐다. 오희상은 이 글에서 심건영의 지극한 효성과 청렴한 인품, 총명한 자질을 칭찬하였으며, 그가 기존의 잘못된 예설(禮說)을 수정한 사례에 대해서도 언급하였다. 심성론에서는 심건영과 함께 이야기를 나누었던 일을 상기하며 "이분이 이치를 말씀하는 것을 들음에 마치 강을 기울이고 바다를 뒤집는 것 같아서 이루 다할 수 없는 것이 있었다. 그러나 견문이 좁은 데서 온 의혹이 없지는 못하였는데, 당시 내가 무지몽매해서 의심나는 것을 질문하지 못한 것이 한스럽다.[竊聽其譚理, 若傾湫倒海, 有不可窮也. 然或不無語氷之惑, 而時駿甚, 恨莫能質所疑也.]"라는 말로 인정과 부정을 함께 나타냈다.

42 『매산집』 권53 「年譜」. "【丙辰】价川諸生, 幷享于景賢祠. 與屛溪尹先生·三山李公·常窩李公幷享."

서 그의 문집에는 심성론의 견해가 다른 사람들과 주고받은 편지도 여러 편이 실려 있는데, 예컨대 녹문(鹿門) 임성주(任聖周, 1711~1788)의 아우인 운호(雲湖) 임정주(任靖周, 1726~1796)와 서신을 주고받은 것도 이러한 예 중의 하나이다. 또한 호론계 학자 정혁신의 외손자인 김박연(金博淵, 1789~?)과의 왕복서도 두 편 발견되는데, 그중 한 편에서는 김박연에게서 그의 외조부 정혁신 문집의 서문을 부탁받았던 경위가 서술되어 있으며, 정혁신에 대한 홍직필의 평가도 확인할 수 있다. 이뿐만 아니라 김박연이 문집의 서문을 부탁할 적에 호락의 다름 때문에 망설였던 사실도 서술되어 있어, 이로써 호락 제현 간의 문서 청탁이 시간이 흐를수록 저어되었으리라 짐작할 수 있다. 그러나 홍직필은 김박연이 서문 부탁을 망설였다는 이야기를 다른 사람에게 전해 듣고 실망을 느꼈음을 토로한다. 당파 혹은 학파의 차이가 있다고 해도, 호락의 학자들은 모두 유학자이기에 유학자로서 지켜야 할 법도가 같고 그 법도를 지킨 훌륭한 유학자를 존경하는 마음도 같다. 정혁신은 품행과 학문이 고매하여 홍직필이 평소에 존경하는 학자였던지라 그 문집의 서문을 쓰는 것을 영광으로 생각하였는데, 김박연이 호락의 다름을 이유로 이 청탁을 망설였다는 것을 듣고 실망했던 것이다.

> 성당(性堂) 정공(鄭公)의 '세상에 은둔하면서도 근심함이 없었던 지조'와 '기미를 보고 떠나면서 하루가 다하기를 기다리지 않았던 지혜'는 바로 이른바 "명성은 들을 수 있으나 몸은 만날 수 없고, 덕은 우러러 사모할 수 있으나 형체는 볼 수 없다."[43]라는 것입니다. 병자년(1636, 인조 14)과 정축년(1637)의 호란 이후로 세상의 화란이 하늘에 닿을 정도로 넘쳐흘렀고 호서(湖西)의 옥사(獄事)에도 도가 지나친 일이 많았으니, 명성이 있는 사람 중에 화를 면한 자가 거의 없습니다. 이런 가운데 우뚝이 자립하여 무리 짓지 않고 호젓이 지내며 홀로 거처해서, 너무 드러내지도 않고 너무 숨기지도 않으며, 만난 시절을 편안히 여기고 순리대로 대처하여, 훌륭하게 명철보신(明哲保身)했던 선현들에 견주어도 부끄러울 것이 없던 분으로는 오직 이 어른을 꼽을 수가 있

---

43 이는 진(晉)나라 때에 주천태수(酒泉太守) 마급(馬岌)이 은사(隱士) 송섬(宋纖)을 두고 한 말로, 마급이 주천의 남산에 은거하는 송섬을 찾아 만나보기를 청하였는데 송섬이 끝까지 거절하고 얼굴을 보이지 않자 감탄하면서 말하기를, "명성은 들을 수 있으나 몸은 만날 수 없고, 덕은 우러러 사모할 수 있으나 형체는 볼 수 없구나. 내가 지금에야 선생이 보통 사람들 가운데 용처럼 빼어난 인물임을 알았노라.[名可聞而身不可見, 德可仰而形不可覩, 吾而今而後知先生人中之龍也.]"라고 하였다. 『晉書』 卷94 「隱逸列傳 宋纖」 참고.

습니다. 게다가 경술(經術)과 문장(文章)까지 겸비하였으니, 실로 남쪽 지방의 고매한 선비요 밝은 조정의 참된 은일지사입니다.

저는 어려서부터 이 어른을 칭송하고 흠모해 마지아니하여, 그 유고를 읽음으로써 정성스러운 마음을 펼 수 있기를 늘 원하였으나 그렇게 하지 못하였습니다. 그런데 노형께서 이 어른의 유고를 보여주시니, 마치 가을바람 속의 나그네가 봉래산과 영주산의 소식을 듣기라도 한 것처럼 몹시 기뻤습니다. 서문을 지어 달라고 부탁하신 것으로 말하면, 비천한 제가 감히 감당할 수 있는 일이 아닙니다. 그러나 이 어른을 위하여 제가 할 수 있는 것이 오직 이 일밖에 없으니, 어찌 사양할 수 있겠습니까. 응당 병세가 수습되기를 기다려 부탁을 들어드리도록 하겠습니다. 다만 시까래만 한 큰 붓[44]을 갖지 못하여 이 어른의 감춰져 있는 깊은 덕과 광채를 제대로 드러낼 수 없는 것이 한스러울 뿐입니다.

지난번에 군헌(君憲, 심의덕沈宜德의 자)에게 들건대, 노형이 호락의 논의가 다르다는 이유로 저에게 서문을 부탁하는 것을 주저하였다고 하니, 노형께서도 이렇게 생각하신단 말입니까. 세속에서 심성이 같으니 다르니 하는 것은 바로 인자(仁者)와 지자(智者)가 똑같은 도(道)를 달리 보는 것[45]에 불과할 뿐이니, 어찌 사(邪)와 정(正)이 다르고 선과 악이 다른 경우와 똑같겠습니까. 다투려는 마음과 이기려는 기세로 자신의 주장을 내세우는 데에만 급급한 자를 볼 때면 답답한 심정을 견딜 수가 없습니다. 기원은 정암의 지문(誌文)을 지었고 미호는 봉암의 덕행을 기술하였으니, 이때에 논의가 서로 어긋난다고 하여 구애를 받은 적이 있습니까? 더구나 이 어른처럼 우뚝하게 자립하여 언어와 문장을 초월해 계신 분은 어떠하겠습니까.[46]

---

44 훌륭한 글재주를 비유하는 말이다. 진(晉)나라 왕순(王珣)이 어떤 사람이 서까래만 한 큰 붓을 건네주는 꿈을 꾸고는 "앞으로 내가 솜씨를 크게 발휘할 일이 있을 모양이다."라고 하였는데, 과연 얼마 뒤에 황제가 죽어 애책문과 시의(諡議) 등을 모두 왕순이 짓게 되었다. 『晉書』 卷65 「王導列傳 王珣」 참조.

45 똑같은 도를 두고서 인자는 인(仁)이라고 하고 지자는 지(智)라고 함을 이른다. 『周易』 「繫辭上傳」 참조.

46 『매산집』 卷16 「答金維誠」. "性堂鄭公逝世無悶之操, 見幾不俟之智, 卽所云名可聞而身不可見, 德可仰而形不可覩者也. 丙丁以還, 世禍滔天而湖嶽多濫, 名下幾無免者. 其能魁岸無徒, 廓然獨居, 不皦不昧, 安時處順, 無愧乎明哲煌煌者, 惟有斯翁耳. 濟之以經術文章, 寔爲南州之高士, 熙朝之眞逸也, 區區者自童丱時, 誦慕不已, 每擬讀其遺唾, 用攄心香, 而不可得. 伏荷垂示, 怳若秋風客之聞蓬瀛信息也. 至若弁卷之托, 非賤分之所敢將, 而爲斯翁役者, 秪有斯事, 詎容辭焉? 當俟病思收攝, 圖所以聞命, 而恨乏如椽巨筆, 闡發潛德幽光也. 向聞諸君憲, 老兄以洛湖議論之攜貳, 趑趄於問序, 以老兄而亦爲云爾耶? 世俗所云心性同異, 卽不過仁智之異見耳, 豈若邪正淑慝之不倫乎? 每見以爭心勝氣, 務自主張者, 則叵耐其悶絶也. 杞園述正菴之誌, 渼湖狀鳳巖之德, 何嘗拘於講論之參差乎? 況如斯翁卓然自立, 存乎言語文字之外者哉?"

홍직필은 어유봉과 김원행의 사례를 들어 심성론의 견해가 달라도 서로를 아끼고 존경했던 유풍을 언급한다. 호락논쟁의 쟁점이 중요하지 않은 것은 아니지만, 그 쟁점은 어디까지나 주자학의 범주 안에서 발견되는 것이다. 호론과 낙론은 유학과 불교, 혹은 주자학과 양명학처럼 다른 것이 아니다. 주자학자들에게 불교와 유학은 그릇됨과 올바름, 악함과 선함으로 구분되지만, 호론과 낙론은 그렇게 구분되지 않는다. 둘 다 '선하고 올바른' 이론, 즉 주자학에 속하기 때문이다. 낙론계 학자들이 한원진의 이론을 비판할 때, 대체로 "주자의 언설을 너무 지나치게 분석하다가 잘못된 것"이라고 평하는 데에서도 이를 확인할 수 있다.

홍직필보다 약간 연상인 낙론계 학자 오희상은 심성론에서 홍직필과 견해가 완전히 일치하지만, 강직한 성품으로 인하여 교유하는 사우가 많지는 않았다. 한원진의 학술에 대한 비평도 홍직필보다 냉엄한 편인데, 오희상 역시 한원진의 학술을 무조건 폐기해서는 안 된다고 말한 바 있다.

> 남당의 실제 견해의 착오는 바로 근원적인 부분에 있네. 그러나 세세한 절목(節目) 중에는 좋은 것도 많으니, 어찌 붓질 한 번으로 결단해서 모두 버릴 수 있겠는가. 주자가 일찍이 말씀하기를 "차라리 간략할지언정 자세히 하지 말고, 차라리 소략할지언정 치밀하게 하지 말라."라고 하셨는데, 이분의 잘못은 매번 너무 지나치게 자세하고 치밀하게 하여, 행여 말을 다 하지 못할까 염려해서, 다른 사람들이 뒤이어서 보충할 여지를 거의 남겨 두지 않은 데에 있네. […] 그러나 선배를 높이고 경외하는 방도로는 이렇게 옳은 것은 옳다고 하는 도리가 매우 좋네. 의리의 시시비비에 관계된 경우에는 분명하게 변론하지 않을 수 없으나, 진실로 이로 인해 경솔하게 선배를 꾸짖고 배척해서 옳지 못한 짓을 범해서는 안 되네.⁴⁷

호락의 시비가 만일 정치적 권력 다툼이었다면, 낙론의 대표 학자인 오희상과 홍직필이 호론의 대표 학자인 한원진을 이처럼 비호할 필요가 없었을 것이다. 그런데 이들은 한원진이나 윤봉구와 같은 호론계 학자들을 선배로서 존

---

47 『노주집』권4「答士遠」. "此老實見之差, 政在於源頭, 而節目之間, 亦多有好處, 豈可一筆勾斷而盡棄之耶? 朱子嘗曰, 寧畧毋詳, 寧疎毋密. 此老之失, 每每過於詳密, 惟恐言之不盡, 殆無餘地可使人繼也 […] 然尊畏前輩, 此理甚好. 至係義理得失, 雖不得不明辨, 固不可因此而輕加呵斥, 以犯不韙也." 인용한 주자의 말은 『주자대전』권62「답장원덕(答張元德)」에 보인다.

중하였고, 같은 유학자로서 존경스러운 부분이 있으면 망설임 없이 천양하였다.

이러한 경향은 호론의 선현에 대한 홍직필의 품평에서 더욱 잘 드러난다. 아래에는 호론계 학자에 대한 홍직필의 품평 사례를 모으되, 학술에 대한 비평보다는 인품과 덕행에 관한 비평을 위주로 수집·나열하였다.

수암은 근본을 돈독히 하고 실천하였고, 진실함을 쌓고 힘쓰기를 오래하여 우암의 서업(緖業)을 크게 이어 호학(湖學)의 성대함을 도와서 계도하였습니다. 병계·외암·남당 등의 유학자들이 모두 그 문하에서 나와서 화양(華陽, 송시열)의 풍교와 공렬을 길이 천명(闡明)하였습니다.[48]

남당이 삼주(三洲)에서 농암을 배알하였는데 농암이 황강(黃江, 권상하)의 소식을 물으며 말하기를, "근래에 무슨 책을 읽는가?"라고 하였다. 남당이 말하기를, "『중용』입니다."라고 하니 농암이 말하기를, "알고서 읽는 것인가?"라고 하였다. 남당이 돌아가서 수암에게 이를 고하자 수암이 웃으며 말하기를, "알지 못하기 때문에 읽는 것이다."라고 하였다. 그 말이 혼후하여 모나지 않으니 또한 수암의 넓은 덕량을 볼 수 있다.[49]

수암은 화양(송시열)의 의발을 이어받았으므로 화양의 풍도를 듣고 일어난 자들이 모두 수암의 문하로 들어왔다. 또 수암은 두터운 덕과 순수한 행실이 선비들을 감동시켜 성대하게 인재를 많이 길러내었으니 진실로 근세의 유학자 중에 있지 않았던 바이다. 한남당, 이외암, 채봉암, 이화암(이이근李頤根), 현관봉(현상벽玄尙璧), 윤천서(윤혼尹焜), 최매봉(최징후崔徵厚), 우고산(우세일禹世一)이 이른바 '팔학사(八學士)'인데, 모두 호서에 거주하는 자들을 가지고 말한 것이다. 이 밖에 윤병계, 성추담(성만징成萬徵)과 같은 제현은 포함되지 않았다. 병계의 문도에는 또 '오학사(五學士)'라고 불리는 이들이 있으니 바로 김밀암(김지행), 박입암(박준흠), 송강촌(송명휘), 김규오(金奎五),

---

48 『매산집』 권19 「答林來卿」. "遂菴敦本踏實, 眞積力久, 丕纘尤翁之緒, 佑啓湖學之盛. 屛溪, 巍巖, 南塘群儒咸出於其門, 永闡華陽之風烈."

49 『매산집』 권52 「雜錄」. "南塘拜農巖於三洲, 農巖問黃江信息而曰, 近讀何書? 曰中庸. 曰知而讀之乎? 南塘歸告遂翁, 遂翁笑曰, 不知故讀之. 其言渾厚, 不露圭角, 亦可見德量之宏也." 「잡록」에서는 호론계 대표적 학자인 권상하·한원진·윤봉구 및 그 문인들에 관한 홍직필의 평을 확인할 수 있고, 또한 한원진과 김창협이 교유한 사실 역시 확인할 수 있다. 홍직필의 평에서 어떠한 폄훼의 말도 찾아볼 수 없다는 데에 주목해야 할 것이다.

김종명(金宗溟) 공이다.⁵⁰

남당은 기상이 매우 좋은 데에다 웅변까지 겸비하여 충분히 다른 사람의 마음을 움직일 만하였다. 노초 이공(이송李淞)은 일찍이 말하기를, "내가 보건대 남당은 가슴속에 여러 책을 보관하고 있어서 언사와 문장이 또한 잘못된 이론을 이룰 법하다."라고 하였다. 이이장은 암행어사로서 잠행하다가 남당의 처소에 머물렀는데 그 언론을 듣고는 돌아와 자신의 당류(黨類)에게 말하기를, "한 아무개는 학문이 있는 제갈량이다."라고 하였다.⁵¹

정좌와(靜坐窩) 심조(沈潮) 공은 강문(江門; 권상하의 문하)의 후진으로서 남당에게 학업을 끝마쳐 항상 남당을 돈독하게 신봉하였다. "남당의 문인 중에는 한전(이재)의 문인 박성원과 양응수만 한 이가 없다."라고 말하는 자가 있었는데, 심공이 말하기를, "송능상, 김근행 등의 인물이 어찌 그들만 못하겠는가."라고 하였다. 심공은 평소에 남을 이기려고 하는 분이 아니니, 이 말 또한 이기기를 힘쓰는 데에서 나온 것이 아니다.⁵²

병계가 어려서 학당에 들어갔을 적에 입이 둔하여 구두를 떼는 데에 능통하지 못하였다. 이에 훈장이 떠나보내려고 하니 병계가 울면서 잠을 자지 않았다. 그러자 훈장이 그 뜻에 감동하여 다시 가르쳐 주었고 병계 또한 노력하기를 그치지 않아서 결국 성취를 거두는 데에 이르렀으니 참으로 노둔함으로 도를 얻은 자⁵³이다.⁵⁴

위에서 살펴본 것처럼, 호락논쟁이 현황의 지경이 되었던 19세기에 낙론의

---

50 『매산집』 권52 「잡록」. "遂菴承華陽衣鉢, 故聞華陽之風而作者, 皆登黃江之門, 且遂菴惇德純行, 孚感髦譽, 彬彬多成材, 寔近世儒門之所未有也. 有若韓南塘·李巍巖·蔡鳳巖·李華巖·玄冠峯·尹泉西·崔梅峯·禹孤山·卽所云八學士, 而皆以居湖西者而言也. 外此如尹屛溪 成秋潭諸賢不與焉. 屛溪門徒, 亦有五學士之稱. 金密菴砥行·朴立菴俊欽·宋綱村明輝·金奎五·金宗溟諸公是已."

51 『매산집』 권52 「잡록」. "南塘氣象甚好, 濟以雄辯, 有足動人. 老樵李公嘗云, 吾見韓公臆藏群書, 言語文字, 亦可以遂非. 李彛章以繡衣潛行, 止宿南塘所, 聽其言論, 歸語其黨類曰, 韓某有學問底諸葛亮云."

52 『매산집』 권52 「잡록」. "靜坐窩沈公潮以江門晚進, 卒業於南塘, 常篤信南塘, 有言南塘門人無如泉門之朴聖源·楊應秀者, 沈公曰, 宋能相·金謹行諸人, 何渠不若乎? 沈公素非爭長競短者. 其言亦非出於務勝也."

53 이 말은 정호(程顥)가 증자(曾子)를 두고 한 말이다. 『近思錄』 卷2 「爲學」 편 참조.

54 『매산집』 권52 「잡록」. "屛溪幼而入學, 口鈍不能通句讀. 塾師欲辭去, 屛溪涕泣不寐. 塾師感其意復施敎, 屛溪亦努力不已, 竟底有成, 眞以魯得之者也."

종사 홍직필은 호론의 선배 학자들을 향해 존경과 흠모의 시선을 보내기를 주저하지 않았다. 이는 물론 홍직필이라는 한 개인의 취향이나 성품에 의한 것으로 치부할 수도 있겠으나, 홍직필이 당시에 지녔던 영향력을 떠올릴 때 이를 한 개인의 돌출적 행위로 간주하기는 어려울 것이다. 따라서 이러한 몇 가지 사례들이 당시 학술계의 동향을 파악하는 사료로 활용될 수 있을 것이며, 이러한 사례가 조명됨으로써 조선조 후기 호론과 낙론의 관계 연구에 새로운 관점이 열릴 수 있을 것이다.

5. 맺음말

호락논쟁은 높은 수준의 형이상학적 논쟁이었고, 중대한 철학적 논제를 다룬 학술논쟁이었다. 그런데도 기존의 연구에서 호락논쟁은 노론의 정치적 주도권을 둘러싸고 벌어진 정치적 투쟁으로 그려지기도 하였다. 물론 호락 간의 대립이 심화되면서 학파적 대립이 당파적 대립으로 변질된 양상이 있었던 것도 사실이다. 그러나 당파적 대립은 호락논쟁의 전모 중 일부에 불과하며, 호락논쟁의 본질을 규정할 수 있는 요소는 아니다.

호락 제현의 관계를 대립 일변도로 파악하거나 양자 간의 치열한 대립 양상만을 주목하는 연구는 호락논쟁을 '철학적 논쟁의 탈을 쓴, 정치적 권력투쟁'에 불과한 것으로 오해하게 할 수 있다. 그러나 4절에서 살펴보았듯이, 호락 제현이 대립했던 것은 심성론의 영역에 한정된다. 호락이 다투는 이론은 심성론 중에서도 매우 첨예화된 수준의 심성론이다. 현대의 서구화된 인간론과 비교하면, 호론과 낙론 간의 거리는 거의 없다고 볼 수 있다.

호락논쟁의 철학적 의의와 사상사적 가치는 이에 관한 연구가 충분히 집적된 뒤에야 제대로 가늠될 수 있다. 그런데 만약 호락논쟁을 '학술적으로는 그다지 중요하지 않은, 정치적·당파적 대립'으로 규정해버린다면, 호락논쟁의 연구에 동력을 부여하기 어려울 것이다. 필자는 호락논쟁에 관한 활발한 연구를 촉구하기 위하여 먼저 호락논쟁에 덧씌워진 선입견을 해소할 필요가 있다고 보았고, 이 해소를 위하여 지금껏 조명되지 못했던 호락 제현 간의 교유 사례를 제공하였다. 새로운 사례의 발굴이, 호락논쟁의 연구를 촉구하는 데에 일조할 수 있기를 바란다.

●참고문헌

원전
『鼓山集』(任憲晦), 韓國文集叢刊 314.
『近思錄集解』(朱熹·呂祖謙 編, 葉采 集解, 成百曉 譯), 傳統文化研究會, 2003.
『南塘集』(韓元震), 韓國文集叢刊 201-202.
『老洲集』(吳熙常), 韓國文集叢刊 280.
『農巖集』(金昌協), 韓國文集叢刊 161-162.
『陶菴集』(李縡), 韓國文集叢刊 194-195.
『梅山集』(洪直弼), 韓國文集叢刊 295-296.
『渼湖集』(金元行), 韓國文集叢刊 220.
『屛溪集』(尹鳳九), 韓國文集叢刊 203-204.
『四書集註』(朱熹), 學海出版社, 1984.
『四書或問』(朱熹), 保景文化社, 1986.
『三淵集』(金昌翕), 韓國文集叢刊 165-167.
『宋子大全』(宋時烈), 韓國文集叢刊 108-116.
『巍巖遺稿』(李柬), 韓國文集叢刊 190.
『芸窓集』(朴性陽), 韓國文集叢刊 속129.
『栗谷全書』(李珥), 韓國文集叢刊 44-45.
『二程遺書』(程顥, 程頤), 上海古籍出版社, 1992.
『正菴集』(李顯益), 韓國文集叢刊 속60.
『周易本義』(朱熹), 中國書店, 1990.
『朱子大全』(朱熹), 上海古籍出版社, 2002.
『朱子語類』(朱熹), 中華書局, 1999.
『泉門俟百錄』(崔祐), 한국학중앙연구원 소장.
『閒靜堂集』(宋文欽), 韓國文集叢刊 225.

논저
권오영, 『조선후기 유림의 사상과 활동』, 돌베개, 2003.
노대환, 「세도정치기 산림의 현실인식과 대응론」, 『한국문화』 42, 2008.
문석윤, 『호락논쟁: 형성과 전개』, 동과서, 2006.
배종호, 『한국유학사』, 연세대학교출판부, 1974.
신상후, 「조선조 洛學의 未發心論 연구」, 이화여자대학교 박사학위논문, 2018.

신영주, 「梅山 洪直弼의 儒道 존숭과 警世의 시문 창작에 관한 연구」, 『한문고전연구』 30, 2015.
유명종, 『조선후기 성리학』, 以文出版社, 1988.
유봉학, 『조선후기 학계와 지식인』, 신구문화사, 1998.
이경구, 「湖洛論爭을 통해 본 철학논쟁의 사회정치적 의미」, 『한국사상사학』 26, 2006.
이병도, 『한국유학사』, 한국학술정보, 2012.
조성산, 『조선후기 낙론계 학풍의 형성과 전개』, 지식산업사, 2007.
현상윤, 『朝鮮 儒學史』, 민중서관, 1977.
다카하시 도오루, 조남호 역, 『조선의 유학』, 소나무, 1999.

웹사이트
〈한국고전종합DB〉(db.itkc.or.kr).
〈한국사데이터베이스〉(db.history.go.kr).
〈한국학디지털아카이브〉(yoksa.aks.ac.kr).
〈Stanford Encyclopedia of Philosophy〉(plato.stanford.edu).

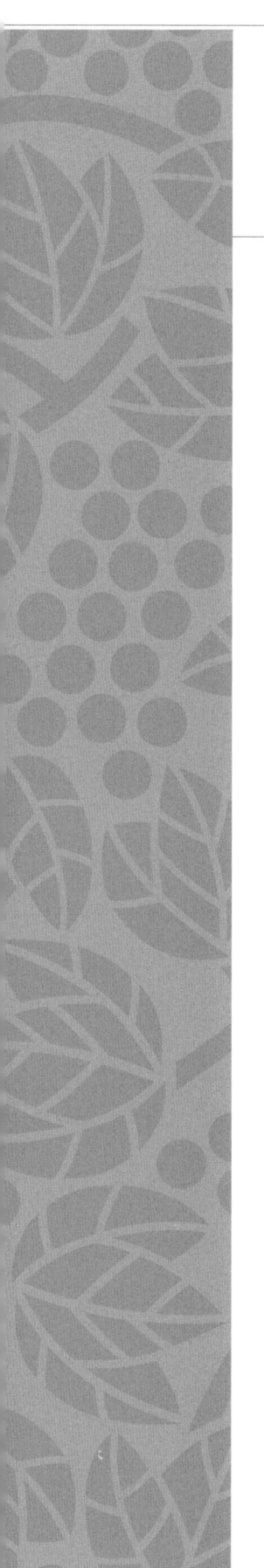

서계 박세당의 『사변록』과 이단관
-새로운 사고의 지평과 대화

한형조 | 한국학중앙연구원 한국학대학원 교수

봄에 초목의 싹이 튼다. 풀뿌리, 나무 하나만이 아니다. 온 산과 들이 터져 나오는 생명을 주체하지 못하고, 우르르 소리 지른다. 그 힘이 얼마나 강렬한지, 때로 시멘트 바닥의 틈을 뚫고 자신의 존재를 알리기도 한다. 모든 살아 있는 것들은 기존의 구성과 안정의 각질을 뚫고 새로운 가치와 생명을 외친다. 노자가 말한 대로 모든 살아 있는 것은 부드럽고, 죽은 것들은 딱딱하다.

정통적 사상이 당대의 모든 개성에 협흡한 것은 아니고, 기존의 학문이 또한 달라진 시대의 요청을 다 담아낼 수도 없다. 이 딜레마 앞에서 사람들의 선택은 몇 가지로 갈라진다. 가장 손쉬운 것은 지식과 삶을 분리하는 것이다. 이 갈라진 틈에서 위선과 억압이 자라난다. 이와 달리 이 지식과 전통을 진정 '살고자'하는 자는 그 프레임을 안고 자신의 언어와 방식으로 재구성해 나가든가, 그 변폭이 너무 커서 대책이 없다 싶으면 새로운 사상을 도입하거나 창조해 나갈 것이다.

조선 후기 퇴계와 율곡이 주자학을 정식화한 이후, 대체로 거의 대부분의 학자들이 '습득'의 과정에서 그것을 나름대로 정리하고 의혹을 노트하며, 조심스럽게 자신의 목소리를 가미했다. 퇴계를 계승한 기호 남인들, 성호학파 내부에서 일어난 칠정이발, 공칠정 논쟁은 주자학의 프레임 내부에서 일어난 논쟁이라 볼 수 있겠지만, 급기야 서양의 과학기술과 서학의 종교와의 적극적 대화로 이어졌다. 노론의 정통적 지평에서 야기된 호론과 낙론의 철학적 논쟁은 역시 주자학이 안고 있는 문제의 새로운 조명이라 하겠지만, 호론이 강조하는 북벌론의 정통적 고집이나 낙론의 흐름 안에서 자라난 북학론의 개방적 사고를 통해, 우리는 주자학의 심화와 더불어 변화의 싹을 동시에 읽을 수 있다.

1. 완전한 해석은 없다

주자의 해석은 만능이 아니다. 지극히 당연한 말이다. 이 점에서 윤휴가 옳았다. "천하의 이치를 어찌 주자만 알고 나는 모른다 하는가?" 천학비재, 아무것도 모르는 내 눈에도 주자가 잘못 짚은 곳이 곳곳에 눈에 띈다. 가령, 오늘 열어본 『맹자』의 한 구절을 보자.

孟子曰:「不仁哉, 梁惠王也! 仁者以其所愛及其所不愛, 不仁者以其所不愛及

其所愛.」公孫丑問曰:「何謂也?」「梁惠王以土地之故, 糜爛其民而戰之, 大敗, 將復之, 恐不能勝, 故驅其所愛子弟以殉之, 是之謂以其所不愛及其所愛也.」 (『맹자』盡心 下 1장)

관건은 其所愛, 其所不愛와 及에 있다. 취지는 기소애(其所愛, 진정 아끼는 것이나 아껴야 할 것, 여기서는 사람의 목숨을 가리킨다)를 '던져(及)', 기소불애(其所不愛, 버려도 좋을 것, 가령 영토나 권력, 지배 등의 '비인간적' 가치)를 낚으려고 애를 쓴다는 것이다. 첫 문장만 보고도 나는 그런 뜻을 짐작했다. 그래야 인자(仁者)와 불인자(不仁者)의 대비가 선연해진다. 다음 이어지는 글을 보며, 이 해석이 뚜렷해지는 것을 느낄 수 있다.

그런데 주자는 첫 줄에 이런 주석을 달았다.

親親而仁民, 仁民而愛物, 所謂以其所愛及其所不愛也. (『맹자집주』진심하 1장)

그는 '급(及)'을 이를테면 묵자의 겸애, 보편적 사랑에 대한 유가적 반론의 맥락에서 읽고 있다. '사랑'의 적용(及)은 '차등적, 단계적(及)'이어야 한다고 말하고 있는 것이다.

주자의 해석은 엉뚱한 길로 들어섰다. 나중에 맹자의 친절한 '설명'을 보고도 그는 자신의 실수를 감지하지 못했다. 그는 이렇게 썼다.

梁惠王以下, 孟子答辭也. 糜爛其民, 使之戰鬪, 糜爛其血肉也. 復之, 復戰也. 子弟, 謂太子申也. 以土地之故及其民, 以民之故及其子, 皆以其所不愛及其所愛也. (같은 곳)

양혜왕은 여러 대국과의 전투에서 땅을 빼앗기고 수도를 옮겨야 했다. 그 유명한 마릉의 전투에서 세자까지 잃었다. 맹자를 처음 만나 던진 "어떻게 하면 내 나라를 이롭게 하겠소?"라는 물음은 양혜왕의 좌절과 절박감을 반영하고 있다.

주자의 해석은 이러한 배경하에서 '토지'와 '인민', '세자'로 이어지는 급(及, 단계)을 말하고 있다. 주자는 "不仁者以其所不愛及其所愛"를, 양혜왕이 처음 '토지'를 잃고, 다음 '인민'을 잃고, 그러다 마침내 '피붙이 세자'까지 잃은 것을 지적하고 있다고 적었다. 이 해석이 백번 맞다고 치자. 그럼 "仁者以 其所愛及其所不愛"는 어떻게 하나? 인자는 '자기 세자'부터 전쟁에 동원하고, 다음 인민을, 그런 다음 땅을 잃는다? 위 주자의 『집주』는 아무래도 뜻이 통하지 않는다. 맹자는 지금의 어법으로 말하자면 '사람의 생명[其所愛]'을 '물질적 영토나 권력, 그리고 패자라는 이름[其所不愛]'의 제단에 바치고 있는 어리석음과 잔인함을 질타하고 있는 중이다. 여기서 급(及)은 '단계적으로 미친다'가 아니라, '교환한다, ~로 ~을 추구한다'는 뜻이다.

기이하게도 이 구절에 대해 서계의 『사변록』이나, 다산의 『맹자요의』에도 아무런 언급이 없다. 분명 핀트가 어긋났다는 것을 인지했을 것인데도 말이다. 다른 큰 논점에 비해 '사소하나'고 생각했는지 모르겠다.

평범한 안목에도 주자의 고전 주석은 완전하지 않다. 오죽하면 정조가 주석을 다 털고 대문만 찍어, 고전을 원점에서 사고하도록 독려했겠는가.

2. 서계의 짧은 자서전

서계는 왜 한사코 사서오경을 다시 읽고, 노장에 본격 주석까지 썼을까? 분명 그의 성격, 학문, 삶의 이력과 무관하지 않을 것이다. 나는 이 둘 사이의 고리가 궁금했다. 실마리를 찾는 중에 「서계초수묘표(西溪樵叟墓表)」라는 짧은 글을 보았다.

> 樵叟姓朴. 世堂其名也. 其先兩世貞憲. 忠肅. 並顯於仁祖之世. 叟生四歲而忠肅公棄背. 八歲而遭寇難. 孤貧失學. 及十餘歲. 始受業於其仲兄. 亦不自力. 年三十二. 當顯宗初元. 用科第登仕. 列侍從八九年矣. 自見才力短弱. 不足有爲於世. 世又日頹. 不可以救正也. 乃解官去. 退居東門之外. 去都郭三十里水落山西谷中. 名其谷石泉洞. 因自稱西溪樵叟. 臨水爲屋. 不治籬樊. 植以桃杏梨栗繞其居. 種瓜開稻畦. 賣樵爲生. 當農月. 身未嘗不在田間. 與荷鋤負耒者相隨行. 初亦間赴朝命. 後屢召不起. 居三十餘年而終. 壽躋七十. 葬於其所居宅後百數十步. 嘗著通說. 明詩書四子之指及註老莊二書以見意. 蓋深悅孟子之言. 以爲寧踽踽涼涼無所合以八. 終不肯低首下心於生斯世爲斯世. 善斯可矣者. 此其志然也. (『서계집』 권14, 28쪽, 墓表)

이 글을 찬찬히 리뷰해 보자.

1) 어렸을 때

> 曳生四歲而忠肅公棄背. 八歲而遭寇難. 孤貧失學. 及十餘歲. 始受業於其仲兄. 亦不自力.

<u>스스로 준비한 '자기 삶의 요약'</u>이라 그 어느 것보다 에센스를 내밀하게 압축하고 있다. 퇴계의 「자명」이나 다산의 「자찬묘지명」과 같은 성격의 글이다.

그는 "4살에 어버이를 잃었다"고 썼다. 어려서 부모, 특히 아버지를 잃으면 프로이트가 말한 대로 '권위'의 강박이 아무래도 느슨해진다. 아이는 상대적 자유를 얻는다. 기존의 문법이나 관행과 다른 자신만의 독자적 안목과 삶의 스타일로 나아가기 쉽다. 공자도 세 살 때 아버지를 잃었고, 퇴계도 비슷한 시기에 그랬던 것이 참고가 될지 모르겠다.

그는 8살에 병자호란을 만나, 아버지 없는 집안에 전쟁까지 겹쳐 본격 공부를 놓친다. 10살이 되어서야 공부를 시작했다고 한다. 나에게는 이것도 예사롭지 않게 다가왔다. 지금의 조기교육처럼 옛적 한문 교육을 '너무 일찍' 시작하는 것이 문제가 아니었을까. 연암이 어린아이의 입을 빌려 외쳤듯이, "하늘은 파란데, 검다고 책에 쓰여 있으니" 눈귀가 있고 생각할 줄 아는 아이는 질려 나가떨어질 것이다.

읽어도 무슨 말인지 모를 책을 그저 또 외워야 했으니, 불쌍하다 조선의 학동들이여. 사서삼경은 단언컨대 학동들이 읽을 책이 아니다. 이 책을 풀이한 주자의 글은 더욱 난해하고 난감하다. 우주론과 형이상학, 인식론, 가치론, 수양론 등이 한데 뒤섞여 있다. 이들을 관통하고 있는 이기론은 고도의 철학적 사유와 학습을 요하는 것이기 때문이다.

그러니 서계의 '늦은 공부'는 큰 복이 아니었을까. 끝에 쓴 "亦不自力"은 그래도 공부가 뜻대로 되지 않았다는 소리 같다. 이는 정직일 수도 있고, 겸손일 수도 있겠다.

2) 정치의 한복판에서

> 年三十二. 當顯宗初元. 用科第登仕. 列侍從八九年矣. 自見才力短弱. 不足有爲於世. 世又日頹. 不可以救正也. 乃解官去. 退居東門之外.

"32세에 과거에 합격, 벼슬길 8~9년을 지냈다." 그는 스스로 "식견과 재주가 없어 세상에 별 도움이 되지 못했고, 또 세상이 더욱 퇴락해져 그것을 바로잡을 희망도 없었다"고 적었다. 앞은 자책이고 뒤는 탄식인데, 아무래도 나중에 더 무게감을 느낄 수밖에 없다.

이 시절 여러 장면이 떠오르겠지만, 가장 큰 것이 1689년 둘째 아들 태보의 죽음일 것이다. 「연보」는 말한다.

丁巳今上三年 先生四十九歲. 二月哭長子婦金氏. ○再除修撰. 再除應敎. 三除執義. 三除司諫. 間除校理宗簿寺正皆不赴. ○十月送子泰輔謫宣川. 應敎君以考官試士之題. 有觸時諱. 就逮被譴. 仍配宜川. 先生有贈別詩曰罪大方憂死不免. 寬恩今幸獲生全. 擧家糜粉難酬報. 唯共餘生祝萬年. 窮邊風土異京華. 況念天寒道路賒. 未死豈無相見日. 不堪送汝獨還家. (같은 책, 권22, 16쪽, 「연보」 49세)

1677년 시험문제가 민감한 현안을 건드렸다는 이유로 선천으로 귀양 가는 아들을 배웅했다. 그때 쓴 시가 가슴을 친다.

窮邊風土異京華	선천이라, 궁벽진 저 끝, 풍토가 여기 서울과는 다를 텐데,
況念天寒道路賒	10월 겨울 초입, 날도 차고, 그 먼 길을 생각하니
未死豈無相見日	죽기 전에, 아무렴, 다시 만나게 될 것이니, 걱정은 않는다마는
不堪送汝獨還家	다만, 너를 보내고, 나 혼자 집에 돌아갈 자신이 없구나.

그 후 12년 '그날'의 일을 심재우 교수는 다음과 같이 극적으로 정리해 주고 있다.

1689년 1월에 숙종은 곧바로 신하들의 반대에도 불구하고 왕자를 원자(元子)로 봉하고, 소의 장씨를 희빈으로 삼는 일을 강행하였다. 이어 숙종은 인현왕후의 투기를 비난하는 비망기를 조정에 내림으로써 일이 급박하게 전개되자, 이를 반대하는 80여 명이 모여 상소를 작성하기에 이른다.
최종적으로 전 응교 박태보가 첨삭하여 글을 마무리, 승정원에 바쳤다. 이때가 기사년(1689) 4월 25일 오후 4시경이었다.

황혼 녘에 승지를 불러들여 상소문을 읽은 숙종은 이들을 잡아다 즉시 친국을 명했다. 숙종이 박태보를 국문한 장소인 창덕궁 인정문. 당시 인정전 앞의 인정문, 숙장문 일대는 국문장으로 자주 쓰였다.

원래 한밤중에는 대역죄인이라도 국문하지 않았다. 하지만 숙종은 이날 밤 10시경 창덕궁 인정문에 나와서 급히 의금부 당상과 대신, 삼사 관리들을 부르고, 친국할 형틀을 준비하라고 재촉하였다. 이런 급박한 명령에 뜰에 쓸 횃불을 준비하지 못한 신하들은 심지어 궐문 가까이 있는 시전 가게를 헐어서 땔감으로 준비해야 했다.

국문장에서 숙종이 상소를 작성한 배경을 추궁하자 박태보는 당당하게 말했다.

"군신, 부자는 일체이옵니다. 이제 어느 사람이 제 아비가 만일 지나친 노염을 내어 죄 없는 제 어미를 내쫓고자 하면 그 자식된 자가 어찌 울면서 제 아비에게 간하지 않으오리까? 신들이 만 번 죽을 마음으로 한 장 상소를 올렸을 뿐이지 어찌 전하를 배반할 뜻이 있겠습니까?"

박태보가 계속해서 말대답을 하자 크게 노한 숙종은 매를 몹시 때리라고 엄하게 분부하였다. 임금의 분노가 계속되고 호령이 더욱 엄하여 장치는 소리가 궁궐 너머 향교동에까지 들렸다. 이를 「박태보전」에는 골육이 다 깨져 유혈이 낭자한데도 박태보는 조금도 아프다는 소리를 내지 않자, 숙종이 부채로 안석(案席)을 치며, "이렇게 형장을 가했는데도 아프다는 소리가 없으니 이런 독한 물건이 무슨 일을 못하리오. 엄히 치라!" 했다고 전한다.

숙종은 반역죄로 다스리겠다고 선포하며 박태보에게 압슬형을 시행하라고 명령한다. 압슬형은 자갈이나 사금파리 같은 것을 바닥에 깔고 죄인을 무릎 꿇게 한 후 그 위에 널판을 올려 놓고 여러 사람이 널판에 올라가서 밟는 고문이었다. 당시 좌우에 각각 세 명의 건장한 나졸들이 널에 올라가 소리 맞춰 뛰자, 널판 속에서 박태보의 무릎뼈와 사금파리가 깨지는 소리가 날 정도였다. 압슬형이 이어지자 이를 집행하던 나졸은 그 참혹함에 울면서 뛰었으며, 좌우에서 보는 신하들도 얼굴빛을 잃고 물러났다. 그렇지만 박태보의 안색은 변함없고 한 번도 아프다는 소리가 없었다고 전해진다.

숙종이 더욱 노하여 압슬 형구는 없애고 화형 도구를 들이라는 명령을 내리니, 박태보에게 몸을 지지는 고문인 낙형(烙刑)을 가하기 위한 것이었다. 나장들이 숯 두 섬을 피워 화염이 치솟자, 박태보를 큰 기둥에 거꾸로 매달아 놓은 채 두 손 넓이의 넓적한 쇠 두 개를 불에 넣어 달구고 식으면 서로 바꾸어 달구어 지지게 했다. 박태보가 "신이 듣사오니 무릎을 누르는 고문이나 화형은 모두 역적을 다스리는 극형이라 하옵는데, 신이 무슨 죄가 있사옵기에 역적과 같이 치죄하십니까?" 하니, 숙종은 "네 죄는 역적보다도 더하다."고 하였다. 원래 낙형은 발바닥만 지지는 것이 원칙이었으나, 박태보에게는 옷을 벗기고 온몸을 지지기를 두 차례나 거듭하였다.

"빨리 사형을 내리소서. 신의 머리는 베실 수 있지만, 자백은 받지 못하실 것입니다."

이는 신장, 압슬, 낙형으로 죽은 나무로 변해 가던 박태보가 끝까지 자신의 신념을 굽히지 않고 숙종에게 남긴 말이었다.

숙종은 그 이튿날 재차 추국하라는 명령을 내렸다. 하시만 박태보의 몸이 더 이상의 국문을 견딜 수 없었다. 결국 대신들의 만류로 숙종은 박태보에게 사형을 감하여 진도에 위리안치하라는 명령을 내린다. 그러나 이미 모진 고문으로 인해 박태보의 회생은 불가능했다. 유배지로 향한 박태보는 겨우 한강을 건너 노량진에 이른 5월 1일에 병세가 최고에 달하여 더 나아가지 못했다. 박태보를 보러 온 아버지 박세당은 결국 가망이 없음을 알아챘다.

"네 이제 다시 살아날 가망이 없으니 어찌하겠느냐. 다만 조용히 죽어서 마지막을 빛나게 하라."

"조용히 가겠습니다."

아들과 위와 같은 대화를 나눈 박세당은 문을 닫고 나와서 아들의 이름을 부르며 통곡했다고 한다. 박태보가 죽은 5월 5일은 모진 고문이 있고 열흘이 채 되지 않은 날이었다.[1]

서계는 아들의 외숙부인 명재 윤증에게 이런 편지를 보냈다.

내 몸에 쌓인 악행으로 상천(上天)이 분노하사, 오래 목숨을 부지시켜, 온갖 고통과 잔혹을 겪게 하는군요. 이 지경에 이르다니, 이 지경에 이르다니 속은 타고 가슴은 답답해 하소연할 곳은 없고, 간장은 찢어지고, 정신은 아득합니다. 그저 죽기를 바라도 뜻대로 되지 않는군요. 이건 어떤 사람입니까, 이건 어떤 사람입니까. 한 가닥 남은 목숨을 (성상이) 너그러이 보존해 주셨습니다. 하늘이 보살펴 혹 살아나지 않을까 했더니, 바람이 앞서 그럴 수

---

[1] 심재우, 「모진 고문에 쓰러진 천재 박태보」, 〈대학지성 In&Out〉(2021.3.21.)

없다는 것을 미처 몰랐습니다. 어찌하겠습니까, 어찌하겠습니까. 태보가 총명지식(聰明知識)이 하품(下品)이 아니라서 나중 성취가 있을 거라 생각했는데, 어찌 이리 훌쩍 떠나, 이처럼 세상의 경계가 되고, 가는 길을 가련히 여기게 될 줄 알았겠습니까. 나는 우두커니 목석처럼 하루, 또 하루, 아침저녁으로 다른 고생은 없으니 염려하실 것이 없습니다. 다만 늙은 형수와 병든 며느리가 가슴 치고 통곡하는 것을 어찌지 못하니 슬픔과 고통이 더욱 사무칩니다. 이렇게 위로해 주시고 슬픔이 간절하시니 고통이 더욱 참혹합니다. 무슨 말을 해야 할지 모르고, 그저 통곡만 하고 있습니다. (같은 책, 권19 간독, 26쪽, 「與尹子仁 拯」. 기사년(1689) 5월 17일)

그리고 5년 후 경신환국이 있었다. 인현왕후가 복귀하고, 정권은 서인의 수중에 들어갔다. 서계는 이 갑작스러운 변국에, 얼떨떨했나 보다.
갑술년(1694) 4월 14일에 명재에게 보낸 편지이다.

열흘 전부터 이런저런 일들이, 갑자기 돌변하니, 하늘의 뜻입니까, 인력이 한 일입니까. 어떻게 된 일인지 모르겠습니다. 지난 일 돌이켜 생각하니, 간장이 찢어집니다. 태보가 상소로 지키려 했던 인현왕후는 돌아왔는데, 그는 살아나지 못합니다. 하늘이니, 어쩌겠습니까. 어둑한 저승에 있는 태보가 오늘, 그 마음에 위로가 될까요? (같은 곳, 31쪽)

세상은 바뀌었다는데, 아들은 돌아오지 못한다. 저승의 아들은 이를 보고 기뻐할까, 아닐까…. 그 죽음은 헛된 것이었을까?
조정에는 아들의 덕을 칭찬하고 그를 기리는 소리가 또 무성했을 것이다. 숙종은 아버지 서계를 자주 불렀다. 미안함이었을까? 주변의 추천에 마지못해 벼슬을 올려 준 것일까? 서계는 "자주 불렀지만 가지 않았다."

3) 석천동을 터전으로
벼슬을 버리고, 동대문 밖 30리, 수락산 서쪽 계곡에, 이름을 석천동이라 짓고, 스스로 서계초수라고 불렀다. 울타리는 없이, 집 주변에 복숭아며 살구나무를 둘렀다. 오이를 심고 땅을 개간했으며, 나무를 팔아 생계를 유지했다. 농사철에는 직접 밭에 나갔고, 농사꾼들과 같이 호미를 메고 지게를 졌다.

서계 자신의 삶을 간략하게 기술했다. 직접 농사를 짓고, 농사꾼들과 어울렸다. 선비의 허울을 벗고, 녹봉이 아니라 땔감을 팔아 생계를 마련한 것은 가히 파격이라 놀랄 만하다. 그가 『색경』을 지은 것도 직접 '농사'에 도움이 되려는 뜻이었을 것이다.

與宋雲長 翼弼 ○甲子
昨奉未穩. 誠如下示. 示意反覆思之. 果如下諭. 嘆服嘆服. 但今塗窮. 無以爲計. 且珥素是世臣. 非孟子之比. 典籍之科. 只爲付祿而已. 非委任之職. 辭此而至於餓死. 則恐非中道. 若稍有他途. 則珥必決意不爲矣. 昔朱子受祠官之祿. 每以爲不滿人意而終不免者. 無他途故也. 今之典籍. 雖不若祠官. 而只爲付祿. 則亦庶幾焉. 不受固是. 而受之者. 亦不可謂食不義之食也. 以此爲利而欲其富足. 則乃眞不義也. 一家數十口. 朝夕絶糧. 與其乞於人. 寧受君賜也. 雖然. 珥若以處士立朝. 一日欲退. 則不可受此也. 其閒又有權衡. 商量如何. 珥非敢自是也. (『율곡전서』 권11, 31쪽)

구봉은 율곡이 성균관 전적(典籍)이라는 직책을 놀고먹는다고 질책했던 모양이다. 율곡은 식구들이 굶는 판에 구걸보다는 임금의 은혜를 받는 것이 더 낫지 않겠느냐고 변명해야 했다.

선비들이 직업이 없었던 것이, 그리고 다른 생산의 길을 막아 놓은 것이 조선조의 큰 패착 중의 하나라고 생각한다. 율곡도 나중에 해주에서는 호미를 만들어 팔았다 하고, 다산은 양반이랍시고 기침이나 하고 있지 말고 학동들을 모아 서당이라도 열라고 권고했다. 선비들에게 오직 '관로' 하나만 열고, 다른 직업의 길을 막은 것은 사실 공자의 책임이라 할 것인가.

서계는 『색경』의 서문에서 말한다.

昔樊遲學稼圃於孔子. 孔子辭以不如老農老圃. 及其退而又責之以小人. 使聞而知所愧. 夫稼與圃. 豈道之所不該. 君子之所深絶而不爲者乎. 史言棄喜種樹事. 堯爲后稷. 孟子亦云后稷敎民稼穡. 樹藝五穀. 五穀熟而民人育. 然則稼穡. 固民生之本而天下之要道. 聖人未嘗廢其術. 至身親修之以敎人者. 夫子何遽絶之哉. 子曰. 吾少也賤. 故多能鄙事. 處賤而爲鄙事. 事雖有鄙於稼圃者. 亦夫子之所不免爲之. 況稼與圃也. 固賤者之恒業而勉焉以孜孜者耶. 聖人於事苟爲之. 必盡其方. 事之鄙於稼圃者. 且猶能之. 獨不能於稼圃乎哉. 稼圃者. 固民之

所重. 聖人不應爲之而怠其事荒其業也. 樊遲蓋亦知聖人之知之. 故欲學之也.
(『서계집』, 권7, 25쪽, 「稽經序」)

서계는 번지가 농사와 채전을 물은 것을 두고, 통념과는 다르게 공자가 "이 일을 아주 중요하게 여겼다"로 뒤집어 해석한다. "요임금이 기를 후직으로 삼은 것"도 옛 성왕 때부터 농사일을 무엇보다 중요시한 결과이다. "농사는 민생의 근본이고, 천하의 요도"라 그 기술을 중시했고, 몸소 배우고 남을 가르치기까지 했다고 역설한다. 다른 농부들처럼 자신도 이 일을 배우고 힘쓸 것이라고 다짐하고 있다.

그는 관로를 버리고 농사로 들어섰다. 직업을 갖게 된 것이 삶의 전향을 가능하게 한다. 관로는 말과 입으로 하는 직업이라 거짓과 협잡의 진흙탕을 견뎌야 한다. 농사는 정직한 일이고, 거기에서는 속임수나 거짓이 통하지 않는다. 땀 흘리고 하늘이 도와주고 땅이 길러 주면 그는 그곳에서 나는 소출로 자신의 몸과 식구들의 생활을 건사할 수 있을 것이다. 그는 아들이 죽고 나서, 위선과 파당이 난무하는 '정치'를 떠나 자신의 '일상'을 지키게 되었다고 생각한 듯하다.

4) 사변록과 노장 주석

居三十餘年而終. 壽踰七十. 葬於其所居宅後百數十步. 嘗著通說. 明詩書四子之指及註老莊二書以見意.

앞부분 "居三十餘年而終"은 조정의 초빙이 이제 그쳤다는 소리인가, 아니면 이제 노년의 죽음이 가까이 왔다는 뜻일까. "나이가 70이 넘었고, 그리고 죽어 집 뒤 1백여 보쯤 떨어진 곳에 장례를 치렀다."

그런 다음 그는 자신의 저술 두 부문을 간략하게 적었다. 『사변록』에 담긴 '시경, 서경과 사서의 새로운 성찰(思)과 정리(辨)', 그리고 노자와 장자의 전반 해석. 그는 이 책들이 자기 삶의 핵심 부분임을 스스로 확인했다고 할 수 있다.

이 기록은 서계 말년에 불어칠 회오리바람을 전연 예측하지 않고 있다. 운명을 누가 앞질러 알겠는가. 백헌 이경석의 비문을 쓰게 되고, 그것의 한 구절이 혐의를 일으키며, 그리고 묻어둔 위의 책들까지 들추어져 거의 자신을 죽음 근처로 이끌 것임을….

5) 나의 삶의 핵심 키워드는?

끝의 마지막 구절을 보자. 「자명」이나 「묘지명」 등에서 가장 중요한 대목이 이곳이다. 그의 삶을 한 문장으로 집약한 것이기 십상이다.

> 蓋深悅孟子之言. 以爲寧踽踽涼涼無所合以八. 終不肯低首下心於生斯世爲斯世. 善斯可矣者. 此其志然也.
> (내 삶을 돌아보니,) 대체로 맹자의 말에 아주 깊이 공감했는데, 그래서 차라리 사람들과 어울리지 않는 '홀로'만의 '고립'을 추구하겠다고 마음먹었다. 그래서 끝끝내, '지금 세상에 살고 있으니, 지금 세상에 영합해, 좋은 게 좋다'는 자들에게 고개를 숙이거나, 그들에게 굴복하지 않고 버텼다.

마지막 "此其志然也"는 아마도 '지금까지 적은 내 인생은 결국, 이 독립의 정신, 타협하지 않은 정신의 결과'라는 뜻인 듯하다.

드디어 맨 처음의 질문, 그는 왜 사변록과 노장의 주석을 써야만 했을까에 대한 단서를 찾았다. 키워드는 '향원'이었다. 서계는 세상의 '위선'을 향해 부르짖고 있었다. 출전은 『맹자』이다. 원문을 찬찬히 음미해 보면, 서계의 흉회를 구체적으로 가늠할 수 있을 듯하다.

> 萬章問曰, "孔子在陳曰, "盍歸乎來! 吾黨之小子狂簡, 進取, 不忘其初. 孔子在陳, 何思魯之狂士?"
> 孟子曰, "孔子 '不得中道而與之, 必也狂獧乎! 狂者進取, 獧者有所不爲也.' 孔子豈不欲中道哉? 不可必得, 故思其次也.""敢問何如斯可謂狂矣?" 曰, "如琴張 曾晳 牧皮者, 孔子之所謂狂矣."(『맹자』 진심 하 37장)
> 만장이 물었다. "공자께서 진나라에 계실 때, '돌아가야겠다. 우리 고을의 아이들은 광간(狂簡, 뜻이 크고), 진취(열정적이)라, 처음 세운 뜻을 잊지 않는다.' 하셨습니다. 그때 거기서 왜 고향 노나라의 광사(狂士, 미친 선비)들을 생각하셨습니까." 맹자가 말했다. "공자는 중도(中道, 도에 대한 열정과 행동을 갖춘 사람들)와 함께할 수 없다면, 그럼 광(狂)이나 견(獧)이라도 찾고자 하셨다. 광자는 도를 향한 열정에 넘치는 사람들이고, 견자는 (자신을 지켜) 하지 않는 바가 있는 사람들이다. 공자가 어찌 중도(의 사람)를 바라지 않으셨겠는가." "감히 여쭙습니다. 누구를 일러 광자라 하겠습니까." "공자가 말한 광자는 금장(琴張), 증석(曾晳), 목피(牧皮) 같은 사람들이다."

"何以謂之狂也?"曰, "其志嘐嘐然, 曰, '古之人, 古之人.' 夷考其行, 而不掩焉者也. 狂者又不可得, 欲得不屑不絜之士而與之, 是獧也, 是又其次也. 孔子曰, '過我門而不入我室, 我不憾焉者, 其惟鄉原乎! 鄉原, 德之賊也.'"曰, "何如斯可謂之鄉原矣?"

"광자란 어떤 사람들입니까?" "그 뜻은 높고 높아, 늘 '옛사람이여, 옛사람이여'를 외치나, 그 행실을 살피면 구호를 감당하지 못한다. 이런 사람도 얻기 어렵다. 그래서 차선으로 불결한 것을 가까이 않는 사람을 찾으니, 이들을 견자라 한다. 공자께서 말씀하셨다. '내 문 앞을 그냥 지나치면 섭섭할 터인데, 전혀 아쉽지 않은 사람들이 있으니, 향원이 그들이다. 향원은 덕을 해치는 도적이다.'" "대체 어떤 사람들을 향원이라 합니까."

曰, "'何以是嘐嘐也? 言不顧行, 行不顧言, 則曰, 古之人, 古之人. 行何為踽踽涼涼? 生斯世也, 為斯世也, 善斯可矣.' 閹然媚於世也者, 是鄉原也." 萬章曰, "一鄉皆稱原人焉, 無所往而不為原人, 孔子以為德之賊, 何哉?"曰, "非之無舉也, 刺之無刺也, 同乎流俗, 合乎汚世, 居之似忠信, 行之似廉絜, 眾皆悅之, 自以為是, 而不可與入堯舜之道, 故曰 '德之賊'也.

"(그들은 광견의 인물들을 보며 이렇게 생각한다.) '어째 이리 큰소리를 치는가, 말은 행실에 못 미치고, 행실은 말과 어긋나면서도, 옛사람이여, 옛사람이여를 외치고 있으니…. 또 보아하니 남들과 어울리지도 않고, 중뿔나게 혼자 잘난 척인가. 이 세상에 태어났으면 세상이 하는 대로 할 것이고, 세상에 용납되면 좋은 것이지….'라며 속을 숨기고, 세상에 아부하는 사람들, 이를 일러 향원이라 한다."

만장이 말했다. "온 마을이 이구동성으로 '괜찮은 사람[原人]'이라 하면 그럼 분명 괜찮은 사람일 텐데, 공자께서는 왜 그들을 '덕을 해치는 도적'이라고 하셨을까요?" "딱히 어디 꼬집을 데도 없고, 비난할 것도 없이, 세상의 흐름에 몸을 맡기고, 더러운 세상에 담그고 산다. 평소 성실한 사람처럼 보이고, 행동도 무난해서 사람들이 다 좋아하고, 그들 자신도 (자신들의 삶을) 자부하고 있다. 그렇지만 이들과는 더불어 요순의 도에 들어서지 못하니, 그래서 '덕의 도적'이라고 한다."

孔子曰, 惡似而非者, 惡莠, 恐其亂苗也, 惡佞, 恐其亂義也, 惡利口, 恐其亂信也, 惡鄭聲, 恐其亂樂也, 惡紫, 恐其亂朱也, 惡鄉原, 恐其亂德也. 君子反經而己矣. 經正, 則庶民興, 庶民興, 斯無邪慝矣.

공자가 말씀하셨다. "나는 사이비를 혐오한다. 가라지를 혐오하는 것은 그것이 곡식의 싹을 어지럽히기 때문이요, 말 재능을 미워하는 것은 그것이 옳음을 어지럽히기 때문이다. 매끄러운 언설을 싫어하는 것은 그것이 진실을 어지럽히기 때문이다. 정나라의 음악을 싫어하는 것은 음악의 정신을 훼손하기 때문이고, 자주색을 싫어하는 것은 붉은색을 어지럽히기 때문이다. 향원을 혐오하는 것도 그것이 진정한 덕을 어지럽히기 때문이다. 군자는 오직 바름으로 돌아갈 뿐이다. 올바름이 바로 서면 여러 백성이 흥기하고, 백성들이 흥기하면 사특함이 없어진다."

향원은 얼핏 성실한 사람들처럼 보인다. 스스로도 자부심이 강하다. '나는 훌륭한 사람이다'라는 그들은 세상에 영합한다. 시속의 흐름에 따라, 다수가 옳다 하는 방향으로, 세력의 부침에 실려, 그 외부의 기준에 자신을 맞춘다. 그들의 눈에는 중뿔나게 '옛사람이여'를 외치며 고도를 회복하자는 사람들은 그저 '미친 자들', 즉 시대를 착오한 돈키호테로 보일 뿐이다. 세상에 환멸을 느끼고 자신만의 고독 속으로 칩거한 사람들 또한 다만 사회적 부적응자로밖에 보이지 않는다.

서계는 지금 '네 부류'의 인간 유형을 구분하고 있다. 중행, 광자, 견자, 향원이 그들이다. 서계는 중행은 감히 꿈꿀 수 없고, 광자는 체질이 아니며, 향원은 혐오의 대상이다. 그는 아마도 자신을 견자에 빗대고 있는 듯하다.

그 당시에 광자에 해당하는 인물은 아마도 백호 '윤휴'를 들 수 있을 것이다. 다들 입으로 북벌을 외치고 있을 때, 청나라와 일전을 불사하자고 나선 사람, 진정 치욕을 견디는 것이 억울하고 분하다면 분연히 복수, 설치의 기치를 들고 죽음을 각오하자고 외친 사람이다. 그러자면 군사를 키우고, 단합과 결속을 강화해야 했다. 백호는 신분제를 완화하고 군포 등을 현실화하여 민력을 키우는 방책을 일선에서 지휘했으나, 노론과 기득 양반들, 왕의 변덕이라는 벽에 부닥쳐 실패했다. 그는 죄도 없이 죽었다.

서계는 자신이 그런 열혈 개혁가는 아니라고 생각했다. 그렇지만 입으로 북벌을 외치고, 주자의 권위에 기대 도통을 자임하며, 망해버린 명나라를 정신의 지주로 삼고, 그 문패로 세상의 권위를 독점하는 무리들에게 고개를 숙이거나 그들과 어울릴 생각이 없었다. 그는 구토가 많은 사람이었던 듯하다. 서계는 도무지 '위선' 즉 사이비를 혐오했다.

향원 장은 『맹자』의 맨 끝에 나와 있다. 이 장이 맹자가 전하고자 하는 메시지의 중심임을 함축하고 있다.

서계는 『사변록』에서 『맹자』의 해당 장에 이런 주석을 붙여 두었다.

> 爲斯世, 猶云行斯世, 註, 但當爲此世之人, 恐未暢. ○愚謂鄕原之所以爲德之賊而爲聖人之所深惡者, 無他, 其心不直故也, 彼其意, 常在媚世, 安得爲直.
> (『사변록』 권5, 「맹자」 진심 하)

서계는 우선 『집주』가 틀렸다는 말부터 했다. '爲斯世(이 세상이 되라)'를 '但當爲此世之人'이라 풀었는데, '恐未暢', 즉 무슨 소린지 선명치 않다는 뜻이다. 사실 그렇다. "이 세상에 태어났으면, 마땅히 이 세상 사람이 돼라?" 서계는 이 구절을 '行斯世(이 세상의 문법에 따라 살아가라)'라고 풀었다. 훨씬 분명하지 않은가.

그리고 마지막 주석을 보자. "대체 왜 공자께서 향원을 덕의 적이라면서 그토록 미워하셨을까? 그것은 다름이 아니라, 그들의 마음이 '굽어' 즉 '뒤틀려' 있기 때문이다!" 그리고 덧붙인다. "그들 향원의 뜻은 언제나 세상에 영합할 생각뿐이다. 그러니 어떻게 곧을[直] 수 있겠는가."

서계는 대체 구체적으로 누구를 겨냥해서 이 말을 한 것일까?

그 가운데 다음과 같은 장면이 있을 것이다. 현종 10년 왕은 왕비 등을 거느리고 온천에 행차했다. 백헌 이경석이 "문안하는 신하가 하나도 없다"고 상차를 올리자, 우암 송시열은 자신을 지목하는 줄 알고 상소를 올렸다.

> 신이 삼가 생각해 보니, 옛날 송나라 손종신 같은 이는 '오래 살고 강녕하여 [壽而康]' 한때의 존숭을 크게 받기는 하였지만, 의리를 알고 기강을 진작시켰다는 일컬음을 받을 수 없었으니, 도리어 어떤 이는 그를 불쌍히 여겼습니다. (이덕일, 『송시열과 그들의 나라』, 220쪽)

그 전에 송시열은 백헌의 궤장연을 이렇게 축하했다.

> 경인년(효종 1) 나라의 존망이 당장 판가름 나게 되었는데, 이해에 밝은 자들은 팔짱을 끼고 물러서 월나라 사람이 진나라 사람의 말라감을 보는 것 같았습니다. 이때 공(이경석)만이 홀로 생사를 돌아보지 않고, 무서워하지 않으

며, 동요하지 않아 나라가 무사하게 되었습니다. 이로부터 임금의 대우가 더욱 융숭하고 선비들의 마음도 따랐으며, 하늘의 도움을 받아 '오래 살고 강녕하여[壽而康]' 끝내 성상의 은혜와 예를 입었으니, 어찌 우연한 일이겠습니까?"(같은 책, 224쪽)

효종 1년 왜구의 침입을 평계로 북벌의 의지를 다지고 있을 때, 청나라에서 낌새를 눈치채고 엄중한 책임을 물으러 왔다. 이때 백헌이 혼자 죽음을 무릅쓰고 의주에서 이들을 감당하여 나라를 위기에서 건져낸 바 있다. 그 일을 한껏 상찬하고 있으니, 축하의 축사로서는 나무랄 데가 없다. 그러나 누가 알았으랴. 이 안에 무시무시한 '저주'가 들어 있다는 것을…. 그것도 우암 자신이 온천의 일로 발끈하여 상소한 글에 그때의 숨긴 '의도'를 밝히지 않았으면, 영원히 아무도 몰랐을 수 있다.

우암은 평생을 직(直) 자 하나를 섬겼다고 하고, 제자들에게도 그것을 강조했다고 한다. 축사에 저주를 숨겨 둔 것도 직에 해당할 것인가. 아이러니컬하게도, 지금 서계는 향원과 사이비들은 이 직 자 근처에 가지 못할 것이라고 강조하고 있다.

3. 『사변록』, 새로운 『대학』 해석

이들 사태가 '왜『사변록』인가'라는 질문에 힌트를 준다. 아울러 서계가 왜 당시 금기였던 노장에 대한 본격적인 해석을 내놓았는지를 짐작케 한다.

그 중심에 성(誠) 자 하나가 있다! 성이란 무자기(毋自欺)라 일컬어지듯이 '자신을 속이지 않는 것' 즉 '자신에게 진실하기(true to himself)'를 말한다.

『사변록』첫 권은『대학』이다. 그의 해석은 파격적이고, 주자의 구상을 훌쩍 넘어서 있다. 그는 어느 편이냐 하면, 『고본대학』의 체제와 해석에 기우는 듯하다. 물론 백호 윤휴와는 달리『고본』을 신뢰하고 거기에 기초하겠다고 한 적은 없다. 그러나「대학석경고본」과「대학고본」을 실어 둔 이유는 무엇인가? 그리고「대학장구 식의(識疑)」를 적어, 주자의『대학장구』에 대해 주요한 의문을 제기한 이유는 무엇일까.

그 의문에 대한 답을 그의『사변록』「대학」편에서 읽어 보기로 하자.

그의 새 해석은 '격물치지'를 축으로 하고 있다. 격물치지는 주자가 『대학』을 『예기』에서 끌어내 독립시킨 뜻이 담겨 있는, 이를테면 그의 학문과 방법의 초석이다. 서계는 바로 여기에 본격 도전장을 던졌다.

1) 大學之道, 在明明德, 在親民, 在止於至善.
그는 3강령부터 이의를 제기한다. "명명덕과 신민, 강령은 둘뿐이다. 지어지선은 이 둘을 최고도로, 최선으로 구현하겠다는 뜻일 뿐, 강령이라 할 수는 없다." 벼리(강령)라면 그물눈(세목)이 있어야 하지 않는가. 명명덕에는 격물치지, 성의 정심, 수신의 다섯이 있고, 신민에는 제가 치국 평천하의 셋이 자리하는데, 지어지선에는 거기 아무런 세목도 달려 있지 않다.

2) 知止而后有定, 定而后能靜, 靜而后能安, 安而后能慮, 慮而后能得.
대학의 도가 두 강령의 최고도의 성취에 있다는 것을 깨닫게 되면 무슨 일이 일어날까. 그곳이 인간의 도달점(止)임을 알게 된다면 그는 이제 뚜렷한 목표(定)가 생긴 셈이고, 그는 더 이상의 유혹이나 의혹에 흔들리지 않을 것(靜)이다. 집중된 에너지(安)를 이제 탐구(慮)에 쓸 수 있게 되고, 마침내 목표에 도달(得)하게 될 것이다. 이것이 대략 위 구절의 뜻이다.

그런데 주자는 이 구절을 '초보의 학습'으로 보지 않고, '완전한 지식과 그 행동'으로 읽었다. 즉 첫 구 지지(知止)를 모든 사물의 이치를 완전히 이해한 활연관통으로, 그리고 능득(能得)을 그 지식이 현실에서 완전한 행동으로 나타난 것이라 해석했다. 이 최종적 지식과 행동에서 볼 때 "안자조차 아직 여기 미치지 못한다."라고 말하기까지 했다.

서계는 이 해석이 너무 오버했다고 이의를 제기한다. 『대학』이 비록 '위대한 학문'의 길을 설하고 있지만, 그야말로 15살, 갓 입학한 '초보'를 향한 제언 아니냐. 그런데도 지금 주자는 세상의 모든 지식을 깨우치고, 성인의 완전한 행동을 하라고 다그치고 있단 말인가. 서계는 결단코 그럴 리가 없다고 고개를 흔들었다.

이 문제는 일찍이 율곡이 퇴계에게 질의한 적이 있다. 율곡이 퇴계와 주고받은 서한 맨 처음에 던진 것으로 보아, 이 젊은 천재 또한 주자의 해석 앞에 상당한 곤혹을 느꼈던 듯하다.

율곡 질문: 朱子曰. 定靜安. 雖分節次. 皆容易進. 安而後能慮. 慮而後能得. 最

是難進處. 安而後能慮. 非顏子. 不能之. (此下缺)

퇴계 답: 朱子謂安而後能慮. 非顏子不能之. 誠如所疑. 然聖人之言. 徹上徹下. 精粗具備. 隨人所學之淺深. 皆可用得. 安而能慮. 自其粗者言之. 中人以下. 猶可勉進. 自其精之極致言之. 非大賢以上. 固有所不能焉. 朱子此言. 乃以其極致言之耳. 若以是藉口而自棄者. 其人之識趣. 已不足與議於道. 何可憂彼之藉口. 而卑吾說以就之耶. 藉口二字. 才有一毫此意. 便不可與入堯舜之道. (『율곡전서』권9, 「上退溪李先生別紙」)

율곡은 묻는다. 주자의 말대로라면 "방향이 정해지고, 안정을 얻은 다음, 생각하고, 또 얻는 경지는, 그럼 안자가 아니면 불가능하다는 것 아닙니까?"

역시나 퇴계는 노련하게 충고한다. "원론은 그러하나, 그것은 가장 '정미한' 수준에서 그렇고, 일반인들은 '거친 수준'에서 지식을 얻고 행동을 익혀 나가면 된다." 퇴계는 주자의 말을 자기 식으로 '완화'해서 풀어내고 있다. "이 말을 핑계로, 학문의 길을 포기[藉口而自棄]하는 우를 범하지 말라."

서계는 이 절충에 만족하지 않고, 이 문제를 근본적으로 파고든다. 즉, 주자의 해석이 지나치게 고원하고 비현실적이라는 것이다.

此一節, 開示學者至明切, 蓋謂今所以欲使人知爲學大綱本領之如此者, 人欲有爲, 必須知何事之當爲, 與爲事所當止, 然後, 志有所向而意有所定, 志意定然後, 心無躁擾不安之患, 心安然後, 乃能思度所以爲此事者, 思度然後, 乃能審得其所以爲者必如何而後可也, 然則學者其可以不知道之所在而立爲吾之標準乎. ○竊詳註意, 以知止爲知無不止, 能得爲行無不得, 故曰安而后能慮, 非顏子不能去得, 雖甚近, 然只是難進, 又曰知止, 如射之於的, 得止, 是已中的, 然則顏子尙未得爲中的, 此書雖曰大人之學, 然乃所以訓十五以上初學之士者, 貝恐不當於發敎之初, 遽以此詔之, 得無迷亂疑惑而不得其所謂乎, 況定之能靜, 靜之能安, 安而能慮, 自今人驗之於心, 乃少時俄頃之事, 非積漸用功而後始可能者耶, 此一節之意, 蓋如有人居窮北而欲避冱寒則就暖, 其所當爲也欲就暖, 當向南, 向南, 當止於洛, 洛者, 寒暖之中, 旣知宜向南而當止於洛則其志便定, 無欲東欲西欲趙欲魏之計, 此心自覺安帖, 乃有以思度其裝齎經由, 旣思度, 乃得其裝齎多少當幾何, 經由先後當何從矣, 由是而言, 避寒就暖者爲學之謂也, 向南者, 明德新民之謂也, 止洛者, 止至善之謂也, 如此則其所以開發初學者,

不已明白親切而無疑晦難曉之憂乎. (『사변록』「대학」경 1장)

"이 책이 비록 대인지학(大人之學)이라 하나 지금 15세 아이를 가르치자는 마당에, 공부를 시작하는 자리에 급자기 이렇게 겁을 주면 혼란과 의혹에 휩싸일 것이니, 온당한 가르침이 아닐 듯하다."

"생각하고 얻는다는 것은 차근차근, 어릴 적부터의 점진적 축적을 가리키는 것이 아니겠는가?"

서계는 이런 비유를 들었다. 북쪽 끝에서 추위에 떠는 사람이 있다고 하자. 그는 따뜻한 곳을 찾아 남쪽으로 향할 것이다. 그는 동쪽이나 서쪽 등 다른 나라를 기웃거리지 않는다. 그는 행장을 꾸리고 경유지를 생각하면서 길을 간다. 위의 지지, 능득이 이 과정을 알려주고 있다. 이를테면 대학의 도는 따뜻한 곳을 찾아가겠다는 '목표'에 비유할 수 있고, 남쪽을 향해 가는 것은 명덕을 밝히고 민을 새롭게 하는 '도정'이며, 결국 도달하게 될 낙수는 지선에 도달한 '성취'라고 할 수 있다는 것이다.

3) 物有本末, 事有終始, 知所先後, 則近道矣.

旣知道之所在, 以爲學之標準, 則心安慮審, 可以有得矣, 又當知物之本末事之終始, 以何者爲本始而宜先, 何者爲末終而宜後, 然後能行之有序, 不倍於道, 不然則顚倒謬亂而失其所以爲學矣, 物者如下文曰天下曰國曰家曰身曰心曰意曰知曰物, 是也, 事者, 如其曰平曰治曰齊曰修曰正曰誠曰致曰格, 是也, 此一節引發下兩節之意, 其所以開示者, 至此而益明切矣. ○註以此爲結上兩節, 竊恐其未然, 詳下文兩段所言 其所以辨先後示次第, 使學者曉然不迷緩急之宜者, 不翅丁寧明白, 正承此段而指說含蓄未發之意, 其下兩段, 又申復此段, 以結中間兩段, 則不但文義首尾上下貫徹, 亦見其開導誘掖, 纖悉懇至, 不憚其言語之覼縷者, 其非爲上文兩節可知, 註, 又以明德新民爲本末, 如是, 明德新民未免於混而爲物, 恐非經之本旨, 蓋在明德新民, 則德與民爲物, 而明與新爲事, 理有不容混而爲一者, 下文雖云皆以修身爲本, 似與明德無分, 然, 此則乃總說事物以結上文, 語意自別, 卽觀其下段其本亂而末治者否, 亦可以明矣, 今若於指事指物毫縷分析之處, 使學者而不免於混之, 則無亦妨於察理辨義之功乎. (같은 곳)

주자는 여기 본말(本末)을, 명덕(明德)과 신민(新民)으로 보았다. 그러나 서계는 그렇지 않고 6조목 안의 일신, 가족, 국가, 천하의 본말을 가리킨다고 확언한다. 즉, 이처럼 물(物)에 본말(중요도)이 서로 다르므로, 사(事)에는 종시(終始, 우선순위, priority)가 있다는 것, 그리고 知所先後, 則近道矣라, "그 선후를 아는 것이 진정한 지식 혹은 지혜의 토대"임을 알리고 있다는 것이다.

나중에 다산도 꼭 같은 해석을 하고 있다. 주자는 물과 사를 구분하지 않았는데, 물은 '사물'이고, 사는 '행동'인 점에서 혼동될 수 없다는 것. 즉 수신과 치국이 있다고 할 때, 몸과 나라는 물이고, 닦는다, 다스린다는 사이다. 몸과 나라 가운데 몸이 더 '근본'이고 나라는 말단이다. 그래서 힘쓰기는 내 몸부터 시작해야 하고, 나라는 나중에 끝에 신경쓸 일이다.

4) **古之欲明明德於天下者, 先治其國, 欲治其國者, 先齊其家, 欲齊其家者, 先修其身, 欲修其身者, 先正其心, 欲正其心者, 先誠其意, 欲誠其意者, 先致其知, 致知在格物.**

卽末而探其本, 由終而原其始, 則所先可見矣, 求以至曰致格, 則也, 正也, 有物必有則, 物之有格, 所以求其則而期得乎正也, 蓋言欲使吾之知, 能至乎是事之所當而處之無不盡則, 其要唯在乎尋索是物之則而得其正也, 不言欲致知先格物, 而曰致知在格物者, 格物, 所以致知, 其事一故也. ○註, 訓格爲至, 訓物爲事, 皆恐未當, 格雖有以至爲義者, 但若於格物而謂格爲至, 則至物云者, 便不成語, 若易爲至事, 理亦不顯, 終未見其得, 註, 爲是之故而又添一窮字, 以提綴其語, 然格又不見有窮至之義, 且物之與事, 固當有辨, 不容混合, 如天下國家, 是爲物, 不得爲事, 平治齊, 是爲事不得爲物, 是皆竊所疑者, 故輒敢妄論, 以待通識. (같은 곳)

서계는 격(格)을 정(正)으로 해석했다. 사물들에게는 각각 '최선'의 이념, 원리가 있다. 그것을 궁구하고, 캐치하는 것이 올바른 액션을 위한 전제조건이 된다.

그리고 덧붙인다. "왜 치지 이전에 먼저[先] 격물해야 한다고 하지 않고, '치지가 격물에 있다[在]'고 했는가 하면, 치지와 격물이 '동시적'이기 때문이다." 맞는 말이다. 사물의 '올바름'에 대한 탐구와 그 지식의 획득은 동전의 양면 같은 것이라고 할 수 있다.

격물에 대한 서계의 해석은 독창적이다.

참고로 다산은 격물치지의 의미를 매우 단순화했다. 앞의 '물유본말, 사유종시'에 대한 자각이 바로 격물치지라고 했던 것이다. 지본(知本), 지지지(知之至)가 같은 뜻을 전하고 있다. 즉 격물치지는 "知所先後, 則近道矣." 바로 그것을 가리킬 뿐이다. 격물치지는 사물의 중요성과 일의 선후를 분명히 자각하는 것이며, 그 밖에 무슨 심원한 인식론적, 우주론적 해석을 끼우지 말라고 망치를 두들겼다.

5) 物格而後, 知至, 知至而後, 意誠, 意誠而後, 心正, 心正而後, 身修, 身修而後, 家齊, 家齊而後, 國治, 國治而後, 天下平.

本立, 末斯生, 始得, 終乃成, 則所後, 可見矣. 得所致曰至, 求物之則而得其正, 然後吾之知, 能至乎事之所當而可以無所疑矣, 知事之所當而無所疑然後, 意乃得以誠. 蓋事者, 所以理夫物也, 知以辨事之宜, 意以行事之實, 未有物不得其則而知當乎辨, 知不當其辨而意誠於行者也. 此兩節, 反覆詳言本末終始之次第, 欲使學者知其先後之辨而於明德新民之功, 循循漸進, 無躐等凌節之失矣. ○註言物格者, 物理之極處, 無不到也, 知至者, 吾心之所知, 無不盡也, 知旣盡則意可得而實矣, 若如此旨, 其所謂誠者, 乃盡性盡物可以贊化育而與天地參矣, 夫理無不到知無不盡, 而誠能盡性盡物贊化育參天地, 則此聖人之極功而學之能事畢矣, 又何事乎正心修身, 又何論乎齊家治國, 中庸闡明蘊奧其視大學, 固有深淺之殊, 然其示人, 初未嘗不親近切當使之易曉, 故若行遠自邇升高自卑及柯則不遠之喩, 皆童孺之知所可及焉者, 況此大學, 乃爲初學入德之門, 則其所言, 當有以益加親切, 而今則不然, 開口指說, 以爲萬里初程投足一步之地者, 乃在於聖人之極功, 曾不開示以切已易明之理, 使曳一踵, 謹躋一級, 躋一級, 又進一級, 旣使無邈焉難及之歎, 又使無躐越凌跨之失者, 抑獨何哉, 今傳文缺落, 其所以爲格致之說者, 固已無所可考矣, 然且據所發明誠正之義以參之, 則亦有審其不然者矣, 其誠意之說, 曰毋自欺, 曰愼其獨, 言毋欺也則以惡惡臭好好色爲證, 言愼獨也則以小人閒居爲不善見君子而厭然揜之則人如見其肺肝爲證, 此之爲義不已坦易切近乎, 此又豈是指曉理無不到知無不盡以上人語耶, 且只此便可謂之盡性盡物乎, 若由此而致其功, 雖盡性盡物, 可也, 若以此爲已到盡性盡物之地, 則誠恐不可. 其正心之說則曰心有所忿懥恐懼好樂憂患則皆不得其正, 又曰心不在焉視不見聽不聞食不知其味, 此皆初學之所能識者, 其非所以語夫能盡性盡物可以贊化育參天地以上人者, 亦已明矣, 何獨於格物, 而曰物理極處必須無不盡也, 不然則不足謂之格於知至而曰吾心之所知必須無不盡

也, 不然則不足謂之至也, 蓋大學之意, 本欲學者隨事隨物用其格致之功, 使吾之知, 當是事是物而審其所處, 則意之所發而施於其間者, 自無不實也, 而朱夫子所以取格致之義者, 似異於此, 所以不憚僭論以取謬妄之罪云. ○問物未格, 意亦當誠否, 朱子曰固然, 豈可說物未格, 意便不用誠, 但知未至時, 雖欲誠意, 其道無由, 所以要致知, 按旣言意雖欲誠, 其道無由, 則設令勉強用誠, 此意所存, 終是不誠, 蓋誠不可強, 強便非誠, 若不能誠, 亦止爲僞, 故中庸曰不誠無物, 無物, 庸非僞乎, 誠之與僞, 較爭於毫釐之間, 而爲善惡之判, 卽朱子所謂人鬼關者, 可謂言切而旨明矣, 今乃謂理未能無不到, 知未能無不盡之前, 其所爲皆不免於不誠, 則是爲僞而已, 爲鬼而已, 人之日用無非父子君臣大經大倫之間, 而其半生修爲, 未免隔閡鬼關黽勉爲僞, 以待一朝豁然貫通使衆物之表裏精粗無不到, 吾心之全體大用無不明然後, 事君得誠其忠, 事父得誠其孝, 則推之於理, 終有所不然者矣, 惻隱羞惡之端, 皆是誠之發見於外, 彼見赤子之入井而怵惕者不可謂非誠, 則又豈必待盡格天下之物, 盡致吾心之知而後能此耶, 且傳曰如惡惡臭如好好色, 此亦豈謂夫盡惡天下之惡臭盡好天下之好色耶, 今有人見一惡臭顰蹙不堪, 見一好色慕悅特深, 又可謂之非其誠耶, 經之意, 蓋謂隨物而格, 以致其知, 使吾之知, 當一物一事之間, 審其善惡如惡臭好色, 則意之好惡, 自無不誠焉耳. ○註云物格知至則知所止矣, 意誠以下則皆得所止之序矣, 按朱子前說, 旣以知止之後其進於能得之地, 爲最難, 譬之挽弓, 到臨滿時分外難開, 謂如顔子亦尙在未得之中, 推是則顔子平生尙在不誠之中, 不知其所以居陋巷不改其樂者, 亦果爲何事也, 彼非誠有所得耶, 且焉有衆理昭晢心體大明, 而尙墮在鬼關, 言行所發, 皆涉不誠者耶. (같은 곳)

서계의 『사변록』 「대학」에서 여기 「격물치지」 챕터에 대한 '의견'이 가장 많고 격렬하다. 이곳이 핵심 포인트이다. 주자가 격물치지에 대한 챕터가 『대학』 본문에 없는 것을 보고, 자신이 임의로 보망(補亡), 채워 넣은 것은 주지의 사실이다. 그는 『대학』을 『예기』에서 독립시켜 자신의 새로운 구상을 알렸고, 여기 격물치지 챕터를 새로 채워 넣음으로써 주지적 방법론의 토대를 구축해 놓았다. 그는 세상 모든 '지식'의 탐구를 거치게 되면 그 끝에서 "물리의 극처에 도달하지 않음이 없고, 내 마음의 지가 모든 것을 꿰뚫게 될 것"이라고 장담했다. 완전한 지식을 통해야만 사유와 동기가 순수하고 충실해질 것인바, 그 극점에서 치국 평천하, 천지의 화육을 돕고, 우주적 책무를 다하게 될 것이라고 장담했다.

서계는 다시 묻는다. 이 책은 초학의 입덕지문이 아닌가? 격물치지가 세상의 모든 이치를 다하고, 마음의 지식을 완전히 하여, 그렇게 우주적 책무를 다한다면? 그게 가능하지도 않겠거니와, 그리고 이미 이 '지식의 완성' 단계에서 모든 것이 이루어진다면, 이어진 성의, 정심의 수신 훈련은 물론, 이어진 제가, 치국, 평천하까지 더 이상 진전시킬 필요가 없는 것이 아니냐는 것이다.

그의 말은 이어진다. 『중용』은 학자들로 하여금 친절하고 절실하게, 그리고 쉽게 이해되는 것을 가르쳤으며, 그 실천에 있어서도 가까운 곳에서 먼 곳으로, 그리고 낮은 곳에서 높은 곳으로 오르도록 한다고 가르쳤다. 『중용』과 『대학』이 깊이는 다르다고 하나, 그것이 "어린아이들의 수준에 맞게" 입설하고 있는 것은 다를 것이 없다. 그런데 이처럼 고원한 높이에, 멀고 험한 아득한 곳을 다그쳤을 리가 없다는 것이다.

이곳이 서계가 『사변록』「대학」을 통해 그토록 말하고 싶어 하는 곳이다. 서계는 이 뜻을 『사변록』의 전체 서문에 특기해 두었다.

是以上自秦漢下逮隋唐, 分門割戶, 斷肢裂幅, 卒以破毀乎大體者, 不可勝數, 其陷溺異端者多假借近似以飾其邪遁之辭, 其抱持前籍者又膠滯迂僻全昧夫坦夷之塗, 嗚呼此豈聖賢所以勤勤懇懇爲此書記此言以明乎此法而庶幾有望於天下後世之意哉, 傳, 曰行遠必自邇, 此何謂也, 非所以提誨昏蔽使其能自省悟乎, 誠使世之學者, 有得乎此, 向所謂遠者, 卽可知自邇而達之, 然則所謂深者, 亦可自淺而入之, 所謂備者, 亦可自略而推之, 所謂精者, 亦可自粗而致之, 世固未有粗之未能而能先其精, 略之未能而能業其備, 淺之未能而能早其深, 邇之未能而能宿其遠者, 今之所求於六經, 率皆躐其淺邇而深遠是馳, 忽其粗略而精備是規, 無怪乎其眩督迷亂沈溺顚躓而莫之有得, 彼非但不得乎其深遠精備而已, 倂與其淺邇粗略而盡失之矣, 噫嘻悲夫, 其亦惑之甚乎, 夫邇者易及淺者易測略者易得粗者易識, 因其所及而稍遠之, 遠之又遠, 可以極其遠矣, 因其所測而稍深之, 深之又深, 可以極其深矣, 因其所得而漸加備, 因其所識而漸加精, 使精者益精備者益備, 可以極其備極其精矣, 又何有眩督迷亂沈溺顚躓之患哉, (『사변록』서)

사설이 긴데 아마도 조심스러웠던 듯하다. 요점은 이렇다.

"경전의 해석에 이단과 고착이 문제이다. 지금 육경에 구하는 이는 거개가 모두 그 얕고 가까운 것을 뛰어넘어 깊고 먼 것으로 달려가고, 그 추솔하고 소략한 것은 소홀히 하고 정세하고 구비한 것을 엿보고 있으니, 그 어둡거나 어지럽고 빠지거나 넘어서서 아무런 소득도 없는 것은 당연하다 할 것이다."

서계는 물론 송대 정자·주자의 공헌을 잊지 않는다. 그들은 "해와 달의 거울을 갈고, 우뢰와 벼락의 북으로 두드리니, 소리는 먼 곳까지 미치고, 빛은 넓은 데까지 미쳤다"고 치켜세웠으나, 이는 사실의 반쪽이다. 서계는 나머지 반을 극구 알리고자 한다.

"독자적 지식과 깊은 조예가 있어도 세밀한 갈피를 다하고, 미묘한 부분을 다 덮는 것은 아니어서, 반드시 여러 장점을 널리 모으고, 작은 선도 버리지 않아야 해석과 가르침이 온전해질 것이다."

다시 격물치지로 돌아가자. 주자가 보완해 넣은 보망 장에 대해 "이 부분은 결락되어 상고할 수 없게 되었다"고 의혹을 던졌다. 실제 사라진 것인지도 모르겠고, 게다가 주자가 새겨 놓은 글은 문제가 많다는 말을 에둘러 표현했다. "『대학』의 언설은 본시 그렇게 고원하거나 난해하지 않다. 누구나 알고 실천할 수 있는 가르침이다."

서계는 그 증거로 성의(誠意) 장을 든다. 거기 보라. 얼마나 쉬운 말인가.

所謂誠其意者, 毋自欺也, 如惡惡臭, 如好好色, 此之謂自謙, 故君子必慎其獨也! 小人閑居爲不善, 無所不至, 見君子而後厭然, 掩其不善, 而著其善. 人之視己, 如見其肺肝然, 則何益矣! 此謂誠於中, 形於外, 故君子必慎其獨也. 曾子曰: 「十目所視, 十手所指, 其嚴乎!」富潤屋, 德潤身, 心廣體胖, 故君子必誠其意.

홀로 있음을 삼가라. 자신을 속이지 마라. 못된 짓을 하다가 남이 나타나면 그것을 숨기고 훌륭한 점을 부각시키려 하지만, 남들이 장님이 아니라 한눈에 내 폐간을 꿰뚫듯 하고 있어 소용이 없다. 그러니 자신을 속이지 마라. 좋아하는 색을 좋아하듯, 나쁜 냄새에 코를 막듯, 안팎이 일관되어야 한다. 증자가 그랬다. '열 눈이 쳐다보고 있고, 열 손이 너를 가리키고 있다.' 군자는 자신에게 진실하다.

성의라는 두 글자에 대한 설명이 이토록 쉽고(평이), 간단(절근)할 수가 없다. 로마의 시인 호라티우스는 말했다. "모든 가르침은 간단할지라, 그래야 말을 영혼이 얼른 알아듣고 단단히 잊지 않는다." (『시학』, 아킬레스의 죽음)

정심(正心) 장도 또한 마찬가지이다. "마음속에 호오나 근심 등이 있으면 정신의 평정을 확보할 수 없다는 말이 아닌가. 이렇게 마음이 혼란한 상태에서는 사물을 제대로 볼 수도, 음식 맛을 제대로 느낄 수도 없다." 여기 이해하기 어려운 구절은 없지 않은가.

서계는 말한다. 격물치지는 다시 말하지만 주자같이 어마어마한 경지를 설파하고 있는 것이 아니다. 그것은 주어진 사태 앞에서 무엇이 최선인지를 알고, 그 지식에 따라 적절한 행동으로 대응해 나가는 것을 말한다.

즉, 활연관통은 잊어라! 누구나, 어른 아이 할 것 없이 삶은 이 인식과 대응 앞에 있다. 우주의 저 깊고 오묘한 이치, 세상의 모든 지식들을 다 알지 못해도, 우리는 우리 삶에 주어진 정황과 그 대응 앞에서 얼마든지 구체적으로 사고하고 행동해 나갈 수 있고, 그것이 기실 공부의 모든 것이다.

서계의 새로운 해석은 주자학의 혁신을 외치는 다이너마이트 같은 것이다. 만일 이 책이 일찍 널리 배포되었다면, 아마도 그에 대한 사문난적의 포화가 일찌감치 세상을 뒤흔들었을 것이다.

서계는 전 5장에서 이 문제를 다시 부연하고 확인한다. 그러면서 우려도 없지 않았을 것이다.

> 愚於格物致知之義槩已論之矣, 先儒所以爲說者非不義且大矣, 而顧於私心, 竊未免有所疑, 故不憚反覆, 以俟通奧之士有以破迷開惑, 非敢自擅一說, 輕立異同, 以亂典訓, 覽者其有以恕之哉.
> 격물치지의 의미에 대해서 내 생각을 대략 피력했다. 이는 선유들의 설이 옳지 않거나 위대하지 않다는 것이 아니라, 내 마음에 조회해 보니, 의혹이 없지 않아 그래서 이리저리 뒤집고 엎고 있는데, 이는 나중 통달한 선비를 기다려 혼란을 제거하고 미혹을 풀려는 것이지, 나름의 독자적인 설을 내걸고 가볍게 이견을 세워 정통의 가르침을 어지럽히려는 것이 아니다. 보는 사람들은 용서해 줄 줄로 믿는다.

서계는 주자가 인용한 범의 비유를 들고 있다. 범에 물린 사람은 범의 말만 듣고도 두려워 몸을 떨 것이다. 지식-행동 사이의 연관은 이와 같다. 그가 범이 무서워 떨며 그리하여 범을 피해 다님에 있어, 세상의 모든 이치를 알 필요는 없지 않은가. 한 가지 사물에는 한 가지 이치가 있다. 우리는 그 이치를 익혀 일상에 적용하고, 적절한 행동을 취해 나가면 될 것이다. 상황들은 패턴이 있을 것이고, 비슷한 일들은 유추를 통해 점점 일반화된, 성숙된 지식으로 확장될 것이다. 그렇다고 해서 역시나 모든 지식을 꿰찰 이유는 없다. 그럴 수도 없고, 그럴 시간도 없을 것이다. 지식은 다만 도구이고, 그것은 일상의 요청이라는 실용적 지평을 벗어나지 않는 것이다.

이 점에서 서계는 주자가 인용한 격물의 몇 가지 방법이 구체적이라고 인정한다. "글을 읽어 도의를 밝히거나, 역사를 읽어 고금의 인물을 평하는 것, 그리고 사물에 접하여 마땅한 도리를 구하는 것" 등이 그것이다. 이 사례들이야말로 고전의 존재, 그리고 학습의 방향에 대해 바른길을 제시해 주고 있지 않은가.

사람들은 서계의 주자 비판이 과장되었다고 느낄 수도 있다. 그런데 그렇지 않은 것이 주자는 『대학혹문』에서 분명히 이렇게 말했고, 이 격물의 원론적 지침은 율곡의 『성학집요』에도 그대로 실려 있다. 대표적인 것 몇 가지를 서계가 인용하고 있는데 가령,

"사물에는 반드시 이치가 있으니 마땅히 모두 궁구해야 할 것이다. 하늘과 땅의 높고 낮음, 귀신의 은미하고 숨은 이치에 이르기까지…."
"풀 한 포기와 나무 한 그루에도 모두 이치가 있으므로 모두 살피지 않으면 안 된다."
"무릇 소리와 빛깔, 얼굴과 형상을 가진 것으로 하늘과 땅 사이에 가득 차 있는 것은 모두 물(物)이다. 물은 각기 당연한 법칙이 있고, 그 지극히 절실한 것으로 가까운 것은 마음이고, 그것이 실로 몸을 주재하고 있다. 그다음은 입과 코, 눈, 사지의 용이 있고, 그다음은 군신, 부자, 부부, 장유, 붕우의 오상이 있으며 밖으로는 다른 사람이 있고, 멀게는 물이 있다. 그 큰 부분을 포괄하자면 천지의 운행과 고금의 변천도 이를 벗어날 수 없고, 티끌만 한 미묘한 것도 빠트릴 수 없다."

"사람들은 기품의 제한과 물욕의 장애 때문에 이들 모두를 장악하지 못한다. 그래서 격물과 궁리가 필요하다."
"심신 성정의 덕과 인륜 일용의 상도, 천지 귀신의 변화, 조수 초목의 작용에

이르기까지 所當然而不容已와 그 所以然而不可易者를 모두 보아내어 그 표면과 심층, 추솔하고 정미함을 남김없이 파악하여, 그것을 유추 확장해 나가다 보면 어느 날 활연관통의 경지에 이르게 된다. 내 마음의 예지가 밝아지고, 마음의 본체가 완전해진다."

이것이 주자의 격물치지의 구상이었다. 서계는 주자의 격물치지의 구상 안에서 인륜의 일용, 즉 일반적 도덕규범을 말할 때 빼고는,

"그 밖에 말한 것은 혹은 말이 범범하고 넓기도 하며, 혹은 뜻이 깊고 정묘하기도 하니, 처음 배우는 선비에게 말하는 것이 아니므로 수사, 즉 공맹의 유교와는 달라졌다. 공맹은 간절히 묻고 절근히 생각하는 학자를 위해 설교했다."

서계는 지금 위험하게 아슬아슬한 줄타기를 하고 있는 중이다. 지금 주자학의 격물치지를 통한 학습의 구상과 그 고원한 권고가 공맹의 유교와는 결을 달리한다고 무시무시한 폭탄 발언을 하고 있지 않은가.

서계는 한발 더 나아간다. 주자학은 격물 궁리의 지평에 당연히 삶과 죽음의 이치, 그리고 귀신과 신비의 현상까지 탐구하라고 권했다. 그러나 『논어』를 보라. 자로가 죽음을 물었더니, 공자는 "삶을 모르면서 어찌 죽음을 알겠느냐"고 했고, 귀신을 물었더니 "사람도 섬기지 못하면서 귀신을 말하느냐"고 핀잔했다. 자공에게는 "운명에 대해서는 별로 말하지 않았다"고 했다. 이런 종교적·형이상학적 주제는 모르는 영역이기도 하고, 인간이 진정 몰두해야 할 곳은 다름 아니라 "지금의 삶을 어떻게 최선으로 영위할 것이냐"에 촛점이 맞추어져야 한다는 것을 공맹이 가르치고 있지 아니한가?

실제 주자도 그런 우려의 일단을 비추기도 했다. "너무 많은 지식을, 영토를 넓히다 보면, 군대가 너무 멀리 나가 돌아올 줄 모르게 되는 수가 있다"고 말이다. 서계는 지금 주자의 격물치지론이 바로 그 위험에 빠져 있다는 것을 확인해 주고 있다. "천지 귀신은 자공, 자로 같은 현철한 제자들도 얻어듣지 못했던 것이다. 그런데 초학자를 앞에 두고, 이런 엄청난 책무를 지운다니, 납득이 될 수 없다"고 그는 탄식한다.

"이제 처음 배우는 선비로 하여금 위로는 이것(천지와 귀신)을 궁구하게 하

고, 아래로는 풀과 나무의 미묘한 것까지 궁구하게 하면 따라가지 못할 길에 발을 들여 끝이 없는 지경으로 달리게 되어, 결국은 자기 몸을 돌아보고 살피지도 못할 것이다. 현란하고 미혹되어 하늘에서 받은 본심을 잃지 않을지 알 수 없는 것이다. 그런데도 주자는 '반드시 이와 같이 되어야만 모든 이치가 죄다 밝아지고 한 마음이 확 트이어 뜻의 움직임이 성실하게 된다'고 다그치는가?"

정말 그런가? 모든 이치를 다 궁구하지 못하면 선과 악의 분별이 참되지 않게 되는가? 서계는 말한다.

"그렇지 않을 것이다. 반드시 만물의 이치를 다 밝혀야 뜻이 성실해지는 것은 아니다. 『중용』은 말하지 않는가. 중용을 택해 한 가지 선을 얻으면 가슴에 간직해 잃지 않는다고…. 여기 한 가지 선을 택한다가 바로, 다름 아니라 격물의 뜻이다. 한 가지 선을 얻었다는 것이 바로 지지의 뜻이다. 선을 받들어 마음속에 간직해 잃지 않는다는 것이 바로 성의에 해당한다!"

서계의 해석이 어디서 새롭고 나아가 혁신적인지 대략 핵심 포인트를 짚어드렸다. 그 밖에 자잘한 자구의 해석이나 단락들의 이동과 편차는 언급하지 않았다. 분명한 것은 주자의 『대학장구』가 그토록 공들여 세워 놓은 격물치지의 구상을 서계가 거의 허물다시피 해버린 것이다. 그런 다음 그가 주목한 것은 성의였다.

만일 고본이 일러 주는 대로 "원래 격물치지 장이 따로 없다면…" 그 중심은 성의 장으로 집중된다.

3강령 8조목의 본말, 종시에 대한 원론, 즉 경(經)이 펼쳐진 다음, 고본은 바로 성의 장으로 들어선다. 그런 다음 명덕이니, 일신, 우일신 등의 글이, 『서경』과 『시경』 등의 인용이 잇따른다.

주자는 여기서 성의 장의 '돌출'을 납득할 수 없었고, 또 인용된 것들이 3강령의 주석처럼 느껴졌기에, 이들 인용문들을 3강령에 각자 배치했던 것이다. 그건 그렇다 치고, 그럼 8조목도 이에 따라 체제를 갖추어야 했는데, 격물치지는 없고, 앞에 적은 대로 성의 장부터 시작한다. 그래서 주자는 격물치지 장이 고본에서 결락되었다고 판단했던 것이고, 자신의 구상에 따라 이 장을 새로 새겨 넣었다.

그러나 다산은 확실히 단언한다. "결락은 없었다." 애시당초 3강령에 시서(詩書)의 인용문들을 갈라 배치할 필요도 없었고, 격물치지의 전은 아예 없었다. 본시 『대학』의 중심은 성의에 있다고 그는 주장했다.

『중용』 또한 마찬가지 아닌가. 앞부분이 천명지위성(天命之謂性)에 중화(中和)를 펼치고 있는데, 후반부는 "誠者, 天之道也; 誠之者, 人之道也"로 시작하여 성(誠)의 논의가 주도한다. 대만의 서복관은 원래 『중용』이 2편으로 되어 있었다는 주장을 하기도 했다.

다산은 이로 보매, 성의가 『대학』의 한가운데에서 '돌출'하는 것은 『대학』의 전편을 성의가 꿰고 있기 때문이고, 이 점에서 이른바 3강령 8조목을 일이관지하는 중심이기에 그렇다고 역설했다. 다산은 『대학』이 증자의 손에서 나왔다는 것은 근거가 없다고 일축하고, 『중용』과 『대학』이 같이 자사의 손에서 나온 것으로 추측하고 있다. 두 책이 모두 성(誠)을 주축으로 하고 있다는 것이 기본 근거가 되었을 것이다.

서계도 비슷한 생각을 가졌던 것 같다. 다만 대놓고 다산처럼 과격하게는 말하지 않았다. 그러나 앞의 인용처럼 격물치지가, 만일 그것이 구체적 조목이라면, 그 준비는 성의에 통합된다고 역설했다! 그리고 앞에서 적었듯이, 그가 『대학고본』을 덧붙이고, 새로 만든 편장에서 보망 장을 싣지 않은 것, 그리고 「지의」에서 제기한 질문들은 그가 『고본』에 기울고 있음을 분명히 암시하고 있다.

서계의 새로운 해석을 통해 유학에서 이제 초학들은 '학문'으로 들어설 구체적 통로를 확보하게 되었다.

4. 이단, 배척이 아니라 이해와 대화를

서계는 자신에게 돌아올 이단의 딱지를 겁내지 않은 듯하다. 백호가 비명에 간 지 얼마 되지 않은 시점이었다. 그는 자신의 해석이 주자에 대한 '저항'으로, 입이(立異)로 인식되지 않기를 바랐다. 그러면서 해석에 있어, 학문적 자유와 관용이 무엇보다 중요함을 인식하고 있었다. 자유를 주지 않으면 학문은 썩을 것이고, 그것은 권위가 되어 유용한 도구이기를 그치고 억압의 수단으로 전락할 것이다.

그는 한 발 더 나아갔다. '이단'으로 불리는 노자와 장자에 대한 본격적 주석에 손을 댄 것이다. 서계는 이단에 대해 어떤 인식을 하고 있었을까. 공자는 이단을 두고 이렇게 말했다.

子曰:「攻乎異端, 斯害也已!」(『논어』 위정 16)

주자는 이 구절을 이렇게 해석했다.

范氏曰:「攻, 專治也, 故治木石金玉之工曰攻. 異端, 非聖人之道, 而別爲一端, 如楊墨是也. 其率天下至於無父無君, 專治而欲精之, 爲害甚矣!」程子曰「佛氏之言, 比之楊墨, 尤爲近理, 所以其害爲尤甚. 學者當如淫聲美色以遠之, 不爾, 則駸駸然入於其中矣.」(『논어집주』)

"이단은 성인의 도가 아닌 것을 말한다. 양주 묵적이 그들이다. 천하를 무부(無父) 무군(無君)으로 몰고 가는 자들이다. 이들을 본격 '전공'하여 그들의 잘못을 밝혀내겠다는 것은 위태로운 시도이다. 불교는 더하다. 그들은 '이치에 그럴듯' 하기에 그 해독이 더욱 심하다. 학자들은 이를 음성미색(淫聲美色)을 보듯, 무섭다고 돌아가야지, 그러지 않고 근처에 얼쩡대다간 점점 그 이단에 물들어 갈 것이다."

이 해석에 의하면 "攻乎異端"은 "이단을 전공으로 파고든다는 뜻이 된다." 그게 위험할 뿐이니, 아예 근처에 가지 말라고 '수영금지' 표지판을 박아 놓았다.

서계의 해석은 다르다.

范氏謂攻, 專治也, 專治異端, 爲害甚矣, 註從之, 或謂攻, 伐也, 已, 止也, 攻伐異端, 害可以止, 二說不同而皆病於淺陋, 夫治異端而爲害, 與伐異端而害止, 不待費說, 愚夫猶知, 聖人何爲於此, 且孰有知其爲異端而, 欲專治之者乎, 夫子嘗曰人而不仁, 疾之已甚, 亂也, 愚意恐此章之義, 亦如此, 雖異端而若攻擊之太過, 則或反爲害也, 然亦不敢自信其必然耳.(『사변록』3 「논어」 위정)

서계는 "攻乎異端"을 액면 그대로 "이단을 공격한다"로 해석했다. 공자가 말씀하시지 않으셨나? "무엇인가를 너무 질색하는 것은 어지러울 난에 빠지기 쉽다"고…. 서계는 이 챕터가 깨우치고자 하는 바를 이 말에서 찾았다. 이단이라고 너무 지나치게 공격하는 것은 오히려 해롭다는 것. 끝에 "이 해석이 맞는지는 잘 모르겠지만…"이라는 유보는 달아 두었지만, 이 해석에 그 자신의 심경이 담겨 있다고 나는 생각한다.

무엇이 이단이고, 무엇이 정통인가? 누가 주자에게 정통의 권위를 주었는가? 그의 구상은 '그 자신의 것'이다. 그 구상에 북송 5자 특히 정이천의 구상이 토대가 되었고, 그 자신의 학구열과 천재성으로 '하나의 독자적 체계'를 구축했다. 그 체계는 그러나 그가 권위 삼은 고전의 원의미를 충실히 따르고 있다고 볼 수 없다. 그 빈틈에서 서계나 백호, 그리고 다산의 새로운 경학이 등장할 수 있었다.

한 걸음 더 나아가 그렇다면 사서삼경이라는 고전은 절대적 진리이고 분명한 권위를 지니는가? 전통 시대의 학자들은 이 라인을 누구도 밟고 넘어서지 못했다. 고전조차 진리일 수 없다고 말한 사람이 양명이다. 다산과 4덕과 4단의 안팎을 여러 편지로 논쟁한 문산 이재의는 다산이 고전의 원의미를 치밀하게 파고들고 다양한 용례들을 전방위적으로 동원하자 이런 푸념을 던졌다. "그건 글자의 원리나 따지는 사람들이고, 나는 지금 이치를 말하고 있소이다. 이 이치는 그런 글자가 만들어지기 전이나 이후나 변함이 없소이다."

5. 책을 한 권밖에 읽지 않은 사람은

어느 목사가 티브이에서 이렇게 물은 적이 있다. "세상에서 제일 위험한 사람은 누구라고 생각하십니까?" 스스로 내놓은 대답이 이랬다. "그건 책을 한 권밖에 안 읽은 사람입니다."

조선 후기 리버럴은 개성들이 약했다. 당대의 숨막힐 듯한 사상적·학술적 억압의 분위기에서 창조적 발견은 위험했고, 그것을 세상에 공표하는 것은 때로 목숨을 담보로 한 용기를 필요로 했다.

「서계초수묘표」의 짧은 글에서 우리는 서계 박세당의 이력과 성격, 그리고 학문적 업적의 개요를 들을 수 있었다. 그는 무엇보다도 거짓과 위선에 구토를 느꼈고, 자신의 감정을 솔직하게 토로하는 사람이었다.

귀양 가는 아들에게 준 시는 독자로 하여금 눈물을 비추게 하고, "왕의 가마를 메고 가는 교꾼들의 고통과 신음"을 아파하는 그의 상소는 '측은지심'을 인(仁)의 중추에 놓은 맹자를 떠올리게 한다.

그는 당대의 세력가들에게 환멸을 느끼고, 자식의 죽음에 단장의 아픔을 겪으며 석천동으로 물러나 세상과 인연을 끊고 살고자 마음먹는다.

그는 '향원'을 그토록 미워했다. "세상에 영합하고 세를 따라 부침하는 자들, 자신의 주견은 없고 유불리만 따지는 사람들," 그들에게 진리는 명분이고 행동은 이익의 향방을 따른다는 것이다.

물러나 농사를 짓고 마을 사람들과 어울리며 강학을 하던 그는 시서와 사서를 다시 읽고, 나아가 노장의 금기에 도전하고 나섰다. 그 자신은 "이단이라고 해도, 무슨 소리를 하는지 알아야 무엇이 잘못되었는지를 알 것 아니냐"고 겸양했지만, 실제 그가 노장학에 몰두한 이유는 다른 데 있을 것이다. 그 일단을 윤증에게 살짝 피력하기도 했다.

이런 짐작을 해 본다. 노자는 유가의 '인의(仁義)'의 제창이 다만 임기의 응급이라고 폄하하고, 장자는 인의를 말하는 공자와 유가의 오만과 위선을 냉소하며 그것이 백성들을 오도하고 군주들을 현혹시키고 있다고 비판한다. 서계는 아마도 당대의 정통 유학자임을 자임하는 권력 주변의 인사들이 바로 그런 폐단을 전형적으로 노정하고 있다고 생각한 것은 아닐까? 그러나 자신의 노장 주석에서 그것을 내색하지는 않는다. 그는 여전히 사회적 참여를 강조하는 점에서 유자의 입장을 견지하고 있으며, 그럼에도 그것이 진정에 의거해야 한다는 것을 누구보다 강조하고 있다. 그렇다면 문제는 유가냐, 노장이냐가 아닐 것이다. 진실이냐 아니냐가 이단과 정통을 가르는 기준이 되어야 한다고 그는 믿고 있는 듯하다.

그는 이른바 '이단'을 겁내지 않는다. 『논어』의 "子曰: 攻乎異端, 斯害也已."를 두고 주자는 "이단 근처에 얼쩡대지 말고, 그것을 연구(전공)할 생각을 하지 말라"고 해석했다. 그러나 서계는 '사상의 관용' 편에 서서 이렇게 말한다. "이단을 지나치게 '공격'해서는 좋을 일이 없다."

유교는 이를테면 엄격한 이분법에 토대를 두고 있다. 군자와 소인의 구분, 요순과 도척의 구분, 그리고 오랑캐와 중화의 구분, 적자와 서자, 여성과 남성 등…. 유교는 명분(名分)의 이름하에, 두부 쪼개듯 선악을 가른다.

노장은 선악이 사적 호오에 기반하고 있으며, 그 점에서 객관적일 수 없다고 딴지를 건다. 선악의 이분법이 도덕의 이상으로 고쳐져도 문제가 적지 않은

데, 만일 이 척도가 사적으로 전유된다면? 유교 도덕과 정치의 가장 큰 맹점이 바로 이 근처에 있다.

서계는 이 문제를 정치의 현장에서 가장 뼈아프게 느꼈을 것이 틀림없다. 도덕의 기준과 이상은 정치의 현실에서 작동하지 않는다. 도대체 누가 군자인지 소인지, 누가 정직한지 사기꾼인지 온통 혼란스럽기 그지없다.

이 척도가 흔들리면 유가는 몰락한다. 노자와 장자는 이 문제를 일찌감치 알고 있었다. 서계의 글에 「애오잠(愛惡箴)을 본떠 짓다」라는 것이 있다.

羨門子游乎扶桑之野. 過蓬萊之宮. 而遇浮丘公問焉曰. 吾一不知憂喜之所在. 子知之乎. 曰. 不知. 羨門子曰. 人謂子君子人也. 子獨不喜乎. 人謂子小人人也. 子獨不憂乎. 浮丘公曰. 吾亦何憂何喜. 羨門子曰. 人莫不喜爲君子而憂爲小人. 此固人之情也. 人謂子君子. 子爲君子人矣. 子安得無喜乎. 人謂子小人. 子爲小人人矣. 子安得無憂乎. 子爲人. 獨無人之情乎. 浮丘公曰. […] 且人之謂吾君子也. 將非好我而謂之乎. 謂吾小人也. 將非惡我而謂之乎. 好我者之謂吾君子也. 以其好之. 安知吾之必爲君子乎. 惡我者之謂吾小人也. 以其惡之. 又安知吾之必爲小人乎. 人有好惡. 是非交爭. 吾且從而一爲憂一爲喜. 以爲不智. 故不爲也. 曰. 然則子果無憂與喜乎. 曰. 有. 謂吾君子者. 果君子人也. 吾惡可以不喜乎. 謂吾小人者. 果小人人也. 吾又惡可以不喜乎. 吾之喜也. 在此而已. 謂吾君子者. 果小人人也. 吾惡可以不憂乎. 謂吾小人者. 果君子人也. 吾又惡可以不憂乎. 吾之憂也. 亦在此而已. 惡乎然哉. 彼君子人者. 公乎好惡而明乎是非. 吾之爲君子爲小人. 將視乎其所與所不與. 吾得不喜其所與. 憂其所不與乎. 彼小人人者. 私乎好惡而曹乎是非. 吾之爲小人爲君子. 亦將視乎其所不與所與. 吾得不喜其所不與. 憂其所與乎. 且子謂吾之爲君子爲小人. 固將一決於人乎. 抑其不然. 而有在我者乎. 我之爲君子也. 人謂我小人. 非吾憂也. 我之爲小人也. 人謂我君子. 非吾喜也. 可喜可憂. 在我而已. 人何力焉. 然而善人好之. 不善人惡之. 徵可喜於外. 不善人好之. 善人惡之. 徵可憂於外. 本在我而徵在人. 盍亦知所擇所勉哉. 於是羨門子雀躍而喜曰. 昔吾之未見夫子也. 吾以爲莫吾若也. 今吾聞夫子之言. 吾得吾之師矣. […] (『서계집』 권8 잡저)

"군자와 소인의 기준은 무너졌다. 자신의 당파면 군자라 하고, 다른 파는 모두 소인이라 한다. 싫어하고 좋아함에 기준이 사라졌다. 그럼 사랑하고 미워함에 그저 초연할 것인가?" 서계는 아니라고 말한다. 그는 여전히 유자인 것이다. "군자가 나를 소인이라 칭하면 두려워할 것이고, 소인이 나를 소인이라 칭하면 훈장으로 알겠다."

정치의 현장은 위험으로 가득하다. 일찍이 유랑하는 공자에게 수많은 은둔자들이 그 사실을 일깨운 바 있다. 노장은 공자를 위시한 그들의 자의식이 얼마나 허술하고 위험한지를 일깨운다. 무수히 등장하는 다리 잘린 사람들이 그들이다. 『장자』 「인간세」에는 포악한 위령공을 제대로 훈육시키겠다는 안회의 열정과, 그를 말리는 공자와의 대화가 나온다. 장자는 이 '도의 기사도'들의 자의식이 얼마나 위태롭고 무능한지를 일깨우고자 한다. '이름'에 대한 인간의 욕구는 강력하고, 도덕을 논하는 자들의 '오만'과 '위선'에 깔린 이기적 충동과 동기는 숨길 수 없다. 이 무의식까지 정화를 해야 비로소 타인과 대화를 할 수 있고, 진정 설득을 기대할 수 있다고 장자는 일깨운다.

서계는 예학(禮學)이라는 도덕의 객관 체계를 유보적으로 읽는 듯하다. 예송에서 그의 입장은 "무슨 상관인가?"였다. 장례 이후 상식을 올리지 말라는 그의 당부는 예사롭지 않다. 고례에 없다는 것을 근거로 하나, 기실 그것은 죽고 난 후의 허식을 인지한 결과라고 나는 생각한다. 그는 말한다. "효자와 예법은 별 관계가 없다!"

『어우야담』의 한 일화가 생각난다. 3년상의 예법은 엄중하고, 극도의 금기를 요구한다. 저자는 "늘 풀만 먹던 시골 사람이 아니면, 서울 사람은 그 규제를 감당할 수 없다"고 단언한다. 만일 그가 진정 '아버지'라면, 아들의 '건강'을 먼저 염려하지 않았을까? 어느 현명한 재상은 아들에게 신신당부했다. "너는 결코 효자가 될 생각을 하지 마라."

서계는 당대와는 다른 '세상의 질서'를 꿈꾼 듯하다. 백헌 이경석 비는 많은 이야기를 담고 있다. 당대의 현실과 서계의 좌절, 그리고 그의 노장 해석과 주자학의 혁신, 그리고 인간됨의 기획과 실천 등은 서로 엮여 있다.

천하의 모든 사물을 읽고, 일초일목의 세세한 것들까지 궁구해서 전체적 통찰로서의 '지식'을 얻는다? 세상 모든 사물을 다 탐구하여 활연관통이라, 완전한 지식, 전체적 통찰을 얻는다는 것은 가능할지 모르지만, 그것은 15세 초보를 위한 가르침이 아닐 것이다. 철이 들면서 이제 선악을 판단하고 행동을 선택해 나갈 나이 아닌가? 그는 나날의 일상에서 주어진 사물에서 그 '올바름[正]'을 의식하고 자각한다. 그 탐구를 격물, 그 획득을 치지라고 부른다. 서계는 『사변록』 전편에서 역설한다.

"『중용』이 말하지 않던가? 높이 올라가려면 낮은 데서 시작하고, 멀리 가려면 가까운 곳에서 걸음을 뗀다고…. 옛 고전은 바로 그런 구체적 실천을 위한 지침인 것을 잊지 말자."

이 원칙에 비추어 보면 주자학의 교설은 너무 높고 험준하다. 사람들은 선지후행, 행동하기 이전에 탐구에 평생을 바치고도 스스로 돌아보아 자괴감을 가질 것이 틀림없다. "나는 아직 지식에 도달하지 못했다"고….

서계는 주자학의 경계를 넘어서고 있다. 그렇다고 양명학에 가까이 간 것은 아닌 듯하다. 양명의 격물은 "내 염려, 의식과 의지에 혹시 끼어들 불순물과 사적 편향을 자각하고, 그것을 제거하는 노력"을 가리킨다. 이 파격적 창안에 비추어 보면 서계의 주장은 여전히 선지후행을 말하는 주자학의 교설에 더 가깝다고 해야겠다.

서계의 『사변록』과 노장의 해석은 당대에 '사문난적'이라는 비난을 몰고 왔지만, 그 새로움과 혁신에 대해 본격적 연구가 기다리고 있다. 아울러 이 사상의 혁신과 그의 삶과 개성을 유기적으로 묶은 연구 또한 아직 시작 단계라고 할 수 있다.

당대의 사유를 혁신하려면 그는 서로 다른 사유, 이단으로 불리는 전통과 손잡거나 대화를 모색하게 된다. '타자'가 자신 속으로 인입되는 것이다. 이 대화가 보여줄 새로운 사유는 당대의 주변에서 머물다가 어느 순간 새로운 중심을 형성하며 새로운 주류로 떠오르거나, 후대에 새롭게 평가되고 인정을 받게 된다. 새로운 사상은 그런 점에서 늘 후대의 것이다. 이 평가가 한번 이루어지면 그 영광은 더 이상 쇠하는 법이 없다.

●참고문헌

원전
『맹자』.
『맹자집주』, 성백효 역, 전통문화연구원, 1991.
『맹자요의』, 맹자요의강독회, 사암, 2020.
『율곡전서』.
『서계집(1~4)』, 최병준 외 옮김, 한국고전번역원, 2008.

논저
박헌순 역, 『박세당의 장자 읽기-남화경주해산보』, 유리창, 2012.
심재우, 「모진 고문에 쓰러진 천재 박태보」, 〈대학지성 In&Out〉(2021.3.21.).
윤사순 외, 『서계 박세당 연구』, 집문당, 2006.
이덕일, 『송시열과 그들의 나라』, 김영사, 2000.
이희재, 『탈주자학적 실학사상의 선구자, 박세당』, 성균관대학교 출판부, 2010.
최윤정, 『서계 박세당 문학의 연구』, 혜안, 2011.
호라티우스, 김남일 역, 『시학』, 민음사, 2019.

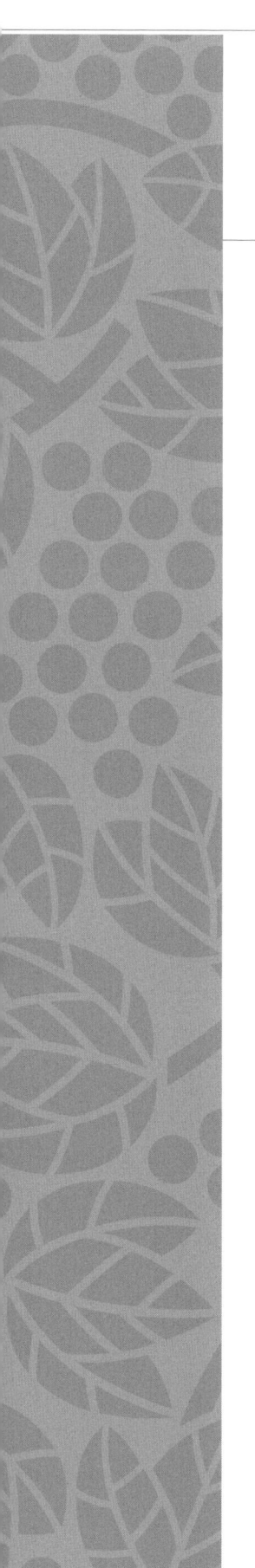

한글로 소통한 사대부의 가정생활
– 16~17세기 한글 편지를 중심으로

김봉좌 | 성신여자대학교 인문과학연구소 연구교수

1. 조선시대 한글 편지의 소통성

조선시대 한글 편지는 작성자의 신분과 성별이 다양하여 소통의 가치가 실현된 대표적인 기록물이라 할 수 있다. 현재까지 남아 있는 한글 편지를 살펴보면 국왕, 대군, 왕비, 공주, 내인 등의 왕실 구성원을 비롯하여 사대부, 하급 무관, 서리, 승려, 여성, 노비 등에 이르기까지 발신자가 다양하다. 다만 수신자가 여성이나 하층민에 한정되어 있으므로, 한문 사용자의 입장에서는 한글 편지가 한글만 쓸 수 있는 수신자를 위한 맞춤형 통신 수단이었을 것으로 보인다.

여성이나 하층민은 엄격한 남성 중심의 신분 사회에서 한문 교육을 받을 수 없었기 때문에 한글을 사용하여 문자 소통의 어려움을 극복하는 한편 사회 경험의 폭도 넓힐 수 있었다. 남성을 포함한 한문 사용자들 또한 한글 편지를 통해 새로운 소통 방식을 경험할 수 있었고, 소통의 범위를 확장시킬 수 있었다. 이로 볼 때, 한글 편지는 사용 문자의 차이로 인해 소통하기 어려웠던 사람들을 화합하게 만든 통신 수단이었다고 할 만하다.

특히 사대부가 쓴 한글 편지에 주목하는 이유는 한글 또는 한글 편지의 소통성이 극대화된 사례라고 생각하기 때문이다. 만약 사대부가 한문 편지만을 고집했다면, 별도의 번역 없이는 여성이나 하층민에게 그 뜻을 온전하게 전달하기 어려웠을 것이다. 한글로 직접 편지를 썼기 때문에 수신자와의 소통이 원활하게 이루어질 수 있었다고 생각한다. 지금까지 다양한 기록물을 통해 조선시대 사대부의 한글 사용 실례를 확인할 수 있었지만, 한글 편지는 양방향의 소통을 이끌어낸 기록물이라는 측면에서 주목할 필요가 있다.

조선시대 사대부의 한글 편지는 이병기의 『근조내간선』(1948)과 김일근의 『언간의 연구』(1972)를 통해 처음으로 학계에 소개되었다. 국왕의 한글 편지와 함께 사대부의 한글 편지는 조선시대 남성의 한글 사용 실례로서 주목받았고, 그들의 한글 구사력과 서체를 중심으로 언급되었다. 이후 옛 무덤의 부장품이나 사대부 가문에 전승된 기록물 가운데 다수의 한글 편지가 발견되면서 그 작성 배경과 내용 등이 본격적으로 주목받기 시작했다. 특히 국어사 전공자들을 중심으로 조선시대 한글 편지에 대한 판독 및 역주 연구가 진행되고, 그 결과물이 자료집으로 출판되면서 접근성이 한층 더 높아졌다.

* 이 글은 김봉좌, 「16~17세기 사대부 한글 편지의 형태와 내용」, 『장서각』 48(2022)을 수정 보완한 것이다.

이와 같은 연구 결과를 통해 소개된 사대부 한글 편지를 주요 발신자의 생몰년을 기준으로 열거하면, 정철(鄭澈, 1536~1593), 김성일(金誠一, 1538~1593), 정경세(鄭經世, 1563~1633), 윤선도(尹善道, 1587~1671), 송준길(宋浚吉, 1606~1672), 송시열(宋時烈, 1607~1689), 임영(林泳, 1649~1696), 이봉환(李鳳煥, 1710~1770), 성대중(成大中, 1732~1812), 정약용(丁若鏞, 1762~1836), 김정희(金正喜, 1786~1856) 등이 쓴 한글 편지가 있으며, 약 500~600여 건에 달하는 것으로 알려져 있다. 발신자의 이름에서도 짐작할 수 있듯이, 이들의 한글 편지에는 일상적인 안부나 소식을 주고받는 것 외에도 다양한 내용들이 포함되어 있다.

사대부는 관직을 통해 생계를 유지하면서 정치적인 영향력을 키우고, 이를 통해 가문의 사회적 권력과 지위를 강화하는 데에 주력했으므로, 다른 계층과는 달리 정치·사회적인 변화에 민감할 수밖에 없었다. 본고에서 16~17세기에 작성된 사대부의 한글 편지로 연구 범위를 한정한 까닭도 시대적인 특성을 살펴보고자 하는 의도가 포함되어 있다. 곧 사대부의 한글 편지는 다른 계층의 편지와 달리 당시의 사회적인 환경이나 정치적인 동향 등을 읽어내는 사료로서도 가치가 있는지 살펴보고자 한다.

16~17세기에 작성된 사대부의 한글 편지는 362건이 확인된다. 초기 연구에서는 주로 한글 편지의 소장처를 중심으로 발·수신자의 인물 정보, 작성 시기 등 배경 정보를 바탕으로 자료군 전체를 분석하여 연구했기 때문에, 사대부의 한글 편지만 집중적으로 다루지는 않았다. 김일근(1986)의 연구에서는 개인 소장으로 흩어져 있는 정철 등의 한글 편지를 일괄 조사하여 간략한 서지정보와 함께 판독문을 제시함으로써 한글 편지의 연구 가치를 끌어올렸다. 이후 백두현(2002)의 연구에서는 곽주의 편지, 이래호(2004)의 연구에서는 송규렴의 편지, 박부자(2007; 2008; 2015)의 연구에서는 송준길 등의 편지, 배영환·신성철·이래호(2013)의 연구에서는 이동표의 편지를 대상으로 하여 판독 및 역주와 함께 국어학적 특징을 집중적으로 분석하였다. 그리고 이를 바탕으로 서예학 분야에서 사대부 한글 편지의 서체적 특징과 조형성을 분석하였는데, 박병천(2007), 정복동(2011; 2012), 박정숙(2015; 2022)의 연구가 대표적이다. 사대부 한글 편지의 내용을 중심으로 한 연구로는 곽주의 과거길과 가정생활에 주목한 백두현(2011)의 연구, 이동표의 과거시험 경험을 역사적 사실과 함께 분석한 전경목(2011)의 연구, 채무이의 편지를 통해 양반 가문의 수입과 재정 관리 등을 분석한 한영희(2016)의 연구, 사대부 가문별로 특징적인 일화들을

풀어 쓴 이래호(2021)의 연구 등이 있다.

본고에서는 기존 연구에서 주목하지 못했던 사대부 한글 편지의 형태적 특징과 발·수신 관계에 따른 편지 내용 등을 중심으로 분석하고자 한다. 한글 편지의 형태 분석을 통해서는 사대부의 한글 편지에 대한 인식과 용도 등을 알 수 있고, 발·수신 관계에 따른 편지의 내용 분류를 통해서는 한글 편지의 수신 범위와 용건의 종류 등을 확인할 수 있다. 시기적으로는 비교적 한글이 창제된 시점과 멀지 않기 때문에 당대 사대부의 한글 사용에 대한 인식과 한글 구사력도 살펴볼 수 있다는 이점이 있다.

이러한 접근을 통해 지배층 남성과 피지배층에 속하는 여성 및 하층민 간의 문자 소통 방식을 확인하고, 한글 편지에 공유된 정보의 성격, 한글 또는 한글 편지의 소통성 등을 분석함으로써 학술적 가치를 제고하고자 한다.

2. 사대부 한글 편지의 전승 형태

1) 기록으로 전하는 한글 편지: 문집

사대부의 한글 편지는 발신자 개인의 선택과 필요에 따라 작성되었다. 한문을 알지 못하는 수신자와 직접적으로 소통할 수 있는 방식 중의 하나로서 발신자의 의도를 가장 정확하게 전달할 수 있기 때문이다. 따라서 한글 편지로 소통한 경험이 있는 사대부들은 한문 편지와 함께 일상적으로 한글 편지를 자주 썼던 것으로 보인다.

현재 실제 유물로 남아 있지는 않지만, 사대부의 한글 편지 작성 사례를 조선 사대부의 문집에 수록된 한문 편지에서 찾을 수 있다.

퇴계 이황(李滉, 1501~1570)의 『도산전서』에는 가족들에게 쓴 한문 편지가 다수 수록되어 있는데, 이 가운데 맏아들 이준(李寯, 1523~1583)에게 쓴 한문 편지 18건, 손자 이안도(李安道, 1541~1584)에게 쓴 한문 편지 2건, 조카에게 쓴 한문 편지 2건에 자신이 쓴 한글 편지를 언급한 문구가 보인다.[1]

대체로 한문 편지를 끝맺으면서 본 편지지에 쓰지 못한 세세한 이야기들은

---

1 권오봉, 『가서(家書)로 본 퇴계의 삶과 사상 上』(삼보문화재단, 2020), 36~39쪽.

한글 편지에 썼으니 참조하라는 문구로 쓰였는데, '여재언서(餘在諺書)', '여상언간(餘詳諺簡)', '여구언서(餘具諺書)', '상재언서(詳在諺書)', '언서상지(諺書詳之)' 등으로 표현되었다. 혹은 '별달리 할 말이 없어서 한글 편지는 쓰지 않았다.[別無言事, 故諺書不修, 其告之.]'라고 표현한 문구가 보이는 것으로 보아 한문 편지를 쓸 때 별도의 한글 편지를 쓰는 것이 일상적이었던 것으로 보인다. 곧 한문 편지의 수신자와 밀접한 관계에 있는 또 다른 수신자에게 한글 편지를 쓰고 그와 내용을 공유하도록 했음을 알 수 있다.

여기서 한글 편지는 '언서(諺書)' 또는 '언간(諺簡)'으로 표현되었는데, 이황 자신이 쓴 한글 편지를 가리키는 사례가 9건, 부인이 자신에게 쓴 한글 편지를 가리키는 사례가 3건, 며느리·손부·형수·노복 등이 쓴 한글 편지를 가리키는 사례가 5건이다. 따라서 이황이 쓴 한글 편지의 수신자는 부인, 며느리, 손부, 형수 등의 여성 가족 구성원이나 노복 등이었음을 짐작할 수 있다. 당시 이황이 쓴 한글 편지는 실물로 전하지 않는다. 그러나 이황이 월천 조목(趙穆)에게 보낸 편지의 봉투에 'ᄃᆞ래[月川] 됴싱원젹[趙生員宅]'이라고 쓴 한글 필적[2]은 남아 있으므로, 이를 통해 한글 편지의 모습을 짐작해 볼 수는 있다.

이황의 사례처럼 다수의 기록이 남아 있지는 않으나, 다른 사대부의 한문 편지에서도 한글 편지를 쓴 기록을 찾을 수 있다. 예를 들어 김장생(金長生, 1548~1631)이 이후원(李厚源, 1598~1660)에게 쓴 한문 편지에서 "나머지는 한글 편지에 썼으니, 정정자(鄭正字)와 의논하여 처리하는 것이 좋겠다."라고 하였는데, 이는 한문 편지와 별개로 한글 편지를 썼으며, 여기에 긴밀하게 의논할 사항을 기록하였음을 시사하고 있다.[3] 이경석(李景奭, 1595~1671)은 손자들에게 쓴 한문 편지에서 "제물(祭物)과 한글 편지를 보낸다."라고 하였으며,[4] 송준길은 아들 송병원(孫炳遠)에게 쓴 한문 편지에서 "한글 편지는 미처 쓰지 못했다."라고 하였다.[5] 김장생의 사례는 가족 구성원 간의 사적인 소통에 해당하지는 않지만, 한문 편지에 쓰지 못하는 내밀한 용건들을 전달할 때 한글 편지를 활용했음을 보여준다는 측면에서 주목할 만하다. 이경석과 송준길의 사

---

2 『한글서예변천전』(예술의전당, 1991), 40쪽.
3 『沙溪先生遺稿』卷3「書·與李士深厚源」. "餘在諺書中, 可與鄭正字議處之議處之."
4 『白軒先生集』卷29「文稿·書牘·答兩孫」. "祭物諺書送之."
5 『同春堂先生文集』卷15「書·寄孫炳遠戊申」. "諺書不及爲之."

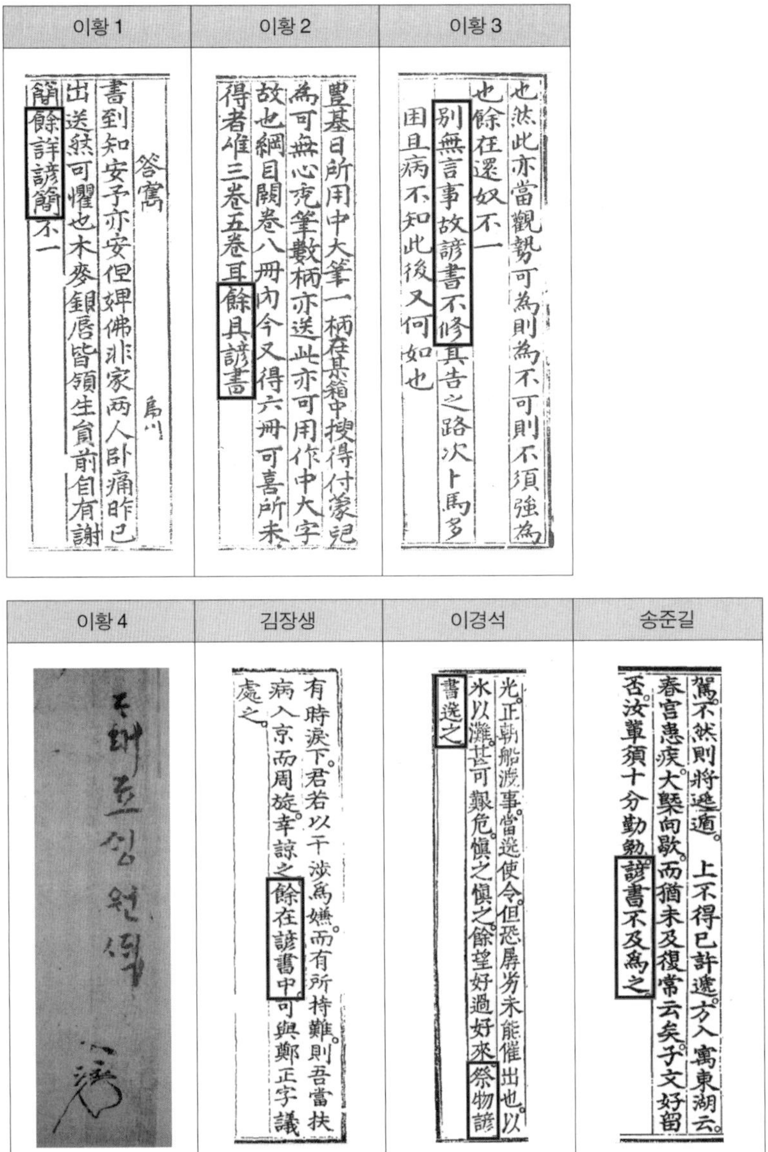

그림 1. 한문 편지에 기록된 한글 편지의 발신 사례

례는 이황과 마찬가지로 손자 또는 아들과 함께 거처하는 여성 가족 구성원에게 별개의 한글 편지를 쓰고 함께 공유했으며, 간혹 한글 편지를 쓰지 않는 일이 오히려 일상적이지 않았음을 보여준다.

이처럼 한문 편지에서 언급된 한글 편지들은, 사대부의 이중 언어 체계 곧 한문과 한글을 그들의 선택과 필요에 따라 사용했던 모습들을 보여주는 사례라고 할 수 있다. 그리고 수신자에 따라 한문 편지와 한글 편지로 각기 다른 문자를 썼을 뿐만 아니라, 편지에 기록하는 내용 또한 달랐음을 알 수 있다. 곧 한문으로 전달할 일과 한글로 전달할 일을 엄격히 구분했을 가능성이 있다.

2) 간찰첩으로 전하는 한글 편지

실제 유물로 전하는 사대부의 한글 편지는 후손들의 보관 방식에 따라 간찰첩 또는 낱장의 형태로 전하고 있다. 간찰첩(簡札帖)은 낱장의 편지를 잘라서 책자 형태의 종이에 붙인 형태이기 때문에 해당 편지를 오래도록 튼튼하게 보관하면서 후손에게 전하고자 하는 의도가 반영되어 있다. 따라서 낱장 형태의 편지와는 용도와 목적이 다르다.

간찰첩에 수록된 사대부의 한글 편지는 총 81건이 확인된다. 『선인유묵첩(先人遺墨帖)』에 박동선(朴東善, 1562~1640) 1건, 『선세언독(先世諺牘)』에 정경세(鄭經世, 1563~1633) 1건, 송준길 4건, 송병하(宋炳夏, 1646~1697) 5건, 『우암선생간첩(尤菴先生簡帖)』에 송시열 4건, 『지구왕복첩(知舊往復帖)』에 송시열 2건, 『상촌선생간첩(象村先生簡帖)』에 신면(申冕, 1607~1652) 4건, 신철(申㯙, 1651~?) 3건, 『총암공수묵내간(叢巖公手墨內簡)』에 임일유(林一儒, 1611~1684) 8건, 『선찰(先札)』에 송규렴(宋奎濂, 1630~1709) 28건, 『선독(先牘)』에 이옥(李沃, 1641~1698) 3건, 『임창계선생묵보국자내간(林滄溪先生墨寶國字內簡)』에 임영의 한글 편지 18건이 있다.

이 가운데 한문 편지와 동일한 지면에 한글 편지를 쓴 사례가 있어 주목할 만하다. 송규렴의 편지 〈선찰-2-1〉[6]은 아들 송상기(宋相琦)와 며느리 칠원윤씨에게 보낸 것으로, 봉투에 '참의에게 부치는 편지[參議寄書]/한글 편지도 겸함[諺書兼]'이라 명시하여 한문 편지와 한글 편지를 함께 써서 발송함을 명시하였다. 편지 내지를 보면, 봉투에 명시된 대로 발신자 '아비[父]'가 아들 송상기에게 쓴 한문 편지가 있고, 이어서 발신자 '구(舅)' 즉 시아버지가 며느리에게 쓴 한글 편지가 있다. 한문 편지와 한글 편지를 동일한 지면에 쓴 것인지, 별도의 종이를 간찰첩 한 면에 붙인 것인지는 분명치 않으나, 동일한 봉투에 넣어서 함께 발송한 것은 확실하다. 내용을 비교해 보면, 한문 편지에서는 아

---

6 개별 한글 편지의 변별력을 높이기 위하여 '〈선찰-2-1〉'과 같이 모두 약칭을 부여하였다. 황문환 외 (2013a; 2013b; 2013c)에 수록된 한글 편지는 약칭을 그대로 따랐으나, 그 외에는 필자가 '〈언간의연구-132〉'와 같이 판독문이 수록된 책자의 명칭과 자료번호 등을 붙여 약칭을 만들었다.

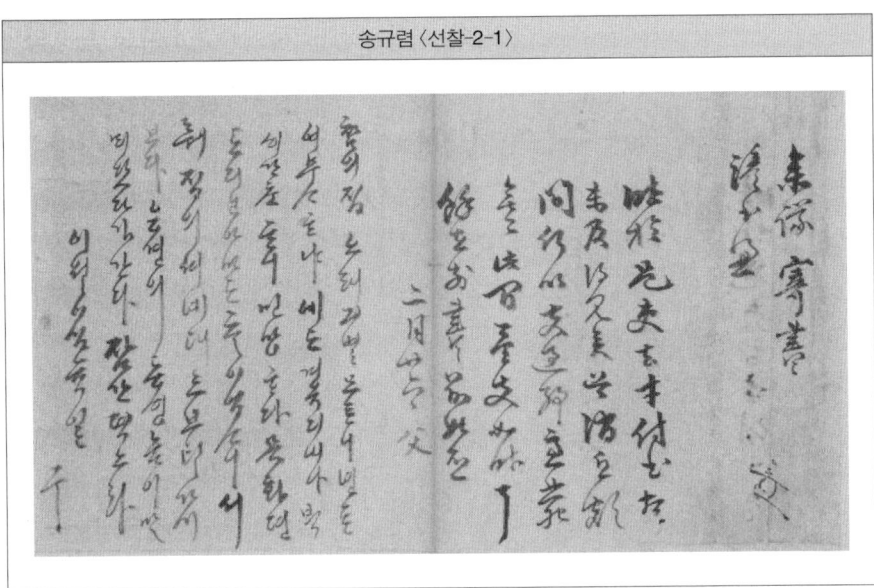

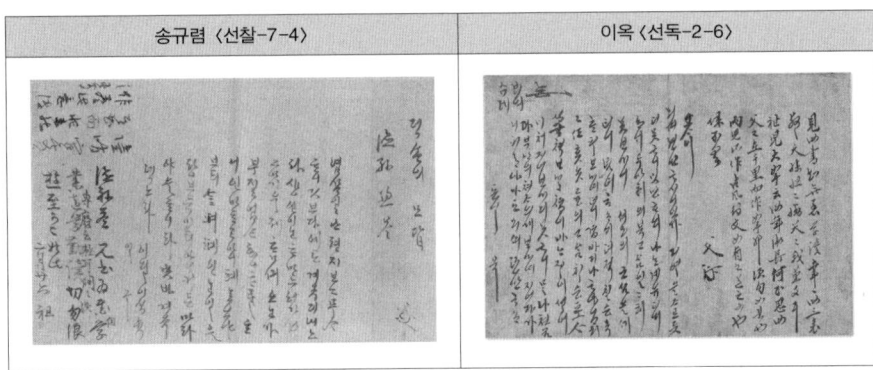

그림 2. 한문 편지와 함께 쓴 한글 편지의 사례

들의 소식을 몰라 걱정하면서 자신의 무탈한 근황을 알리는 데에 그쳤으나, 며느리에게 쓴 한글 편지에서는 목화밭을 소작할 사람이 없어 고민하고 있다는 내용을 써서 한문 편지에는 쓰지 않은 집안일을 구체적으로 기술하였다.

송규렴의 편지 〈선찰-7-4〉는 봉투에 '덕손의 어미에게 부치는 답장(덕손의 모답)/덕손에게 부치는 답장을 겸함[德孫兼答]'이라 명시하여 손자 덕손의 어미 즉 며느리에게 쓴 한글 편지에 손자 덕손에게 부치는 편지도 함께 썼음을 알렸다. 며느리에게 쓴 한글 편지에서는 행차로 인해 폐를 끼치는 일은 하지 말라고 하였으며, 손자에게 쓴 한문 편지에서는 부지런히 학업에 매진하도록 당부하여 그 내용이 각각 다르다. 다만 한글 편지의 여백에 한문 편지를 써서 동일한 지면을 활용한 점이 눈에 띈다. 종이가 귀하던 시절이었으므로 절약을 위한 측면도 있겠으나, 편지의 내용을 공유하는 것이 전제되어 있음을 보여준다.

이옥의 한글 편지에서도 동일한 사례를 확인할 수 있다. 〈선독-2-6〉[7]은 아들 이만부(李萬敷, 1664~1732)에게 쓴 한문 편지와 서모(庶母)에게 쓴 한글 편지를 동일한 지면에 쓴 사례에 해당한다. 아들에게는 먼 곳에 있는 아비를 생각하여 공부에 매진하라 하였고, 손자들이 지은 시나 글을 보내라고 당부하였다. 그리고 서모에게는 옷감을 보내니 아이들 옷을 지어 입히라고 하여 한문 편지와 그 내용이 다름을 확인할 수 있다.

『선세언독』이나 『임창계선생묵보국자내간』 등에는 한글 편지만 수록되어 있으나, 이 또한 한문 편지와 함께 동봉되어 집안 여성에게 전해졌을 가능성이 높다.

3) 낱장으로 전하는 한글 편지

조선시대 한글 편지는 대부분 낱장 형태로서 발신 당시의 모습을 온전하게 유지하고 있다. 16~17세기 사대부가 쓴 한글 편지 총 362건 가운데 281건은 낱장 형태로 전하는데, 이 가운데 227건이 무덤에서 출토된 것으로 상당수를 차지한다.

남성의 한글 편지가 발견된 무덤 출토본은, 1977년 순천김씨 묘 출토 언간, 1978년 현풍곽씨 묘 출토 언간,[8] 1989년 진주하씨 묘 출토 언간,[9] 2001년 안동김씨 묘 출토 언간,[10] 2011년 신창맹씨 묘 출토 언간,[11] 2016년 청풍김씨 묘 출토 언간이 있다. 모두 수신자인 부인의 관곽(棺槨) 안에서 시신과 함께 부장품으로 묻혔던 유물로서 작성 시기에 비해 상태가 비교적 양호하며, 이장(移葬) 과정에서 뜻하지 않게 발굴되었다는 공통점이 있다.

순천김씨 묘 출토 언간에는 친정아버지 김훈(金壎)이 쓴 편지 9건을 비롯하여 남편 채무이(蔡無易, 1537~1594) 42건, 남동생 김여흘(金汝屹) 2건, 김

---

7 '〈선독-2-6〉'은 필자가 부여한 약칭으로, 간찰첩 『선독』 권2의 6면에 수록되어 있음을 나타낸다.

8 구수영(1979)과 최웅환(1999)에서 '안민학 애도문'이라 하였는데, 본고에서는 한글 편지가 출토된 무덤의 주인공을 중심으로 '현풍곽씨 묘 출토 언간'이라 한다.

9 백두현(1997)에서는 '현풍곽씨 언간', 황문환 외(2013a)에서는 '진주하씨 묘 출토 언간'이라 하였는데, 본고에서는 한글 편지가 출토된 무덤의 주인공을 중심으로 '진주하씨 묘 출토 언간'이라 한다.

10 박재연(2008)에서는 '진주유씨가 묘 출토 언간'이라 하였으나, 본고에서는 한글 편지가 출토된 무덤의 주인공을 중심으로 '안동김씨 묘 출토 언간'이라 한다.

11 신창맹씨 묘에서 출토된 언간은 하급 무관 나신걸(羅臣傑, 1461~1524)이 부인 신창맹씨에게 보낸 한글 편지 2건을 가리킨다. 나신걸은 사대부가 아니기 때문에 본고의 대상 자료에서 제외하였다.

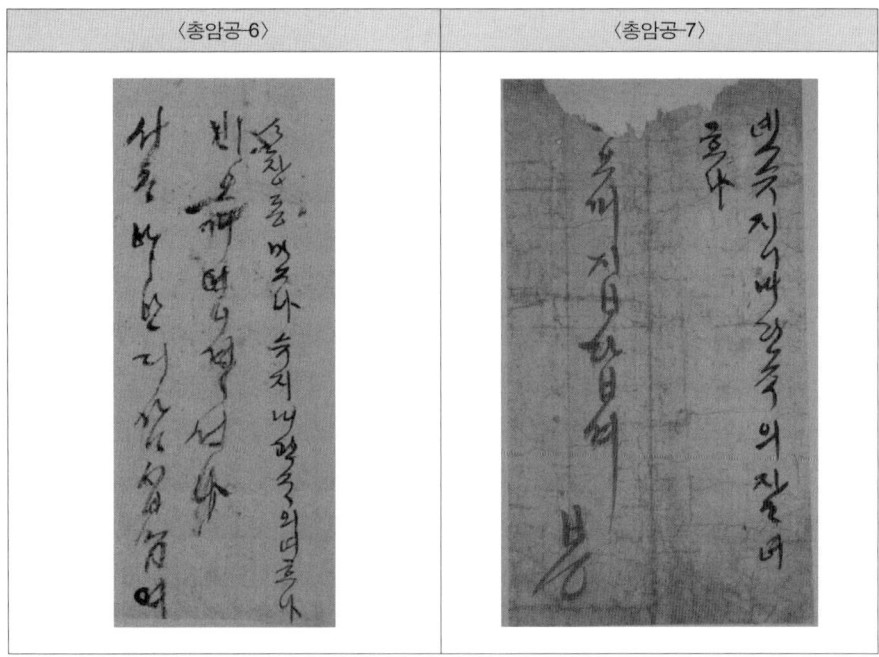

그림 3. 관 속에 넣도록 당부하는 한글 편지의 사례

여물(金汝吻) 1건이 있다. 현풍곽씨 묘 출토 언간에는 남편 안민학(安敏學, 1542~1601)이 쓴 편지 1건이 있다. 진주하씨 묘 출토 언간에는 남편 곽주(郭澍, 1569~1617)가 쓴 편지 95건을 비롯하여 아들 곽이창(郭以昌) 2건, 곽의창(郭宜昌) 1건, 곽유창(郭愈昌) 2건, 곽형창(郭亨昌) 1건이 있다. 안동김씨 묘 출토 언간에는 남편 유시정(柳時定, 1596~1658)이 쓴 편지 58건이 있고, 청풍김씨 묘 출토 언간에는 남편 이덕열(李德悅, 1534~1599)이 쓴 편지 13건이 있다.

한글 편지를 관 속에 넣는 풍습은 임일유의 편지에서 확인할 수 있다. 〈총암공-6〉의 오른쪽 여백에는 '사창동 마누라 편지는 내 관(棺) 속에 넣으라'는 문구가 있고, 〈총암공-7〉의 편지 봉투 여백에는 '옛 편지이니 관 속에 잘 넣으라'는 문구가 있다. 글씨체나 먹색이 본문의 글자와는 전혀 달라서 훗날 편지를 정리할 때 별도로 쓴 것으로 보인다.

무덤 출토본을 통해 사대부가 부인을 비롯한 집안의 여성들을 위하여 한글 편지를 쓰는 일이 일상적으로 이루어졌음을 알 수 있고, 또 한편으로는 현전 유물의 사례가 다양하지 않은 이유를 짐작할 수 있다. 한글 편지는 주로 집안의 일상적이면서도 내밀한 일을 기록한 경우가 많아 자손들에게 물려주기보다는 수신자와 함께 관 속에 묻어서 전하지 않게 하는 경우가 많았던 것이다. 명종 때 울산군수 고경명이 장인 김백균에게 한글 편지를 보내어 기밀을 누설한 사건[12]을 보더라도 사대부 간에도 한글 편지를 주고받은 사례를 찾을 수 있는데, 대외적으로 드러내기에 껄끄러운 내용이 포함되어 있었기 때문에 후손들에게 전하지 않은 것으로 보인다.

무덤 출토본 외에 낱장 형태로 전하는 편지는 정철 3건, 김성일 1건, 윤선도 2건, 허목(許穆, 1595~1682) 1건, 송시열 2건, 유정린(柳廷鄰) 1건, 이명익(李溟翼, 1617~1687) 2건, 윤이석(尹爾錫, 1626~1694) 1건, 유정주(柳廷舟, 1626~?) 1건, 이선(李選, 1632~1692) 1건, 이동표(李東標, 1644~1700) 37건, 송병하 2건으로 총 54건이 있다. 그 내용은 집안의 재산 분배, 제사, 양자 등 중요한 사안으로서 후손들의 필요에 의하여 보관된 경우에 해당하여 부장품에 포함되지 않았던 것으로 보인다.

예를 들어, 이동표의 한글 편지는 작은아버지 이명익의 후손이 보관하고 있었으며, 정철, 김성일, 윤선도, 송시열의 한글 편지는 후손들이 선조의 글씨를 보존하기 위한 용도로 전승되었던 것이다. 특히 윤선도가 형수에게 쓴 편지와 송시열이 손부에게 쓴 편지는 양자 또는 제사와 관련된 사안으로 후손들에게 반드시 알려야 하는 내용을 담고 있다.

낱장 형태의 한글 편지 또한 한문 편지와 함께 동봉 발송된 사실을 다음의 편지에서 확인할 수 있다.

(가) 1674년, 이선(남동생) → 김석주 처 전주이씨(누나) 〈언간의연구-132〉[13]
"송도(松都)까지 무사히 잘 도착하였으며 병환도 나았다고 하니 기쁩니다.
이곳의 일은 한문 편지[眞書]에 썼으니 듣지 않으시겠습니까?"

이선은 송도유수(松都留守)로 부임한 자형 김석주(金錫冑, 1634~1684)를 따라 송도에 간 누나의 소식을 듣고 한글로 편지를 썼는데, 진서(眞書) 즉 자형에게 쓴 한문 편지에 이곳 소식을 기록하였으니 들을 수 있을 것이라는 내용이 포함되어 있다. 즉, 한글 편지는 한문 편지와 수신자가 다르므로 내용 또한 동일하지 않으나, 정보는 서로 공유하는 것을 전제로 하여 쓴 것으로 볼 수 있다.

---

12 『명종실록』 17년 6월 24일.
13 김일근(1998:213)의 판독문을 번역한 것이다.

3. 사대부 한글 편지의 발·수신 관계

현전하는 사대부의 한글 편지 가운데 대상 자료는 16~17세기로 한정하였다. 내용 분석의 범위를 좁혀 보다 치밀하게 유형화하고자 하는 의도도 있으나, 16~17세기는 『삼강행실도』 등의 교화서, 사서삼경 등에 대한 언해본이 다수 간행되어 비교적 한글의 긍정적인 역할이 부각되던 시기였기 때문이다. 한글 창제 이후 사대부의 한글 사용에 대한 인식을 살펴볼 수 있다는 장점이 있다. 이에 따라 분석 대상으로 삼은 사대부 한글 편지의 현황과 발·수신 관계를 정리하면 〈표 1〉과 같다.

표 1. 16~17세기 사대부 한글 편지의 현황과 발·수신 관계

	발신자(생몰년)	수량	수신자	형태	출처
1	김훈(16세기)	9건	딸(9)	낱장	〈순천김씨 묘 출토본〉
2	이덕열(1534~1599)	13건	부인(13)	낱장	〈청풍김씨 묘 출토본〉
3	정철(1536~1593)	3건	부인(3)	낱장	
4	채무이(1537~1594)	42건	부인(42)	낱장	〈순천김씨 묘 출토본〉
5	김성일(1538~1593)	1건	부인(1)	낱장	
6	안민학(1542~1601)	1건	부인(1)	낱장	〈현풍곽씨 묘 출토본〉
7	김여흘(16세기)	2건	누나(1), 여동생(1)	낱장	〈순천김씨 묘 출토본〉
8	김여물(1548~1592)	1건	누이들(1)	낱장	〈순천김씨 묘 출토본〉
9	박동선(1562~1640)	1건	가족(1)	간찰첩	『先人遺墨帖』
10	정경세(1563~1633)	1건	딸(1)	간찰첩	『先世諺牘』
11	곽주(1569~1617)	95건	부인(92), 장모(2), 노복(1)	낱장	〈진주하씨 묘 출토본〉
12	윤선도(1587~1671)	2건	형수(2)	낱장	
13	곽이창(1590~1654)	2건	모친(1), 조모(1)	낱장	〈진주하씨 묘 출토본〉
14	허목(1595~1682)	1건	조카(1)	낱장	
15	유시정(1596~1658)	58건	부인(58)	낱장	〈안동김씨 묘 출토본〉
16	송준길(1606~1672)	4건	부인(1), 손부(3)	간찰첩	『先世諺牘』
17	송시열(1607~1689)	2건	손부(1), 손녀(1)	낱장	
		4건	손녀(4)	간찰첩	『尤菴先生簡帖』
		2건	제자 부인(2)	간찰첩	『知舊往復帖』
18	신면(1607~1652)	4건	부인(1), 며느리(3)	간찰첩	『象村先生簡帖』

	발신자(생몰년)	수량	수신자	형태	출처
19	유정린(17세기)	1건	누나(1)	낱장	
20	임일유(1611~1684)	8건	딸(8)	간찰첩	『叢巖公手墨內簡』
21	곽의창(1613~1647)	1건	모친(1)	낱장	〈진주하씨 묘 출토본〉
22	곽유창(1615~1673)	2건	모친(2)	낱장	〈진주하씨 묘 출토본〉
23	곽형창(1617~1674)	1건	모친(1)	낱장	〈진주하씨 묘 출토본〉
24	이명익(1617~1687)	2건	형수(2)	낱장	
25	윤이석(1626~1694)	1건	모친(1)	낱장	
26	유정주(1626~?)	1건	누나(1)	낱장	
27	송규렴(1630~1709)	28건	며느리(15), 손녀(5), 딸(4), 조카며느리(2), 노복(2)	간찰첩	『先札』
28	이선(1632~1692)	1건	누나(1)	낱장	
29	이옥(1641~1698)	3건	서모(3)	간찰첩	『先牘』
30	이동표(1644~1700)	37건	부인(3), 첩(6), 모친(18), 서모(1), 딸(2), 미상(7)	낱장	
31	송병하(1646~1697)	2건	모친(1), 장모(1)	낱장	
		5건	부인(4), 장모(1)	간찰첩	『先世諺牘』
32	임영(1649~1696)	18건	모친(2), 막내여동생(15), 조카(1)	간찰첩	『林滄溪先生墨寶國字內簡』
33	신철(1651~?)	3건	모친(2), 조모(1)	간찰첩	『象村先生簡帖』
	총계	362건			

　수신자별로 살펴보면, 부인에게 쓴 한글 편지가 총 219건으로 대다수를 차지한다. 이덕열 13건, 정철 3건, 채무이 42건, 김성일 1건, 안민학 1건, 곽주 92건, 유시정 58건, 송준길 1건, 신면 1건, 이동표 3건, 송병하 4건으로, 주로 안부와 집안 소식을 주고받는 내용으로서 음식물과 의류 등 물품 전송을 기록한 편지가 많다. 이동표가 첩에게 보낸 편지 6건 또한 이와 함께 논할 만하다.

　다음으로는 모친에게 쓴 편지가 29건이 있다. 곽이창·곽의창·곽형창·윤이석·송병하 각 1건, 곽유창·임영·신철 각 2건, 이동표 18건이 있는데, 과거 일정 및 관직생활 등에 대한 내용이 다수 포함되어 있다. 벼슬길에 올라 이름을 날리는 입신양명(立身揚名)이 최고의 효도라는 생각이 깔려 있었기에 자세하게 쓴 것으로 보인다. 서모에게 쓴 편지인 이옥 3건과 이동표 1건, 조모에게 쓴 편지인 곽이창과 신철 각 1건, 장모에게 쓴 편지인 곽주와 송병하 각 2건은 대체로 안부를 묻고 근황을 전하는 내용이다.

며느리에게 보낸 편지는 신면 3건과 송규렴 15건, 손자며느리에게 쓴 편지는 송시열 1건과 송준길 3건이 있는데, 손주 출산 등 안부를 묻는 경우가 많고, 제사를 부탁하는 내용도 포함되어 있다.

딸에게 쓴 편지는 김훈 9건, 정경세 1건, 임일유 8건, 송규렴 4건, 이동표 2건으로 총 24건이 전하며, 손녀에게 보낸 편지는 송시열·송규렴 각 5건이 전하는데, 모두 시집가서 만나기 어려웠기에 안부를 묻고 근황을 전하는 유일한 소통 수단으로 쓰였다. 누이에게 쓴 편지인 김여흘 2건, 김여물·유정린·유정주·이선 각 1건, 임영 15건 또한 이와 같은 경우에 해당한다.

형수에게 쓴 편지는 윤선도 2건, 이명익 2건이 있는데, 윤선도 편지의 경우 양자 입양을 둘러싼 입장 해명의 수단으로 쓰였다.

그 밖에 조카에게 쓴 편지로 허목·임영 각 1건, 조카며느리에게 쓴 편지로 송규렴 2건, 제자의 부인에게 쓴 편지로 송시열 2건, 노복에게 쓴 편지로 곽주 1건과 송규렴 2건이 있다.

4. 가족 구성원 간 한글 소통의 주제

1) 안부 및 소식 전달

편지의 일차적인 목적은 수신자의 안부를 묻고 발신자의 근황을 전하는 데에 있다. 통신 수단이 발달하지 않았던 조선시대 사회에서 편지는 먼 지역에 있는 가족들의 소식을 알 수 있는 매체로서 서로의 안부를 전하는 내용이 단순해 보일 수도 있으나, 당사자에게는 매일 손꼽아 기다리는 소식으로 결코 가볍지 않았다.

송준길은 바쁜 와중에도 부인에게 자신의 근황을 전하고 부인의 건강을 염려하는 내용의 편지를 썼으며, 정철과 곽주는 부인에게 아버지를 잘 살펴보고 자세하게 근황을 전하도록 당부하기도 하였다.

(나-1) 1633년, 송준길(남편) → 진주정씨(아내) 〈선세언독-06〉[14]

"나는 잘 지내니 염려 마시오. 아무래도 자네가 많이 쇠약해진 듯하네. 그리

---

[14] 한국학중앙연구원(2009a:76~82)의 판독문과 현대어역을 참조하였다.

편하게 지내지 못하면 몸이 너무 상할 것이니 마음을 단단히 먹고 안정을 취하여 병나지 않게 하시오. 한 가족이 뿔뿔이 떨어져 민망하나, 두어 달이 지나 벌써 그리된 것을 어찌하겠는가? 걱정 말고 지내시오. 보내온 것은 잘 받았네. 가는 것도 차려서 받으시오. 매우 바빠서 아무 데도 편지 안 하네."

(나-2) [1569년 6월 이전], 정철(남편) → 문화유씨(아내) 〈언간의연구-4〉[15]
"아버님께서 뜻밖에 행차하시니 사람을 자주 부려 안부를 알아보시오. 비록 잠깐 편치 않으시더라도 빨리 서울에서 사람을 부려 알리시오. 편치 않으셔도 나에게는 예사로 숨기셨으니, 자주 사람을 부려 안부를 알아서 이곳으로 알려주시오. 소홀히 마시오. 바빠서 이만 쓰네."

(나-3) 곽주(남편) → 진주하씨(아내) 〈진주하씨묘-098/현풍곽씨-14〉[16]
"과거를 미처 못 보더라도 아버님의 부스럼 증세가 다시 위중하시게 되면 즉시 내려갈 것이니, 자세히 살펴서 중하실까 싶거든 아이들더러 기별하여 내게 전하게 하시오."

며느리에게 쓴 편지에서는 출산 전후로 안부를 묻는 시아버지의 따스한 정을 느낄 수 있다. 신면은 며느리에게 아이의 이름을 지어주면서 손자가 아니라 손녀가 태어나도 괜찮다며 위로하였다. 송규렴은 며느리의 해산 후 몸 상태를 염려하며 부디 몸을 잘 돌보기를 당부하였다.

(다-1) 신면(시아버지) → 김씨(며느리) 〈언간의연구-보3〉[17]
"무사히 해산했다고 하니 기쁘네. 나는 일이 있어 보지 못하니 이루 다 말하지 못하네. 그 아이의 이름은 남여라 하시오. 아들이나 딸이나 어찌 다르겠는가?"

(다-2) 1695년, 송규렴(시아버지) → 칠원윤씨(며느리) 〈선찰-7-1〉[18]

---

15 김일근(1998:181)의 판독문을 번역한 것이다.
16 황문환 외(2013a:354)와 백두현(2019:87~90)의 판독문과 현대어역을 참조하였다.
17 김일근(1998:229)의 판독문을 번역한 것이다.
18 한국학중앙연구원(2009b:55~59)의 판독문과 현대어역을 참조하였다.

"사람이 와서 해산을 시작한 기별은 알았으나, 무사히 해산한 기별은 모르니 더욱 염려되기 그지없다. 지금은 어떤지 궁금하다. 부디 몸을 조심하여라."

시집가서 자주 만나지 못하는 딸과 손녀에게는 그리운 마음과 함께 서로의 안부를 전하는 내용의 편지를 썼다. 정경세는 부모를 떠나 살 수밖에 없는 딸자식의 운명을 안타까워하면서 무탈한 근황을 전하고 외손자의 교육에 대해 조언하였다.

(라-1) 1630년, 정경세(아버지) → 송준길 처 진주정씨(딸) 〈선세언독-02〉[19]
"떠나보낸 뒤 그리운 너의 얼굴을 생각하며 앉아 있다. 딸자식은 부모를 멀리 떠나게 되어 있으니 어찌하겠느냐? 네 어머님은 편히 와서 있으니 기쁘고, 나는 점점 병이 나아 가니 걱정 마라. 정일이도 할머니 떠나기를 서러워하더라고 하니 더욱 어여쁘다. 원대는 장난치지 말고 글을 배우라고 일러라."

(라-2) 1686년, 송시열(종조) → 조일주 처 은진송씨(종손녀) 〈언간의연구-138〉[20]
"사는 곳이 서로 멀어 기별을 들을 길이 없더니, 조생원이 들러 보내신 편지를 보고 무사히 지내시는 일을 기뻐하네."

(라-3) 1697년, 송규렴(할아버지) → 이하곤 처 은진송씨(손녀) 〈선찰-9-013〉[21]
"열이 많은 소고기나 닭고기 같은 것은 먹지 마라. 음식도 죽을 먼저 먹고, 점점 끓인 밥, 두어 번 찐 밥, 평상시의 밥으로 차차 올려서 먹고, 아무리 싫더라도 약 삼아 억지로 먹어라. 대소변도 밖에 나가서 하지 말고 바람을 조심하여라."

송규렴은 몸이 편치 않은 손녀에게 주의해야 할 음식과 섭취 방법, 몸을 따뜻하게 하는 방법 등을 구체적으로 써서 당부하였다.

---

19 한국학중앙연구원(2009a : 54~57)의 판독문과 현대어역을 참조하였다.
20 김일근(1998 : 216)의 판독문을 번역한 것이다.
21 한국학중앙연구원(2009b : 140~145)의 판독문과 현대어역을 참조하였다.

2) 재산 분배 및 봉제사 의논

재산 분배와 관련해서는 유정린과 유정주가 시집간 누나에게 쓴 편지가 대표적이다. 유정린은 10남매의 맏아들로서 부모가 돌아가신 뒤 재산을 형제들에게 골고루 분배하면서 화회문기(和會文記)를 작성하였는데, 전라도 해남에 사는 둘째 누나와 자형 윤인미(尹仁美, 1607~1675)가 참석하지 못하자 화회문기와 함께 분배 내역을 한글 편지로 자세하게 써서 보냈다. 이에 따르면 전답과 노비는 집주(執籌) 곧 산가지로 정확하게 계산하여 나누었다고 한다. 노비는 혼인 때 주는 신노비(新奴婢) 외에 깃득(衿得) 노비 7구와 도망 노비 1구를 나누어 주고, 전답은 밭 6일 갈이와 논 5마지기씩 나누었다.

(마-1) 1664년 12월 26일, 유정린(남동생) → 윤인미 처 전주유씨(누나) 〈해남윤씨-22〉[22]

"분재하였으나, 다 모이지 못해 전지와 노비를 모두 집주(執籌)하여 나누었습니다. 노복도 이전에 부리던 이를 신노비(新奴婢)로 아울러 셈하고, 그 밖에는 깃득(衿得, 나누어 가지는 몫)으로 셈하였는데, (혼인하지 않아) 신노비를 갖지 못한 동생들은 (그 몫을) 채워서 주고, 분깃(分衿, 나누어 가지는 몫)은 노미약병(老微弱病, 나이와 건강 상태)을 고려하여 7구씩 나누되 도망간 노비도 하나씩 나누었습니다. 전지도 각각 밭 엿새 갈이와 논 닷 마지기씩 나누었는데, 그 논밭으로 강화의 논밭, 양주의 증조 묘소에 딸린 논밭, 충주의 밭 나절갈이, 새순막의 묘소 아래 밭 나절갈이, 검암의 논밭을 합하여 주었습니다. […] 지난번 편지에서 내 몫의 전답과 노비로 돌림제사나 지내라 기별하셨고, 누님께서는 천리 밖에 계셔서 다른 누이동생들과 다르니 기별하신 대로 하겠습니다. 한식부터 제사를 형제 차례대로 돌리면 조부모님 묘제는 나주의 누님 댁, 부모님 묘제는 누님 댁인데 나더러 지내라 하셨고 한식이 머지않았으니, 다시 자세하게 기별해 주세요."

(마-2) 1664년 12월 추정, 유정주(남동생) → 윤인미 처 전주유씨(누나) 〈해남윤씨-23〉[23]

"종과 전지가 조금 있는데, 차라리 종가로 보낼까 싶습니다. 저도 큰집 종 가

---

[22] 한국학중앙연구원(2005a:121~131)의 판독문과 현대어역을 참조하였다.
[23] 한국학중앙연구원(2005a:132~136)의 판독문과 현대어역을 참조하였다.

운데 계집종 둘과 사내종 하나를 부리다가 계집종은 다 죽었는데, 도망간 이와 죽은 이를 셈할 때 두 계집종을 신비(新婢)로 셈하고, 신노(新奴) 하나가 없어서 조이(早伊)의 자식이 (제 몫으로) 왔습니다. […] 전지는 한 집에 밭 엿새 갈이와 논 다섯 마지기씩 나누어 우리 같은 이는 살 길이 없으니 가엾습니다. 달내의 밭 이틀반 갈이 가운데 하루갈이는 봉사조(奉祀條)로 잡고, 그 밖에는 나절갈이씩 나누되 모자라서 검암의 논밭으로 나누었습니다. 달내의 밭보다 못하지만 같은 값으로 쳤습니다. 달내의 밭이 누님께도 갔는데 조이가 사는 곳과 가까워 형제들이 모두 권하였습니다. 검암의 논밭은 득남이와 접동이가 함께 일구게 하시면 좋으나, 접동이 같은 이는 나이가 많은 데다 전에도 도지(賭地)를 하지 않았고 부실하니 무엇을 허겠습니까?"

막냇동생 유정주 또한 유정린과 비슷한 시기에 편지를 써서 동일한 인편으로 발송한 것으로 보이는데, 자신의 몫을 먼저 밝힌 뒤에 둘째 누나의 몫을 분배한 배경에 대해 서술하였다. 논밭은 누나 소유 노비의 거주지를 감안하여 나누었으며, 달내의 밭은 계집종 조이가 맡고, 검암의 밭은 사내종 득남과 접동이 일구면 된다고 하였다. 두 편지에서 언급된 윤인미 처 전주유씨의 재산 분배 내역은 현전하는 화회문기[24]의 내용과 일치한다.

유정린의 편지에서 둘째 누나와 돌림제사에 대해 의논하는 내용을 확인할 수 있듯이, 사대부가 부인에게 쓴 편지의 주요 내용 중 하나가 제사에 관한 것이다. 제사 음식과 의복을 장만하는 일이 부인 또는 며느리가 관장하는 일이었기 때문이다.

(바-1) 1570~1593년, 정철(남편) → 문화유씨(아내) 〈언간의연구-5〉[25]
"기일(忌日) 때가 다다랐는데, 내가 제사 때 입는 관대(冠帶)가 오지 않아 급하게 보내니, 소홀히 마시오. 일부러 사람을 부리되, 4월 5~6일 전에 들어오도록 보내시오."

(바-2) 1671년 5월 10일, 송시열(시조부) → 밀양박씨(손자며느리) 〈송시

---

24 한국정신문화연구원(1986:171~175)에 수록되어 있다.
25 김일근(1998:181)의 판독문을 번역하였다.

열-1)[26]

"형님 내외의 신주(神主)는 예법으로 할아버님께 부위(祔位)되어야 하나, 종가(宗家)의 형세가 어려워 어머님께서 각별히 내게 맡겨 제사를 지내게 하셨다. […] 마지못하여 너희에게 분부하노니, 이 제사를 너희 몸같이 여길 것이니라. 내가 죽은 뒤에 부디 사당 한 칸을 내 사당의 오른쪽에 지어 이 신주를 모시면 정령이 서로 의지하여 외롭지 않을 것이다. 너희가 죽은 뒤에는 신주를 분묘(墳墓) 곁에 묻고 한 해에 한 번씩 묘제만 지내게 하여 오래되어도 없어지지 않도록 자손에게 분부하여라.

이 봉사조(奉祀條)의 노비와 전지를 너희 자손 중에서도 대대로 맏자식이 맡아서 튼실한 종 하나씩 묘 아래에 살게 하고 이 노비의 자손이 다 끊긴 뒤에야 그만두게 하여라. […] 또 문서를 은석(殷錫)에게 작성하여 주었으나, 너도 자세히 알고자 하여 이리 적노라.

봉사조 노비 노(奴) 제현, 비(婢) 칠례, 비 덕례, 노 귀인, 노 수남, 비 칠향, 노 노랑, 비 제월, 비 동매, 비 두순(제현이는 사망, 귀인이는 도망-원주) 이 노비와 후손들은 모두 대대로 맏집에서 차지하고 지자(支子)나 지손(支孫)에게 나누지 말게 하여라. 봉사조 전지 청주 남면 논 9마지기, 무의 북면 논 24마지기 관서하여 더 장만하려 하니 일절 팔지 말게 하여라."

정철은 부인에게 제삿날 전에 관대(冠帶)를 보내 달라고 부탁하였고, 송시열은 손자며느리에게 형님 내외에 대한 제사를 당부하였다. 특히 송시열의 경우 형님 내외의 신주를 자신의 사당 오른쪽에 모시고 함께 제사를 올리며, 손자 부부가 죽은 뒤에는 분묘 곁에 묻어서 한 해에 한 번 묘제를 지내게 하는 방법까지 구체적으로 지시하였다. 그리고 제사 몫으로 주는 노비와 전답은 대대로 맏자식이 관리하도록 당부하며 그 내역을 자세하게 써서 알렸다.

3) 양자를 둘러싼 갈등 해소

사대부는 한글 편지를 통해 여성과 소통함으로써 집안의 대소사를 의논하였다. 윤선도가 형수에게 쓴 편지 2건을 통해서는 양자 문제를 둘러싸고 첨예한 갈등을 빚으면서도 직접 대면하기 어려운 이와의 갈등 해소 수단으로 편지

---

[26] 황문환 외(2013:613~614)의 판독문과 한국학중앙연구원(2016:178~179)의 번역문을 참조하였다.

를 이용하였음을 확인할 수 있다.

윤선도는 둘째 아들 윤의미(尹義美)를 아들이 없는 생가의 형 윤선언(尹善言)에게 양자로 주었는데 윤의미가 죽고 윤의미의 두 아들 중 큰 아들 윤이구(尹爾久)까지 요절하여 차남 윤이후(尹爾厚)만 유일한 혈손으로 남아 있었다. 그런데 윤선도의 셋째 아들 윤예미(尹禮美)가 친조카 윤이후를 양자로 삼기를 원하면서 윤선언의 처 원씨(元氏)와 갈등을 빚게 되었다. 이에 윤선도는 형수의 마음을 풀기 위해 한글로 편지를 썼는데, 일반적인 문안 인사도 생략하고 자신의 말을 믿어 달라는 내용을 길게 써서 호소하였다.

(사-1) 1657년 2월 4일, 윤선도(시동생) → 윤선언 처 원씨(형수) 〈인간의연구-122〉[27]

"문안 인사도 소소한 곡절이니 사연은 덜고, 대략 의심하시는 마음만 풀기 위해 아룁니다. 지난번에 뵐 때 대개를 자세히 여쭈었으나, 내 말을 곧이듣지 않으시고 크게 의심을 풀지 못하실 뿐 아니라 병환 중에 친필로만 편지를 길게 쓰시니 그토록 안심하지 못하실 일은 없습니다. 내가 평소 무상(無狀)하여 아주머님을 섬김에 정성이 없고 말에 믿음이 없으며 조부모와 부모님께 성의가 없었으나, 아주머님이 이토록 믿지 않으시고 잘못 생각하시니 마음이 부끄럽고 아픕니다. 차라리 죽고 싶습니다. [⋯] 내 진실로 작은 자식의 계후(繼後)를 삼으려고 즉시 이후(爾厚)를 아주머님께 보내지 않으면 조상 신령과 천지 귀신이 나를 죽일 것입니다. [⋯] 아주머님은 조상과 자손을 위한 큰 계획은 미처 생각하지 않으시고, 우선 눈앞의 든든할 일만 생각하십니까? 다시 평온하게 생각해 보시면, 내 말이 우선 답답해 보이나, 끝내 아주머님께 이로울 일입니다. 노여워하지 마시고 조용히 생각해 보십시오."

윤선도는 조상 신령과 천지 귀신에 맹세코 윤이후를 윤예미의 양자로 허락하지 않겠다고 하였으나, 윤이후가 형 윤이구를 대신하여 부친 윤의미의 대를 잇는 것 또한 결정하지 않는 데에는 따로 생각해 둔 바가 있기 때문이라 하였다. 그리고 형수 원씨가 조상과 자손을 위한 큰 계획은 생각하지 않고, 오로지 자신의 집안에 자손이 끊어지는 것만 생각하여 집안을 소란스럽게 하는 것

27 김일근(1998:206~209)의 판독문을 번역하였다.

은 잘못이라고 탓하였다.

그러나 1668년(현종 9) 겨울에 윤예미가 온천에 행차한 현종을 찾아가 상언(上言)을 올려 윤이후를 양자로 삼는다는 내용의 계후입안(繼後立案)을 발급받으면서 두 집안 사이의 갈등은 더욱 심각해졌다. 원씨가 사헌부에 계후입안을 취소해 달라고 호소하는 내용의 소장을 올리면서 양자로 인한 집안 갈등이 조정을 시끄럽게 하는 사건으로 번지게 된 것이다. 이에 따라 윤선도는 1669년(현종 10) 8월에 형수 원씨에게 한글로 편지를 써서 자신이 계후를 허락했음을 인정하고, 더 이상 조정에 소장을 올리지 말기를 부탁하였다. 그러나 같은 해 12월 14일의 실록 기사에서는 여전히 소장을 올려 거세게 항의하는 원씨의 모습을 확인할 수 있다.

(사-2) 1669년 8월 22일, 윤선도(시동생) → 윤선언 처 원씨(형수) 〈언간의연구-123〉[28]

"예미(禮美)의 상사(喪事)는 통곡밖에 할 말이 없습니다. […] 이후(爾厚)를 계후(繼後)한 일은 어찌 저더러 그르다 하십니까? 그때는 저도 예미가 자식을 낳기를 바랐고 급히 할 일도 아니었기 때문에 아주머님 앞에서 시비를 다투지 않았으나, 그 후 예미가 서럽게 말하며 청하니 아비의 정으로 끝내 허락하지 않을 수 없었습니다. […] 계후는 인륜의 큰일이라, 부인은 법전에 참여하지 않고 두 집 아비들이 착명(着名)하여 예조에서 정하면 입안(立案)을 내주게 되어 있습니다. 한 아비는 예미이고, 한 아비는 의미(義美)이나 죽고 없으니 의미의 아비가 대신 서명하였습니다. […] 이후를 파수양(罷收養)하기 위해 서울에 가서 소장을 열 번 올리셔도 불가능할 뿐 아니라, 이후의 전정(銓政)까지 막으시는 일입니다. 이후를 그렇게 미워하십니까? 잘 생각해 보시면 내 말이 옳은 줄 깨달으실 것입니다. 이제 양손(養孫) 삼으신 익대를 끝까지 잘되게 하셔야 옳으니, 하늘이 그릇되게 여길 만한 화는 내지 마시고 하늘이 돕도록 어진 마음을 먹으십시오."

(사-3) 『현종실록』 10년(1669) 12월 14일 기사.[29]

"해남에 사는 학생 윤선언의 처 원씨가 직접 와서 소장을 올렸습니다. […]

---

[28] 김일근(1998:209~211)의 판독문을 번역하였다.
[29] 『顯宗實錄』 10년(1669) 12월 14일.

'윤선도의 셋째 아들 윤예미가 윤이후를 양자로 삼으려 하기에 제가 윤선도에게 편지로 물었더니, 답서에서 천지와 귀신에 맹세코 예미의 뜻을 허락하지 않겠다고 하여 다시 의심하지 않았습니다. 작년 겨울에 예미가 […] 상께서 온천에 거둥하시는 날에 거짓으로 상언(上言)을 올려 윤의미가 살았을 때 서로 의논하여 이미 양자 세우기를 정하였다고 말하여 입안(立案)을 받아냈습니다. 이후(爾厚)는 유복자로서 태어난 지 며칠 만에 그 어미마저 죽었고, 그때 예미의 나이는 겨우 18세로 아직 장가도 들지 않았는데 어떻게 아들이 없을 줄을 미리 알고 양자 세우기를 의논했겠습니까? 법으로 양자 세운 것을 취소해 주시기 바랍니다.'라고 하였습니다. 윤이후의 부모가 이미 모두 죽었고 원씨와 윤선도도 모두 허락한 일이 없다면, 예미가 아비와 임금을 속이고 종가의 제사를 받들 독자를 몰래 빼앗아 자신의 양자로 삼은 것입니다. 예미가 이미 죽어 그의 죄를 소급하여 바로잡을 수는 없지만, 이와 같은 윤상(倫常)의 큰 변고는 때맞춰 바로잡지 않을 수 없습니다. 해조(該曹)로 하여금 조사하여 처리케 하소서."라고 하니, 상이 따랐다.

사헌부에 올린 원씨의 소장에 따르면, 윤예미가 현종에게 올린 상언에서 윤이후의 양자 문제는 그 부친 윤의미의 생전에 결정된 것이라고 하였으나, 윤이후는 유복자로서 태어나기 전에 부친을 여의었으며, 당시 윤예미의 나이 또한 18세로 장가도 가지 않았기에 양자를 논할 수 있는 상황이 아니었다고 하였다. 이에 따라 사헌부에서는 원씨의 주장을 받아들여 윤이후의 양자 문제를 시정하도록 건의하였고, 현종은 이를 윤허하였다.

그러나 실제로는 계후입안이 취소되지 않았다. 해남윤씨가의 족보에 따르면, 윤이후는 숙부 윤예미의 양자로 기록되어 있는데, 창서(昌緒)·흥서(興緒)·종서(宗緒)·두서(斗緒)·광서(光緒) 다섯 아들을 낳아 종서는 윤이구의 양자로, 두서는 윤이석의 양자로 보냄으로써 윤선도의 생가와 양가 모두 자손이 끊어지지 않게 하였음을 알 수 있다.

4) 가계 수입 및 재정 관리

가계의 주요 수입원인 소유 전답의 수확물 운송과 도지 수령에 대해서도 부인 또는 며느리와 한글 편지로 의논하였다.

(아-1) 채무이(남편) → 순천김씨(아내) 〈순천김씨묘-52〉[30]
"중국 사신으로 인해 배가 전혀 다니지 않는다고 하니 그것이 딱하네. 귀손이네 집에 물어 가부(可否)를 결정하시오. 배마저 못 다니면 귀손이가 할 일이 없을 것이니 빨리 내려보내시오. 복이는 함창에 돌려보내러 가서 오면 즉시 짐을 실어 보낼 것이나, 배가 이리 확실치 않으니 딱하네. 작비의 공물(貢物)은 왔는가? 사내종이 둘 있는데, 복이는 쉴 새 없이 저리 다니고, 끝산이는 나도 몹시 요긴하니 하나 부릴 때 어찌했는가 싶네. 유석이에게 받지 못한 공물은 매년 자세히 적어 보내시오. 사람을 시켜 재촉하세."

(아-2) 9월 7일, 채무이(남편) → 순천김씨(아내) 〈순천김씨묘-72〉[31]
"쌀 서른 말 닷 되와 팥 열 말을 행여 내가 가더라도 굿길까 하여 보내네. 전전(轉傳)하여 보내니 미덥지 않네. 뱃삯을 헤아리고 나면 집에 들어가는 것은 쌀 스물일곱 말과 팥 아홉 말이나 갈까 하네. 자세히 차려 받으시오. 필종이가 직접 가지 않으면 가져간 놈에게 밥이나 해서 먹이소."

채무이는 청주의 소유 전답에서 곡물을 수확하기 위하여 가을철에 내려왔다가 부인 순천김씨에게 배로 물품을 실어 보내면서 그 내역을 한글 편지에 썼다. (아-2)와 같이 쌀 30말 5되와 팥 10말을 전송하였는데, 뱃삯을 제하고 나면 쌀 27말과 팥 9말을 받을 수 있을 것이라고 하였으며, (아-1)과 같이 배로 전송하는 일 외에 공물의 수납을 점검하기도 하였다.
송규렴이 며느리에게 쓴 편지에서도 목화밭의 도지를 받는 일에 대해 고민하며 정액을 받을 수 있도록 재촉해 보자는 내용이 있다.

(아-3) 9월 15일, 송규렴(시아버지) → 아들 송상기 처 칠원윤씨(며느리) 〈선찰-9-002〉[32]
"득뇌가 목화 6근과 참깨 1말만 바치고 그 이상은 아무래도 못 하겠다고 하니, 엄하게 꾸중하고 빨리 다 바치라고 분부하였으나, 믿지 못 하겠노라. 또 재촉하여 보자."

---

[30] 조항범(1998:269~273)의 판독문과 현대어역을 참조하였다.
[31] 조항범(1998:372~376)의 판독문과 현대어역을 참조하였다.
[32] 한국학중앙연구원(2009b:96~99)의 판독문과 현대어역을 참조하였다.

(아-4) 9월 25일, 송규렴(시아버지) → 아들 송상기 처 칠원윤씨(며느리) 〈선찰-9-008〉[33]
"득뇌 놈은 시방 재촉하였으나, 9근을 바친 뒤에는 기척이 없으니 괘씸하다. 올해 목화는 빈 논으로 형편없으니, 다 받아내기는 쉽지 않을 듯싶다."

9월 15일의 편지에서는 목화밭을 경작하는 득뇌가 목화 6근과 참깨 1말만 바치고 더 이상 못 낸다고 하여 꾸중하였음을 전하였고, 9월 25일의 편지에서는 9근을 바친 뒤에 소식이 없다며 괘씸해하였으나 농사가 형편없어서 받아내기 쉽지 않을 것이라고 하였다.

5) 정치·사회적 정보 공유

바깥 활동이 제한되어 있었던 여성들에게 한글 편지는 세상 소식을 알려주는 주요 매체였다. 사대부는 관직생활 등으로 인하여 자연스럽게 알게 되는 정치·사회적인 정보들을 집안의 여성들에게 편지로 알렸는데, 시기적인 특성상 임진왜란의 실상을 언급한 편지들도 있다.

청풍김씨의 무덤에서 출토된 남편 이덕열의 편지는 1590년부터 1599년 사이에 작성된 것이므로, 임진왜란 당시에 안부를 묻고 근황을 전하는 내용이 보인다.

(자-1) [1592년] 5월 8일, 이덕열(남편) → 청풍김씨(아내) 〈이덕열-3〉[34]
"왜적이 고을에 가득하고 […] 서울도 나랏님께서 나가셨다고 하니 온 장안을 버린 것이다."

(자-2) [1593년] 5월 1일, 이덕열(남편) → 청풍김씨(아내) 〈이덕열-5〉[35]
"선릉(宣陵)과 정릉(靖陵)을 다 파헤쳐 선릉은 불살라버리고, 정릉은 시체를 내어버렸다고 하네. 새로 장례를 치르는 도감(都監)의 도청(都廳)은 내가 맡았으니, 이달 초4일에 서울까지 가네. […] 나라가 어수선하여 대궐에 와서 잠깐 적네."

---

33 한국학중앙연구원(2009b : 120~124)의 판독문과 현대어역을 참조하였다.
34 장고은·김영(2019 : 137)의 판독문을 번역하였다.
35 장고은·김영(2019 : 138)의 판독문을 번역하였다.

(자-1)에서는 선조가 서울을 떠난 사실을 기록하였고, (자-2)에서는 왜적의 피해를 입은 선릉과 정릉을 보수하는 개장도감(改葬都監)의 도청(都廳)을 이덕열이 맡은 사실을 전하였다.

김성일의 편지에는 임진왜란 당시 경상우도관찰사로서의 어려움이 드러나 있다. 감영이 있는 경남 진주로 가던 도중 산음현에 잠시 머무를 때 부인에게 쓴 편지에서 겨울옷을 모두 가지고 왔으니 염려 말고 장모님과 함께 설을 잘 쇠라고 하였으며, 감사(監司)라도 음식을 가까스로 먹는 상황이라 아무것도 보내지 못한다면서 살아서 다시 볼 수 있기를 바란다는 내용이다.

(자-3) 1592년 12월 24일, 김성일(남편) → 안동권씨(아내) 〈언간의연구-9〉[36]
"나는 산음 고을에서 무사히 지내나, 봄이 오면 왜적이 침입할 것이니 어쩔 줄 몰라 하네. 직산에 있던 옷은 다 가지고 왔으니, 춥게 지낼까 걱정 마소. 장모 뫼시고 설이나 잘 쇠시오. 자식들에게 편지 쓰지 못하네. 잘 지내라 하소. 감사(監司)라도 음식을 가까스로 먹고 다니니 아무것도 보내지 못하네. 살아서나 다시 보면 기쁘기 그지없을 듯하네만 기약하지 못하네. 그리워하지 말고 편안히 계시오."

(자-4) 1593년 4월 13일, 정철(남편) → 문화유씨(아내) 〈언간의연구-6〉[37]
"요사이 집 소식을 듣지 못했는데, 어찌 어른들 뫼시고 잘 지내고 있으며, 오늘 제사도 지내었는가? 더욱 애달파 하네. 나는 서울에 있는 왜적들을 물리쳐야 강남으로 갈 것이니, 물리치면 이사하여 이곳도 떠날 것이네. 다음 달 초승에 가면 10월에 돌아올 것이니, 추위에 입을 옷을 다 가져갈 것이네."

정철의 편지에서는 부인에게 모친의 기제사를 잘 지냈는지 묻고, 서울에 있는 왜적들을 물리친 뒤에 다음 달 초순에 명나라로 떠났다가 10월에 돌아오는 사행(使行)이 있음을 알렸다.

고향을 떠나 과거를 보러 가거나 관료로서 생활할 때 집에 있는 부인이나 모친에게 안부뿐만 아니라 현재 자신이 처한 상황을 자세하게 편지로 써서 알리기도 했다.

---

36 김일근(1998:182)의 판독문을 번역하였다.
37 김일근(1998:181)의 판독문을 번역하였다.

(차-1) 1606년 9월 4일, 곽주(남편) → 진주하씨(아내) 〈진주하씨묘-073/현풍곽씨-5〉[38]

"어제 김천에서 자고 오늘은 화령으로 가네. 다만 말이 병들어 김천에서 금동이를 시켜 돌려보내니, 말 한 마리와 종들에게 짐을 지우고 가네. 남을 따라가지 못하여 민망해 하네."

(차-2) 1606년 9월 27일, 곽주(남편) → 진주하씨(아내) 〈진주하씨묘-098/현풍곽씨-14〉[39]

"엊그제야 서울로 들어오니, 과거를 10월 24일로 물려서 시행한다고 하며, 생원시는 26일이라 하네. 아마도 과거를 보고서야 갈 것이니, 동짓달 10일 즈음에야 집에 들어갈까 싶네."

곽주는 과거를 보기 위하여 현풍 집을 떠나 김천, 화령, 상주, 충주, 새재를 거쳐 서울에 도착하였는데, 고을이 바뀔 때마다 부인에게 편지를 써서 과거길의 경로와 상황을 자세히 전하였다. 그리고 (차-2)와 같이 바뀐 과거 일정과 함께 집으로 돌아가는 날짜를 알렸다.

이동표의 한글 편지에는 전경목(2011)의 연구에서 밝힌 바와 같이 1677년에 응시한 대증광시의 복시가 다른 사람의 부정행위로 인하여 취소된 사실과, 1683년에 다시 과거시험에 재도전하여 회시에서 장원 급제한 사실이 기록되어 있다. 그리고 10년 만에 당상관에 오른 근황을 모친에게 전하는 편지도 있다.

(카-1) 1693년 10월 초6일, 이동표(아들) → 순천김씨(모친) 〈이동표가-23〉[40]

"지난달 27일 정사(政事)에서 또 응교(應敎)에 올라 홍문관에서 내내 번(番)을 들고 있습니다. 탑전입시(榻前入侍)는 네 번째로 오늘도 주강(晝講)에 들어갔다가 나왔습니다. 3년간 입시하지 못했다가 요사이 내내 들고 있으니 마음이 각별합니다."

---

38 백두현(2019:58~61)과 황문환 외(2013a:331)의 판독문과 현대어역을 참조하였다.
39 백두현(2019:87~90)과 황문환 외(2013a:354)의 판독문과 현대어역을 참조하였다.
40 황문환 외(2013b:85)의 판독문을 번역하였다.

(카-2) 1693년 10월 초8일, 이동표(아들) → 순천김씨(모친) 〈이동표가-32〉[41]
"그제밤에 벼슬하여 새벽에 숙배(肅拜)하고 탑전에 입시하니, 미처 사모아얌을 얻지 못하여 당하관적 아얌을 쓰고 들어갔다가 상께서 보시고 불러들이시어 돈피사모아얌[獤皮紗帽耳掩]을 주셨습니다. 도승지께서 받들어 낡은 것은 벗고 탑전에서 새것을 쓰고 나오니, 이러한 은혜가 어찌 있겠습니까? 모두 이르기를, 어제 당상관에 오르고 오늘 아얌을 주시니 어찌 갚을까 합니다. 옥관자는 모두 주려 하였으나 아직 오지 않았고, 겹사모 뿔은 목 참판이 직접 가지고 와서 주었습니다. 알고 싶어 하실 듯하여 자잘한 말을 모두 아룁니다."

이동표는 자잘한 것까지 자세한 근황을 알고 싶어 하는 모친을 위해 한글 편지를 써서 홍문관 응교로서 당상관에 올랐음을 전하고, 왕을 직접 뵙고 담비 가죽으로 만든 사모이엄(紗帽耳掩)도 하사받았다며 자랑하였다.

임영은 모친에게 여러 차례 수망(首望)에 올랐으나 끝내 낙점(落點)을 받지 못하니, 왕의 미움을 산 것은 아닌지 불안한 마음을 편지로 전달하기도 하였다.

(카-3) 1682년 3월 20일, 임영(아들) → 임천조씨(모친) 〈창계-01〉[42]
"여섯 번 수망(首望)에도 끝내 낙점(落點)을 하지 않으시니, 특별히 대단하게 뜻을 거스른 일이 없는데도 그러시어 남들도 모두 이상하게 여깁니다. 마치 제가 내려가려는 것을 혹 아시고 미워하시는가 의심되지만, 어찌 짐작하겠습니까? 대경의 말도 병들었고 급히 말미를 얻기도 어려우니, 수원 형님과 동행하여 갈까 싶습니다."

(카-4) 1682년 4월 6일, 임영(아들) → 임천조씨(모친) 〈창계-02〉[43]
"아홉 번 수망에도 낙점하지 않으시니 황공합니다만, 오래 있어도 어찌 그러시는지 알 길이 없습니다. 본래 곧 가려 하였으나, 또 오래 머물면 그사이에 어떤 난처한 일이 있을지 몰라서 9일에 말미를 받아서 12일에 길을 떠나려

---

41 황문환 외(2013b:98)의 판독문을 번역하였다.
42 한국학중앙연구원(2005b:333~338)의 판독문과 현대어역을 참조하였다.
43 한국학중앙연구원(2005b:338~342)의 판독문과 현대어역을 참조하였다.

합니다. [⋯] 춘당대 시험은 과연 20일 전에 설행될 것이라 즉시 대경에게 기별하였더니 오늘 들어오겠다고 합니다. 글을 쓸 사람은 주선해 보겠지만, 구하기 쉽지 않을 듯 싶습니다."

6) 노복에 대한 명령 수단

한글 편지는 다른 지역에 있는 노복들에게 명령을 전달하는 수단으로도 쓰였다. 노복에게 쓴 편지는 곽주 1건과 송규렴 2건이 있다.

곽주는 망아지가 병든 소식을 듣고 노 곽상에게 한글로 편지를 써서 빨리 고치게 하였는데, 낫지 않으면 직접 와서 자세하게 아뢰도록 하였다. 백두현(2019: 157)에서도 언급하였듯이, 곽주는 노복 곽상과 한쉬에게 명령 문서 배지(牌旨)를 쓸 정도로 문자를 이용한 소통에 익숙했다. 따라서 다른 지역에 있는 종에게 한글 편지로 명령을 전달하는 일 또한 일상적이었던 것으로 보인다.

(파-1) 곽주(상전) → 노 곽상(종) 〈진주하씨묘-148/현풍곽씨-37〉[44]
"망아지가 병들었다고 하는데 어느 망아지가 병들었으며, 이제는 어떠냐? [⋯] 무사히 고쳐 빨리 나으면 내게 다시 기별하지 말고, 행여 빨리 낫지 않거든 네가 직접 내게 와서 자세히 기별하여라."

(파-2) 1692년 10월 7일, 송규렴(상전) → 노 기축이(종) 〈선찰-9-010〉[45]
"도지 4섬도 워낙 보잘것이 없었는데, [⋯] 작년에는 도지 2섬을 공연히 바치지도 않고 [⋯] 올해 도지와 작년 미수분까지 합하여 6섬을 가볍지 않게 바쳐야 할망정 또 흉악을 부리다가는, 나도 분을 쌓아둔 지 오래이니 큰일을 낼 것이다. 그리 알라."

송규렴이 황해도 배천에 사는 노복 기축이에게 쓴 한글 편지는 경고장에 가깝다. 기축이가 작년에 도지의 일부를 보내지 않은 것을 문제 삼으면서 올해 도지는 작년 것까지 합쳐서 제대로 보낼 것을 요구하였다. 그리고 마치 눈앞에서 말로 혼내는 것처럼 "나도 젹분ᄒ연디 오라니 큰일을 낼 거시니 알라"라

---

[44] 황문환 외(2013a:354)와 백두현(2019:156~158)의 판독문과 현대어역을 참조하였다.
[45] 한국학중앙연구원(2009b:127~130)의 판독문과 현대어역을 참조하였다.

고 써서 한문으로는 표현하기 어려운 마음을 한글로 전달하였다. 멀리 떨어져 있어 직접적인 소통이 불가능한 노복들에게 한글 편지는 상전의 말을 그대로 전달하는 수단으로서 유용하게 활용되었던 것으로 보인다.

5. 사대부 한글 편지의 가치와 의미

사대부가 쓴 한글 편지는 다양한 형태로 남아 있다. 한문 편지 속에 한글 편지의 발신 여부가 기록되어 있기도 하고, 간찰첩에 한문 편지와 함께 갈무리되어 있거나 낱장으로 전하기도 한다. 또 수신자와 함께 관 속에 매장되었다가 훗날 이장 과정에서 새롭게 발굴되기도 하였다. 이 가운데 16~17세기의 정철, 김성일, 송시열 등의 사대부가 쓴 한글 편지를 중심으로 그 전승 형태, 발·수신 관계, 가족 구성원 간 한글 소통의 주제 등을 분석하였다.

16~17세기 사대부의 한글 편지는 총 362건이 알려져 있는데, 간찰첩에 수록된 것이 81건, 낱장으로 전하는 것이 281건이다. 간찰첩에 수록된 한글 편지는 한문 편지의 여백에 덧붙여 쓴 경우도 있고, 별개의 편지지에 썼더라도 한문 편지와 동일한 봉투에 동봉하여 인편으로 보낸 경우도 있는데, 모두 한글 편지의 일상성을 보여주는 부분이다. 낱장의 한글 편지 281건 가운데 227건이 무덤에서 출토된 것으로 상당수를 차지한다. 이와 같은 사대부 한글 편지의 다양한 전승 형태를 통해 한글 편지의 특성상 지극히 개인적이고 내밀한 내용이 기록되어, 후손이나 외부인에게 전할 만한 문헌으로 보관하지 않고, 수신자가 죽을 때 불태워 없애거나 부장품과 함께 묻어버렸다는 사실을 알 수 있다.

수신자는 여성 가족 구성원으로 제한되어 있으나, 발·수신 관계에 따라 자신의 근황을 포함한 안부뿐만 아니라 재산 분배, 제사, 양자 계후, 가계 수입, 임진왜란 등의 사회 변화, 과거길의 경로와 일정, 관료생활의 어려움 등 집안의 대소사와 정치·사회적 정보를 공유하고 있음을 알 수 있다. 따라서 사대부는 한글 사용을 통해 집안 식구들과의 소통 범위를 넓히는 한편, 집안 안팎의 일을 공유함으로써 실질적인 영향력을 행사하는 수단으로도 썼음을 알 수 있다.

이에 따라 한글 편지의 주요 내용과 용도를 안부 및 소식 전달, 집안의 대소사 의논 및 전달, 정치·사회적 정보 공유, 노복에 대한 명령 수단으로 나누어 살펴보았다.

　안부 및 소식 전달 사례로는, 송준길, 정철, 곽주가 각각 부인에게 쓴 편지를 통해 부인의 건강과 편찮으신 아버지를 염려하는 모습을 살펴볼 수 있었다. 그리고 신면과 송규렴이 출산한 며느리에게 쓴 편지, 정경세·송시열·송규렴이 시집가서 자주 만나지 못하는 딸이나 손녀에게 쓴 편지를 통해 집안의 여성들과 소통하는 모습을 볼 수 있었다.

　집안의 대소사 의논 및 전달 사례로는, 유정린과 유정주가 시집간 누나에게 한글 편지를 통해 재산 분배 경위와 내역을 상세하게 전달하면서 돌림제사를 지내는 일도 함께 의논하는 모습을 살펴보았다. 그리고 정철이 부인에게 제사 때 입을 관대를 부탁하고, 송시열이 손자며느리에게 형님 내외에 대한 제사를 당부하는 내용의 한글 편지를 소개하였다. 윤선도가 형수에게 쓴 편지를 통해서는 양자 계후를 둘러싼 갈등으로 직접 대면하기 어려운 상황에서 한글 편지가 갈등 해소의 수단으로 적극적으로 이용되었음을 확인할 수 있다. 채무이가 부인에게 쓴 편지에서는 전답의 수확물을 운송하거나 공물의 수납을 점검하는 내용이 있으며, 송규렴이 며느리에게 쓴 편지에서는 목화밭의 도지 수령에 대한 내용이 있어 가계의 주요 수입원을 직접 관리하는 모습을 볼 수 있다.

　정치·사회적 정보 공유의 사례에서는 시기적 특성상 임진왜란 당시의 상황을 살펴볼 수 있다. 이덕열이 부인에게 쓴 편지에는 선조가 서울을 떠나고 선릉과 정릉이 왜적의 피해를 입은 사실이 기록되어 있으며, 김성일이 부인에게 쓴 편지에는 관찰사도 음식이 넉넉치 않으며 살아서 다시 볼 수 있을지 기약하지 못하는 불안한 상황이 보인다. 정철이 부인에게 쓴 편지에는 왜적을 물리친 뒤 명나라로 떠나는 사행이 예정되어 있음을 전달하는 내용이 보인다. 그리고 고향을 떠나 과거를 보러 가는 일정이나 관료생활을 전달하는 한글 편지로, 곽주가 부인에게 쓴 편지, 이동표와 임영이 모친에게 쓴 편지를 소개하였다.

　노복에 대한 명령 수단 사례로는 곽주와 송규렴이 노복에게 쓴 한글 편지를 소개하였는데, 다른 지역에 있어 직접 대면하지 못하는 노복들에게 명령을 실감나게 전달하는 수단으로서 유용하게 쓰였음을 확인하였다.

　사대부의 한글 편지는 주로 여성 가족 구성원과의 소통을 위해 쓴 사례들이 남아 있는데, 그 내용은 안부뿐만 아니라 재산 분배, 제사, 양자 계후, 가계 수입, 전쟁 상황, 과거 일정, 관료생활 등으로 다양하다. 그리고 16~17세기의 특성상 임진왜란과 돌림제사에 대한 내용이 보인다는 점에서 흥미롭다. 또 노복들에게 명령을 전달하는 수단으로서도 활용되어 사대부의 한글 사용은 집안 식구들과의 소통 범위를 넓히는 한편, 집안 내에서의 실권을 확실하게 장악할 수 있는 수단으로도 쓰였던 것으로 보인다.

 이렇게 볼 때 한글 편지는 한문으로 제 뜻을 펴지 못하는 이들을 문자 사용자로 끌어들였을 뿐만 아니라 한문 사용자와의 소통 창구 역할을 했다는 측면에서 세종의 한글 창제 의도를 제대로 실현한 기록물이라 할 수 있다. 그리고 한글 편지를 통해 입증된 소통성 때문에 오늘날 한글의 영향력이 더욱 확장될 수 있었다고 생각한다.

참고문헌

원전

『고문서집성 3: 해남윤씨편 정서본』, 한국정신문화연구원, 1986.
『도산전서(1~4)』, 한국정신문화연구원, 1980.
『우암 송시열』, 국립청주박물관, 2007.
『한국간찰자료선집 Ⅲ: 은진송씨 제월당편 – 선찰 소재 언간』, 한국정신문화연구원, 2003.
『한국간찰자료선집 Ⅵ: 회덕 은진송씨 동춘당 송준길후손가편 Ⅰ』, 한국정신문화연구원, 2004.
『한글서예변천전』, 예술의 전당, 1991.
『한글, 소통과 배려의 문자』, 한국학중앙연구원 장서각, 2016.
『한글이 걸어온 길』, 국립한글박물관, 2015.
『한글 편지 시대를 읽다』, 국립한글박물관, 2015.

논저

구수영, 「안민학의 애도문 고」, 『백제연구』 10, 1979, 169~191쪽.
권오봉, 『가서로 본 퇴계의 삶과 사상(상·중·하)』, 삼보문화재단, 2020.
김인회, 「조선시대 사대부의 한글 사용과 의미」, 『정신문화연구』 35-4, 2012, 35~54쪽.
김일근, 「언간의 연구 – 자료의 고증·분석과 학적 가치를 중심으로」, 『건대학술지』 13, 1972, 21~78쪽.
김일근, 『언간의 연구』, 건국대학교출판부, 1998(1986 초판).
노경자·한태문, 「한글편지로 본 조선후기 양반사대부의 관직 생활과 가족 – 의성김씨 학봉 김성일 종택 한글편지를 중심으로」, 『열린정신 인문학연구』 24-2, 2023, 65~92쪽.
박병천, 『조선시대 한글 서간체 연구』, 다운샘, 2007.
박부자, 「은진송씨 송준길 후손가 언간의 서지 – 정리자 및 정리 시기에 대한 검증」, 『돈암어문학』 20, 2007, 128~156쪽.
박부자, 「송준길 후손가의 언간첩 선세언독에 대한 고찰」, 『한국고전여성문학연구』 17, 2008, 157~200쪽.
박부자, 「『임창계선생묵보국자내간』 수록 언간에 대한 연구」, 『국어사연구』 21, 2015, 157~193쪽.

박재연, 「진주 유씨가 묘 출토 언간의 어휘론적 고찰」, 『동방학지』 142, 2008, 231~270쪽.
박정숙, 「나은 이동표의 생애와 글씨세계」, 『월간 서예』 375, 2012, 158~162쪽.
박정숙, 「조선시대 한글편지 서예미의 변천사적 고찰 – 16세기~19세기 필사언간을 대상으로」, 『서예학연구』 26, 2015, 183~236쪽.
박정숙, 『조선의 한글편지: 편지로 꽃피운 사랑과 예술』, 다운샘, 2017.
박정숙, 「조선시대 사대부 남성의 한자 – 한글 서간서체의 관련성 고찰: 김성일, 송시열, 김정희 서간을 대상으로」, 『한국학』 45권 4호, 2022, 87-131쪽.
배영환, 「현존 최고의 한글편지 '신창맹씨묘출토언간'에 대한 국어학적인 연구」, 『국어사연구』 15, 2012, 211~239쪽.
배영환·신성철·이래호, 「진성이씨 이동표가 언간의 국어학적 연구」, 『장서각』 30, 2013, 222~254쪽.
백두현, 「진주 하씨 묘 출토 〈현풍 곽씨 언간〉 판독문」, 『어문론총』 31, 1997, 19~88쪽.
백두현, 「조선시대의 한글 보급과 실용에 관한 연구」, 『진단학보』 92, 2001, 193~218쪽.
백두현, 「현풍 곽씨 언간의 종합적 고찰」, 『어문론총』 36, 2002, 1~30쪽.
백두현, 『한글 편지로 본 조선 시대 선비의 삶』, 역락, 2011.
백두현, 「소통의 관점에서 본 조선시대의 한글 편지」, 『한글 편지 시대를 읽다』, 2015, 138-149쪽.
백두현, 『한글 편지에 담긴 사대부가 부부의 삶』, 한국학중앙연구원 출판부, 2015.
백두현, 『현풍곽씨언간 주해』, 태학사, 2019.
이래호, 「송규렴가 전적 선찰 소재 언간에 대하여」, 『어문연구』 32-3, 2004, 113~116쪽.
이래호, 『조선시대 언간을 통해 본 사대부가 남성의 삶』, 역락, 2021.
이병기, 『근조내간선』, 국제문화관, 1948.
이상규, 『한글 고문서 연구』, 도서출판 경진, 2011.
이현주, 「편지를 통한 18세기 가족공동체의 소통양상 – 순암 안정복가 3대의 가족 간 편지 분석」, 『동양고전연구』 92, 2023, 154~186쪽.
장고은·김영, 「16세기 후반 한글자료인 〈청풍김씨묘출토언간(이덕열언간)〉에 대하여」, 『국어사연구』 29, 2019, 125~156쪽.
전경목, 「한글편지를 통해 본 조선후기 과거제 운용의 한 단면 – 진성이씨 이동표가 언간을 중심으로」, 『정신문화연구』 34-3, 2011, 27~57쪽.
정복동, 「조선시대 사대부 언간 서체의 미적 특징 고찰」, 『정신문화연구』 34-2, 2011, 37~70쪽.
조항범, 『주해 순천김씨 묘 출토 간찰』, 태학사, 1998.
최웅환, 「16세기 안민학 애도문의 판독과 구문 분석」, 『국어교육연구』 31, 1999, 263~288쪽.
한국학중앙연구원, 『조선 후기 한글 간찰(언간)의 역주 연구 1』, 태학사, 2005a.

한국학중앙연구원, 『조선 후기 한글 간찰(언간)의 역주 연구 3』, 태학사, 2005b.
한국학중앙연구원, 『조선 후기 한글 간찰(언간)의 역주 연구 4: 은진송씨 송준길 가문 한글 간찰』, 태학사, 2009a.
한국학중앙연구원, 『조선 후기 한글 간찰(언간)의 역주 연구 5: 은진송씨 송규렴 가문 한글 간찰』, 태학사, 2009b.
한영희, 「16세기 청주 순천김씨묘 출토 편지에 나타난 양반가의 생활상」, 충북대학교 석사학위논문, 2016.
홍윤표, 『한글 이야기』 1~2. 태학사, 2013.
홍인숙, 「언간을 통해 본 19세기 양반가의 일상과 문화 – 초계 정씨 가문의 한글간찰을 중심으로」, 『한국고전연구』 47, 2019, 263~288쪽.
황문환, 「조선시대 언간 자료의 현황과 특성」, 『국어사연구』 10, 2010, 73~131쪽.
황문환 외, 『조선시대 한글편지 판독자료집 1』, 역락, 2013a.
황문환 외, 『조선시대 한글편지 판독자료집 2』, 역락, 2013b.
황문환 외, 『조선시대 한글편지 판독자료집 3』, 역락, 2013c.

이일분수(理一分殊)의 사회학, 불가능한 꿈의 오디세이

한도현 | 한국학중앙연구원 한국학대학원 교수

그 꿈, 이룰 수 없어도
싸움, 이길 수 없어도
슬픔, 견딜 수 없다 해도
길은 험하고 험해도

정의를 위해 싸우리라
사랑을 믿고 따르리라
잡을 수 없는 별일지라도
힘껏 팔을 뻗으리라

이게 나의 가는 길이요[1]

이 노래는 돈키호테의 무모하면서도 매력적인 도전을 말해 준다. 시대착오적인 망상에 휩싸여 주변의 웃음거리가 된 돈키호테의 이 각오를 들으면서 사람들은 한 번쯤 다시 생각을 하고 표면성의 비현실 너머 어떤 근본적 가르침, 근본적 탐구가 있을지도 모른다고 생각한다. 아마 그래서 이 노래가 세계인의 사랑을 받는 것이 아닐까? 우리는 역사 속에서 이러한 이룰 수 없는 꿈, 불가능한 꿈에 대해 희망을 놓지 않고, 잡을 수 없는 별일지라도 힘껏 팔을 뻗는 사람들, 트레일블레이저(trailblazer)들을 많이 만난다. 그들이 만들어내는 '불가능한 꿈을 향한 오디세이'가 한 시대를 조금씩 발전시켜 나가는 것이 아닐까. 이러한 꿈의 실천을 나는 '공동체'의 추구, 이인(里仁)의 추구에서 찾을 수 있다고 생각한다. '공동체는 개인주의, 현대사회가 등장하던 옛 시대의 산물'이라거나, '사족 지배, 신분 지배 사회에서 공동체는 없다'거나 '공동체는 억압'이라고 단정하는 '고칠 수 없는 잘못(the unrightable wrong)'을 바로잡으려고 도전하는 것, 힘들지만 그 발걸음을 내딛는 것이 우리가 걸어 볼 만한 길이기 때문이다.

이 연구는 이인(里仁)이라는 키워드에서 출발하여 공동체를 만들려는 오디세이를 살펴보고자 한다. 조선시대의 유교는 이론상으로는 이일(理一)이라 하여 인간의 평등을 근원에서는 인정하였으나 현실에서는 분수(分殊) 또

---

[1] 〈나무위키〉「이룰 수 없는 꿈」.

는 명분을 내세워 신분차별, 적서의 차별, 남녀의 차별 등 차등의 질서를 강조하였다. 착취적 불평등이 아니라 예와 배려의 틀 속에서라는 의미를 가진다고는 하였으나 현대적 평등의 개념에서는 받아들이기 어려운 차별의 관념이 강조되었다. 이 딜레마 속에서 선비들은 '휴머니티가 실천되는 마을'로서 이상향을 만들려고 했다. 따뜻한 공동체로서 이인은 유교에서는 적극 수용되지만 제3자에게는 신분차별, 남녀차별, 적서차별 등의 차별이 존재하는 커뮤니티이다. 이 커뮤니티의 한계를 뿌리째 바꾸고자 하는 노력들이 19세기에 전개된다. 서학과 동학은 그 노력의 주된 세력들이다. 개화 세력들도 여기에 힘을 보태게 된다. 이 글은 조선 사회 전체보다는 커뮤니티 레벨에서 실제로 그런 변화와 혁신이 어떻게 실천되는가에 주목하고자 한다.

이인(里仁)은 구체적 매뉴얼로 제시되지는 않았지만 유교 지식인들에게는 하나의 이상적 커뮤니티로 남아 있다. 이인의 설계는 향약이나 동계, 문중계 등의 상호부조와 겸양의 실천 속에 남아 있다.[2] 조선시대의 계, 향약, 상호부조 등은 시대적 한계 속에서 인간다운 삶을 영위하기 위한 노력의 산물이다. 이러한 실천들은 착취 사회의 모습보다는 '도의적 경제(moral economy)'의 모습을 보여주고 있다. 그렇지만 현대사회의 평등과 인권과는 거리가 있다. 이러한 거리를 타파하려는 운동들이 19세기 조선에서 구체적으로 전개된다. 추상적 사상이 아니라 구체적으로 커뮤니티에서 실천되었다는 점에서 매우 획기적이었다. 유교의 이인, 가톨릭 평등사상, 동학사상 등은 19세기에 병존해 있었지만 선행연구들에서는 각 분야별로 분절적으로 다뤄졌다. 교회사 연구자들은 가톨릭 커뮤니티를 연구하고, 국사학자들은 동학의 사상과 운동을 연구하고, 유교사회 연구자들은 동계, 향약, 문중 등의 변화를 연구하였다. 또한 이 연구들은 거시적 차원의 서술에 집중되어 있고 커뮤니티에서의 구체적 실천에 대한 연구는 매우 적다. 본 연구는 커뮤니티라는 구체적 현실 속에서 평등운동이 어떻게 전개되는지를 살펴보고 유교, 동학, 서학 등의 이상적 커뮤니티 이론과 실천을 비교해 보고자 한다.

주자도 망해 가는 나라를 일으켜 세우기 위해 튼튼하고도 인후한 마을들을 전국적으로 만들기 위해 가례도 만들고 향약도 만들고 사창도 만들고 사학

---

2   박종천, 「조선 후기 재난에 대한 향촌공동체의 대응과 호혜성의 증진: 鄕約과 洞契의 정비를 중심으로」, 한국학중앙연구원 대학원 수업 특강 자료(2019); 정승모, 『조선후기 지역사회구조 연구』(민속원, 2010); 한도현, 「예치공동체의 폐쇄성과 개방성」, 김상준·한도현·박현모·이원택·최진덕, 『유교의 예치이념과 조선』(청계, 2007).

도 만들었다. 그런데 『논어집주』에서는 이인(里仁)을 설명하면서 '이 장은 아주 심오한 뜻이 있지는 않다. 살 곳을 잘 택하라는 말이다'라고 단정하여 이인의 꿈을 향한 고민과 사색을 유보해 버리고 있다.[3] 현실 속에 발을 딛고 서 있는 유학, 주자학에서 이인이 심오하지 않다고 보는 것은 잘못이라고 생각한다. 살 곳을 잘 택하기 위해서 우리는 살 곳을 잘 만들기 위해 노력해야 하고, 길은 험하고 험해도 사랑을 믿고 따르면서 잡을 수 없는 별을 찾아 나서야 하는 것이다. 그렇게 해야 주자가 구상했던 사학, 사창, 향약, 가례 등이 한 단계 더 업그레이드되어 휴머니즘이 꽃피게 될 것이다. 그러한 가능성이 유학, 주자학에 없을까? 이일분수(理一分殊)의 사회학에서 약간의 실마리를 찾을 수 있지 않을까 생각한다. 현재 전통사상사에서 이일분수는 사회학적 상상력과는 괴리된 채, 유기체론적 도덕과 설교로 완성되어 있다. 나는 이 글에서 이일분수라는 존재론적 철학을 견지하면서 도덕과 설교를 넘어 새로운 마을, 인한 마을[里仁], 살기 좋은 공동체 만들기라는 사회학적 오디세이에 나선 돈키호테들의 역사, '잡을 수 없는 별일지라도 힘껏 팔을 뻗는 실천들'을 조명해 보고자 한다.

1. 이일분수의 열린 가능성과 막힘

이일분수(理一分殊)의 사회학은 어디서 출발하면 좋을까?

천지간의 생명체들은 하나의 근원에서 태동했다. 그러므로 우리 모두는 한 부모의 형제들이라고 할 수 있다.[4] 율곡은 이일분수의 오묘한 진리를 찬양한다.

우러러 원기의 혼돈 상태를 바라보고서 땅의 광대한 모양을 관찰한다. 천지조화의 근원을 궁구하고 만물의 심오한 이치를 연구한다. 만물의 시초를 유심히 살피고 만 가지 다름이 원래 한 근본이었음을 깨달았다. 본래 태허는 아무런 조짐이 없어, 소리도 냄새도 없이 혼돈했을 뿐이었다. 하나가 둘을 낳고, 둘이 넷을 낳으며 닫히고 열림이 서로 연관성을 갖는다.[5]

---

3 박성규 역주, 『대역 논어집주: 주자와 제자들의 토론』(소나무, 2011), 140쪽, 각주 2.
4 한형조, 『성학십도, 자기 구원의 가이드맵』(한국학중앙연구원 출판부, 2018), 184쪽.
5 『국역 율곡전서 1』(한국학중앙연구원, 2007), 59쪽

잘 미루어 나아가는 데 차례가 있으니 그 누가 가까운 쪽을 버리고 먼 쪽을 취하겠는가? 처음엔 한 집안의 범위를 벗어나지 않지만, 마침내는 그 덕화가 초목에까지 입혀진다. 덕이 이미 원묘에 부합되었는데 어찌 남과 나의 간격이 있겠는가?[6]

율곡의 이일분수 이론은 간결하다. 1 → 2 → 4라는 도식을 통해 하나의 제1근원에서부터 만물이 만들어지는 것이므로 근원이 같으니 만물은 같은 것이다. 나와 너, 나와 남의 간격이 있겠는가[豈物我之有隔]라고 단정한다. 21세기의 정의론을 듣는 것 같다. 한형조 교수는 이일분수를 과학적 언사라고 말한다. "우주의 창조력과 개별적 생명들, 즉 전체와 부분 사이의 유기적 연관을 말하는 과학적 언사"이다.[7]

모든 생명은 하늘과 땅을 부모로 태어난다. 그 정신과 기운을 받아 태어나는 점에서 우주는 결국 하나이다. 모든 생명은 연관된 유기적 전체라고 해야 할 밖에 없다. […] 전체로서의 기는 유기적으로 연관된 하나이다. 이를 理一이라고 불렀다. 연관된 네트워크 혹은 하나인 생명들이라고 번역될 수 있다.[8]

한형조 교수의 21세기 해석 덕분이기도 하겠지만 이일(理一)은 호혜와 협동, 소수자의 포용, 글로벌 연대로까지 연결되는 현대적 철학이다. 한형조 교수는 이러한 과도한 해석에 대해 브레이크를 건다.

그럼에도 물체와 생명은 각각 독립적이고 서로 구분된다. […] 이 개별로서의 기(氣)는 여럿이고, 리(理)는 독립적 생리의 메커니즘으로 기능한다. 이를 분수(分殊)라고 한다. 각자의 위상 혹은 서로 다른 생명들이라는 뜻이다.[9]

여기까지는 현대 철학으로서 손색이 없다. 루터는 신 앞에서의 평등, 만인사제론을 통해 이일을 종교개혁의 출발로 삼았다. 분수를 무력화하는 '오직 은총

---

6 『국역 율곡전서 1』(한국학중앙연구원. 2007), 60쪽
7 한형조(2018), 앞의 책, 184쪽.
8 한형조(2018), 위의 책, 185쪽.
9 한형조(2018), 위의 책, 186쪽.

(sola gratia)', '오직 신앙(sola fide)'을 들고 나왔다. 그의 철학은 계몽적이었고 혁명적이었다. 그렇지만 그는 이 세상의 분수라는 것이 영원의 세계에서는 아무것도 아니라는 주장을 통해 현존의 분수와 타협했다. 자신의 위치, 자신의 직업 등을 감사히 받고 은총을 받은 자로서 자신의 본분, 자신의 일을 소명(Calling)으로, 직업(Vocation)으로 받아들이고 최선을 다하라고 설교했다. 이일(理一)은 상제, 천주 또는 천주의 사랑이고 은혜이며 분수(分殊)는 이 땅에 있는 모든 사람들의 개별이고 그들이 이 땅에 태어날 때 받은 소명이다. 루터의 이일분수론은 이일에 방점이 있고 분수는 제한된 시간, 제한된 공간인 여기 이 땅에 나그네로 사는 동안에만 유효하다. 그러므로 그의 분수론은 중세의 신분 사회, 중세의 도그마적 신앙, 중세의 계급적 교회 질서에 도전할 수밖에 없었다. 천국에 들어가는 열쇠는 베드로나 교황이 아니라 신의 은총으로 신자 개개인 누구나 가질 수 있게 되었다. 루터의 의도와는 무관하게 루터파는 근대 없이는 존재할 수 없었고, 서양의 근대는 루터 없이 태어날 수 없었던 것인지도 모른다.

그런데 주자학의 이일분수가 현실에서는 루터나 한형조 교수의 해석과는 다른 방향으로 전개되었다. 주자학, 유학을 언제나 고민하게 만드는 지점이다. 유학·주자학의 인문주의, 인(仁), 사단칠정 등을 기웃거리다가도 반드시 만나게 되는 존재론이 있다. 명분론이다. 명분론은 주자학 이전에 공자의 정명사상에 자리하고 있다. 군군, 신신, 부부, 자자 등 이 당연스러운 정명이 유학의 사회이론, 주자학의 사회이론을 닫힌 세계로 만드는 이유는 무엇인가? 새로운 사고, 새로운 기획이라고 기대를 안고 실학을 살펴봐도 이 닫힌 세계는 좀처럼 답이 없어 보인다. 「자산어보」라는 영화에서 묘사된 정약전의 모습 즉 임금이 없는 세상을 꿈꾸는 이단아, 천주쟁이 정약전은 사실인지 알 수 없다. 주자학의 이일분수에서 임금 없는 세계는 어불성설이다. 임금을 임금답게 만드는 기획은 존재할 수 있지만, 임금이 없고 사제가 없는 만인사제설은 주자학에서는 불온 이전에 성립 불가이다. 질서, 명분과 연결시키게 되면 유교적 사회질서, 주자학적 사회질서는 개방성을 잃고 닫힌 세계로 나아간다.

> 명은 사물의 명칭, 이름이고 분은 본분, 직분의 뜻이다. 명과 분은 특히 사회적 신분과 지위, 직무 등과 연결되어 문제가 되는 것이 많다. […] 명과 분은 일체 불가분의 것이다. 유교에서는 국가의 사회질서를 떠받치는 원천으로서 인륜도덕과 정치의 양면에 있어서 명분을 바르게 하는 것을 중요시하고 역

대에 걸쳐 여러 가지 명분론을 전개하였다.[10]

　루터에게서 이 세상의 명분은 만인사제와 '오직 신앙', '오직 은총'의 이론을 통해 과도적이며 일시적인 것이고 신을 위한 소명의 실천으로서만 의미를 가질 뿐이다. 그러나 유학·성리학에서 나의 신분, 직무, 지위는 자연스러운 천(天)의 질서이며, 우주적 질서를 지탱하는 토대이다. 만물이 유기적으로 연결되어 있고, 하나라고 했던 개방성, 혁명성은 명분론에 의해 닫혀버린다. 천상의 세계, 신의 세계는 영원히 있고 이 세상의 소명·분수는 일시적이며 사라질 것이라는 루터의 논리와는 전개 방식이 다르다. 그런 점에서 개신교 교파들 가운데 보수주의, 전통주의라고까지 말해지는 루터파에 비해 성리학은 대단히 중세적이고 대단히 보수적이라고 할 수 있다.

　그러면 주자학의 이일분수에 개방과 가능성의 바람을 불어넣을 수는 없는 것인가? 지금까지의 역사적 연구로 봤을 때 주자학·성리학 내부에서 그러한 바람이 불었던 적은 없는 것 같다. 그렇지만 주자학의 이일분수가 개방의 이일분수를 맞이할 선택적 친화력은 준비되어 있었다. 꼭 루터나 칼뱅, 마르크스, 루소 같은 근대인을 기다릴 필요는 없었다.

2. 바울의 이일분수: 신약성경 빌레몬서라는 시한폭탄

천주교회사를 보면 조선에 도입된 성경은 조선의 커뮤니티들에 큰 변화를 가져온다. 천민에 속한 백정이었던 황일광의 기록이 널리 알려져 있다. 그는 천주교도가 되어 "나에게는 천당이 둘이 있는데 하나는 내 자신의 신분에 비하여 지나친 대우를 받는 점으로 보아서 지상에 있는 것이고 다른 하나는 내세에 있다."라고 하였다.[11] 서양의 계몽주의와 휴머니즘을 몰고 온 종교개혁 세력인 루터나 칼뱅이 아니라 보수적 가톨릭이 전해준 성경이 어떻게 이러한 혁

---

10 溝口雄三·丸山松幸·池田知久 編, 『中國思想文化事典』(東京: 東京大學出版會, 2001), 246쪽.
11 조광, 「한국 교회사의 민족사적 의미: 2. 평등사회 구현을 위한 노력」, 『가톨릭신문』 1981년 3월 8일; 전종익, 「정조시대 천주교 전래와 평등」, 『법사학연구』 40(2009), 105~137쪽.

명적 파급력을 가져올 수 있었을까? 상상할 수 없었던 지상의 이상향, 이인(里仁)을 만든 그 힘은 어디에 있었을까?

아마도 종교개혁 훨씬 이전에 성경 안에, 교회운동 안에 그런 내용이 있지 않았을까? 성경에는 기원 후 1세기의 노예와 노예주 관계에 대한 중요한 기록이 있다. 2000년 전이면 한반도에서는 고대국가가 만들어지려는 때일 것이고 로마제국에는 강고한 노예제가 뿌리내리고 있었다. 이 숨막히는 고대 노예제 안에서 바울, 오네시모, 빌레몬 세 사람의 긴박한 줄다리기가 전개된다. 이 이야기는 신약성경 빌레몬서에 나온다. 빌레몬서는 로마의 바울이 노예주이자 기독교 신자인 빌레몬에게 보낸 편지이다.

빌레몬은 콜로세에 사는 부자 신자였다. 빌레몬의 노에 한 명이 로마로 도망쳤다. 인근 도시가 아니라 최대한 주인으로부터 멀리, 외국으로, 제국의 심장인 로마로 도망쳤다. 추노 세력이 미칠 수 없는 먼 땅 로마로 도망쳤다. 그 용감한 노예의 이름은 오네시모이다.[12] 콜로세에서 로마까지 도망칠 정도면 오네시모는 대단한 담력과 능력을 지녔을 것이다. 로마에서 한밑천 마련해서 새 삶을 누릴 수도 있고 군대에 들어가 전공을 세워 출세할 수도 있을 것이다. 그러나 오네시모는 바울을 만나 훌륭한 기독교 신자가 되었다. 오네시모는 감옥에 갇힌 바울을 여러 모로 돕는다. 바울은 언제 순교당할지 모르는 상황이다. 바울은 오네시모가 도망친 노예라는 것을 알게 된다. 그것도 자기가 사랑하고 아끼는 빌레몬이라는 사람의 노예라는 것을 알게 된다. 신 앞에서 노예나 자유인이나 노예 소유주나 아무 차별이 없다는 것이 바울의 생각이다. 이일(理一)이다. 이 세상에서 신분·직위·남녀·교육·재산의 차이는 영원한 하늘나라에서는 아무 의미가 없다. 신 앞에서는 누구나 죄인이고 신의 은총으로만 구원을 받는다. 서양철학사 교과서에는 바울이 잘 등장하지 않지만 어떤 철학책에서는 바울을 '은총의 철학'을 펼친 철학자로 소개하는 것은 그의 은총 구원론 때문이다. 그러나 바울은 이 지상의 분수를 천국의 이론이나 은총의 구원론으로 전복할 생각은 없었다. 한시적인 이 땅의 질서에 기독교적 사랑의 옷을 입히되 혁명적 전복은 바라지 않는다. 아마도 신분 질서에 대해서 참주자학도들도 비슷한 고민을 하지 않았을까.

바울은 오네시모와 빌레몬이라는 노예와 노예 소유주의 관계를 인

---

[12] "Introduction to Philemon," *ESV Study Bible* (Wheaton, IL: Crossway, 2008), p. 2353.

(humanity)과 사랑의 관계로 색칠하고 싶었다. 콜로세에서부터 로마까지 멀고 험한 길을 거쳐 도망쳐 온 오네시모에게는 주인에게 돌아가라고 한다. 청천벽력 같은 소리이다. 주인을 속이지도 말고 보이지 않는 신에게 충성을 하듯이 주인에게 충성을 다하라고 한다. 바울을 비판하는 자들, 기독교를 비판하는 자들이 보면 바울은 분명히 노예제 옹호론자이다. 오네시모에게 주인에게 돌아가라고 말한 바울은 온 힘을 기울여 오네시모의 주인인 빌레몬에게 편지를 쓴다. 바울은 오네시모에게 일어난 회심과 신앙적 성장에 대해 이야기하고, 그를 노예가 아니라 사랑하는 형제로 받아들일 것을 부탁한다. 그리스-로마 문화 속의 노예와 노예주 관계와는 다른 관계를 요청한다. 돌아온 노예를 어떻게 대해야 하는가에 대한 바울의 권고이다.

> 나의 아이 오네시모를 위해 너에게 간절히 호소한다.(10절) 나는 그를 네게 돌려보낸다. 나의 마음 자체를 보낸다. 네가 억지로 하는 것이 아니라 자발적으로 하도록 오네시모를 돌려보낸다(14절). 그는 잠시 도망쳤으나 이제는 노예가 아니라 사랑하는 형제로서 영원히 네게 돌아가는 것이다. 나를 받아들이듯이 그를 받아들이라.(17절) 그가 네게 잘못한 것이 있거나 빚진 것이 있다면 내게 청구하고 내 탓으로 돌려라.(18절)

바울은 빌레몬이 자신의 부탁을 꼭 들어줄 것이라고 확신한다면서 편지를 매듭짓는다. "내가 네게 말한 것보다 훨씬 더 많이 할 것이라는 것을 알고, 너의 순종을 확신하므로 이 편지를 쓴다."(21절) 오네시모 편에 편지를 보내면서 자기 육체는 로마의 감옥에 있지만 자신의 마음이 오네시모와 동행해서 이 편지와 함께 빌레몬에게 간다는 것을 말한다. 노예-주인의 관계는 이 세상의 제한된 시간의 구속을 받지만 신 안에서의 형제 관계는 영원한 것이며 훨씬 값진 것이라고 말한다. 도망친 노예이지만 자기 발로 다시 옛 주인에게로 돌아가는 '사랑하는 형제'이다.

한반도의 초기 기독교 커뮤니티에서 빌레몬서가 얼마나 읽혔는지는 모르겠다. 하지만 빌레몬에게 보내는 바울의 짧은 편지에서 보듯이 보수적 가톨릭 세계도 조선의 이일분수(理一分殊)를 새로운 버전으로 바꿔 새로운 공동체, 새로운 이상향을 만들 수 있는 힘, 다이너마이트를 품고 있다.

3. 마을에서 이일분수

조선시대의 신분차별은 어떤 형태였을까? 「미스터 션샤인」이라는 드라마에는 주인이 종을 때려죽이는 장면이 나온다. 관객들의 분노를 촉발하면서 이야기는 긴박하게 돌아간다. 종의 아내는 죽음을 각오하고 하나뿐인 아들을 탈출시키고자 온 힘을 다해 주인집 며느리를 끌어안고 그녀의 비녀를 뽑아 위협하며, 그녀의 값비싼 노리개를 아들에게 던져주며 도망치라고, 그리고 다시는 돌아오지 말라고 말한다. 곧이어 추노가 절박하게 전개된다.

이게 어느 정도 사실인지 잘 알 수 없다. 중국의 대지주 집이나 유럽의 귀족 집을 조선 양반들의 사당이나 종가와 비교해 보면 조신 귀족/양반의 종가나 사당은 겸손하고 초라하다. 이런 비교를 하면서 나는 조선에 신분격차가 어느 정도였을까 궁금해질 때가 많다. 국사학자들 특히 사회사 연구자들이 '사족의 하민 지배'라고 해서 상하합계를 많이 들고 있는데 요즘으로 치면 기업의 대표가 종업원들을 관리하기 위해 함께 계를 만들어 기업대표와 종업원이 함께 계원이 된다는 얘기이다. 그렇게 기업대표와 직원이 동호회를 같이 만들어 서로 회비를 내서 운영할 정도라면 다분히 인격적 교류와 대면적 교류가 일어나는 작은 기업일 것이고, 파업을 막기 위해 경찰력을 동원하거나 무력으로 진압해야 하는 계급격차가 있는 곳은 아닐 것이다. 조선이나 베트남에서 왜 그렇게 향약, 동약, 사창에 많은 노력을 기울였는가 하는 것도 결국 신분격차가 유럽처럼 크지 않았기 때문이 아닐까라고 생각해 볼 수 있다.

백광렬은 조선시대 실제 인구의 대다수인 서민들은 어떤 조직을 이루어서 살고 있었는지 불분명하다고 했다.[13] 그러면서도 마을의 계라는 조직을 실학자들이 적극적으로 다루고 있다고 하였다.

① 각 향에서 또는 그 구역 안에 있는 부근의 촌리마다 계를 설치한다. 즉 보통 동계라는 것이니 두 마을이 합하여 하나를 설치한다. 이 계에는 사(士), 서(庶)를 불문하고 모두 계원이 되어 상, 하 계장과 상, 하 유사를 둔다.(『반계수록』)

② 사창(社倉)은 다만 부락에서 하는 계의 곡식과 같기 때문에 유익할 수 있고 또 백성들에게도 편리할 것이다.(『반계수록』)

---

[13] 백광렬, 「조선시대 계에 대한 인식과 연구사: 동계의 단체성을 중심으로」, 『조선시대의 계와 향촌사회연구』, 한국학중앙연구원 학술대회 발표문(2021.10.22), 93쪽.

③ 상여 메는 부역의 경우, 대로 연변의 고을에는 모두 백성들의 계가 있으니 관리를 법도 있게 하고 달마다 운상을 하여 거행에 익숙하며 본래 간활한 폐단이 없으니.(『목민심서』)

위 구절들은 마을이 계급대립, 신분투쟁의 장이 아니라 상호결사에 의해 움직여 가는 커뮤니티라는 분위기를 전달해 준다.

동계를 사족 지배의 시스템으로 보고, 향약을 사족의 향촌 장악 기제로 보는 학자들은 조광조의 향약운동을 향약에 대한 오해라고 치부한다. 향약으로 하민을 통제해야 하는데 조광조 일파들은 그것도 모르고 향약을 통해 여항의 소자, 노예와 같은 천류(賤類)에 이르기까지 가르치지 아니함이 없고 소학과 여씨향약을 도술의 도구로 삼음에 풍속이 대변하였다고 하였다.(『명종실록』 14년 12월 무술) 이일분수를 신분차별, 계급차별의 정명론으로 이해하는 사회사학자들의 입장에서는 소자나 천류를 교육한다는 것이 조광조 일파의 오해와 무지로 보였겠지만 이일분수를 바울의 빌레몬서처럼 새롭게 해석한다면 어떨까?

서사원(徐思遠)의 「하동리사계 서(河東里社契序)」는 귀천을 따지지 말고 한 동네에서 같이 더불어 모이라고 말한다. 남북통일을 말하니 어떤 사람들은 동서 융합, 영호남 융합부터 먼저 하라고 한다. 대학에서는 같은 학과 선생님들끼리 함께 식사 자리를 만들기 어려울 정도로 학과 교수들끼리 알력과 다툼이 심한 곳이 많다고 한다. 그러면 어떻게 신분격차, 신분투쟁이 많은 곳에서 한 개의 계에 적대적 신분의 사람들이 가입한다는 것인가?

서사원의 「하동리사계 서」를 읽어보자.

공사에 천과 함께하는 것이 명분이 비록 다르나 부모의 같은 품 안에서 함께 나왔으니 세상의 모든 사람이 모두 형제인데 하물며 같은 동, 같은 면에서 함께 사는 데 있어서리요. 귀천을 초월(楚越) 보듯이 하면서 어찌 우락(憂樂)을 함께 나누리오. 이에 감히 불계귀천(不計貴賤)하여 합작 일계하고 사생길흉에 또한 즐거움과 슬픔을 함께하니 이것이 회집 이날에 특별히 모이는 까닭이다. (『낙재집(樂齋集)』 권6)

금난수의 동중약조(洞中約條)는 더 과격하다. "하인천예(下人賤隸)가 명분이 비록 다르나 같은 천명의 성을 받았으니 어찌 비루하다고 해서 함께 지선

(至善)의 땅에 돌아가지 않으리오"라고 했다. 양천의 벽도 넘고, 반상의 차별도 넘어 함께 지선의 땅에 돌아가야 한다는 말은 2000년 전에 바울이 빌레몬에게 보낸 편지글이 아닌가?

　아마도 조선이나 베트남이나 계급투쟁을 고취하기 위해 마을을 계급지배, 사족지배, 신분지배로 도식화하려고 노력한 것 때문에 조선시대나 베트남 전통시대 마을의 사회구조는 사회사 연구에서 왜곡되어 서술되지 않았을까 싶다. 마을을 넘어 군 단위로 해도 적대적 계급, 적대적 신분구조를 찾아내기 쉽지 않았을 텐데, 아다시피 베트남, 중국, 북한 모두 공산혁명을 거치면서 마을에서도 계급투쟁, 지주투쟁을 대대적으로 진행했다. 한차례의 열풍이 지나가면 '좌익소아병주의자들이 조급하게 혁명투쟁을 했다'고 해서 당 주도로 정풍운동을 벌여 '억울한 피해자들'을 구제해 주었다. 재산을 돌려주는 일도 있었다.

　베트남에서는 1975년 공산화 통일이 일어나고 1986년 쇄신 정책, 즉 도이머이 정책이 실시되면서 내재적 비판의 소설들이 나오기 시작했다. 가장 널리 알려진 것이 『전쟁의 슬픔』이다. 출간되자 마자 『뉴욕타임스』를 장식했다. 이 소설의 작가는 문학 수업을 받은 적이 없는 재향군인이다. 그는 젊은 시절에 베트남전쟁(베트남에게는 항미구국전쟁)에 참전했고, 그 전쟁이 끝나자 곧 중월전쟁에 투입되었던 군인이었는데 재향군인의 신분으로 그는 베트남 전쟁과 베트남 지도층을 신랄하게 비판했다. 그의 소설 중에는 이런 문장이 나온다.

　　우리는 당의 이론에 따라 모든 것을 계급으로 분류해야 한다. 이 정글에 있는
　　저 나무는 무슨 계급인가? 저 나뭇잎은 부르주아지인가 프롤레타리아인가?
　　녹색이니까 부르주아 계급, 적대계급이겠지.

　공식적으로는 계급투쟁을 강조하던 베트남 역사학자들과 사회사학자들은 또 다른 견해도 견지한다. 베트남은 공동체 전통이 강하고 그 전통으로 외세에 맞서 싸워 왔다는 것을 매우 강조한다. 필자가 2004년에 베트남 하노이의 다이모 마을(大姆社, Xa Dai Mo)에서 완(阮)씨 집안 문중의 역사를 연구할 때, 하노이 인문사회대학의 역사과 교수를 만나 완씨 집안 문중과 종족마을(lineage village)을 연구한다고 했더니 그 교수는 나를 거의 무식쟁이로 취급했다. '베트남은 소가정(오늘날의 핵가족)과 마을 공동체를 바탕으로 역사를

발전시켜 왔고, 문중이나 종족은 중국 제도이며 그 식민지인 조선의 제도'라고 역설했다. 내가 '지금 완씨 집안 문중의 마을에 살면서 그 종족의 350년 역사를 연구하고 있다'고 대답하니 '말도 안 된다'면서 하도 큰소리치기에 슬며시 그 자리를 떴다. 어느 나라나 '국사' 학자들은 고집이 세다. 자기 나라 역사를 연구하고 지킨다는 자부심 탓일까? 베트남 역사학자들은 아마도 이일분수를 가지고 전통시대의 신분·사회구조를 보자고 하면, 봉건적 주자학 이론을 왜 끌고 오느냐고 또 혼내지 않을까? 이일분수의 래디컬(radical)한 해석은 내부가 아니라 외부의 충격으로 준비되고 있었다. 그것은 베트남에서든 조선에서든 모두 바깥에서 온 충격이다.

4. 동서 이일분수론의 만남과 그 래디컬화

이용기 교수는 이렇게 쓰고 있다.

> 여기에서 사용하는 상인, 중인, 하인이라는 개념은 조선시대 신분제와 관련한 특정한 개념이 아니라 어서리 동계 좌목에서 나타나는 신분적 층위를 표현하기 위한 다분히 편의적인 조작적 개념이다. 대체로 상인은 양반층, 하인은 하민층을 의미할 것이며 중인은 상안에 입록되었으면서도 앞의 양반층과는 차별적인 대우를 받았을 것으로 보이는 층을 지칭한다.[14]

한글인데 라틴어 독해 연습하는 기분이다. 상·중·하는 조선시대 신분제 개념은 아니라고 하면서 또 '대체로'라는 단어를 붙여서는 바로 앞의 자신의 주장을 뒤엎고 있다. 논문을 여러 번 읽어 봐도 하민의 실체는 잘 알 수 없게 서술된 논문이다. 향촌사, 계 연구의 독보적 성과를 이룩하신 분의 주장이라고 받아들이기에는 너무 어렵다. 하인이 아랫사람인지 그들은 도대체 누구인지 알기 어렵다.

필자가 연구한 의령남씨 마을에서도 '아랫사람'이 존재했다. 이 마을의 사

---

[14] 이용기, 「19세기 후반 반촌 동계의 기능과 성격 변화: 전남 장흥군 어서리 동계를 중심으로」, 『사학연구』 91(2008), 297쪽, 각주 65.

례를 보면, 아랫사람과 윗사람의 사회적 격차가 교과서에서 보이는 신분격차, 「미스터 션샤인」이라는 드라마에서 보듯이 주인이 종을 때려죽일 수 있는 그런 격차가 아니었다. 이 마을의 아랫사람들은 당당하게 본관을 가진 조선의 양반 성씨이다. 의령남씨의 이웃 마을이 그 성씨의 세거지이다. 그 마을의 경제적 상황이 넉넉지 않아 살기 어려운 사람들이 산을 넘어와 의령남씨 마을의 아랫사람이 되어 살아온 것이다. 필자는 고산 윤선도 집안의 고문서 조사 답사를 한국학중앙연구원 장서각 연구진과 함께 간 적이 있는데, 어느 날 저녁에 의령남씨 마을의 아랫사람들과 본관이 같은 집안사람들이 문서를 들고 와서 안승준 박사에게 무언가 부탁해 왔다. 나는 그 집안 어른에게 "○○(본관)씨는 세거지가 낭신 ○○○마을이죠?"라고 했다. 내 질문을 받은 그 집안 어른이 깜짝 놀라면서 "거기를 어떻게 알아요?" 했다. 더 이상 이야기를 나누면 곤란해질 것 같았다. "아. 네. 그 마을은 1970년대 농촌마을 소득증대에서 아주 이름을 떨친 마을입니다"라고 둘러댔다. "아이고, 우리보다 더 잘 아시네."라고 해서 대화가 매듭지어졌다.

어쨌거나 이 의령남씨 마을에서 6·25 전쟁 때 '계급투쟁'이 일어났다. 머슴은 붉은 완장을 차고 막강한 힘을 발휘하는 인민위원장이 되고 아랫사람들은 윗사람들을 동무라고 부르고 계급투쟁의 적이라고 불렀다. 1차적으로 그들은 사당을 접수해서 인민위원회 집무실로 사용하겠다고 의령남씨에게 통보했다. 사당은 동네에서 가장 크고 품위 있는 집이고 동네에서 가장 높은 곳에 있으니 새 권력의 상징으로서 인민위원회 집무실을 사당에 차리는 것은 여러 가지로 좋아 보였을 것이다. 의령남씨들은 당혹스러웠다. 잘못하다가는 다른 마을에서 벌어졌다는 인민재판이 여기에서도 열려 죽을지도 모르니 순순히 물러날 것인가? 지금 불천위사당이라는 것을 설명해도 공산당이 받아들여 줄 것인가? 봉건 잔재를 지키려는 반동계급으로 내몰릴 것인가? 위험스럽긴 하지만 종중에서는 '건의'를 해 보기로 했다. 종중에서는 인민위원장을 찾아가서 설명했다. '사당은 제사 지내는 곳이고 불천위 제사를 모셔 온 곳이니 내줄 수 없다. 종가가 크고 넓으니 인민위원회 집무실로 쓰라'고 부탁했다. 인민위원회에서는 이 말이 일리가 있다고 생각해 사당은 손대지 않고 종가에다 인민위원회 사무실을 차렸다. 다행히 이 마을에서는 계급투쟁이나 신분투쟁의 살육이 일어나지 않고도 이일분수(理一分殊)의 래디컬화가 일어났다. 새로운 사회이론에 입각한 인민위원회는 기존의 촌회, 촌계, 동계를 인민의, 인민에 의한, 인민을 위한 인민위원회로 바꾼 것이다. 인천상륙작전이 일어나기 전까지

이지만 말이다.

앞서 인용했던 천주교 순교자 황일광(시몬, 1757~1802)을 다시 보자.『하느님의 종, 윤지충 바오로와 동료 123위: 시복 자료집 제4집』에서는 이렇게 적고 있다.

> 홍주 출신으로 인간 이하로 깎아내려진 계층, 인도의 파리아 족에 비교될 수 있는 백정 계층에 속해 있었다. 천주교 교리를 배우고 난 후 그는 고향을 떠나 경상도 지방으로 이주하였고, 거기서 열성으로 교리를 실천하였다. 천주교인들은 그를 집안에 맞이하였는데 이는 이 계층의 사람들에게 결코 일어난 적이 없는 일이었으므로, 그는 자신에게는 천국이 두 개 있는데, 그 하나는 사람들이 자신을 위해 주는 거기에 바로 지상 천국이 있고, 또 하나는 후세에 있다고 익살스럽게 말하였다. (155쪽)

교우들은 그의 신분을 잘 알았으나 그것을 비난하기는커녕 사랑으로 그를 형제처럼 대했다. 그는 다른 교우들과 같은 자격으로 심지어는 양반들의 방 안에까지 받아들여졌다. 그로 인해 그는 농담처럼 말하기를, '자기에게는 두 개의 천국이 있으니, 하나는 자기 신분에는 너무나 과한 대우를 해주는 이 땅에 있고, 또 하나는 후세에 있다'고 했다. 황일광은 농담 삼아 말했다고 하지만 농담을 이렇게 순교자 시복 자료집에 쓸 리가 있을까?

이즈음에 조선의 커뮤니티, 마을에서도 이일분수의 래디컬화가 진행되고 있었다. 이일분수의 래디컬화는 '주자학 전통'의 선비에 의해 이론화되고 체계화되었다. 경주의 지식인 최제우가 그 역할을 했다. 그는 뛰어난 사회운동가였다. 그는 지식인들을 위해서는『동경대전』을 짓고, 한문을 모르는 대중과 여성을 위해서는『용담가사』를 지었다. 지식인들이나 양반들이 알아서 백성을 위해 일하는 노선이 아니라 백성들도 개인 주체로서 도통할 수 있는 길을 보여주었다. 사서삼경을 읽지 않아도 구원받을 수 있는 길이 열렸다. 착한 주인께서 선의로 구원의 길로 안내하기를 기다릴 필요가 없다.『용담유사』의 노래를 따라 부르고 '은총'의 길로 들어서면 구원을 받을 수 있다. 거기에는 남녀의 차이도, 신분의 차이도, 교육 정도의 차이도 없다. 시천주의 가르침을 받드는 개인 주체만 있을 뿐이다.

1860년 동학의 탄생은 한국의 반만년 역사에서 '에포컬 모멘텀'이다. 귀족이나 부자들을 위한 교육이 아니라 '보통 사람, 보통 국민'의 교육을 통해 근대화를 부르짖은 그룬트비나 달가스의 시대에 조선의 한 지방인 경주 최부자집의 전통에서 세계적인 사상인 동학이 탄생했다. 실학자들이 주자학 주위를 맴돌았다면 최제우는 백성을 구제하겠다는 분명한 생각을 가지고 이름도 '제우'로 바꾸고 한글 가사를 짓고, 이일분수의 래디컬화를 완성했다. 복잡하게 설명하지 않았다. 천자문을 해야 한다거나 한자 몇 개를 알아야 한다는 조건도 없다. 글자를 몰라도 공맹을 공부하지 않아도 구원받을 수 있다. 그는 헛되이 추구하는 공맹의 도가 아니라 실천하는 도, 세상을 이롭게 하는 도의 실천을 강조했다. 이일분수의 참뜻을 명확히 설명해 주었다. 모든 사람이 천주(天主)를 모시고 있는 것이다. 천주를 만나러 성당에 가지 않아도 된다. 로마에 갈 필요도 없다. 모든 사람 자신이 천주의 분신이다. 천주는 하나이되 여럿이다. 온 세상 사람들이 천주를 모셨으니, 천주는 하나이면서 온 세상 사람만큼 존재하는 것이다. 동학에서 많은 지도자를 만들어낸 것은 우연이 아닐 것이다. 누구나 깨친 사람이 될 수 있으니 누구나 자신의 운명을 개척할 수 있는 근대인이 되기에 동학에서, 천도교에서 많은 개혁적 지도자들이 나올 수 있었다. 대표적으로 백범은 동학을 만나 새로운 인생을 깨달았다고 했다. 그는 동학에 대한 소문을 듣고 동학교도의 집회소를 찾아갔는데 첫 대화부터 그를 감동시켰다.

교도: 도령은 어디서 오셨소?
백범: 제가 비록 어른이라도 당신께 공대를 받지 못하련만 하물며 아직 아이인데 어찌 공대를 하십니까?
교도: 천만의 말씀이오. 나는 다른 사람과 달리 동학 도인이라서 선생의 교훈을 받들어 빈부귀천에 따라 차별대우를 하지 않습니다.[15]

백범은 이 대화를 시작으로 동학의 근본 정신을 듣게 된다. 교도는 백범이 동학교도라서 차별하지 않는 게 아니라 자신이 동학교도이니 남을 차별하지 않는 것이다. 성리학, 주자학의 분수론과는 완전히 다른 입장이다. 백범은 이렇게 말한다.

단 한 번의 문답이었지만 몹시 기뻤다. 과거에 낙제를 하고 관상 공부를 하면

---

[15] 김구 저, 배경석 편, 『올바르게 풀어쓴 백범일지』(너머북스, 2008), 68쪽.

서 마음 좋은 사람이 되기로 마음으로 맹세한 나에게 예로써 천주를 모시고 도를 행한다는 말이 절실하게 마음에 와닿았다. 또한 상놈 된 원한이 골수에 사무친 나에게 동학에 입도만 하면 차별대우를 없앤다는 말이나, 이조의 운수가 다하여 장래 새 나라를 세운다는 말에는 더욱 지난해 과거시험장에서 겪었던 슬픈 기억이 떠올랐다. 동학에 입도하고 싶은 마음이 불길같이 일어났다.[16]

청년다운 기백이다. 조선이 망하고 새 나라가 창건된다는 말에 동학에 입도하고 싶은 마음이 불길같이 일어났다고 했다. 그가 보는 새 공동체, 새 나라는 차별대우가 없는 이일분수의 래디컬 테제가 실현된 곳이다. 이일분수의 새로운 길, 새로운 공동체, 새 천하를 기획한 것은 중앙이 아니라 경주라는 지방의 개방적 주자학이다. 유불선과 서학을 합쳐 휴머니즘적으로 재구성한 동학이다.

20세기 후반 강원도 원주에서 새로운 사회운동, 생명운동이 출범할 때 동학에 기댄 것은 너무 자연스러운 선택이 아니었을까 싶다. "사람이 바로 한울이요, 한울이 바로 사람이니 사람 밖에 한울이 없고, 한울 밖에 사람이 없는 것"이니 "사람 섬기기를 한울같이 하라"는[17] 선포는 서양의 휴머니즘보다 한 단계 더 나아가는 것이다. 백범이 입도할 때는 최해월이 지도자로 있던 때인데 최해월은 "사람은 한울이라 평등이오 차별이 없나니 사람이 인위로서 귀천을 분별함은 곳 천의에 어기는 것이니 제군은 일체 귀천의 차별을 철폐하야 선사의 뜻을 잇기로 맹세하라"고 했다. 군자의 덕으로 민초를 감화시키는 정통 유학이나 주자학과 달리 보통 사람의 시대, 보통 사람의 주체를 선언하는 것이 당연해 보인다. 다른 민중종교들과 달리 교주는 자신과 신자는 다른 존재가 아니라 같은 존재, 평등한 존재라고 말한다.

최수운은 교도들에게 말한다. "나는 도시 믿지 말고 한울님만 믿어셔라, 네 몸에 모셨으니 사근취원하단말가"라고[18] 노래한다. 교주를 믿지 말고 한울님만 믿어야 하는데 그 한울님은 푸른 창공 너머가 아니라 교도 각자의 몸에 있으니 바깥에서 경배 대상을 찾을 수 없다. 그래서 예배할 때, 제사 지낼 때 '벽

---

16 위의 책, 69쪽.

17 천도교중앙총부, 『신사성사법설집』(천도교중앙총부출판부, 1987), 54쪽.

18 최제우, 「교훈가」.

을 향하여 위를 베푸는 것'이 아니라 '나를 향하여 위를 베풀라'고 말한다. 즉 향아설위이다. 시천주 사상은 하늘과 민중, 역사와 민중 사이에 중재자, 매개자의 역할을 독점하여 온 지배계급 또는 선별된 지식인 계층을 부정하고 모든 이가 한울과 역사를 알고 행동할 수 있다고 선언한다.[19] 개인의 발견, 개인의 주체성, 정체성을 이렇게 분명하게 제시한 철학이 있을까?

한국의 근대화운동에서 동학·천도교가 없었다면 한국의 근대화 길은 서양 선교사, 유학파들, 아니면 '식민지정책 당국' 등이 주도하는 단조로운 길을 걸었을지도 모른다. 천도교 없는 3·1운동을 생각할 수 있을까? 조선의 농업 문제를 해결하기 위해 덴마크를 모델로 해서 한국에 협동조합운동, 공동경작운동, 소비조합운동, 여성운동, 교육운동 등을 내내직으로 진개한 동학·천도교는 토착적이되 개방적이고, 한국적이되 국제적이었기에 이일분수의 한국화, 이일분수의 한국적 근대화를 추동하지 않았을까?

5. 공동체를 향한 불가능한 꿈을 향해

이일분수라는 주자학, 성리학의 도덕질서론은 차별, 차등, 대립을 넘어 상호 존중과 배려의 길을 열 수 있는 계기를 안고 있다. 그것은 결단과 실천으로 발현되어야 한다. 서원의 사색 공간이나 절간의 수도원이 아니라 마을에서, 향촌에서, 광장에서 실천되어야 한다. 황일광이 체험할 수 있도록 여기, 지금, 실천되어야 한다.

조광조의 소학·향약운동은 그 좌절에도 불구하고 시도로서 의미를 갖는다. 사족의 지배라는 스테레오타입에 갇혀 조선의 마을, 조선의 향촌을 무시무시한 억압과 갈등체제로 보는 사람들은 이일분수를 신분차별의 정명론, 명분론으로 볼지도 모른다. 그러나 새로운 질서를 고민한 주자학자들은 사학, 사창, 향약, 동계 등에서 이일분수의 래디컬화를 고민했다. 현실적으로는 조선의 향촌, 조선의 마을이 서양의 중세에 비해 상대적으로 상하의 거리가 가깝고 인격적이었기 때문에 그러지 않았을까?

---

[19] 한완상·한도현, 「민중종교의 종말론적 급진성: 동학에 나타난 조선농민의 혁명적 열망」, 일랑 고영복 교수 화갑기념논총 간행위원회, 『사회변동과 사회의식』(전예원, 1988).

서양의 성경과 마르크스주의는 이일분수의 래디컬화에 영향을 주었다. 그러나 조선의 주자학이 끌려간 것만은 아니다. 세계철학사와 사상사에서 놀라운 반전이 1860년 경주에서 일어났다. 다름 아닌 최부자의 전통문화 속에서 시천주라는 주자학적 만인사제론이 분명하게 모습을 드러내었다. 제3세계의 많은 토착종교들이 '미신'적이고, '샤머니즘'적인데, 동학은 서양을 정확히 이해했고 근대 교육, 남녀평등, 신분타파, 자립·자조운동을 선도했다. 지금 젊은 세대들은 동학·천도교를 역사 교과서에서만 배우겠지만 동학·천도교 160년은 한국사는 물론이고 세계사적으로도 중요한 자취를 남겼다. 동학·천도교라는 다리를 건너 주자학이 결국 나라를 구한 것이다. 주자학 때문에 나라를 잃었다고 말하는 사람들도 많았지만, 제폭구민·안민보국의 기치를 들고 조선왕조의 부패에 맞서고, 외세의 침략에 맞선 것도 동학·천도교였다. 그렇지만 동학·천도교는 제3세계의 많은 토착종교들이 보여준 배외민족주의를 택하지 않았다. 서구의 침략하에 전개된 토착종교·민중종교운동은 상당히 배타적인 태도를 갖고 있는 데 비해 동학·천도교는 1860년의 서세동점 시기에도 개방적 자세를 견지하였다. 서양을 백안시하고 경시했던 지식인들의 위정척사보다 훨씬 더 개방적이고 진취적이다. 동학·천도교는 서양과 동양의 관계, 외세와 조선의 관계에 대해 '운인즉 하나요, 도인즉 같다'고 했고 그래서 도를 '천도'라는 보편 이름을 택했다.[20] 그들은 서양의 근대, 일본의 근대를 적극적으로 흡수하고자 했다. 동과 서를 보는 개방된 시선은 동학·천도교를 20세기를 넘어 21세기의 사상으로 만들 수 있는 것이다. 그들은 궁핍과 무지에 찌든 조선의 농촌을 살기 좋은 이상촌으로 만드는 오디세이의 선장이 되었다. "그 꿈, 이룰 수 없어도, 싸움, 이길 수 없어도, 슬픔, 견딜 수 없다 해도, 길은 험하고 험해도 […] 잡을 수 없는 별일지라도 힘껏 팔을 뻗으리라"는 다짐으로 160년의 실천을 보여주었다.

이일분수의 래디컬화를 통해 이상향, 공동체를 향하는 오디세이의 모범은 다른 곳에서도 찾을 수 있다. 스페인 바스크의 작은 타운에서 사목활동을 한 호세 마리아 신부가 있다. 그는 보수적 가톨릭 신부였지만 자율, 책임, 민주주의, 남녀평등, 협동의 정신으로 그의 마을 아라사테(Arrasate, 몬드라곤)를 발전시켜 왔다. 1956년에 그는 기술학교를 졸업한 5명의 미취업 청년들을 설득하

---

20 위의 글, 347쪽.

여 협동조합기업을 창립하게 했다. 그 기업은 2021년 현재 8만 1,000명의 직원을 거느린 세계적 기업으로 발전했다. 그 협동조합이 자리 잡고 있는 타운들은 평등, 민주주의, 개발의 상징적인 타운이 되었다.[21] 그는 신 앞의 평등이라는 인문주의, 휴머니즘을 기업활동에 접목시킨 탁월한 지도자이다. 이일분수의 몬드라곤적 표현·실천은 세계의 산업민주주의운동, 협동조합운동, 지역개발운동의 표본이 되고 있다. 그는 1976년 세상을 떠났지만 그의 사상은 협동조합론, 경제발전론의 교과서에 등장하고 있다. 그의 사상은 작은 책자 『생각(Pensamientos)』으로 2013년에 발간되었고, '아리스멘디아리에타의 친구들' 회는 바스크를 넘어 스페인, 남미, 아시아 등으로 호세 마리아 신부의 협동과 휴머니즘 사상을 전파하고 있다. 2016에 한국에서도 『호세 마리아 신부의 생각』이라는 이름으로 이 책이 출간되었다. 호세 마리아 신부의 사상을 전파하는 데 그 핵심 역할을 하고 있는 라스피우르 씨는 이렇게 말한다.

> 그는 언제나, 언제나 말씀하셨어요, 명심해야 할-명심해야 할 점은 그는 프랑코 독재정권 때 사셨고 독재정권 아래서도 산업민주주의를 만들고 싶어 하셨어요. 그러니까, 인간이 중심이 되는 회사를 만드는 것, 왜냐하면 그는 어떤 사-사람이든, 수준이 어떻든 간에, 회사에 굉장한 가치가 될 수 있는 지식을 기여할 수 있다고 이해하셨거든요. 에. 그래서 그러니까 거기-거기서 이 사람의 휴머니즘적-휴머니즘과 미래를 바라, 바라, 바라보는 그의 비전을 조금 엿볼 수 있어요."[22] (Mr. Laspiur 인터뷰, 2021년 11월 9일)[23]

암울한 프랑코 독재 시대에, 경제적 궁핍의 시대에 다른 사람들이 좌절할 때 호세 마리아 신부는 근로자들이 주체가 되고 주인이 되는 협동조합기업이라는 비전을 세우고 젊은 청년들을 규합하여 남들이 가보지 않은 길을 찾아

---

21 한도현, 「스페인 몬드라곤 타운의 지역개발 거버넌스와 한국의 지역소멸 대책에의 시사점」, 『청계사학』 27(2024).

22 Siempre, siempre él decía, ten en cuenta que- tened en cuenta que vivió en una dictadura y él quería crear, dentro de una dictadura, una democracia industrial. Es decir, crear empresa en la que la persona fuera el centro, porque él entendía que cualquier per- persona puede aportar, al nivel que sea, sus conocimientos que les pueden valer a la empresa fenomenal. ¿Eh? Entonces pues ahí- ahí se veía el humanisto- el humanismo de este hombre y un poco su visión hacia, hacia, hacia el futuro.

23 인터뷰는 스페인어로 ZOOM 미팅 형식으로 진행하였다. 스페인어 인터뷰는 한국학대학원 글로벌 학부의 최봄이 양이 맡았다.

나섰다. 지금 그의 비전이 실현된 아라사테나 오냐티(Onati)같은 작은 타운을 방문한다면, 이일분수 이론을 협동조합기업에서 실현하고 호혜와 협력의 커뮤니티를 건설한 개척자의 발자취를 분명히 발견할 것이다.

참고문헌

논저

강원돈, 「만민에서 개인으로의 전환: 개항 전후 외래 문명의 수용과 변용의 맥락에서」, 『신학과 사회』 33-4, 2019, 105~154쪽.

김구 저, 배경식 편, 『올바르게 풀어쓴 백범일지』, 너머북스, 2008.

김옥희, 『박해시대의 교우촌』, 계성출판사, 1986.

박종천, 「조선시대 예안 광산김씨의 친족활동: 계회와 성회를 중심으로」, 『국학연구』 30, 2016, 93~139쪽.

박종천, 「조선 후기 재난에 대한 향촌공동체의 대응과 호혜성의 증진: 鄕約과 洞契의 정비를 중심으로」, 한국학중앙연구원 특강 자료, 미출간.

백광렬, 「조선시대 계에 대한 인식과 연구사: 동계의 단체성을 중심으로」, 『조선시대의 계와 향촌사회연구』, 한국학중앙연구원 학술대회 발표문, 2021년 10월 22일.

신용하, 「갑오농민전쟁 시기의 농민집강소의 활동」, 『한국문화』 6, 1985.

오지영, 『동학사』, 영창서관, 1940.

이용기, 「19세기 후반 양반 동계의 기능과 성격변화: 전남 장흥군 어서리 동계를 중심으로」, 『사학연구』 91, 2008, 261~311쪽.

飯沼二郎·姜在彦 共編, 『植民地期朝鮮の社會と抵抗』(京都大学人文科学研究所報告), 東京: 未来社, 1982; 백산서당편집부 역, 『식민지 시대 한국의 사회와 저항』, 백산서당, 1983.

전종익, 「정조시대 천주교 전래와 평등」, 『법사학연구』 40, 2009, 105~137쪽.

정승모, 『조선후기 지역사회구조 연구』, 민속원, 2010.

조광, 「한국 교회사의 민족사적 의미: 2. 평등사회 구현을 위한 노력」, 『가톨릭신문』 1981년 3월 8일.

천도교중앙총부, 『신사성사법설집』, 천도교중앙총부출판부, 1987.

최수정, 『정감록에 대한 사회학적 고찰』, 해방서림, 1948.

한국천주교 주교회의 시복시성 주교 특별위원회, 『하느님의 종 윤지충 바오로와 동료 123위 시복 자료집 제4집』, 한국천주교 주교회의 시복시성 주교 특별위원회, 2007.

한도현, 「예치공동체의 폐쇄성과 개방성」, 김상준·한도현·박현모·이원택·최진덕, 『유교의 예치이념과 조선』, 청계, 2007.

한도현, 「스페인 몬드라곤 타운의 지역개발 거버넌스와 한국의 지역소멸 대책에의 시사점」, 『청계사학』 27, 2024.

한완상·한도현, 「민중종교의 종말론적 급진성: 동학에 나타난 조선농민의 혁명적 열망」, 일랑 고영복 교수 화갑기념논총 간행위원회, 『사회변동과 사회의식』, 전예원, 1988.

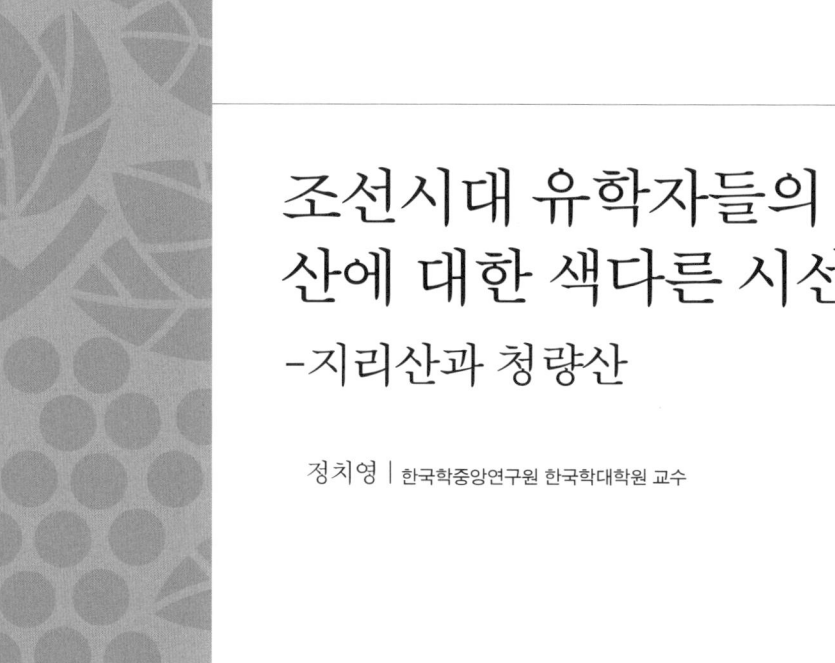

조선시대 유학자들의 산에 대한 색다른 시선
-지리산과 청량산

정치영 | 한국학중앙연구원 한국학대학원 교수

1. 머리말

조선시대 유학자 사이에 명산(名山) 유람이 성행하였다. 유학자들은 유람을 공부의 수단으로 여겼으며, 산을 공부의 텍스트이자 수기(修己)와 존양(存養)의 장소로 삼았다. 유람을 통해 산의 경관을 독해하고 인식하였고, 이를 인간화하여 명유(名儒)의 이미지와 결합하기도 하였다.

유학자들은 산을 유람한 뒤에 그 체험을 글로 남겼는데, 이를 유산기(遊山記), 유람록(遊覽錄) 등이라 한다. 유람록의 형식은 작가에 따라 약간의 차이가 있으나, 대개 첫머리에 유람의 동기, 동행인을 기술한 다음 날짜별로 유람하면서 견문한 내용과 소감을 기록하고 있다. 따라서 유람록을 통해 조선시대 유학자들의 여행 과정과 함께 당시 여행 지역의 상황을 파악할 수 있으며, 나아가 유학자들이 유람 중에 산을 바라본 다양한 시선과 유람을 통해 얻게 된 산에 대한 인식을 추적할 수 있다. 이러한 점에 착안한 이 글은 지리산(智異山)과 청량산(淸凉山) 유람록을 이용하여 유학자들의 산에 대한 다양한 인식을 살펴보는 데 목적이 있다.

여행 기록을 이용하여 과거의 상황을 복원하거나 특정 장소에 대한 인식을 분석하는 연구는 국내외에서 적지 않게 이루어져 왔다. 일본의 지리학에서는 '도중일기(道中日記)'라는 자료를 이용하여 18~19세기 여행자들의 여행 경로를 복원했다.[1] 영국에서는 1500년대 이후 저술된 여행기를 대상으로 지리학뿐 아니라 역사학·인류학·문학 등의 학문 분야가 결합하여 학제적 연구를 수행한 결과물이 발표되기도 하였다.[2]

우리나라에서도 유람록을 분석하여 사대부들이 유람한 뒤에 산을 어떻게 인식하고 문학적으로 형상화하였는지를 고찰하는 연구가 이루어졌으나, 대개 개별 산을 대상으로 한 연구들이었다.[3] 그러므로 지리산과 청량산이라는 대조적인 성격을 지닌 산에 대한 당시 유학자들의 다양한 시선과 인식을 비교·분석하고자 하는 시도는 산에 대한 문화사적 접근이라는 점에서 의의를 지

---

[1] 小野寺淳, 「道中日記にみる伊勢參宮ルートの變遷-關東地方からの場合」, 『人文地理學硏究』 14(1990), 231~255쪽; 田中智彦, 「愛宕越えと東国の巡礼者-西国巡礼路の復元」, 『人文地理』 39-6(1987), 66~79쪽; 田中智彦, 「大坂廻りと東国の巡礼者-西国巡礼路の復元」, 『歷史地理学』 142(1988), 1~16쪽.

[2] Peter Hulme and Tim Youngs ed., *The Cambridge Companion to Travel Writing* (Cambridge: Cambridge Univ. Press, 2002).

닌다고 할 수 있다.

본 연구는 지리산과 청량산의 유람록을 시기별로 분류한 뒤, 그 내용에 대한 개략적인 검토를 통해 연구자료를 선정하는 것에서 시작하였다. 그리고 선정한 유람록의 내용을 세밀하게 검토하면서 유학자들이 산을 어떤 관점에서 바라보았으며, 어떻게 인식하였는지를 살펴보았다. 특히 개인적 특성에 따른 인식의 차이와 함께, 시기에 따른 시계열적 변화를 중점적으로 살펴보았다. 유람록의 저자들에 대한 개인적 특성을 조사하는 데에는 특히 사승관계와 당파 등에 주목하여, 학문적·사상적 배경 등을 파악하였다. 그리고 문헌 연구와 현지 조사를 통해 지리산과 청량산의 자연 및 인문지리적 성격에 대해서도 살펴보았다.

2. 지리산과 청량산의 지리적 특성

지리산과 청량산에 대한 조선시대 유학자들의 시선을 분석하기에 앞서 두 산의 지리적 특징에 관해 살펴볼 필요가 있다. 산에 관한 사람들의 인식에는 그 산의 자연 및 인문지리적 특징이 반영되기 때문이다.

먼저 조선시대 경상도와 전라도에 걸쳐 있었던[4] 지리산은 1,500m대의 높은 봉우리로 구성되어 있고 둘레가 약 320km에 이르는, 한반도 남부에서 가장 높고 커다란 산이다. 최고봉인 천왕봉(1,915m)을 동쪽 기점으로 서쪽의 노고단(1,507m)까지 동서 방향으로 약 45km에 이르는 주능선이 뻗어 있으며, 주능선을 중심으로 남북 방향으로 20여 개 이상의 크고 작은 골짜기가 형성되어 있다. 이 골짜기들은 매우 깊어 대부분 그 길이가 10km가 넘으며, 예로부터 사람들이 정착하여 촌락과 농경의 터전으로 이용하였다.[5] 또한 골짜기를 따라

---

[3] 대표적인 연구는 다음과 같다. 강혜선, 「17·8세기 금강산의 문학적 형상화에 대한 연구」, 『관악어문연구』 17(1992), 91~111쪽; 이혜순 외, 『조선중기 유산기 문학』(집문당, 1997); 홍성욱, 「조선전기「遊頭流錄」의 지리산 형상화 연구」, 『한문학논집』 19(1999), 23~53쪽; 이종묵, 「退溪學派와 淸凉山」, 『정신문화연구』 24-4(2001), 3~31쪽.

[4] 조선시대에 지리산은 경상도 진주목·함양군·하동현·산청현, 전라도 남원도호부·구례현·운봉현에 걸쳐 있었으며, 현재는 경상남도 함양군·산청군·하동군, 전라북도 남원시, 전라남도 구례군에 걸쳐 있다.

[5] 정치영, 『지리산지 농업과 촌락 연구』(고려대학교 민족문화연구원, 2006), 23~29쪽.

서 흘러내리는 계류는 삼림이 울창한 거대한 산지를 수원(水源)으로 삼아 물이 맑으며 수량이 매우 풍부한데, 화개계곡·피아골·백무동·칠선계곡·한신계곡 등이 지리산의 이름난 계곡들이다.

지리산의 가장 중요한 자연지리적 특징이라 하면 토산(土山)이라는 점을 꼽을 수 있다. 지리산의 지질의 골격은 지리산변성암복합체에 속한 변성암류로 이루어져 있는데, 변성암은 토산을 잘 형성한다.[6] 여기저기 노출된 암석들로 빼어난 경치를 자랑하는 금강산과 같은 화강암 산지와는 달리, 변성암 산지는 장구한 시간 동안 침식과 퇴적작용으로 암석의 노출이 드물고 기복이 적어 전체적으로 산세가 부드러우며 토심(土深)이 깊어 삼림이 무성한 산을 이룬다. 토산은 산세가 중후하면서도 푸근하여 인간에게 친밀감을 줄 뿐만 아니라, 삼림이 우거져 있어 물질적으로도 풍요로운 산이다.[7] 이에 대해 유몽인(柳夢寅)은 그의 유람록 『유두류산록(遊頭流山錄)』 끝부분에 지리산을 '소골다육(少骨多肉)'이라 표현하였다.[8]

우리나라 남부지방의 산을 대표하는 지리산은 오래전부터 신앙의 중심지였다. 신라시대부터 오악(五嶽) 가운데 남악(南嶽)으로 신성시되어 매년 나라에서 제사를 지냈으며, 무속신앙의 발원지로 알려져 있다.[9] 불교에서는 지리산을 문수보살의 도량이라 여겼으므로 많은 사찰이 그 안에 들어섰으며, 조선시대까지도 수백 개에 이르는 사찰이 유지되어 유학자들의 유람 거점이 되었다. 또한 지리산은 예로부터 신선이 사는 삼신산(三神山)의 하나인 방장산(方丈山)으로도 불렸으며, 도가의 이상향 청학동(靑鶴洞)이 지리산에 있다는 전설이 전해 내려왔다.[10] 지리산을 유람하는 유학자 중 상당수가 청학동의 존재 여부를 확인하려고 시도했는데, 김종직(金宗直)·김일손(金馹孫)·남효온

---

6 권혁재, 『한국지리-총론편』(법문사, 1996), 33쪽.
7 정치영(2006), 앞의 책, 38쪽.
8 유몽인, 『於于集』 後集 卷6 「遊頭流山錄」.
9 천신(天神)의 딸 성모마고(聖母麻姑)가 지리산 천왕봉으로 하강하여 법우화상(法雨和尙)과 부부의 인연을 맺어 딸 8명을 낳아 모두 무당으로 길러서 팔도로 보내 민속을 다스리게 했다는 전설이 있다. 秋葉隆, 심우성 역, 『조선민속지』(동문선, 1993), 280쪽.
10 정치영(2006), 앞의 책, 56쪽.

(南孝溫)·조식(曺植) 등이 대표적이다.[11] 이러한 지리산의 인문지리적 특징은 유학자들의 지리산 인식에 영향을 미쳤다.

조선시대 경상도 안동대호호부에 속했던[12] 청량산은 최고봉인 장인봉의 높이가 870.4m, 전체 둘레가 40km 남짓한 크지 않은 규모의 산이다. 장인봉·선학봉·자란봉·탁필봉·축융봉 등 주세붕(周世鵬)이 명명한 것으로 알려진 12개의 봉우리와 기암절벽이 어우러져 '소금강(小金剛)'이라 불릴 정도로 경치가 아름답다. 청량산은 이중환이 '나라의 큰 명산[國中大名山]' 12개[13] 중 하나로 꼽았을 정도로[14] 조선시대에도 명성이 높았는데, 여기에는 특히 수직에 가까운 단애(斷崖)로 이루어진 봉우리들의 기이한 경치가 큰 몫을 하였다. 청량산은 주로 퇴적암의 일종인 역암(礫岩)으로 구성되어 있으며, 퇴적암의 특징인 층리(層理)가 발달하여 화강암이나 변성암으로 이루어진 산과 다른 느낌을 준다. 이러한 청량산의 특징을 1544년 이 산을 유람했던 주세붕은 아래와 같이 묘사하였다.

이 산은 그 둘레가 100리도 안 되나 봉우리가 층층이 쌓여서 깎아지른 절벽을 이고 있고, 안개 낀 수목은 그림 같으니 조물주가 따로 그 재주를 부린 것이라 할 수 있다. […] 내가 생각하기에 우리나라의 여러 산 가운데 웅장함은 지리산만 한 것이 없고, 깨끗하고 빼어나기로는 금강산만 한 것이 없으며, 기이한 경치는 박연폭포와 가야산 골짜기만 한 것이 없다. 그러나 반듯하고 엄숙하며 탁 트인 경치에 이르러서는 비록 작지만 업신여기지 못할 것은 오직 청량산뿐이다.[15]

다른 산과 구분되는 청량산의 자연지리적 특징은 계곡이 발달하지 않

---

[11] 金宗直, 『佔畢齋集』 卷2 「遊頭流錄」. "又指岳陽縣之北曰 靑鶴寺洞也 噫 此古所謂神仙之區歟 其與人境不甚相遠"; 金馹孫, 『濯纓集』 卷5 「頭流紀行錄」. "緣雙溪之東 復扶筇攀石磴 側危棧行數里 得一洞府 稍寬平可耕 世以此爲靑鶴洞云者也"; 南孝溫, 『秋江集』 卷6 「智異山日課」. "有雙溪寺 余問僧曰 誰是靑鶴洞 義曰 未及石門三四里 有東邊大洞 洞內有靑鶴庵 疑是古之靑鶴洞也"; 曺植, 『南冥集』 卷2 錄 「遊頭流錄」. "始到所謂佛日菴者 乃是靑鶴洞也"

[12] 현재는 경상북도 봉화군 명호면·재산면과 안동시 도산면·예안면에 걸쳐 있다.

[13] 이중환은 금강산, 설악산, 오대산, 태백산, 소백산, 속리산, 덕유산, 지리산 등 8개의 산을 영척팔산(嶺脊八山)으로 꼽았고, 이외에 칠보산, 묘향산, 가야산, 청량산을 사산(四山)으로 꼽았다.

[14] 李重煥, 『擇里志』 「卜居總論」 山水.

[15] 周世鵬, 『武陵雜稿』 卷7 「遊淸凉山錄」.

앉다는 점이다. 여기에는 산의 규모·지질·지형·식생 등과 함께 이 일대가 우리나라에서 강수량이 가장 적은 지역 가운데 하나라는 기후적 특징이 중요하게 작용한 것으로 보인다. 이 때문에 청량산은 물이 귀한 편이고, 물과 관련된 담과 소 등을 볼 수 없다.[16] 그렇지만 서쪽을 흐르는 낙동강이 산과 어우러진 모습은 청량산의 중요한 경관 중 하나이다.

    규모와 명성 면에서 금강산·지리산 등과 비교할 수 없었던 청량산이 유학자들의 주목을 받기 시작한 것은 16세기부터이며, 주세붕, 이황(李滉) 등의 역할이 컸다. 주세붕은 풍기군수로 근무하면서 청량산을 유람하고 『유청량산록(遊淸凉山錄)』을 남겼다. 이 글은 청량산이 전국적으로 알려지는 계기가 되었으며, 청량산을 유람하는 후대 사람들에게 안내서 역할을 하였다. 이황은 청량산이 유학자들의 발길이 끊이지 않는 명소가 되는 데 커다란 공헌을 하였다.[17] 그의 집안은 숙부인 이우(李堣) 때부터 청량산을 학습 장소로 사용하였으며,[18] 이황도 어릴 때부터 숙부와 형을 따라 청량산을 오가며 공부하였다.[19] 이황은 관로에 나선 뒤에 청량산을 자주 찾지 못했으나 항상 그리워하여 '청량산인(淸凉山人)'이라는 호를 사용했으며, 벼슬에서 물러난 뒤에 제자들과 함께 청량산을 두 차례 유람하기도 했다.[20] 그가 청량산을 우리 집안의 산 즉 '오가산(吾家山)'이라 칭하였기 때문에 후인들은 이황이 학문을 연마하던 자리에 오산당(吾山堂)을[21] 세웠다. 이러한 인연으로 청량산은 이황과 동일시되어 그의 제자들과 그를 존경하는 사람들의 순례 장소가 되었다.[22]

---

16 조융희 외, 『고전으로 읽는 한국의 자연과 생명』(한국학중앙연구원 출판부, 2018), 327쪽.

17 정치영, 「유산기로 본 조선시대 사대부의 청량산 여행」, 『한국지역지리학회지』 11-1(2005), 56~57쪽.

18 김동협, 「유학자의 자연이해의 한 局面-주세붕의 『遊淸凉山錄』과 소위 이황의 『청량산가』에 대하여」, 『대동한문학』 15(2001), 126~127쪽.

19 이황 집안의 세거지인 안동시 도산면 온혜(溫惠)에서 청량산까지는 불과 10km 남짓한 거리인데, 이황의 스승 역할을 하였던 숙부 이우는 1486년부터 청량산의 안중사, 만월암 등지에서 독서를 하였으며, 조카인 이해(李瀣)·이황 형제를 청량산에 데리고 가서 가르쳤다. 이황의 청량산 첫 나들이는 13세 때로 추정되며, 15세·25세·33세 때에 청량산에 가서 공부했다.

20 이종묵, 「退溪學派와 淸凉山」, 『정신문화연구』 24-4(2001), 7~21쪽.

21 '청량정사(淸凉精舍)'라고도 하며 영남사림에 의해 1832년에 건립되었다.

22 정치영(2005), 앞의 글, 57쪽.

3. 지리산과 청량산을 유람한 유학자들

지리산과 청량산 유람록의 저자들을 유람 시기순으로 정리한 것이 〈표 1〉과 〈표 2〉이다. 먼저 지리산을 여행한 후 유람록을 남긴 48명의 면면을 살펴보면 지리산을 유람할 당시의 나이는 20대부터 60대까지 다양하지만, 40대와 50대가 각각 12명으로 가장 많았다. 유람 당시 현직 관료였던 사람은 김종직 등 6명에 불과하며, 대개 지리산 인근 군현의 수령으로 근무하였다. 관직을 역임한 사람보다 평생 관직에 나가지 않은 사람이 더 많으며, 후대로 갈수록 그러한 경향이 더욱 증가하였다. 이 가운데는 남효온·조식과 같이 어지러운 정치 현실에 환멸을 느끼고 관직에 나가기를 꺼린 사람이 적지 않고, 대신 평생 고향에서 학문에 전념하고 후학을 양성한 유학자들이 많았다. 특징적인 점은 임진왜란을 전후한 시기에 지리산을 오른 유학자 중에 의병에 참여한 이가 변사정(邊士貞)·양대박(梁大樸)·박여량(朴汝樑)·성여신(成汝信)·조위한(趙緯韓)·양경우(梁慶遇) 등 6명이나 된다는 점이다.

유람 당시의 거주지는 확인하기 어려운 7명을 뺀 41명 가운데 경상도에 거주하던 이가 29명으로 가장 많고, 전라도가 11명이며 충청도가 1명이었다. 경상도 중에서는 진주목이 7명으로 으뜸이며, 함양군과 단성현이 각각 4명, 산청현이 2명 등으로 지리산 인근의 군현에 사는 사람들이 많았다. 전라도에서는 지리산을 끼고 있는 남원도호부 거주자가 9명으로 압도적이었다. 정리하면, 지리산은 인근의 거주자들이 주로 찾은 산으로, 유람객이 전국에 걸쳐 있는 금강산과는 달랐다.

지리산 여행자들의 사승관계를 살펴보면, 조선 전기에 지리산을 찾은 남효온과 김일손은 앞서 지리산을 여행한 김종직의 제자였다. 김종직은 영남사림(嶺南士林)을 대표하는 인물로, 그의 지리산 여행은 후대에 지리산을 찾는 사람들에게 많은 영향을 주었다. 조선 중기 들어 조식이 지리산에 오른 후에는 그 제자인 성여신을 비롯해 그를 흠모하는 이들의 발길이 이어졌다. 이를테면 박여량은 조식의 제자인 정인홍(鄭仁弘)에게 수학한 사람이며, 하수일(河受一)·박민(朴敏)·신명구(申命耈) 등도 조식의 학맥을 이은 사람들이다. 한편 정식(鄭栻)·이동항(李東沆)·박치복(朴致馥)은 사승관계로 보아 이황의 학문을 이어받은 영남학파(嶺南學派)에 속하는 인물들이다. 조선 후기에 지리산을 찾은 사람 가운데는 이이(李珥)의 학문을 계승한 기호학파(畿湖學派)로 분류되는 이도 적지 않았다. 김집(金集)의 문인인 김지백(金之白)을 시작으로, 송

표 1. 지리산을 유람한 유학자들

성명	생몰년도	연도*	나이*	거주지*	관직*	사승관계 및 주요 경력
李陸	1438~1498	1463	26	경상 진주	-	성균관 대사성, 예조참판, 병조참판 등 역임
金宗直	1431~1492	1472	42	경상 함양	함양군수	선산부사·이조참판 역임, 영남사림의 영수
南孝溫	1454~1492	1487	34	?	-	김종직의 문인, 생육신의 한 사람, 관직에 나가지 않음
金馹孫	1464~1498	1489	26	경상 청도	-	김종직의 문인, 홍문관 교리 역임, 무오사화로 처형됨
曺植	1501~1572	1558	58	경상 삼가	-	관직에 나가지 않고 정구(鄭逑), 정인홍(鄭仁弘) 등 많은 제자 양성
河受一	1553~1612	1578	26	경상 진주	-	조식의 문인인 종숙 하항(河沆)에게 수학, 영산현감·이조정랑 역임
邊士貞	1529~1596	1580	52	전라 남원	-	임진왜란 때 의병장, 남원을 중심으로 활동
梁大樸	1544~1592	1586	43	전라 남원	-	임진왜란 때 의병장, 전쟁 중에 과로로 사망
朴汝樑	1554~1611	1610	57	경상 함양	-	사간원 정언 등 역임, 임진왜란 때 의병 지원
柳夢寅	1559~1623	1611	53	전라 남원	남원부사	도승지·대사간 등 역임, 인조반정 후 무고로 처형됨
成汝信	1546~1632	1616	71	경상 진주	-	조식의 문인, 임진왜란 때 김덕령을 도움
朴敏	1566~1630	1616	51	경상 진주	-	조식의 문인 최영경(崔永慶)과 정구에게 수학, 정묘호란 때 의병 활동
趙緯韓	1567~1649	1618	52	전라 남원	-	임진왜란 때 김덕령을 따라 종군, 집의·양양군수 역임
梁慶遇	1568~?	1618	51	전라 장성	장성현감	양대박의 아들, 장현광(張顯光)의 문인, 죽산·장성현감 역임
許穆	1595~1682	1640	46	?	-	정구의 문인, 이조참판·우의정 역임
朴長遠	1612~1671	1643	32	경상 안음	안음현감	1653년 흥해에 유배, 상주목사, 이조·예조판서 역임
金之白	1623~1671	1655	33	전라 남원	-	김집(金集)의 문인, 관직에 나가지 않고 학문에 전념
宋光淵	1638~1695	1680	43	전라 순창	순창군수	황해도관찰사, 진주목사 등 역임, 남구만(南九萬)·박세채(朴世采)와 교유
申命耉	1666~1742	1719	54	경상 진주	-	관직에 나가지 않고 덕산에 거주하면서 조식의 영향 받음
趙龜命	1693~1737	1724	32	?	-	관직에 나가지 않음, 이천보(李天輔)·임상정(林象鼎)과 교유
金道洙	1699~1733	1727	29	?	-	금산군수 역임, 신분과 당색을 가리지 않는 교유
鄭栻	1683~1746	1743	61	경상 산청	-	관직에 나가지 않고 덕산에 은거하여 삶
黃道翼	1678~1753	1744	67	경상 함안	-	관직에 나가지 않고 학문과 강학에 주력
李柱大	1689~1755	1748	60	경상 칠곡	-	관직에 나가지 않고 학문에 전념

성명	생몰년도	연도*	나이*	거주지*	관직*	사승관계 및 주요 경력
朴來吾	1713~1785	1752	40	경상 단성	-	관직에 나가지 않고 학문에 전념, 성섭(成涉)·하일호(河一浩)와 교유
李甲龍	1734~1799	1754	21	경상 단성		하필청(河必淸)에게 수학, 정의현감 등 역임
李東沆	1736~1804	1790	55	경상 칠곡	-	최흥원(崔興遠)의 문인, 관직에 나가지 않음
柳汶龍	1753~1821	1799	47	경상 단성	-	유증서(柳曾瑞)의 문인, 관직에 나가지 않고 학문에 전념
安致權	1745~1813	1807	63	경상 함안		황도익의 아들인 황후간(黃後幹)에게 수학, 만년에 명승지를 두루 유람
河益範	1767~1813	1807	41	경상 단성		송환기의 문인, 관직에 나가지 않고 학문에 전념
南周獻	1769~1821	1807	39	경상 함양	함양군수	형조참의·춘천부사 역임
丁錫龜	1772~1833	1810	39	전라 남원	-	이석하(李錫夏)·송환기에게 수학, 관직에 나가지 않음
宋秉璿	1836~1905	1869	34	충청 회덕		송시열의 9대손, 을사늑약에 반대하여 자결
裵瓚	1825~1898	1871	47	경상 산청	-	관직에 나가지 않고 학문에 전념
朴致馥	1824~1894	1877	54	경상 삼가		유치명(柳致明)의 문인, 관직에 나가지 않고 제자 양성
全基柱	1855~1917	1883	29	경상 진주		정재규(鄭載圭)에게 수학, 관직에 나가지 않고 학문에 전념
金成烈	1846~1919	1884	39	전라 남원		관직에 나가지 않음, 을사오적의 참수를 주장
鄭載圭	1843~1911	1887	45	경상 합천		기정진(奇正鎭)에게 수학, 곽종석(郭鍾錫)·조성가(趙性家)와 교유, 관직에 나가지 않음
趙鍾悳	1858~1927	1895	38	?	-	송병선·송병순에게 수학, 관직에 나가지 않고 학업에 전념
姜炳周	1839~1909	1896	58	경상 진주	-	허전(許傳)에게 수학, 학문과 강학에 주력, 박치복(朴致馥) 등과 교유
文晉鎬	1860~1901	1901	42	경상 하동	-	평생 학문에 매진
宋秉珣	1839~1912	1902	64	?	-	송시열의 9대손, 송병선의 아우, 관직에 나가지 않음
李宅煥	1854~1924	1902	49	?	-	조식의 문인 이조(李晁)의 11세손, 사간원 정언, 사헌부 지평 역임
金會錫	1856~1932	1902	47	경상 거창	-	송병선의 문인, 관직에 나가지 않고 학문에 주력
安益濟	1850~1909	1903	54	경상 의령	-	가학을 전수함, 천거로 선공감 감역을 지냄
金敎俊	1883~1944	1906	24	전라 남원	-	전우(田愚)를 사사
鄭鐘燁	1885~1940	1909	25	전라 남원	-	기우만(奇宇萬)·전우를 찾아가 배움
裵聖鎬	1851~1929	1910	60	경상 함양	-	허전의 문인

* 표시한 연도, 나이, 거주지, 관직은 지리산 여행 당시 기준이다. 한국고전번역원의 『한국문집총간』과 〈한국고전종합DB〉인물관계정보, 한국학중앙연구원의 〈한국역대인물종합정보시스템〉, 최석기 외, 『선인들의 지리산 유람록』(돌베개, 2000); 『용이 머리를 숙인 듯 꼬리를 치켜든 듯』(보고사, 2008); 『선인들의 지리산 유람록(3~6)』(보고사, 2009; 2010; 2013a; 2013b) 등의 문헌을 이용하여 필자가 작성하였다.

표 2. 청량산을 유람한 여행자들

성명	생몰년도	연도*	나이*	거주지*	관직*	사승관계 및 주요 경력
周世鵬	1495~1554	1544	50	경상 풍기	풍기군수	호조참판·황해도관찰사 역임, 백운동서원 건립
權好文	1532~1587	1570	39	경상 안동	-	이황의 문인, 관직에 나가지 않고 학문에만 전념
權宇	1552~1590	1575	24	경상 안동	-	이황의 문인, 권호문·김성일(金誠一)·류성룡(柳成龍) 등과 교유, 관직에 나가지 않음
金得硏	1555~1637	1579	25	경상 안동	-	이황의 제자인 류성룡의 문인, 관직에 나가지 않음
申之悌	1562~1624	1594	33	경상 예안	예안현감	이황의 제자인 김성일의 문인, 예조좌랑·창원부사 역임
裵應褧	1544~1602	1600	57	경상 영천	-	나주목사·대구부사 역임, 임진왜란 때 의병 활동, 정구·김륵(金玏)과 교유
金中淸	1567~1629	1601	35	경상 봉화	-	이황의 제자인 조목(趙穆)의 문인, 예조정랑·신안현감 역임
金榮祖	1577~1648	1614	38	경상 안동	-	이황의 제자인 김성일의 사위, 대사헌·이조참판 역임
柳袗	1582~1635	1614	33	경상 안동	-	이황의 제자인 류성룡의 아들, 형조정랑 역임
許穆	1595~1682	1644	50	경상 창원	-	이황의 제자인 정구의 문인, 이조참판·우의정 역임
裵幼章	1618~1687	1647	30	경상 영주	-	김성일의 조카인 김용(金涌)의 문인, 관직에 나가지 않음
吳斗寅	1624~1689	1651	28	?	?	경기관찰사·공조판서 역임, 인현왕후 폐위에 반대하다가 유배 중 사망
權璟	1604~1666	1660	57	경상 영해	-	김시양(金時讓)의 문인, 관직에 나가지 않고 후진 양성
申厚載	1636~1699	1673	38	경상 안동	안동부사	강원도관찰사·한성판윤 등 역임, 갑술환국으로 유배
權聖矩	1642~1708	1706	65	경상 안동	-	류직(柳稷)의 문인, 병조정랑·강진현감 역임
李瀷	1681~1763	1709	29	경기 안산	-	기호 남인, 실학자, 관직에 나가지 않고 학문에 전념
姜再恒	1689~1756	1712	24	경상 안동	-	소론 윤증(尹拯)의 문인, 회인현감 등 역임
權以鎭	1668~1734	1719	52	?	?	소론 윤증의 문인, 송시열의 외손, 호조판서 등 역임
李瀣	1669~1742	1725	57	경상 안동	-	이동표(李東標)의 문인, 권상일(權相一)·채팽윤(蔡彭胤)과 교유, 예조좌랑·사헌부장령 등 역임
權正沈	1710~1767	1746	37	경상 봉화	-	강재항의 문인, 윤광소(尹光紹)·이상정(李象靖)과 교유
金㷜	1728~1801	1759	32	경상 안동	-	관직에 나가지 않고 학문에 힘씀

성명	생몰년도	연도*	나이*	거주지*	관직*	사승관계 및 주요 경력
宋煥箕	1728~1807	1761	34	충청 회덕	-	송시열의 5대손, 진산군수·예조참판 등 역임
趙運道	1718~1796	1761	44	경상 영양	-	당쟁에 희생된 조부 때문에 관직 포기, 월록서당(月麓書堂)을 지어 후진 양성
朴忠源	1735~1787	1763	29	?	-	이상정의 문인, 관직에 나가지 않고 학문에 힘씀, 이황을 흠모
丁範祖	1723~1801	1775	53	경상 풍기	풍기군수	기호 남인, 양양부사, 대사헌·형조판서 등 역임
朴琮	1735~1793	1780	46	경상 영해	-	홍계희(洪啓禧)의 문인, 관직에 나가지 않고 학문에 전념
成大中	1732~1809	1784	53	경상 흥해	흥해군수	서얼 출신, 노론 중 낙론계, 흥해군수 역임
安德文	1741~1811	1803	63	경상 의령	-	관직에 나가지 않고 학문에 힘씀, 이언적·이황·조식을 흠모
成海應	1760~1839	?	?	?	?	성대중의 아들, 이덕무·박제가 등과 교유, 금정찰방·음성현감 역임
洪球	1784~1836	1812	29	?	-	관직에 나가지 않고 학문에 열중
金道赫	1794~1839	1820	27	?	-	정필규(鄭必奎)의 문인, 과거에 뜻을 두지 않고 학문에 전념
李海德	1779~1858	1821	43	경상	-	과거에 뜻을 두지 않고 학문에 전념
金道明	1803~1873	1825	23	경상 안동	-	류심춘(柳尋春)의 문인, 관직에 나가지 않고 학문에 전념
裵善源	1806~1880	1833	28	경상 안동	-	류치명(柳致明)의 문인, 류치엄(柳致儼)·이만각(李晩慤) 등과 교유, 학문에 전념
李萬叔	1810~1851	?	?	경상 안동	-	이황의 11세손, 관직에 나가지 않고 학문에 전념
柳致游	1811~1871	1847	37	경상 안동	-	류치명의 문인, 관직에 나가지 않고 학문에 전념
金喆銖	1822~1887	1856	35	경상 안동	-	서원 철폐에 성균관에서 퇴소, 학문에 전념하며 후진 양성
李在永	1804~1892	1864	61	경상 경주	-	류주목(柳疇睦)·이능섭(李能燮) 등과 교유, 돈녕부도정 등을 역임
李濟永	1799~1871	1866	68	경상 밀양	-	관직에 나가지 않고 밀양에 기거하면서 학문에 전념
李相龍	1858~1932	1882	25	경상 안동	-	김흥락(金興洛)의 제자, 만주에서 독립운동, 상해임시정부 초대 국무령
李裕憲	1870~1900	1887	18	경상 안동	-	이현보(李賢輔)의 후손, 이병연(李昺淵)에게 수학, 과거에 나가지 않고 학문에 전념
宋秉璿	1836~1905	1891	56	충청 회덕	-	송시열의 9대손, 을사늑약에 반대하여 자결

* 표시한 연도, 나이, 거주지, 관직은 지리산 여행 당시 기준이다. 〈표 1〉의 자료와 청량산박물관 편, 『옛 선비들의 청량산 유람록(I~III)』(민속원, 2007; 2009; 2012) 등을 이용하여 필자가 작성하였다.

시열(宋時烈)의 5대손 송환기(宋煥箕)의 문인인 하익범(河益範)·정석구(丁錫龜), 송시열의 9대손인 송병선(宋秉璿)과 그의 문인인 김회석(金會錫)·조종덕(趙鍾悳), 송병선의 동생인 송병순(宋秉珣) 등이 그들이다.[23]

청량산 유람록을 남긴 42명의 유람 당시 나이는 30대가 12명으로 제일 많고, 다음은 20대 11명, 50대 9명, 40대 3명, 60대 4명, 10대 1명의 순이다.(미상 2명) 지리산과 비교하면, 더 젊은 사람들이 산을 찾은 것을 알 수 있다. 상대적으로 젊은 사람의 비중이 높은 것은 공부 목적으로 청량산에 오른 사람들이 많았기 때문이다.

현직 관료로서 청량산을 찾은 사람은 인근의 풍기군수였던 주세붕과 정범조(丁範祖), 안동부사와 예안현감이었던 신후재(申厚載)와 신지제(申之悌), 그리고 흥해군수였던 성대중(成大中) 등 5명뿐이었다. 42명 가운데 환로에 나갔던 사람은 18명으로 절반에 못 미쳤으며, 지리산과 마찬가지로 19세기 이후에 청량산을 찾은 사람 중에는 벼슬을 한 이가 별로 없었다. 거주지를 살펴보면, 확인이 어려운 6명과 충청도에서 온 송병선, 경기도에서 온 이익을 제외하면, 모두 경상도에 살았다. 경상도에서는 당시 청량산이 속해 있던 안동대도호부 거주자가 17명으로 가장 많았다.

가장 눈에 띄는 특징은 이황의 문인과 그 학맥을 계승한 이들이 다수를 차지한다는 점이다. 여기에는 앞서 언급한 바와 같이 청량산이 이황과 인연이 깊은 산이라는 점, 안동을 비롯한 청량산 주변이 이황의 학문적 영향이 지배적인 지역이라는 점이 작용했을 것이다. 물론 이황의 학맥에서 벗어나 있는 유학자들도 청량산을 찾았다. 소론(少論)의 영수 윤증(尹拯)의 문인인 강재항(姜再恒)·권이진(權以鎭)과 강재항의 제자인 권정침(權正忱), 노론(老論) 계열로 분류할 수 있는 송환기·성대중·송병선 등이 그들이다.

---

23 정치영, 『사대부 산수유람을 떠나다』(한국학중앙연구원 출판부, 2014), 39~40쪽.

4. 지리산에 대한 유학자의 인식

조선시대 유학자들의 지리산에 대한 인식으로 먼저 꼽을 수 있는 것은 지리산을 우리나라에서 가장 거대하고 높은 산으로 여겼다는 점이다. 이러한 인식은 조선 전기의 유람록에서부터 발견된다. 1463년에 지리산을 유람한 이륙(李陸)은 아래와 같이 『열반경(涅槃經)』에 등장하는 '맹인모상(盲人摸象)'과 비슷한 비유를 통해 지리산의 거대함을 표현하였다.

> 지리산의 명승지에 대해 말하는 승려가 있었는데, 그 말이 내가 본 것과 매우 달랐다. 모를 일이다. 내가 볼 수 없었던 것을 그는 능히 본 것인가? 내가 가보지 못한 곳을 그는 능히 가본 것인가? 산은 하나인데 사람마다 본 것이 다르니 어찌 된 일인가? 비유컨대 사슴처럼 생긴 큰 짐승을 보았다고 하자. 발자국을 본 사람은 말이라 하고, 꼬리를 본 사람은 소라 하고, 몸뚱이를 본 사람은 사슴이라 할 것이다. 이 세 사람이 본 것은 다르지만 그런 짐승을 보지 않았다고 말할 수는 없을 것이다. 이는 반드시 이 산이 수백 리나 굽이굽이 뻗어 있어 동쪽으로 유람한 자는 서쪽을 구경할 수 없고, 남쪽으로 유람한 자는 북쪽을 구경할 수 없으니 한 방면을 유람하는 데 수십 일이나 걸리기 때문이다.[24]

이러한 인식은 1489년 이 산을 여행한 김일손의 『두류기행록(頭流紀行錄)』과 1578년에 유람한 하수일의 『유청암서악기(遊靑巖西岳記)』에도 나타나며, 조선 후기에 들어와서도 지속되었다. 1610년에 이 산을 여행한 박여량은 "하늘에 닿을 듯 높고 웅장하여 온 산을 굽어보고 있는 것이 마치 천자(天子)가 온 세상을 다스리는 형상과 같다."라고[25] 그 높고 웅장함을 천자에 비유하였으며, 그 때문에 지리산 최고봉이 천왕봉(天王峯)이라는 이름을 얻었다고 추정하였다. 1611년 『유두류산록』에서 "내 발자취가 미친 모든 곳의 높낮이를 차례 짓는다면 두류산은 우리나라 첫 번째 산임을 의심할 나위가 없다."라고 단정한 유몽인은 같은 기록에서 다음과 같은 객관적인 근거를 제시하며 지리산의 높이와 넓이에 관한 자신의 인식을 피력하였다. 유몽인이 북쪽에 있는 금

---

[24] 최석기 외, 『용이 머리를 숙인 듯 꼬리를 치켜든 듯』(보고사, 2008), 23~24쪽.
[25] 최석기 외, 『선인들의 지리산 유람록』(돌베개, 2000), 161쪽.

강산보다 남쪽에 있는 지리산이 더 높고 넓다고 인식한 근거는 더 추운 기후와 12개 군현에 걸쳐 있는 행정구역의 범위였다.

> 나는 일찍이 땅의 형세가 동남쪽이 낮고 서북쪽이 높으니, 남쪽 산의 정상이 북쪽 지역 산의 발꿈치보다 낮을 것으로 생각하였다. 또한 두류산이 아무리 명산이라도 우리나라 산을 통틀어 볼 때 풍악산으로 집대성이 되니, 바다를 본 사람에게 다른 강은 대단찮게 보이듯 이 두류산도 단지 한 주먹의 돌덩이로 보였을 뿐이었다. 그런데 이제 천왕봉 꼭대기에 올라 보니 그 웅장하고 걸출한 것이 우리나라 모든 산의 으뜸이었다. […] 지금 두류산은 백두산에서 시작하여 면면이 4천 리나 뻗어온 아름답고 웅혼한 기상이 남해에 이르러 엉켜 모여 우뚝 일어난 산으로, 열두 고을이 주위에 둘러 있고 사방의 둘레가 2천 리나 된다. 안음(安陰)과 장수(長水)는 그 어깨를 메고, 산음(山陰)과 함양(咸陽)은 그 등을 짊어지고, 진주(晉州)와 남원(南原)은 그 배를 맡고, 운봉(雲峯)과 곡성(谷城)은 그 허리에 달려 있고, 하동(河東)과 구례(求禮)는 그 무릎을 베고, 사천(泗川)과 곤양(昆陽)은 그 발을 물에 담근 형상이다. 그 뿌리에 서려 있는 영역이 영남과 호남의 반 이상이나 된다. 저 풍악산은 북쪽에 가까우나 4월이 되면 눈이 녹는데, 두류산은 남쪽 끝에 있는데도 5월까지 얼음이 있다. 이를 통해 지형의 높낮이를 추측할 수 있다.(유몽인, 1611)[26]

1680년 지리산을 찾은 송광연(宋光淵)도 아래와 같이 고도에 따라 급변하는 날씨를 통해 지리산의 높이를 새삼 깨달았다. 1887년 천왕봉에 오른 정재규(鄭載圭)는 식생의 특징을 통해 지리산의 높이를 인식하였다.

> 처음 화개동 입구로 들어섰을 때는 아직 가을빛이 물들지 않았었다. 그러나 칠불사에 이르니 단풍잎이 비로소 붉게 물들기 시작했고, 이 천왕봉 정상에 이르러 보니 눈이 내리고 얼음이 언 지 이미 10여 일이나 되었다. 그러니 산의 높고 낮음과 계곡의 얕고 깊음을 이를 통해 알 수 있다.(송광연, 1680)[27]

> 이 천왕봉에는 다른 나무는 살지 않고 오직 노송나무와 소나무 몇 그루만 있

---

[26] 위의 책, 199~201쪽.
[27] 최석기 외(2008), 앞의 책, 176쪽.

을 뿐인데, 그 수령을 알 수가 없다. 둘레는 한 움큼이고 키는 겨우 사람의 어깨높이밖에 되지 않았으니 이 봉우리가 얼마나 높고 추운지를 알 수 있겠다.(정재규, 1887)[28]

그리고 1752년 유람한 박래오(朴來吾)는 금강산은 물론 한라산보다도 지리산이 더 웅장하다고 인식하였으며, 결론적으로 지리산을 '해동(海東)의 중심'이며 '남방의 조종(祖宗)'이라 표현하였다. 즉 높이와 웅장함을 모두 갖춘 지리산을 우리 국토의 중심으로 간주하였을 뿐 아니라, 남쪽의 조종으로 인식한 것이다. 이는 이익(李瀷)·신경준(申景濬) 등 조선 후기 학자들이 백두산을 국토의 중심 또는 출발점으로 인식하고,[29] 우리나라 산맥의 조종, 즉 근원으로 여긴 것과 조금 다른 견해이다. 그러나 이익이『성호사설(星湖僿說)』에서 "백두산은 우리나라 산맥의 조상이다. […] 대체로 그 일직선의 큰 산맥이 백두산에서 시작되어 중간에 태백산이 되었고 지리산에서 끝난다."라고[30] 서술한 점을 보면, 당시 유학자들이 북쪽의 백두산과 남쪽의 지리산이 우리나라 산줄기의 시작점과 종착점 역할을 하며, 지리산을 백두산에 버금가는 중요성을 가진 산으로 인식한 것이 분명해 보인다.

관동의 풍악은 신령스럽기로 말하면 신령스럽기는 하다. 그러나 바닷가 한쪽 귀퉁이에 치우쳐 있다. 탐라의 한라산은 높이를 말하자면 높기는 하다. 그러나 바다로 둘러싸인 구자국(龜玆國) 영역을 벗어나지 못한다. 이 두 산은 웅거하고 솟구친 점으로는 멀리 펼쳐지거나 웅장하게 진압하는 형세가 없다. 그러나 이 두류산만은 그렇지 않다. 모인 기가 넓고 크며 영호남에 걸쳐 웅거하고 있다. 그 높이로 말하자면, 위로 하늘 문의 적제(赤帝)의 궁궐에까지 닿아 있다. 그 크기로 말하자면 아래로 지축의 현신(玄神)의 도움까지 진압하고 있다. 포괄한 것이 길게 이어져 있고, 펼쳐진 것은 넓게 뻗어 있으니, 이는 참으로 해동의 중심이며 남방의 조종이다.(박래오, 1752)[31]

---

28 최석기 외,『선인들의 지리산 유람록 4』(보고사, 2010), 251쪽.
29 양보경,「조선시대의 자연 인식 체계」,『한국사 시민강좌』14(일조각, 1994).
30 『성호사설』卷1「天地門, 白頭正幹」. "白頭是東方山脉之祖也 自鐵嶺以西衆枝皆西南走 […] 盖一直大幹始於白頭中於太白終於頭流"
31 최석기 외,『선인들의 지리산 유람록 3』(보고사, 2009) 37~38쪽.

박래오보다 훨씬 뒤인 1884년에 유람한 김성렬(金成烈)과 1903년에 오른 안익제(安益濟)는 각각 지리산을 "남주(南州)의 큰 진산(鎭山)",[32] "전라도의 진산"으로[33] 인식하였다. 진산은 중국에서 비롯된 개념으로, 중국에서는 '진(鎭)'이란 글자 자체가 큰 산을 의미하였으며,[34] 고을마다 크고 중요한 산을 진산으로 지정하여 제사를 지냈다.[35] 우리나라에서도 신라시대부터 진산은 제사의 대상이었으며, 지역을 수호하는 산으로 여겼다.[36] 조선시대에는 『세종실록지리지(世宗實錄地理志)』·『신증동국여지승람(新增東國輿地勝覽)』 등에 군현별로 진산이 기록되어 있다. 이렇게 군현마다 지정된 진산과 달리 지리산을 훨씬 넓은 범위인 남주,[37] 또는 전라도의 진산으로 인식했다는 점은 '국토 중심', '조종'에는 못 미치나, 그만큼 이 산의 규모와 중요성을 높이 평가하였다는 증거이다.

이렇게 지리산을 거대하고 높은 산으로 인식한 유학자들은 이를 이용해 호연지기(浩然之氣)를 키우고 공자(孔子)를 비롯한 선학의 행적을 본받아 실천해 보려는 장으로 지리산을 활용하였다. 특히 최고봉인 지리산 천왕봉은 공자가 태산(泰山)에 올라 천하가 작다고 하며[38] 안목을 넓힌 일화를 실현할 수 있는 장소였다. 천왕봉에 오른 많은 유학자가 공자의 '등태산이소천하(登泰山而小天下)'의 고사를 떠올렸는데, 이륙·김종직·김일손 등 대표적인 인물의 사례는 다음과 같으며, 이는 조선시대 내내 이어졌다.

> 옛날 공자께서 동산(東山)에 올라 노나라를 작다고 하셨다. 나는 처음에 이 말을 의심하였으나, 마침내 이 말을 믿게 되었다. 또한 공자께서 태산에 올라 천하가 작다고 하셨는데, 나는 이 말을 매우 괴이하게 여겼다. 그런데 이 산

---

32 최석기 외(2010), 앞의 책, 302쪽.
33 최석기 외, 『선인들의 지리산 유람록 5』(보고사, 2013a), 215쪽.
34 『辭源』 2, 金部 鎭, 「大山曰鎭」.
35 정치영, 「조선시대 지리지에 수록된 진산의 특성」, 『문화역사지리』 23-1(2011), 79쪽.
36 최광식, 『고대한국의 국가와 제사』(한길사, 1994), 319쪽.
37 영호남지방을 의미하는 것으로 해석할 수 있다. 최석기 외(2010), 앞의 책, 221쪽.
38 『맹자』 권13 「盡心 上」에 실려 있으며, 맹자의 말인 "공자께서 노나라 동산에 올라가서는 노나라를 작다고 하시고, 태산에 올라가서는 천하를 작다고 하셨다. 그러므로 바다를 본 사람은 강물 따위에는 마음이 끌리지 않고 성인의 문하에서 배운 사람에게 어지간한 말들은 말같이 들리지 않는 법이다."에서 온 구절이다. 사람의 견문이 넓어지면 뜻이 커지고 사람의 눈과 귀가 열린다는 의미이며, 여행자들은 높은 산에 올라 천하를 내려다봄으로써 안목을 넓힌다는 의미로 주로 사용되었다.

에 오른 뒤에야 성인의 말씀이 거짓이 아님을 알게 되었다.(이륙, 1463)[39]

저는 일찍이 선니(宣尼)께서 대산(岱山)에[40] 올라 관찰하신 것과 한자(韓子)가[41] 형산(衡山)을 유람한 뜻을 흠모하였다.(김종직, 1472)[42]

사방으로 저 멀리 눈길 닿은 데까지 바라보니 뭇 산은 모두 개미집처럼 보였다. 묘사하자면 창려(昌黎)의 '남산시(南山詩)'와 합치될 것이고, 마음의 눈으로 보면 선니께서 동산에 오르셨을 때의 심정과 꼭 들어맞는다. 무한한 회포를 품고 인간 세상을 내려다보니 감개가 그지없었다.(김일손, 1489)[43]

이상과 같이 지리산은 유학자들이 추앙하는 선인의 고사를 추체험하여 사고의 폭을 넓히고 세상을 인식하는 방식을 계발하는 공부의 장소로 인식되었다.

지리산에 대한 유학자들의 인식으로 또 하나 꼽을 수 있는 것은 '신선의 산'이라고 여긴 것이다. 이러한 인식 역시 조선시대 내내 여러 유학자의 유람록에서 발견되는데, 특히 후기로 갈수록 강해졌다. 1655년 지리산에 오른 김지백(金之白)은 "신선이 사는 곳",[44] 1807년의 하익범은 "태을(太乙)이 정상에 살고 뭇 신선들이 모이는 곳", "기이한 꽃과 나무, 괴이한 짐승, 상서로운 새가 가득하니 완연히 신선의 세계"라[45] 하였으며, 1883년 전기주(全基柱)는 "신령의 소굴 같기도 하고 신선이 사는 누각 같기도 하다"고[46] 표현하였다. 1901년 문진호(文晉鎬)는 "선인(仙人)의 소굴이 많다"고[47] 하였으며, 1909년의 정종엽(鄭鐘燁)은 "신선이 머무는 곳"이라고[48] 썼다. 모두 유사한 표현이다.

---

39 최석기 외(2008), 앞의 책, 25쪽.
40 대산은 태산(泰山)의 별칭이다.
41 한자는 한유(韓愈)를 가리킨다. 한유의 호는 창려(昌黎)이다.
42 최석기 외(2000), 앞의 책, 30쪽.
43 위의 책, 84쪽.
44 최석기 외(2008), 앞의 책, 153쪽.
45 최석기 외(2009), 앞의 책, 236~245쪽.
46 최석기 외(2013a), 앞의 책, 28쪽.
47 위의 책, 77쪽.
48 최석기 외, 『선인들의 지리산 유람록 6』(보고사, 2013b), 13쪽.

유학자들이 지리산을 신선의 산으로 인식한 이유를 몇 가지 찾을 수 있다. 먼저 앞서 살펴본 바와 같이 지리산은 신선이 사는 삼신산 중 하나인 방장산으로 일컬어져 왔다. 둘째로 도가의 이상향인 청학동이 지리산에 존재한다는 전설이 내려와 조선 전기부터 유학자들이 이를 찾으려 하였고 각기 청학동이라 할 만한 장소를 설정하였다. 셋째로 최치원(崔致遠)이 이 산에 살다가 신선이 되었다는 전설도 한몫하였다. 끝으로 지리산의 독특한 지형도 중요한 역할을 하였다.

유학자들은 지리산의 골짜기를 흔히 깊고 그윽하다고 표현하였다. 실제로 지리산에는 길이가 10km가 넘는 깊숙한 골짜기가 많으며, 골짜기 안에는 해발 700m 정도까지 비교적 넓은 완경사면이 나타난다. 특히 물이 빠져나가는 입구는 좁게 열려 있으나 입구를 들어서면 사방이 산으로 에워싸인 완경사면이 펼쳐져 있는 호리병 모양의 지형이 여기저기 나타난다.[49] 이렇게 도가의 이상향에 부합되는 지형을 갖춘 곳이 많아 신선이 사는 곳이라는 장소 이미지를 가지게 되었으며, 세상을 등지고 은거할 만한 곳이라고 인식되었다. 이에 대해 유몽인은 "인간 세상의 영리를 마다하고 영영 떠나 돌아오지 않으려 한다면 오직 이 산만이 편히 은거할 만한 곳이다."라고[50] 언급하였다. 이러한 인식이 강화된 것은 시대상과 관련이 있어 보인다. 조선 후기, 특히 19세기 이후 가중된 사회적 혼란 속에서 신선이 사는 이상세계에 대한 동경이 점차 커졌으며, 이는 신선의 산이라는 지리산 인식을 더욱 추동하였다.

1719년 지리산을 방문한 신명구는 서쪽에서 바라본 원경을 아래와 같이 묘사하고, 지리산을 단정하고 엄숙한 천자, 호걸스러운 장수의 이미지로 인식하였다. 지리산을 천자의 모습으로 상징화한 것은 앞의 박여량도 마찬가지였으며, "단정하고 엄숙하다"라는 이미지는 시간이 흘러도 계속 유지되었다. 1752년의 박래오는 "늠름하여 침범할 수 없는 기상이 있다."라고[51] 표현하였으며, 1869년의 송병선도 지리산 전경을 바라보고 아래와 같이 "덕이 있는 사람"에 비유하였다. 1906년 지리산을 찾은 김교준(金敎俊)은 "두루 방정하여 어진 이가 좋아하기에 마땅하고, 울창하고 험준하여 열사(烈士)의 형상과 같

---

49 정치영(2006), 앞의 책, 24~25쪽.
50 최석기 외(2000), 앞의 책, 201쪽.
51 최석기 외(2009), 앞의 책, 39쪽.

았다."라고⁵² 묘사하였다.

이는 마치 명당(明堂)이 활짝 열리고 온 나라 군주가 회동할 때 천자가 단정하고 엄숙하게 면류관을 쓰고 목청(穆淸)⁵³ 위에서 두 손을 공손히 마주 잡고 있는 듯, 또 군대가 대열을 이루고 검과 창이 삼엄하게 도열해 있는데 호걸스러운 장수가 단상에 올라 우레같이 사납게 호령하는 듯하였다. 귀신이 다듬어 만든 듯 그윽하고 괴이한 비경을 간직하고 있으니 삼라만상의 온갖 모습을 다 묘사할 수 없었다.(신명구, 1719)⁵⁴

단정하고 온후하고 넓고 크며 웅대하고 깊고 그윽하고 아득하며, 흡사 덕이 있는 사람의 기상과 닮았다. 마치 청학과 일월이 높이 하늘 위로 솟아오를 때 장엄한 모습으로 공손히 서 있는 것 같았다.(송병선, 1869)⁵⁵

이와 같이 유학자들은 지리산의 전경에 관해 단정·엄숙·늠름·온후·방정·웅대, 그리고 어질고 덕이 있는 천자·장수·군자·열사의 모습으로 인식하였다. 이러한 인식은 당시 유학자들이 지향하는 이상적인 인물의 이미지와 맞닿아 있다. 유학자들은 산행을 통해 지리산에서 얻은 이러한 이미지를 체득하고 본받으려 했는데, 이는 유학자들이 산수 경관을 중요한 텍스트로 간주하고 이를 해독하려고 노력한 것과 관련이 있다. 공자가 산과 물을 어진 자와 지혜로운 자의 속성으로 인간화하여 독해한 방식과 같이, 유학자들은 지리산의 경관을 도덕적이거나 이법(理法)적인 텍스트로 변환하여 해석하였다.⁵⁶

나아가 조선 후기의 유학자들은 다음과 같이 지리산을 이 산과 인연이 있는 인물들과 연결하기도 하였다. 1790년 지리산을 유람한 이동항은 남명 조식, 수우당 최영경(崔永慶), 일두 정여창(鄭汝昌), 동계 정온(鄭蘊) 등 4명을 지리산의 위대함과 견줄 만한 사람으로 꼽았으며, 1807년의 안치권(安致權)은 덕산이 가장 잘 알려진 지리산의 별칭이며 이는 조식 때문이라고 하였다. 그리

---

52 최석기 외(2013a), 앞의 책, 254쪽.
53 임금이 정사를 돌보는 엄숙하고 청명한 묘당을 일컫는다. 최석기 외(2008), 앞의 책, 190쪽.
54 최석기 외(2008), 위의 책, 190쪽.
55 최석기 외(2010), 앞의 책, 81쪽.
56 최원석, 「조선시대의 명산과 명산문화: 정치사회지배계층의 명산 인식과 실천을 중심으로」, 『문화역사지리』 21-1(2009), 218쪽.

고 같은 해 산에 오른 하익범은 지리산과 함께 역사에 남을 인물로 최치원, 한유한(韓惟漢), 김종직, 김일손, 정여창, 조식을 거론하였다. 1902년의 이택환은 최치원, 정여창, 김일손, 조식, 기대승(奇大升)을 꼽았다. 이들은 지리산과 그 주변에 거주하거나 지리산을 유람한 인물들로 신라의 최치원, 고려의 한유한을 제외하면 모두 조선의 유학자들이었으며 학문적으로 존경받았던 인물들이다. 유학자들은 이들의 이미지와 지리산의 이미지를 결합하여 인식하였다. 이 중에서도 모든 사람이 꼽은 조식은 조선 후기 유학자들의 지리산 인식에 가장 큰 영향을 미친 인물이라 할 수 있다. 한편 최치원과 한유한은 지리산이 신선의 산이라는 인식과 연결되는 인물들이다.

> 오직 그 이름이 우주에 드높고 그 빛이 서책에 남겨져 백세토록 존경을 받는 사람만이 마땅히 이 봉우리와 그 존귀하고 위대함을 짝할 만하네. 지리산 남쪽의 남명(南冥)과 수우당(守愚堂), 지리산 북쪽의 일두(一蠹)와 동계(桐溪)가 바로 이런 분들일세.(이동항, 1790)[57]

> 이 산은 네 가지 명칭이 있는데, 지리산·두류산·방장산·덕산(德山) 등이다. 덕산의 명칭이 가장 잘 알려져 있는데, 남명 조식 선생이 학문을 닦던 곳이 있기 때문이다.(안치권, 1807)[58]

> 연단술을 익힌 최문창(崔文昌), 고결한 한녹사(韓錄事), 박식하고 단아한 점필재(佔畢齋)와 탁영(濯纓), 도학을 밝힌 일두(一蠹), 남명과 같은 여러 선생이 연이어 승경(勝景)을 찾아 이 산에서 노닐거나 깃들어 살았다. 그 이름이 만고에 남아 이 산과 영원히 전해질 것이니 어찌 이 산의 다행이 아니겠는가.(하익범, 1807)[59]

조선시대 유학자들은 산수의 이곳저곳을 비교하고 이곳저곳의 특징을 발견하여 기록하였으며, 그 우열을 논하기도 하였다. 이를 '산수품평(山水品評)'

---

[57] 최석기 외(2009), 앞의 책, 147쪽.
[58] 위의 책, 201쪽.
[59] 위의 책, 255쪽.

이라 하였다.⁶⁰ 당시 산수품평을 할 때 기준이 되는 산은 조선 최고의 명산으로 여겼던 금강산이었다. 드물지만 지리산 유람록에도 금강산과 경치를 비교한 내용이 등장한다. 1618년 조위한은 지리산 남쪽의 신흥동(神興洞)이⁶¹ 금강산 만폭동과 닮았지만 웅장하고 화려하므로⁶² 더 낫다고 평가하였다. 1743년에 정식은 "암자가 만 길 바위 봉우리 위에 있고 천 길의 폭포가 암자 앞에서 쏟아져 내리는"⁶³ 불일암이 금강산에는 없는 빼어난 경치라고 하였다. 1744년에 황도익(黃道翼)은 "옛사람이 지리산 쌍계동의 빼어남과 금강산 만폭동의 기이함[智異雙溪勝 金剛萬瀑奇]을 언급했는데 우열을 가릴 수 없다."라고⁶⁴ 하였다. 더 나아가 지리산을 중국의 산과 비교한 사람도 있다. 김종직은 지리산을 무이산(武夷山)이나 형산(衡山)과 견주어야 한다고 주장하였고,⁶⁵ 신명구도 형산과 맞먹는다고 생각하였다.⁶⁶

그러면 지리산을 찾은 유학자들은 지리산의 여러 명승지 가운데 어느 곳을 최고의 경치로 인식하였을까? 사람마다 의견이 엇갈리지만, 많이 거론된 곳은 신흥동·불일암·칠불암·용유담 등으로 용유담을 빼면 모두 지리산 남쪽, 화개계곡의 상류이다. 물론 정상에서의 조망도 빼놓을 수 없지만, 정상은 지리산보다는 멀리 보이는 다른 산과 바다, 그리고 일출과 일몰을 즐기는 장소로 계곡과 성격이 달라 비교가 어렵다. 지리산의 계곡에 대한 품평과 인식을 보여주는 유람록의 구절들은 다음과 같다.

> 지나온 곳마다 온갖 바위들이 빼어남을 다투고 많은 골짜기 물이 다투어 흘러 기뻐하고 놀랄 만한 경치가 한둘이 아니었지만 가장 마음에 드는 곳은 불일암 한 곳뿐이었다.(김일손, 1489)⁶⁷

---

60 고연희, 『조선후기 산수기행예술 연구』(일지사, 2001), 138~139쪽.
61 지리산 남쪽 화개계곡의 상류로, 현재의 하동군 화개면 신흥리에 있는 계곡이다. 이곳에 있던 신흥사(神興寺)에서 이름이 유래하였다.
62 최석기 외(2008), 앞의 책, 63쪽.
63 위의 책, 248쪽.
64 위의 책, 269쪽.
65 최석기 외(2000), 앞의 책, 41쪽.
66 최석기 외(2008), 앞의 책, 209쪽.
67 최석기 외(2000), 앞의 책, 85쪽.

남방의 산 중에서 지리산만이 가장 깊숙하고 그윽하여 신산(神山)이라 불린다. 그윽한 바위와 뛰어난 경치는 하나하나 다 기록할 수 없을 것이다. 그 중에서도 유독 청학동이 제일 기이하다고 일컬어진다.(허목, 1640)[68]

우리나라에 두류산이 있는 것은 마치 중국에 형악(衡嶽)이 있는 것과 같다. 형악의 빼어난 경치는 자개봉, 석균봉, 부용봉에 모두 있다. 두류산의 경치는 청학동, 삼신동, 칠불암이 가장 절경이다.(신명구, 1719)[69]

한 승려가 신흥동과 청학동의 우열에 관해 물었다. 내가 말하길 "신흥동의 넓고 시원함과 청학동의 깊고 그윽함은 각각 장단점이 있네. 나로 하여금 바람을 쐬고 달을 희롱하며 돌아가는 것을 잊게 하는 곳은 신흥동일세. 청학동은 뼈에 사무치도록 쓸쓸하니 돌부처가 아니면 살 수 없다네."라고 하였다.(김도수, 1727)[70]

(신흥동은) 이 산속에서 수석이 가장 아름답다고 일컬어지는 곳이었다. 호랑이가 걸터앉은 듯 용이 낚아채는 듯한 형세를 보니 폭풍이 몰아치고 우레가 진동하는 것 같아 마음과 눈이 함께 장쾌하였다.(이주대, 1748)[71]

깊숙한 골짜기와 울창한 숲은 쌍계사만 못하고, 맑고 깨끗한 시내와 암석, 크고 화려한 도량은 신흥사보다 못하였으며, 편안한 형세와 안온한 언덕은 칠불암보다 못하였다. 그러나 우뚝한 듯하면서도 편안하고 좁은 듯하면서도 널찍하며, 작은 듯하면서도 크고, 완만한 듯하면서도 높아 비할 데 없이 빼어나고 기묘하여 잡념이 일어나지 않는 것으로는 앞의 세 곳이 이 불일암만 못하다.(정석구, 1810)[72]

(불일암) 동쪽 봉우리를 청학봉, 서쪽 봉우리를 백학봉이라 하였다. 그 아래

---

[68] 최석기 외(2008), 앞의 책, 111쪽.
[69] 위의 책, 209쪽.
[70] 위의 책, 304~305쪽.
[71] 위의 책, 284~285쪽.
[72] 최석기 외(2009), 앞의 책, 260쪽.

용추와 학연이 있었다. 동쪽 봉우리 어깨에서 폭포수가 천 길 높이로 쏟아져 내려 학연으로 떨어져 흘렀다. 두 봉우리 사이를 치켜 보고 내려다보니 마음과 안목을 모두 놀라게 했다. 모두 방장산에서 제일가는 아름다운 경관이었다.(송병순, 1902)[73]

조선 전기에 산수품평을 한 유학자는 드물다. 다만 1489년에 김일손은 불일암이 가장 마음에 든다고 하였다. 불일암은 화개계곡의 쌍계사에서 계곡을 따라 동쪽으로 더 올라간 곳에 있는 암자로 인근에 불일폭포가 있어 경치가 수려한 곳이다. 특히 조선시대 유학자들은 도가의 이상향인 청학동을 불일암 일대로 비정한 경우가 많았다. 1640년 허목(許穆)이 제일 기이하다고 평가한 청학동도 바로 불일암 인근이다. 18세기 이후 지리산을 유람한 유학자들은 산수품평의 기록을 많이 남겼는데, 1719년 신명구는 차례로 청학동·삼신동·칠불암을 꼽았다. 이 중 삼신동은 신흥동 일대를 부르는 이름이다. 1727년 신흥동과 불일암을 모두 구경한 김도수(金道洙)는 불일암보다 신흥동을 더 높게 평가하였다. 1748년에 이주대(李柱大)도 신흥동을 지리산에서 수석이 가장 아름다운 곳으로 인식하였다. 이에 비해 1810년 정석구는 불일암을 최고로 선택하였고, 1902년 송병순도 마찬가지였다. 조선시대 유학자들은 우열을 가리기 어려운 신흥동과 불일암을 지리산 최고의 명승으로 인식한 것이다. 신흥동과 불일암을 비교하여 산수품평을 하지는 않았으나, 1618년 두 곳 모두를 묘사한 양경우의 글을 통해 당시 사람들의 장소 이미지를 유추할 수 있다.

(불일암) 천봉만학(千峯萬壑)의 괴이한 나무와 기이한 바위가 구름과 노을이 일었다 걷히는 사이에 숨었다가 드러나곤 했다. 정신이 서늘해지고 등골이 오싹해졌다. 고요하고 적막한 가운데 홀연히 신옹(神翁)과 우객(羽客)을 만난 것 같았으니, 참으로 신선의 세계였다.(양경우, 1618)[74]

신흥동천은 골짜기가 넓었으며, 흰 돌이 여기저기 널려 있었다. 맑은 여울이 쏟아져 내리고, 기이한 봉우리와 푸른 절벽이 우뚝 서서 둘러싸고 있었다. 봉우리들은 군사들이 칼을 허공에 치켜든 듯 하늘을 찌르고 옥색의 죽순이 뾰

---

[73] 최석기 외(2013a), 앞의 책, 143쪽.
[74] 최석기 외(2008), 앞의 책, 89쪽.

족뾰족 솟아난 듯하였다. 눈이 환해지고 정신이 맑아지며 흥이 일어 가슴이 벅찼다.(양경우, 1618)[75]

5. 청량산에 대한 유학자의 인식

청량산은 규모 면에서 지리산과 비교가 되지 않을 만큼 작은 산이다. 그러나 금강산·지리산·가야산과 견줄 만한 독특한 인상을 지니고 있었는데, 앞서 살펴본 바와 같이 1544년 청량산을 여행하고 『유청량산록』을 남긴 주세붕은 이를 "반듯하고 엄숙하고 탁 트인 경치"라고 표현하였다. 그는 또한 청량산이 "멀리서 바라보면 마치 푸른 죽순이 어지러이 솟아 있는 것 같아 늠름하고 공경할 만하다"고[76] 느꼈다. 그는 청량산에서 유교가 지향하는 이상적인 인간상을 발견한 것이다. 주세붕의 유람록은 오래도록 널리 읽혔기 때문에 그의 이러한 청량산 인식은 후대의 유학자들에게 큰 영향을 미쳤다. 예를 들어, 『유청량산록』에는 "여러 봉우리를 눈으로 보면 나약한 사람은 바로 설 수가 있고, 모든 폭포를 귀로 들으면 탐하는 사람은 청렴해질 수 있다."[77]라는 대목이 있다. 청량산의 모습이 사람들에게 용기를 주고, 청렴하게 만든다고 인식한 것이다. 이러한 인식은 그대로 이어져 1579년 청량산에 오른 김득연(金得硏)도 『청량산유록(清凉山遊錄)』에 "여러 봉우리를 보면 나약한 사람은 족히 용기를 얻고, 여러 폭포 소리를 들으면 탐욕스러운 사람이 염치를 알게 된다."라고[78] 기록하였다. 유사한 표현은 1594년 신지제의 『유청량산록(遊淸凉山錄)』에도 등장하는데, "그 험준함은 나약한 자로 하여금 서게 하고 그 청량함은 탐욕이 있는 자로 하여금 청렴하게 하니, 그렇다면 내가 청량산을 사랑함은 다만 산 하나만을 사랑하는 데서 그치는 것이 아니다."라고[79] 하여 주세붕의 청량산 인식이 반복하여 재생산되고 있음을 확인할 수 있다.

---

75 위의 책, 89쪽.
76 청량산박물관 편역, 『옛 선비들의 청량산 유람록 Ⅰ』(민속원, 2007), 22쪽.
77 위의 책, 18쪽.
78 위의 책, 93쪽.
79 위의 책, 134쪽.

주세붕의 청량산 인식이 후대에 계승된 것은 아래에 열거한 다른 이들의 유람록에서도 찾을 수 있다. 먼저 1570년 권호문(權好文)은 청량산을 보고 공자를 비롯한 단정한 선비의 모습을 떠올렸으며, 1579년 김득연은 꺾을 수 없는 대나무, 1600년 배응경(裵應褧)은 바른 사람과 단정한 선비, 1601년 김중청(金中淸)은 위대하고 지극한 사람, 1614년 류진(柳袗)은 충신과 의사(義士)로 이 산의 이미지를 형상화하였다. 그리고 이들은 청량산에 대한 인식을 늠름하다, 엄숙하다, 단정하다, 맑다, 정중하다, 바르다, 위대하다, 지극하다, 웅장하다, 우뚝하다, 중후하다, 청명하다 등의 형용사로 표현하였다. 유학자들이 산에서 유교의 이상적인 인간상이나 성인의 모습을 발견한 것은 지리산에서도 마찬가지였지만, 청량산에서는 그 경향이 더욱 강하고 노골적이었다. 청량산을 형상화하기 위해 공자를 거론하고, 가능한 모든 수식어를 동원하였다.

> 산의 모습이 늠름하여 범하지 못할 것 같았다. 창에 기대 산과 마주하고 앉으니 공자의 엄숙한 기상을 보는 것 같았다.(권호문, 1570)[80]

> 여러 봉우리가 나란히 이어져 있으며 층층 절벽이 우뚝 솟아 있으니, 마치 단정한 선비가 옷깃을 바로 하고 홀로 서 있는 것과 같아서 보통 사람들이 겨룰 수 없는 것과 같다.(권호문, 1570)[81]

> 태백산 한 줄기가 동쪽으로 뻗어 나와 청량산이 되었는데, 맑은 기운이 가득하고 정맥이 모여 있고, 여러 봉우리가 다투어 빼어나 늠름하기가 푸른 대나무 같아 쉽게 범할 수 없는 모습이었다.(김득연, 1579)[82]

> 총총히 서 있는 산봉우리가 모두 돌의 골격을 하고 있는데, 혹 깎아지른 듯 솟아올라 허공을 뚫고 서 있는 모습은 단정하고 정중하고 발라 바른 사람과 단정한 선비와 비슷하며, 혹 굳세고 기이한 모습은 늠름하여 범할 수 없을 정도니 마치 위기에 처해 용기 있게 결단하여 형벌도 두려워하지 않는 이와 같다. 흙을 이고 평범하게 솟아 있는 다른 산과 비교하면 그 우열이 판별

---

[80] 위의 책, 50쪽.
[81] 위의 책, 57쪽.
[82] 위의 책, 91쪽.

된다.(배응경, 1600)⁸³

사람으로서 위대하다는 것은 바로 사람이 지극하다는 것이다. 위대하고 지극한 사람을 이 청량산에 비유하였으니, 이는 청량산의 중후하고 단정하며 청명하고 세상을 벗어난 모습이 여러 산 가운데 빼어나다는 것을 알았던 것이다.(김중청, 1601)⁸⁴

여러 봉우리를 우러러 바라보니 웅장하고 우뚝한 모습이 마치 충신과 의사가 어지러운 세상 속에서 우뚝 서서 절개를 변치 않는 듯하였다.(류진, 1614)⁸⁵

이러한 양상은 18세기 이후에도 계속 이어졌다. 1725년에 이유(李濰)는 가파른 바위 절벽에서 범할 수 없는 기세를 느꼈으며, 1746년 권정침(權正沈)은 청량산의 이미지를 거인·선비·장수 등으로 상징화하였다. 1780년 청량산을 찾은 박종(朴琮)은 백두산·칠보산·묘향산·금강산·설악산·삼각산을 모두 유람한 사람이었는데, 그 경험을 토대로 각 산의 특징을 기술하면서 청량산은 덕을 갖춘 산이며, 단정하고 엄숙하며 시원하다고 서술하였다. 1810년 이만숙(李萬叔)은 청량산을 정인군자(正人君子)로 인식하였으며, 1882년 이상룡(李相龍)과 1887년 이유헌(李裕憲)도 지조와 의리를 지닌 선비로 묘사하였다.

여러 봉우리를 바라보니 모두 바위이면서 가파른 절벽으로 존엄하면서 의젓하여 범할 수 없는 기세가 공경할 만하였다.(이유, 1725)⁸⁶

무릇 안팎의 여러 봉우리를 살펴보면, 기이하고 괴상하게 여러 가지로 드러난다. 그리하여 서로 빼어남을 다툰다. 뭇 산 가운데 우뚝 솟아 웅장하게 버티고 있는 모습은 마치 거인과 같다. 그리고 맑고 고상한 모습은 마치 청렴한 선비와 같다. 형세의 기이하고 건장한 모습은 마치 용맹한 장수나 굳센 병졸이 창을 잡고 칼을 세워 힘차게 뛰고 신속하게 달리는 것과 같다. 모습이 늠

---

83 위의 책, 144쪽.
84 위의 책, 150쪽.
85 위의 책, 191쪽.
86 청량산박물관 편역, 『옛 선비들의 청량산 유람록 Ⅱ』(민속원, 2009), 133쪽.

름하여 감히 범할 수 없을 듯하다.(권정침, 1746)⁸⁷

백두산의 웅장함은 더 논할 것이 없다. 맑고 빼어남은 금강산이 제일이고, 높고 우뚝함은 설악산만 한 것이 없다. 기이하고 가파른 것은 삼각산이 제일이며, 서리서리 뻗어 있는 것은 묘향산만 한 것이 없다. 그리고 고요하고 기이한 것은 칠보산이 제일이지만 덕을 갖춘 것은 이 청량산만 한 것이 없다. 청량산의 단정하고 엄숙하며 탁 트여 시원한 것은 중국의 천태산(天台山)과 사명산(四明山)과 비슷하다. 또한 오악 외에 하나의 명승이 되기에 충분하다.(박종, 1780)⁸⁸

맑은 기운이 충만하여 별이 걸리고 구름이 머물며, 돌산이 흙을 이고 있고 높고 험한 바위가 깎아지른 듯 서 있다. 이 산을 바라보면 늠름하여 정인군자(正人君子)의 모습과 같다.(이만숙, 1810)⁸⁹

우뚝하기가 마치 지조 있는 선비가 도끼 사이에서도 몸을 내민 것 같아서 공경할 수는 있어도 범할 수 없이 보이는 것이 바로 외장인봉이다.(이상룡, 1882)⁹⁰

장인봉을 바라보았는데 중후하고 후덕한 모습으로 한가운데에 의젓이 서 있었다. 서쪽으로 의상봉을 조망하니 절의를 지닌 선비가 위태로움에서 홀로 몸을 일으켜 전장에서 앞장서듯이 늠름하여 감히 범접할 수 없는 기상을 자아냈다.(이유헌, 1887)⁹¹

이와 같이 주세붕의 청량산 인식이 후대의 유학자들에게 이어지는 한편으로, 이황이 사망한 이후부터 청량산에 관한 새로운 인식이 생겨나기 시작한다. 바로 청량산을 이황의 자취를 찾아볼 수 있는 산으로 인식한 것이다. 아

---

87   위의 책, 153~154쪽.
88   위의 책, 238쪽.
89   청량산박물관 편역, 『옛 선비들의 청량산 유람록 Ⅲ』(민속원, 2012), 144쪽.
90   위의 책, 198쪽.
91   위의 책, 225쪽.

래의 인용문을 보면, 1570년 이황이 사망하고 20여 년이 흐른 뒤인 1594년 청량산에 오른 신지제는 바위와 골짜기, 풀과 나무에 이황의 형적(形跡)과 광채(光彩)가 남아 있으며, 청량산의 미칠 수 없는 점, 범할 수 없는 점, 귀의할 만한 점, 우러러 존경할 점이 이황 때문이라고 생각하였다. 이황을 직접 만나고 따를 수는 없게 되었지만, 청량산을 통해 자신의 마음에 간직하고 있던 이황의 영상을 떠올릴 수 있게 된 것이다.

이러한 인식은 시간이 흐르면서 점차 청량산을 이황과 동일시하는 단계로 발전해 나간다. 권정침은 청량산의 경물을 통해 느낄 수 있는 군자의 기상·절의·회포를 모두 지닌 사람이 오로지 이황뿐이라고 주장하였다. 박종은 높은 절벽에서 이황의 지조, 맑은 계곡에서 이황의 흉금, 맑은 노을에서 이황의 정취를 체험할 수 있다고 하면서 청량산에서 그의 덕을 찾았다. 1825년에 청량산을 방문한 김도명(金道明)은 청량산의 모든 사물이 이황의 은덕을 입었다고 생각하였으며, 1864년 이재영(李在永)은 청량산을 이황의 고산경행(高山景行)을[92] 체험할 수 있는 장으로 인식하였다. 이들은 청량산을 매개로 이황과의 정신적인 교감을 시도하였다.

> 우리나라의 명산이 하나가 아니지만, 사람으로 하여금 존경심을 일어나게 하는 산은 청량산이니, 퇴계 선생이 그 아래에 사시면서 평소 왕래하며 유람하신 곳이기 때문이다. 모든 바위와 골짜기에는 아직도 지팡이를 짚고 걸어 다니신 자취가 남아 있고, 풀 한 포기, 나무 한 그루도 시를 읊조리고 남은 빛이 아님이 없다. 열두 봉우리를 바라보면 우뚝하여 미칠 수 없는 점이 있고, 늠름하여 범할 수 없는 점이 있고, 충만하고 웅대하여 귀의할 만한 점이 있고, 단아하고 씩씩하고 엄숙하고 굳세어 우러러 존경할 점이 있다.(신지제, 1594)[93]

> 높은 봉우리와 층층의 산이 천 길이나 깎아지른 듯 서 있는 것은 군자의 기상이 아니겠는가? 외로운 소나무가 우뚝 서서 사시사철 푸른 것은 군자의 절의가 아니겠는가? 청산녹수에 비구름이 걷혀 시원한 바람이 불고 맑은 달이 떠서 깨끗하게 티끌 한 점 없는 것은 군자의 회포가 아니겠는가? 이 몇 가지를

---

92 『시경』에 나오는 '고산앙지(高山仰止) 경행행지(景行行止)'를 줄인 말로, "높은 산은 우러러보고, 큰길은 가야 한다"는 뜻이다.
93 청량산박물관 편역(2007), 앞의 책, 133~134쪽.

겸하여 지닌 이로는 오직 우리 노선생(老先生) 한 분이 계실 뿐이지.(권정침, 1746)[94]

만 길이나 높이 솟은 절벽을 바라보면 선생의 범할 수 없는 지조를 느낄 수 있다. 그리고 깊숙한 골짜기에 흐르는 맑은 시냇물을 굽어보면 선생의 혼탁할 수 없고 잔재가 남을 수 없는 흉금을 상상할 수 있다. 외로운 구름이 절벽에 머무르고 밝은 노을이 골짜기에 깃드니 선생의 시원하면서도 그윽하고 뛰어난 정취가 스며 있다. 초목은 푸르게 우거지고 이끼꽃은 나무에 걸리니 선생의 순후하고 고색창연한 모습이 서려 있다. 대체로 이와 같을진대 선생이 사시던 세대가 아무리 멀더라도 선생의 덕은 청량산에서 구할 수 있는 것이다.(박종, 1780)[95]

청량산은 바로 소금강이다. 비록 우뚝하고 무성한 측면에서는 금강산의 웅장함에 미치지 못하지만, 이 산은 우리 노선생께서 발자취를 남기신 곳이어서 어느 봉우리, 어느 골짜기의 풀 한 포기, 나무 한 그루도 모두 도덕의 여광(餘光)을 입고 있다. 이것이 금강산이 가지고 있지 못한 점이다.(김도명, 1825)[96]

선생께서 거니시던 자취가 어제의 일처럼 완연하였고, 고산경행의 행적이 눈에 들어와서 마음이 감동됨을 절로 멈출 수가 없었다.(이재영, 1864)[97]

청량산을 이황과 동일시하는 인식 때문에 다른 산에 비해 보잘것없는 청량산이 유명해졌다고 생각한 사람들도 있었다. 청량산의 명성이 이황에서 비롯되었다는 인식으로, 1750년에 강재항(姜再恒)은 청량산을 작은 언덕에 불과하다고 평가절하하면서 오로지 이황 때문에 중국의 무이산(武夷山)과 다툴 정도가 되었다고 평하였다. 1812년 홍구(洪球)는 이 산이 이황 때문에 저명해졌다고 믿었으며, 1856년 김철수(金喆銖)는 청량산이 규모가 작고 물을 즐길 수 있는 경치가 부족하지만, 이황에 의해 불교가 아닌 유교의 산이 되어 금강

---

94 청량산박물관 편역(2009), 앞의 책, 158쪽.
95 위의 책, 230쪽.
96 청량산박물관 편역(2012), 앞의 책, 118쪽.
97 위의 책, 168쪽.

산과 견주게 되었다고 판단하였다. 1866년 이제영(李濟永)도 주희(朱熹)와 무이산의 관계에 빗대어 청량산이 이황에 의해 빛이 나게 되었다고 생각하였다.

이 산은 형세가 그렇게 높고 크지도 않으며 봉우리도 웅장하거나 기이하지 않다. 나라 안의 여러 산과 비교해 보면 하나의 작은 언덕에 불과할 뿐이다. 그런데도 그 형승이 사방에 소문이 났으니 그 까닭은 무엇인가? 퇴계 선생이 이 산의 아래에서 태어나 천년 동안 끊어졌던 학문을 일으켜 세웠고, 성리학의 정맥인 주렴계(朱濂溪)와 정자(程子)를 이어서 성대히 해동(海東)의 주자가 되었으니 이 산이 드디어 주자의 무이산과 갑을을 다투게 되었다.(강재항, 1750)[98]

대저 나 이전에 유람한 사람은 퇴계가 아닌가? 몸소 왕림하여 완상하고 시구(詩句)로써 읊고 노래하되, 일찍이 '오가산'이라 하였으나, 지금은 그 발자취를 고증할 수 있는 것이 거의 없으니 이 산은 진실로 선생 때문에 세상에 저명해졌으나 선생의 흔적은 끝내 이 산을 믿고 후세에 전할 수가 없게 되었음을 알겠다.(홍구, 1812)[99]

이 산은 둘레가 매우 작고 봉우리는 12봉에 불과하며 또 요수(樂水)의 승지도 없지만, 다만 봉래 바다에 있는 금강산 일만 이천 봉과 서로 아래위가 되며 불도(佛徒)에 의해 더럽혀지지 않고 우리 유가(儒家)가 단장함으로써, 도리어 금강산으로 하여금 한 머리를 숙이고 한 걸음을 물리게 한 것은 누구의 힘이겠는가? 이 산이 도산(陶山)에서 거리가 가까워서 돌 하나 나무 하나에 퇴계 선생 장구(杖屨)의 광채가 입혀진 덕이니, 산을 산으로만 보고 산이다라고만 한다면 산을 잘못 본 것이라 하겠다.(김철수, 1856)[100]

이 산을 유람했던 이름난 분과 현달한 선비들의 잇닿은 발자취는 참으로 손가락을 꼽을 수 없을 정도로 많지만, 오직 우리 퇴계 선생께서 향기를 전파하신 뒤에 작은 언덕 하나 골짜기 하나도 빠짐없이 품평의 제하(題下)에 들게 되었으니 이는 마치 회옹(晦翁)이 무이산의 산수에서 그랬던 것과 같다. 그

---

98 청량산박물관 편역(2009), 앞의 책, 160쪽.
99 청량산박물관 편역(2012), 앞의 책, 83쪽.
100 위의 책, 158쪽.

러므로 진실로 이 산은 부자(夫子)로 말미암아 이름이 더욱 빛이 나게 된 것이다.(이제영, 1866)[101]

그러나 조선 후기의 모든 유학자가 청량산에 이황을 오버랩하여 인식한 것은 아니었다. 먼저 1660년 권경(權璟)과 1709년 이익(李瀷)은 아래와 같이 유교에서 꺼리는 승려와 부처의 모습을 청량산에서 발견하였다. 즉 석벽으로 이루어진 여러 봉우리를 "승려가 가사를 걸치고 돌아보는 모습"과 "여러 부처가 연화탑 속에서 무리 지어 옹위하는 모습"으로 느꼈다. 1877년 이 산을 구경한 송병선은 기존의 많은 사람과 같이 산봉우리를 죽순·홀에 비유하면서도 한편으로 불교에서 사용하는 경쇠나 종에 빗대어 청량산의 형상을 드러내었다.

서쪽으로는 내장인, 외장인 두 봉우리가 있는데 봉우리가 모두 석벽으로 하늘 높이 우뚝 솟아났다. 연화, 선학, 연적 여러 봉우리가 깎아질 듯 서 있고 서로 경쟁하며 기이한 자취를 뽐내고 있으니, 마치 신선이 홀을 잡고 단정히 앉아 있는 듯하고, 석자(釋子)가 가사를 걸치고 급히 뒤를 돌아보는 듯한 모습이었다. 면면히 보기 드문 기이한 형상은 하나의 붓으로 다 표현하기 어려웠다.(권경, 1660)[102]

혹 창과 깃발이 빽빽이 나열해 있는 영진(營陣)의 모양새와 같았고 혹 여러 부처가 연화탑(蓮花塔) 속에서 무리를 지어 옹위하는 것 같았다. 하늘에 뜬 구름의 형세가 흙으로 형성된 구릉에서 우뚝 솟아 나왔으니 참으로 이른바 명성이 헛되이 전해지지 않는다는 것이다.(이익, 1709)[103]

어떤 것은 죽순이 솟아 있고 홀(笏)을 세워 둔 것 같기도 하고 어떤 것은 경쇠를 달아놓고 종을 엎어놓은 것 같기도 하여 금강산의 한쪽을 담당할 만하였으나 돌 색깔은 푸르고 검었다.(송병선, 1877)[104]

---

[101] 위의 책, 174쪽.
[102] 청량산박물관 편역(2009), 앞의 책, 25쪽.
[103] 위의 책, 100쪽.
[104] 청량산박물관 편역(2012), 앞의 책, 185쪽.

한편 1712년에 산을 유람한 강재항은 "층으로 이루어진 산이 우뚝 서 있고 강성한 위세로 서로 대치하여 마치 괴이한 짐승과 귀신의 기운이 사람을 덮치는 듯하였다."라고[105] 청량산의 이미지를 부정적으로 표현하였다. 그리고 앞에서 언급한 바와 같이 물이 귀하다는 청량산의 특징을 아래와 같이 부정적으로 인식한 이들도 있었다. 이익과 1761년의 송환기, 앞서 언급한 김철수, 그리고 1864년의 이재영과 1866년의 이제영 등이다. 이들은 물이 귀하기 때문에 물로 이루어진 아름다운 경치가 부족하고 '요수(樂水)'를 하기 어렵다고 인식하였다. 특히 송시열의 5대손인 송환기는 선조가 경영했던 화양구곡(華陽九曲)과 비교하면서, 송시열의 화양구곡에 비해 이황의 청량산은 훨씬 미치지 못한다고 감정하였다.

산속에 맑은 못과 격렬한 여울의 뛰어난 경치가 없고 괴암(怪巖)과 중첩된 봉우리의 경치는 없다.(이익, 1709)[106]

대저 이 산은 실로 봉우리의 기이함은 있으나 천석(泉石)의 뛰어남은 부족하다. 올라 보는 흥취는 많으나 누각에 기대어 완상하는 운치는 적다. 내 관점에서 보면 청량산은 화양동(華陽洞)이[107] 완전히 갖추고 있는 것에는 훨씬 못 미친다. 이것이 퇴계가 "요산요수는 하나라도 부족하면 안 된다"고 탄식하게 된 까닭이다.(송환기, 1761)[108]

아침에 일어나 둘러보니 산 전체가 모두 돌이고 흙이 적은데, 뾰족하게 깎여서 늠름하게 높이 솟아 있었다. 물은 쌓인 돌 아래로 숨어 흘러 씻을 만한 계곡물이 없는 것이 흠이었다.(이재영, 1864)[109]

도산은 요산요수를 모두 겸하고, 청량산은 한 가지만 있어 늙은이와 병든 이가 편하지 못하다.(이제영, 1866)[110]

---

[105] 청량산박물관 편역(2009), 앞의 책, 110쪽.
[106] 위의 책, 101쪽.
[107] 송시열이 은거했던 충북 괴산군에 위치한 계곡으로 송시열이 명명한 화양구곡이 있다.
[108] 청량산박물관 편역(2009), 앞의 책, 172쪽.
[109] 청량산박물관 편역(2012), 앞의 책, 165쪽.
[110] 위의 책, 181쪽.

그런데 청량산에 관한 부정적인 평가와 관련해 흥미로운 점을 발견할 수 있다. 청량산에 관해 부정적으로 평가한 이들 가운데 이황과 학문적으로 직접적인 관계가 없거나 상대적으로 관계가 먼 사람들이 많다는 점이다. 소론 계열의 강재항, 노론 계열이자 송시열의 후손인 송환기·송병선 등이 그들이다. 이재영과 이제영도 이황의 학맥과 직접 연결된다고 보기 어렵다. 이로 보아 조선시대 유학자의 산에 관한 인식에 학문적·사상적 배경 등 개인의 특성이 적지 않은 영향을 미쳤음을 짐작할 수 있다. 그러나 이들이 이황을 폄하한 기록은 찾기 어렵다. 이들도 청량산을 유람하면서 이황에 대한 존경심을 표현하였다. 송환기는 "청량산이 세상에 이름난 까닭은 진실로 12개의 봉우리가 우뚝하고 기이하며 장대함 때문이다. 더하여 선생께서 몸소 다니시며 쉬었기에 더욱 빛이 난 것이다."라고[111] 서술하였다.

끝으로 청량산을 다른 산과 비교한 산수품평의 기록이 많지는 않다. 앞서 살펴본 바와 같이 주세붕은 지리산·금강산·가야산과 비교하여 이 산의 가치를 매긴 바 있고, 박종은 백두산·금강산·설악산·삼각산·묘향산·칠보산 등과 견준 바 있다. 이외에도 아래와 같이 1575년에 권우(權宇), 1647년에 배유장(裵幼章), 1882년에 이상룡이 산수품평을 하였다. 권우는 금강산과 비교하여 규모가 작지만 유사한 특성이 있다고 하였고, 배유장은 태백산·소백산과 비교해 규모는 작으나 단정하고 지조가 있다고 평가했다. 이상룡은 금강산·주왕산과 비교하여 격조를 청량산의 장점으로 꼽았다.

> 세상에서 산을 말하는 사람들은 청량산을 소금강이라고 여겨서 금강산 다음에 둔다. 대개 웅장하고 기이한 큰 기세와 변화를 헤아릴 수 없다는 점에서는 금강산에 미치지 못하나, 골격이 기이하고 가파름은 혹 비슷한 곳이 있다. 그러므로 군자가 이곳을 유람할 때는 모두 아끼는 바가 있어 홀대하지 않는다.(권우, 1575)[112]

> 비록 태백산과 소백산이 호랑이가 걸터앉고 용이 서려 있는 듯하지만, 단정하고 지조가 있으며 맑고 빼어난 청량산의 모습에는 실로 뒤지는 점이다. 신

---

[111] 청량산박물관 편역(2009), 앞의 책, 168쪽.
[112] 청량산박물관 편역(2007), 앞의 책, 62쪽.

재(愼齋)가[113] 일컬었던 '소산(小山) 중의 신선'이라는 것은 참으로 딱 들어맞는 말이다.(배유장, 1647)[114]

전체적인 모습이 개골산과 닮았고 허리 위로는 주왕산과 비슷하지만, 격조는 그보다 뛰어나다.(이상룡, 1882)[115]

6. 맺음말

이 글은 조선시대 유학자들이 지리산과 청량산을 유람하고 남긴 유람록을 자료로, 그들이 유람을 통해 두 산을 어떻게 인식하였는지 살펴보는 것을 목적으로 하였다. 그 결과를 요약하면 다음과 같다.

조선시대 유학자들은 지리산을 우리나라에서 가장 높고 큰 산으로 인식하였으며, 이렇게 자리매김된 지리산은 유상(遊賞)의 장소만이 아니라 공부의 장소로 인식되었다. 또한 유학자들은 방장산, 청학동 전설, 최치원 등과 관련지어 지리산을 신선의 산으로 여겼으며, 이러한 인식은 시대상과 연결되어 후대로 갈수록 강화되었다. 한편으로 유학자들은 지리산의 경관을 그들이 지향하는 이상적인 인간이 지닌 성격으로 상징화하여 인식하였다. 지리산의 모습에서 어질고 덕이 있는 군자의 속성을 발견한 것이다.

청량산에 대한 유학자의 인식도 크게 다르지 않았다. 유학자들은 청량산의 모습에서도 유교의 이상적인 인간상이나 성인의 이미지를 떠올렸고, 이를 문학적으로 형상화하였을 뿐 아니라 이를 통해 자신을 성찰하는 기회로 삼았다. 다만 지리산은 여행자에 따라 보다 다양한 형태와 성질로 인식되었고, 이러한 이미지를 최치원·김종직·김일손·정여창·조식 등 여러 인물을 거론하여 인간화한 것에 비해, 청량산은 단정한 선비로 그 인식이 수렴되었으며, 산의 이미지와 겹치는 인물로 오로지 이황만 언급되었다. 두 산에 대한 유학자들의 인식의 차이는 산의 규모와 지형적 특징, 그리고 산과 인연을 맺은 인물들에

---

113 주세붕의 호이다.
114 청량산박물관 편역(2007), 앞의 책, 224쪽.
115 청량산박물관 편역(2012), 앞의 책, 190쪽.

서 비롯되었으며, 한번 형성된 인식은 시간이 흐르면서 계승·고착되고, 계속 재현되거나 확대·재생산되기도 하였다. 그렇지만 청량산의 사례에서 살펴보았듯이, 유학자들 사이에 경관 인식과 산수품평에 있어 차이도 발견되며, 여기에는 학맥과 사승관계 등 개인적 배경이 중요하게 작용한 것으로 추정된다.

●참고문헌

원전

『南冥集』.
『武陵雜稿』.
『辭源』.
『星湖僿說』.
『佔畢齋集』.
『秋江集』.
『濯纓集』.
『擇里志』.

논저

강혜선, 「17·8세기 금강산의 문학적 형상화에 대한 연구」, 『관악어문연구』 17, 1992, 91~111쪽.
고연희, 『조선후기 산수기행예술 연구』, 일지사, 2001.
김동협, 「유학자의 자연이해의 한 局面 - 주세붕의 『遊淸凉山錄』과 소위 이황의 『淸凉山歌』에 대하여」, 『대동한문학』 15, 2001, 125~155쪽.
양보경, 「조선시대의 자연 인식 체계」, 『한국사 시민강좌』 14, 일조각, 1994.
이종묵, 「退溪學派와 淸凉山」, 『정신문화연구』 24-4, 2001, 3~31쪽.
이혜순·정하영·호승희·김경미, 『조선중기의 유산기문학』, 집문당, 1996.
정민 편, 『韓國歷代山水遊記聚編』, 민창문화사, 1996.
정치영, 「유산기로 본 조선시대 사대부의 청량산 여행」, 『한국지역지리학회지』 11-1, 2005, 54~70쪽.
정치영, 『지리산지 농업과 촌락 연구』, 고려대학교 민족문화연구원, 2006
정치영, 「조선시대 지리지에 수록된 진산의 특성」, 『문화역사지리』 23-1, 2011, 78~90쪽.
정치영, 『사대부 산수유람을 떠나다』, 한국학중앙연구원 출판부, 2014.
조융희 외, 『고전으로 읽는 한국의 자연과 생명』, 한국학중앙연구원 출판부, 2018.
청량산박물관 편역, 『옛 선비들의 청량산 유람록 I』, 민속원, 2007.
청량산박물관 편역, 『옛 선비들의 청량산 유람록 II』, 민속원, 2009.
청량산박물관 편역, 『옛 선비들의 청량산 유람록 III』, 민속원, 2012.
최강현 편, 『한국 기행문학 작품 연구』, 국학자료원, 1996.
최광식, 『고대한국의 국가와 제사』, 한길사, 1994.

최석기, 「조선중기 사대부들의 지리산유람과 그 성향」, 『한국한문학연구』 26, 2000, 91~111쪽.

최석기 외, 『선인들의 지리산 유람록』, 돌베개, 2000.

최석기 외, 『용이 머리를 숙인 듯 꼬리를 치켜든 듯』, 보고사, 2008.

최석기 외, 『선인들의 지리산 유람록 3』, 보고사, 2009.

최석기 외, 『선인들의 지리산 유람록 4』, 보고사, 2010.

최석기 외, 『선인들의 지리산 유람록 5』, 보고사, 2013a.

최석기 외, 『선인들의 지리산 유람록 6』, 보고사, 2013b.

최원석, 「조선시대의 명산과 명산문화: 정치사회지배계층의 명산 인식과 실천을 중심으로」, 『문화역사지리』 21-1, 2009, 207~222쪽.

秋葉隆, 심우성 역, 『조선민속지』, 동문선, 1993.

홍성욱, 「조선전기 「遊頭流錄」의 지리산 형상화 연구」, 『한문학논집』 19, 1999, 23~53쪽.

小野寺淳, 「道中日記にみる伊勢參宮ルートの變遷-關東地方からの場合」, 『人文地理學研究』 14, 1990, 231~255쪽.

田中智彦, 「愛宕越えと東国の巡礼者-西国巡礼路の復元」, 『人文地理』 39-6, 1987, 66~79쪽.

田中智彦, 「大坂廻りと東国の巡礼者-西国巡礼路の復元」, 『歴史地理学』 142, 1988, 1~16쪽.

Hulme, P. and Youngs, T. ed., *The Cambridge Companion to Travel Writing*, Cambridge; Cambridge Univ. Press, 2002.

무장사비 서체에 대한 한중 문인들의 견해 차이

신정수 | 한국학중앙연구원 한국학대학원 부교수

1. 머리말

김정희(金正喜, 1786~1856)가 1810년 1월 북경에서 옹방강(翁方綱, 1733~1818)을 만나고 이후 서신을 통하여 국경을 초월한 사제지간의 인연을 맺은 사실은 잘 알려져 있다.[1] 김정희는 옹방강의 호 담계(覃谿)의 첫 글자를 가져와서 자신의 호를 보담재(寶覃齋)라고 할 만큼 옹방강을 존경하였고 옹방강 역시 자신의 여섯째인 막내아들 옹수곤(翁樹崑, 1786~1815)과 같은 해에 태어난 김정희에게 아낌없이 가르침을 베풀었다. 이렇게 두 사람은 학문적으로, 인간적으로 깊은 교유를 했지만 무장사(鍪藏寺)의 「아미타불조성기비(阿彌陀佛造成記碑)」(이하 「무장사비」)의 서체에 대하여는 각자 자신의 견해를 가지고 있었다. 김정희는 조선의 전통적인 견해를 따라서 김육진(金陸珍, 생몰 미상)의 글씨라고 하고, 옹방강은 기존의 왕희지(王羲之, 303?~361?)의 글자들을 취사선택하여 만든 집자(集字)라고 하였다. 기본적으로 양쪽 견해 모두 왕희지체의 영향을 인정하고 있지만 글씨 쓰는 방식에 대한 견해 차이는 한국과 중국의 문화교류를 보는 관점과 관련이 있다.

김육진 혹은 다른 신라인이 썼다고 보는 서자설(書者說)은 왕체(王體)를 자신의 서체로 체화하여 이를 재생산한 뛰어난 서예가가 당시 신라에 있었음을 보여준다. 서성(書聖)이라 불리는 왕희지만큼은 아니지만 적어도 왕체를 임모한 당나라의 서예가들과 동등한 실력을 갖추었다고 할 수 있다. 반면에 집자설은 중국의 문화적 영향력을 용인하는 것으로 해석할 수 있다. 김응현은 집자를 하더라도 집자를 하는 사람에 따라서 개성이 나타난다고 하였지만,[2] 아무래도 서자보다 집자가 모방의 정도가 높을 수밖에 없다. 이와 같이 「무장사비」 서체에 관한 논의는 한중 문화교류에서 중화중심주의 문제까지 결부되면서 한국서예사에서 중요한 쟁점이 되어 왔다. 이러한 배경에서 본 연구에서는 먼저 옹방강과 김정희를 중심으로 「무장사비」의 서체에 대한 조선과 청대 문인들의 생각을 고찰한다. 이제까지 19세기 초 한중 교류에 대한 연구는 국경을 초월한 우정을 강조하는 데 편중되어 왔지만 본 연구에서는 교유의 이면

---

* 본 연구를 하는 데 중요한 자료들을 제공하고 조언을 해주신 과천시 추사박물관 허홍범 학예연구사께 감사드립니다.
1 정은주, 「김정희의 연행과 서화교류」, 김영복 등 편, 『김정희와 한중묵연』(과천문화원, 2009), 168~200쪽.
2 김응현, 『書如其人』(동방연서회, 1995), 173쪽.

에 나타나는 자문화중심주의, 문화적 시차(視差) 등의 문제를 제기할 것이다.

다음으로 현대 학계의 성과를 비판적으로 검토한다.³ 전근대 시기 학자들은 자기의 주장을 뒷받침하는 근거를 제시하지 않거나 혹 제시하더라도 소략한 경우가 많다. 따라서 관련 주제를 학술적으로 논의한 현대 학자들의 성과를 살펴보아야 서체와 관련된 쟁점들을 잘 이해할 수 있다. 본 연구는 이 중에서 서자설과 집자설을 각각 가장 깊이 있게 연구한 이은혁과 정현숙의 주장을 중심으로 논의를 진행할 것이다. 마지막으로 본 연구는 「무장사비」가 양쪽 모두의 주장에 부합하는 면이 있기 때문에 양립 가능성을 생각하면서 절충설을 제안한다.

2. 옹방강의 집자설

무장사는 경주의 동북쪽 외곽으로 20리쯤 떨어진 암곡촌(暗谷村) 북쪽에 위치한다. 계화왕후(桂花王后)가 사별한 남편 소성왕(昭聖王, 재위 799~800)의 명복을 빌기 위하여 이 절에 아미타불을 조성하고 801년에 이를 기념하는 비석을 세웠다.⁴ 「무장사비」는 1668년 이우(李俁, 1637~1693)가 『대동금석서(大東金石書)』에서 언급한 이래로 김육진의 작품으로 간주되어 왔다. 이후 비석이 소실되어 한동안 잊혀졌는데 약 백 년 뒤 1770년 홍양호(洪良浩, 1724~1802)가 비석의 주요 부분을 발견하면서 다시 관심을 불러일으킨다. 당시 경주부윤이었던 홍양호는 비편에 적혀 있는 "나마신김육진봉 교(奈麻臣金陸珍奉 教)"를 근거로 김육진이 썼다고 하였다.⁵

「무장사비」는 왕희지 서체로 새겨져 있었기 때문에 홍양호의 발견은 당시 중국 문인들에게 큰 반향을 일으켰다. 특히 옹방강은 「무장사비」가 왕희지 글씨의 탁본에서 한자들을 찾아서 만든 집자비라는 새로운 견해를 제시하였다.⁶

---

3 「무장사비」의 서체 논쟁에 대한 학술사는 다음 논문을 참조할 것. 이종문, 「鍪藏寺碑를 쓴 서예가에 대한 再檢討」, 『대동한문학』 41(2014), 275~279, 287~289쪽.
4 一然, 『三國遺事』 권3 「鍪藏寺 彌陀殿」.
5 『耳溪集』 권16 「題鍪藏寺碑」.
6 『復初齋文集』 권24, 476쪽, 「新羅鍪藏寺碑殘本跋」; 藤塚鄰(1879~1948), 『清朝文化東傳の研究: 嘉慶・道光學壇と李朝の金阮堂』(東京: 国書刊行会, 1975), 195쪽.

「무장사비」는 행서이며 왕희지의 「난정서」와 회인과 대아가 집자한 한자를 섞어서 만들었다. 함형(670~674)과 개원(713~741) 연간 이래로 당나라 사람들의 왕희지 집자서를 외국에서 모두 알고 따라하였다. [무장사비에] 사용한 「난정서」의 글씨는 모두 정무본에 합치된다. 이로 보아 정무본이 실제로 당나라 때에 만들어졌으며 그 당시에 유전되고 전파되었음을 알 수 있다.
碑行書, 雜用右軍蘭亭及懷仁大雅所集字. 蓋自咸亨開元以來, 唐人集右軍書, 外國皆知服習而所用蘭亭字, 皆與定武本合. 乃知定武本實是唐時所刻, 因流播於當時耳.

왕희지의 진적은 초당 시대에 이미 유실되었고, 이에 왕체를 복원하기 위하여 왕희지 글자를 선별해서 만든 집자비들이 등장하였다. 672년 홍복사(弘福寺)의 회인(懷仁)이 완성한 「대당삼장성교서(大唐三藏聖敎序)」(이하 「성교서비」)와 약 50년 뒤인 721년 대아가 완성한 홍복사비가 그러한 예이다. 홍복사의 비는 현재 비편으로만 남아 있어서 '홍복사단비(興福寺斷碑)'로 불린다.

「난정서」의 복원과 관련해서는 당 태종(재위 626~649)이 가장 큰 공헌을 하였다. 태종은 당시 저명했던 세 명의 서예가 구양순(歐陽詢), 우세남(虞世南), 저수량(褚遂良)에게 「난정서」를 임서하게 하고 이를 학사원(學士院)의 비석에 새겨 탁본을 만들게 하였다. 이 중 구양순의 임서본이 가장 유명한데 당송 변혁기 혼란한 와중에 모두 소실되고 만다. 이러한 와중에 「난정서」를 석각한 비석이 북송 경력(慶曆) 1년(1041) 정무(定武, 현 하북성 진정현眞定縣)에서 발견되는데 이 비석마저도 북송이 망하면서 사라진다. 이후 이 비석을 모본으로 하였다는 정무본 석각본들이 나타나지만 모두 위작설이 제기되고 있다. 이러한 상황에서 옹방강은 「무장사비」가 정무본의 서체와 흡사한 사실에 주목하지 않을 수 없었다. 「무장사비」가 9세기 초에 만들어졌으니 북송대의 정무본보다 훨씬 더 이른 시기에 만들어진 것이다. 그래서 옹방강은 신라의 비문을 통해 북송의 정무본이 당대 원본과 다르지 않음을 증명하고자 하였다.

옹방강은 집자에 대한 근거로 "[무장사비에서] '숭(崇)' 자 상단의 '산(山)' 아래 있는 세 개의 점이 모두 온전하다.[內崇字山下三點, 皆全.]"는 사실을 들었다.[7] 이 말은 배경 설명 없이는 이해가 쉽지 않기 때문에 먼저 그림을 통하

---

7 『蘇米齋蘭亭考』(1803) 권3, 14a.

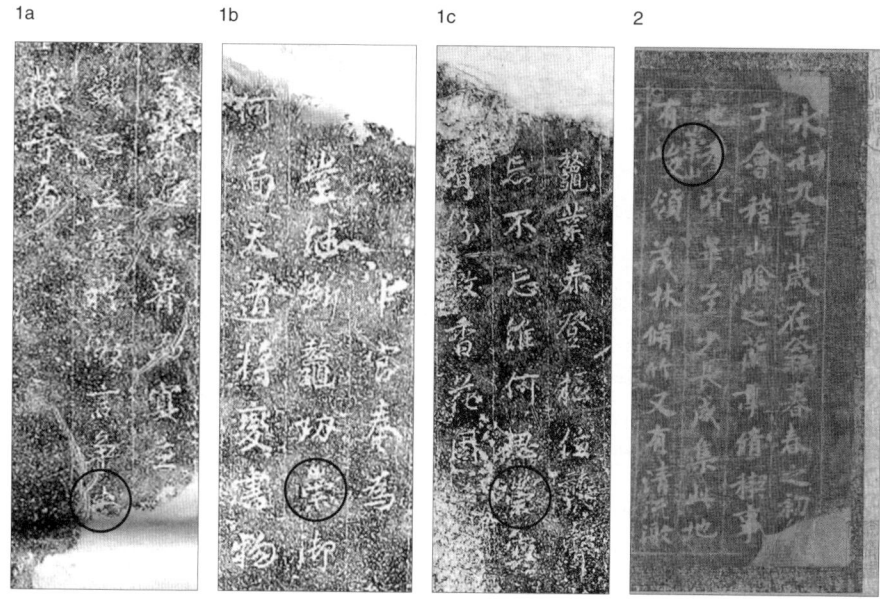

그림 1. 「무장사비」 세부, 국립문화재연구원 소장[8]
그림 2. 「난정서」 정무본, 크기 미상, 대만 국립고궁박물관 소장

여 정무본 「난정서」와 「무장사비」의 '숭' 자를 살펴볼 필요가 있다. 옹방강이 보았던 정무본이 어느 것인지 알 수 없지만 현재 유일하게 남아 있는 정무본은 대만 국립고궁박물관에 소장되어 있다.

「무장사비」에는 숭 자가 총 세 번 나오는데 단조로움을 피하기 위하여 형태가 조금씩 다르다. 옹방강이 주목한 '삼점(三點)'도 이러한 동자이형(同字異形)의 서법 원칙을 따른 것이다. 〈그림 1〉에서 삼점은 두 번째(1b)에 보이며 나머지 그림(1a, 1c)은 희미해서 잘 보이지 않지만 일점(一點)으로 보인다. 〈그림 2〉 정무본 「난정서」에서 숭 자는 제4행 상단에 추가로 삽입되어 있다. 뚜렷하지 않지만 '산' 아래에 삼점이 보인다.

그렇다면 왕희지는 어떤 근거로 숭 자에 삼점을 넣었을까에 대해서 생각해 볼 필요가 있다. 〈표 1〉은 삼점과 연관되어 보이는 숭 자를 시대순으로 배열한 것이다.

「난정서」 원본은 이미 당대에 사라졌기 때문에 왕희지가 실제로 숭 자를 어떻게 썼는지 알 수 없다. 옹방강은 정무본과 「무장사비」를 통하여 원본의 숭 자

---

8 〈그림 1〉은 다음 논문의 그림을 수정하였다. Jeongsoo Shin, "Kim Chŏnghŭi and His Epigraphic Studies: Two Silla Steles and Their Rubbings," *Journal of Korean Studies* 27.2 (October 2022), p. 202.

표 1. 삼점과 관련된 숭(崇) 자의 시대별 이체자의 자형과 출처

마왕퇴 백서 서한	「정시석경」 (241)	「난정서」 원본 (353)	「무장사비」 (801)	「난정서」 정무본 탁본 (북송)
		?	「난정서」 신룡본 모본	「성교서비」 (672)

에 삼점이 있다고 추정하였다. 옹방강의 말이 맞다면 왕희지는 어디에 근거해서 삼점을 찍었을까? 삼점이 있는 '숭'은 고문헌 중에서 「정시석경(正始石經)」에 유일하게 나타난다. 이 석경은 정시(正始) 2년(241) 예서, 소전, 고문 세 가지 서체를 사용하여 『상서』와 『춘추』를 비면에 새겼기 때문에 「삼체석경(三體石經)」이라고도 한다.[9] 이 세 가지 서체에서 삼점이 있는 '숭'은 고문에 보이는데 삼점이 宀에 들어가 있다. 삼점이 山 밑에 있는 후대의 '숭'과 위치가 다르긴 하지만 삼점의 존재는 명확히 보인다. 「삼체석경」이 만들어진 시기와 왕희지가 「난정서」(353)를 쓴 시기는 백여 년 정도밖에 차이 나지 않기 때문에 왕희지가 「난정서」를 쓸 때 숭 자에 삼점을 찍었다면 이 석경을 참고하였을 것이다. 「정시석경」의 숭 자의 연원은 명확하지 않다. 표에서 제일 왼쪽에 있는 마왕퇴 백서의 '숭' 상단부가 상당히 복잡한데 여기서 나왔다고 추정할 수 있다.

후대에 제작된 「난정서」 가운데 삼점이 있는 '숭' 자는 정무본 외에 옥천본(玉泉本)에 나타난다.(그림 3)[10] 아울러 신룡본(神龍本)에도 유사한 형태가 나타나기 때문에 함께 살펴볼 필요가 있다.[11] 〈표 1〉에 보이는 바와 같이 신룡본의 숭 자는 '산' 아래 오른쪽 방향으로 나가는 긴 수평점이 있다. 이 점은 숭 자의 하단, 즉 종(宗)의 갓머리에 있는 점이 아니라 추가로 있는 것이다. 니시

---

9 「정시석경」은 낙양의 태학에 건립되었다가 여러 차례 옮겨졌고 현재 하남성 언사현(偃師縣)에 석경을 세웠던 자리가 남아 있다. 한대의 「희평석경(熹平石經)」, 당대의 「개성석경(開成石經)」과 함께 중국 고대의 삼대 석경이다.

10 台東区立書道博物館 編, 『王羲之と蘭亭序』(東京: 台東区學術文化財團, 2023), 27쪽.

11 신룡본(24.5×69.9cm)은 현재 북경고궁박물원에 소장되어 있는데 풍승소(馮承素, 617~672)가 쓴 원래 모본이 아니라 당대 이후의 고모본(古摹本), 즉 후대의 작품으로 보고 있다.

그림 3. 「난정서」 옥천본, 일본 교토국립박물관 소장

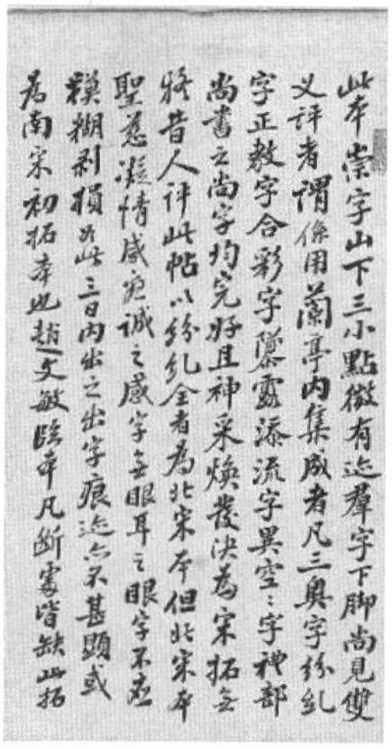

그림 4. 「성교서비」 송탁본 여해환 발문(1907), 대만 국립고궁박물관 소장

카와는 이를 왕희지 특유의 표현이라고 가정하는데,[12] 필자는 이를 삼점이 변형되어 나타난 흔적으로 보고자 한다. 왜냐하면 이 자형과 유사한 숭 자가 「성교서비」에도 나타나는데 이 한자에 대하여 여해환(呂海寰, 1843~1927)은 발문 처음에서 "이 「성교서비」에 있는 숭 자는 산 아래에 작은 점 세 개가 희미하게 남아 있다.[此本崇字山下三小點微有迹]"라고 하였기 때문이다.(그림 4)

여해환은 삼점이 희미하게 남았다고 했지만 위의 표에 보이는 바와 같이 「성교서비」 숭 자의 점은 '일(一)' 자로 보인다. 따라서 신룡본의 '숭'에 있는 일자 형태의 점도 삼점이 변형된 형태라고 할 수 있다. '숭'의 상부 삼점을 기준으로 놓고 본다면, 정무본이 더 명확하게 나타나기 때문에 '풍승소본 → 「성교서비」'보다 '무장사비 → 정무본' 계열이 원본에 더 가깝다고 할 수 있다.

이제 숭 자의 자형 논의를 일단락 짓고 본 연구의 주제인 집자설로 돌아가 보자. 옹방강은 건륭 연간 문단의 영수였기 때문에 그의 집자설은 당시 문인들에게 많은 영향을 주었다. 유희해(劉喜海, 1794~1852), 섭지선(葉志詵, 1779~1862) 등이 그러하고 섭창치(葉昌熾, 1849~1916)는 여기에서 더 나아가

---

12 Lothar Ledderose, *Mi Fu and the Classical Tradition of Chinese Calligraphy* (Princeton University Press, 1979), p. 23; 정현숙 번역, 『미불과 중국 서예의 고전』(미술문화, 2013), 52쪽, 그림 24. 풍승소의 육필본은 나중에 건륭제가 소장하였던 난정팔주(蘭亭八柱)의 제삼본이 된다. 레더로제는 제일본을 장금계노본(張金界奴本)에서 기술하고 있는데 오류로 보인다. 난정팔주본은 현재 세 본이 남아 있다.

서 당의 패권주의로까지 연결시켰다.[13]

당 태종이 고구려를 정벌한 이후로 위엄이 멀리까지 미쳐서 [당시 한국 사람들이] 두려워하였다. 당 태종은 왕희지 서예를 좋아했는데 이러한 영향이 신라의 풍속에까지 미쳤다. 신라 무장사비, 고려 인각사 보각국사비, 사림사 홍각국사의 비 모두가 왕희지의 글자를 집자한 것이다. 비록 「성교서비」와 비교할 수는 없지만 「홍복사단비」의 아류이다. 또한 왕희지의 글씨를 좋아하여 호랑이가 달리는 기상을 닮고자 하였다.
自唐太宗伐高麗, 威棱遠憺. 太宗好右軍書, 至移其國俗. 新羅鍪藏寺碑及高麗麟覺寺普賢國師, 沙林寺宏覺國師碑, 皆集右軍書. 雖未能抗跡懷仁, 亦興福斷碑之亞也. 又 以好右軍書, 而幷求虎賁之似.

섭창치는 신라와 고려의 집자비에 관심을 가지면서 한반도에 남아 있는 자국의 문화적 영향력을 확인하고자 하였다. 이러한 문화적 제국주의 관점으로 기술하는 과정에서 인용이 부정확하고 한중 관계사를 호도하거나 자의적으로 해석하였다. 섭창치가 「무장사비」 외에 언급한 두 집자비는 1295년에 일연(一然, 1206~1289)을 추모하여 건립한 「인각사보각국사정조탑비(麟角寺普覺國師靜照塔碑)」(「인각사비」)와 886년 홍각국사(弘覺國師, 814~880)를 기리는 사림사 비석이다.[14] 섭창치는 이를 각각 보현국사(普賢國師), 굉각국사(宏覺國師)라고 잘못 기록하였다. '홍각'을 '굉각'으로 기록한 것은 판각 과정에서의 오류일 수 있지만 '보각'을 '보현'으로 적은 것은 명백히 섭창치의 실수이다. 태종이 고구려 정벌에 성공한 것처럼 적은 것 역시 자국 편향적인 서술이다. 엄청난 군사력 우위에도 불구하고 태종이 안시성주(安市城主)의 저항에 부딪혀 결국 645년 퇴각한 사실은 잘 알려져 있다.

서체의 해석 역시 논란의 여지가 많다. 태종의 왕희지체 글씨가 김춘추(金春秋, 602~661)를 통하여 648년에 전해진 것은 사실이지만 당시 왕희지체가

---

13 葉昌熾, 『語石』 권2, 69쪽. 본고의 섭창치 관련 논의는 다음 논문을 수정하고 보완한 것이다. 이러한 과정에서 나상훈의 의견이 큰 도움이 되었다. Jeongsoo Shin(2002), 앞의 글, 205쪽.
14 이 중에서 「인각사비」는 연구자들이 「무장사비」와 자주 비교하기 때문에 뒤에서 다시 언급하겠다.

나라의 서풍을 바꿀 정도로 유행하지는 않았다.[15] 통일신라의 서풍은 줄곧 구양순의 해서가 주류였으며 왕희지풍은 한참 뒤인 8세기 초가 되어서야 나타난다.[16] 이러한 경우에도 당 태종의 영향력이 아니라 당 태종이 만든 모본이 한국에 유통되었기 때문이다. 당 태종의 왕희지 서예벽을 중국의 팽창주의로 해석한 것 역시 문제이다. 태종은 젊은 시절 전장을 누비며 용맹을 떨치고 '현무문(玄武門)의 변'을 통하여 황제가 되었지만 이후 무력을 남용한 것을 후회하고 위징(魏徵, 580~643)의 문치 정책을 받아들여 정관지치(貞觀之治)라는 태평성세를 이루었다.[17] 태종은 이와 같이 문인 문화를 장려하면서 서예 작품을 수집하였기 때문에 고구려 원정과는 별개의 사안인데 섭창치는 두 가지가 관련이 있는 것처럼 기술하고 있다. 마지막으로 「무장사비」가 「성교서비」에 못 미치고 「홍복사단비」의 아류라고 하였는데 이미 옹방강의 숭 자 논의에서 살펴본 바와 같이 그렇지 않음을 알 수 있다. 이러한 사례들을 비추어 볼 때 섭창치의 서술은 사실관계에 있어서 오류가 있거나 무리한 해석을 포함하고 있다. 이 밖에도 옹방강의 집자설은 이상적(李尙迪, 1804~1865), 이유원(李裕元, 1814~1888) 등 동시대 조선 문인들에게 있어서 오류가 있거나 이러한 사실은 조선 문단에서 옹방강의 위상을 생각할 때 예상할 수 있는 일이다.

---

15 648년(당 태종 정관 22)에 왕희지풍으로 쓴 당 태종의 글씨가 신라에 전해진 사실은 양국의 사서에 나타난다. 『三國史記』 권5, 眞德王2年條. "遣伊湌金春秋及其子文王朝唐 […] 春秋請詣國學觀釋奠及講論, 太宗許之. 仍賜御製溫湯及晉祠碑幷新撰晉書."; 『舊唐書』 권199上, 東夷 新羅條. "(貞觀)二二年, 眞德遣其弟相國伊湌干金春秋及其子文王來朝. 詔授春秋爲特進, 文王爲左武衛將軍. 春秋請詣國學觀釋奠及講論, 太宗因賜以所制溫湯及晉祠碑幷新撰晉書, 將歸國, 令三品以上晏餞之, 優禮甚稱(備)." 충남 보령에 있는 성주사지(聖住寺址) 「낭혜화상탑비(朗慧和尙塔碑)」(909년 이후)에도 다음과 같이 적혀 있다. "옛날 무열대왕이 을찬(伊湌)이었을 때 예맥(고구려)을 무찌르기 위해 지원군을 요청하고자 진덕여왕의 명을 받아 당 태종을 알현한다. […] 떠날 때 황제가 짓고 쓴 「온탕비」, 「진사비」와 황제가 지은 『진서』 한 부를 하사했다. 이때 비서감(秘書監)에서 이 책을 베껴 마름질을 하고 두 본을 만들어 올렸다. 하나는 황태자에게 하사하고 하나는 우리에게 하사했다." 昔武烈大王爲乙粲時, 爲屠獩貊, 乞師計餒, 眞德女君命陛覲昭陵皇帝 … 及其行也, 以御製幷書溫湯晉祠二碑, 暨御撰晉書一部賚之. 時蓬閣寫是書裁竟二本上, 一錫儲君, 一爲我賜.

16 신라에서 왕희지 행서는 8세기 초부터 9세기 말까지 유행했으며 김생 등과 같은 개인의 서풍으로 발전되거나 집자비 형태로 유행하였다. 정현숙, 「통일신라 서예의 다양성과 서풍의 특징」, 『서예학연구』 22 (2013), 33~72쪽.

17 Eugene Wang, "The Taming of the Shrew: Wang Hsi-Chih (303-361) and Calligraphic Gentrification in Seventh-century China," Cary Liu ed., *Character and Context in Chinese Calligraphy* (Princeton, N.J.: Princeton Art Museum, 1999), p. 148.

3. 김정희와 옹수곤의 김육진설

김정희는 옹방강의 집자설을 받아들이지 않고 김육진을 서자(書者)로 보는 조선 문인들의 관점을 따랐다. 흥미롭게도 옹수곤 역시 김정희의 생각에 동조하고 있는데 이러한 생각은 『소미재난정고』에 부기한 필기에 보인다. 앞서 살펴본 바와 같이 이 책에서 옹방강은 '숭'의 자형을 근거로 「무장사비」가 집자라고 하였는데 옹수곤은 그 글 밑에 있는 여백에 김육진이 「무장사비」를 짓고 썼다고 적었다.[18] 옹수곤이 자신의 아버지가 아니라 조선 문인들의 의견에 동조하고 있음을 분명히 보여준다.

옹수곤과 김정희가 공유한 생각은 『해동금석영기(海東金石零記)』에 다시 한 번 나타난다. 이 찰기집(札記集)은 후지츠카 츠카시(1879~1948)의 소장본이었는데 아들 후지츠카 아키나오(藤塚明直)가 2006년 과천시에 기증하여 현재 추사박물관에 소장되어 있다. 이 책은 종래에 옹방강과 옹수곤의 공동 저작으로 알려졌으나 박현규에 의해서 옹수곤이 김정희 등 조선 문인들의 도움을 받아서 만든 저작물로 확인되었다.[19] 「무장사비」에 대한 기록은 다음과 같다.(그림 5)[20]

> 무장사비
> 신라 김육진(金陸珍)이 썼다. 이 비 또한 경주에 있으며, 잔본(殘本)만 남아 있다.
> 비는 경상도 경주에 있으니 곧 계림이다. 추사(秋史)
> 이런 방식의 탁법(搨法)이 매우 좋습니다. 혹시 중국의 먹을 사용하여 이처럼 광채가 있는 것입니까? 부디 다시 탁본을 떠서 5장 정도를 보내주시기 바랍니다.

[18] 藤塚鄰(1975), 앞의 책, 194~195쪽. "新羅殘碑, 守大南令金陸珍 撰並書." 윤철규·이충구·김규선 공역, 『秋史金正喜研究』(과천문화원, 2009), 314쪽. 옹수곤은 부친의 『난정고』(『소미재난정고』)에 필기하였고 이후 후지츠카 츠카시(藤塚鄰)가 소장하게 되었다.

[19] 박현규는 『해동금석영기』의 필체와 기술 방식이 중국 국가도서관에 소장된 옹수곤의 『해동문헌(海東文獻)』과 일치하는 점에 주목하여 이러한 결론을 내렸다. 옹수곤은 해동 금석문집을 편찬하려는 목적으로 만들었으며 찰기한 시기는 1814년과 1815년에 집중되어 있다. 박현규, 「『海東金石零記』의 저자와 실상」, 『대동한문학』 35(2011), 385~413쪽.

[20] 과천문화원, 『海東金石零記』(2010), 번역 26쪽, 영인본 40쪽. 좋은 해상도를 위하여 해당 자료는 과천시 추사박물관에서 다시 제공받았다. 이은혁, 「鍪藏寺碑와 王羲之體의 對比考察」, 『전통문화연구』 12(2013), 178쪽.

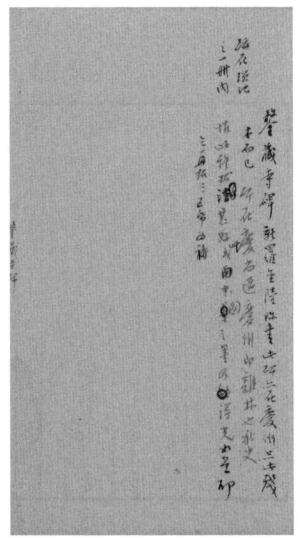

그림 5. 『해동금석영기』 원문편 40면.

鍪藏寺碑

新羅金陸珍書. 此碑亦在慶州, 只此殘本而已.

碑在慶尙道慶州, 卽鷄林也. 秋史

惟種拓法甚好, 此或用中國之墨, 乃得光如是耶? 乞再拓拓五紙爲禱.

[두주]
발문은 『금석쇄기(金石瑣記)』 1책 안에 있다.[21] 무장사비
[頭註]
跋在瑣記之一冊內 鍪藏寺碑

    옹수곤은 김정희의 도움을 받아서 「무장사비」가 김육진의 글씨라고 적었다. 그리고 추가 연구를 위하여 김정희에게 탁본 다섯 부를 부탁하는 글을 부기하였다. 그러나 비석은 이미 사라진 상태여서 다시 탁본을 만들 수 있는 여건은 아니었다. 이 밖에도 옹수곤은 비편을 바탕으로 비도(碑圖)를 그리고 비편 첫 줄 앞에 "이곳에 한 줄이 더 있는 것 같다.[此處似尙有一行]"라고 하는 등 많은

---

21 허흥범 학예연구사는 『금석쇄기(金石瑣記)』를 『해동금석문자기사권쇄기(海東金石文字記四卷瑣記)』로 보고 있다. 李豐楙, 「翁方綱著述考」, 『書目季刊』 8-3(1974), 44쪽 참고.

관심을 보였다.²² 이렇게 의견이 오가던 중에 옹수곤이 갑자기 세상을 떠난다. 비보를 들은 김정희는 크게 슬퍼하였고 그를 추모하는 마음으로 1817년 4월 경주로 내려갔다. 경주 답사에서 김정희는 허물어진 무장사 주위에서 먼저 홍양호가 말했던 기존의 비편을 찾아내고 이어서 새로운 비편을 추가로 발견한다. 그리고 두 비편의 측면에 발견한 경위를 설명하는 글을 적고 새긴다. 이 때 옹방강이 주목한 삼점을 언급했지만 집자비라는 말은 하지 않았다.²³

김정희는 경주에서 무장사 비편 두 점을 찾아내는 큰 수확을 거두고 서울로 돌아와 본격적으로 동료 학자들과 금석학 연구에 매진한다. 이러한 가운데 김경연(金敬淵, 1778~1820)에게 편지를 쓰면서 다시 한 번 「무장사비」에 대한 본인의 의견을 밝힌다. 편지를 쓴 시간은 나와 있지 않으나 두 사람이 금석학에 대하여 진지한 논의를 하던 1817년 가을 즈음으로 추정된다.²⁴

「무장사비」는 과연 홍복사 비석의 글씨체이지만 「인각사비」와 같은 집자는 아니다. 김육진은 신라 말엽의 사람이다. 비를 세운 연대는 지금 고증할 수 없다.²⁵
鍪藏碑果是弘福字體, 非集字如麟角碑矣. 金陸珍是新羅末葉之人, 而碑之年代, 今不可考矣.

김정희는 먼저 「무장사비」가 홍복사의 비 즉 「성교서비」의 서체라고 하면서 옹방강의 견해를 따른다. 그러나 글씨를 쓰는 방식에 대해서 「인각사비」와 같은 집자는 아니라고 하였다. 경상북도 군위군에 있는 「인각사비」는 현존하는 유일한 고려시대 집자비이다. 충렬왕의 칙명으로 민지(閔漬, 1248~1326)와 산립(山立)이 각각 비양과 비음을 지었다. 「무장사비」처럼 비면에 세로 계

---

22 김정희, 『海東碑攷』(필사본, 수경실 소장). 박철상, 『나는 옛것이 좋아 때론 깨진 빗돌을 찾아다녔다: 추사 김정희의 금석학』(너머북스, 2015), 156, 330쪽에서 인용.

23 金正喜, 제1비편 좌측 傍刻題記(丁丑四月二十九日). "此碑舊只一段而已, 余來此窮搜, 又得斷石一段於荒莽中, 不勝驚喜絶叫也. 仍使兩石, 合壁珠聯, 移置寺之後廊, 俾免風雨. 此石書品, 當在白月碑上. 蘭亭之崇字三點, 唯此石特全, 翁覃溪先生以此碑爲證, 東方文獻之見稱於中國, 無如此碑. 余摩挲三復, 重有感於星原之無以見下段也. 丁丑四月十九日, 金正喜題識." 김웅현(1995), 앞의 글, 177쪽; 이은혁(2013), 앞의 글, 179쪽.

24 『東籬藕談』金敬淵自識. "丁丑秋日, 黃山秋史訪余東籬書堂, 論易說詩義數則, 讀金石文字一千卷, 復取所蓄諸石題品之." 박현규, 「『동리우담』의 편저자 문제」, 『대동한문학』 12(2000), 134쪽; 이은혁(2013), 앞의 글, 179쪽.

25 『阮堂集』 권4 「與金東籬 敬淵」, 90b-90c.

선을 그어 자간, 행간이 모두 정연하지만 김정희는 두 비가 서로 다르다고 하였다. 그 이유는 설명하지 않았지만 「무장사비」에는 기존의 집자비에 없는 한자가 많았기 때문일 것이다. 다음 문장에서 김육진을 언급하는 것으로 보아 김정희가 김육진을 서자로 보고 있음을 확인할 수 있다.

4. 이은혁의 서자설과 정현숙의 집자설

「무장사비」 서체에 대해서는 오늘날까지도 학계에서 의견의 일치를 보지 못하고 있다. 이 장에서는 현재까지 나온 학계의 성과를 검토하면서 필자의 의견을 추가하겠다. 학술적으로 서자설을 처음 주장한 학자인 이종문의 논의에 따르면,[26] 「무장사비」에 나오는 글씨의 4분의 1 정도가 기존의 왕희지 글씨에 없으며 이 중에는 집자가 불가능할 정도로 획이 복잡한 글자도 많이 있다. 그런데도 글씨의 크기와 획이 고르고 전후의 필세와 기맥이 살아 움직이고 있으며 전체적으로 조화를 이루고 있기 때문에 집자비가 될 수 없다고 하였다. 최영성은 「무장사비」의 서자에 대하여 종래의 김육진설을 부정하고 황룡사 승려를 서자로 주장해서 학계의 관심을 끌었다. 비편 제1행 하단에 '皇龍' 다음에 '寺'를 판독해내고 그다음에 글씨를 쓴 황룡사 승려 이름이 있었을 것이라고 하였다.[27]

이종문, 최영성에 이어서 이은혁은 한자의 크기, 역사적 정황, 비석의 서체 등 세 방면으로 나누어 논의하였다. 먼저 중국의 두 집자비와 「무장사비」의 글자 크기에 주목하였다.(그림 6) 이은혁은 중국의 두 집자비에 가로선과 세로선을 추가하여 다양한 크기의 한자들이 불규칙적으로 배치되어 있는 모습을 효과적으로 보여주었다. 집자는 글자를 다양한 자료에서 가져오기 때문에 글자 크기가 상당히 차이 날 수밖에 없다. 「성교서비」가 「흥복사단비」보다 자간이 약간 더 좁기는 하지만 두 집자비 모두 다양한 크기의 한자가 배열되어서 서예 미학의 중요한 요소인 참치미(參差美)가 자연스럽게 드러난다. 이와 대조적으로 「무장사비」는 처음부터 세로선을 긋고 한자를 일정한 간격으

---

26 이종문,「무장사비를 쓴 서예가에 관한 한 고찰」,『남명학 연구』13(2002), 223~254쪽.
27 최영성,「新羅 鍪藏寺碑의 書者 硏究」,『신라사학보』20(2010), 179~218쪽.

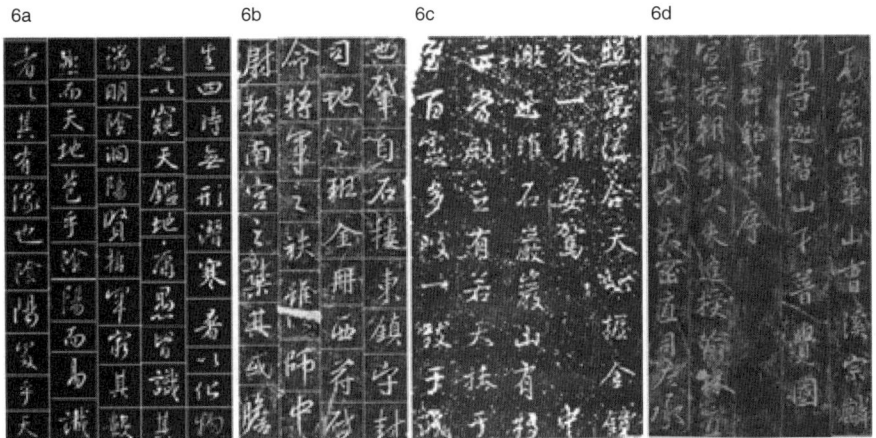

그림 6. a「성교서비」, b「흥복사단비」, c「무장사비」, d「인각사비」.
출처: 이은혁, 「鍪藏寺碑와 王羲之體의 對比考察」, 『전통문화연구』 12(2013), 186쪽.

로 써내려 가서 행간이 정렬되어 있고, 한자의 크기가 거의 같아서 통일된 정형성을 보여준다. 이러한 특징으로 볼 때「무장사비」는 집자비가 아니라 서예가가 쓴 작품이라고 하였다. 아울러 이은혁은「인각사비」도 참치미를 보여준다고 했지만 필자가 보기에 글자들의 크기가 서로 비슷하고 자간이 비교적 정연하고 규칙적이다. 따라서 비문에서 한자 크기의 문제는 집자의 결과가 아니라 중국과 한국의 지역적 차이로 접근할 필요가 있다고 생각된다.

이은혁의 가장 큰 성과는「무장사비」에서 판독된 한자 총 431자를 왕희지 글씨와 일일이 대조하여 닮은 정도에 따라 세 부류로 구분한 것이다.[28] 도출된 결과는 다음과 같다.

① 왕서와 일치하는 글자: 156자
② 왕서에 보이지만 형태가 다른 글자: 161자
③ 왕서에 보이지 않는 글자: 114자
④ 기타: 보충이 필요하나 판독이 불가능한 글자

이 중에서 왕서의 글자와 형태가 다르거나 왕서에 없는 한자를 합치면 총 270여 자이며, 이는 왕서로 쓴 한자의 거의 두 배에 이른다. 글자의 형태가

---

[28] 국사편찬위원회〈한국사데이터베이스〉에 최연식, 유희해(劉喜海), 조선금석총람, 나카기리 이사오(中吉功), 문명대, 허흥식의 판독문을 비교하여 볼 수 있다.

다르다는 판정은 감상자에 따라서 달라질 수 있지만 큰 틀에서 볼 때 「무장사비」는 집자보다 창작에 가깝다는 결론을 내릴 수 있다.

아울러 왕희지의 글씨에 나오지 않는 한자군을 역사적 정황에서 검토하였다. 회인(懷仁)이 25년 만에 「성교서비」를 완성한 사실에서 잘 알 수 있듯이 집자비를 세우는 데는 많은 자료와 오랜 시간이 필요하다. 그러나 「무장사비」의 경우, 승하한 왕의 명복을 빌기 위한 불사(佛事)의 일환이었기 때문에 시간이 촉박했을 것이고 실제로 사후 1년 만에 빠르게 만들어졌다. 이러한 상황에서 왕희지 글씨를 집자해서 새로운 한자를 만드는 것은 현실적으로 불가능하다. 따라서 「무장사비」는 상대적으로 시간이 적게 소요되는 서사(書寫)의 방식을 택했을 가능성이 높다.

이은혁의 분석은 통계를 바탕으로 한 설득력 있는 연구이다. 적절한 방법론으로 자형과 서체를 분석하여 서사자의 창의성이 두드러지는 특징을 잘 보여주었다. 개별 한자의 판정은 학자마다 의견이 다를 수 있지만 전체적으로 결론을 도출해 가는 과정은 합리적이다. 단지, 다음의 두 가지 지엽적인 사항은 생각해 볼 필요가 있다.

첫째, 논의 대상인 한자의 크기에 대하여 처음에는 집자비의 태생적 한계라고 하고 그다음에 다시 자연스러운 참치미를 구현한 것이라고 해서 상반되는 해석을 함께 제시하였다.[29] 즉 한자의 크기가 일정하지 않은 현상이 미학적 의도인지 집자 과정에서 발생한 기술적 한계인지 좀 더 명확히 서술할 필요가 있다. 후자라면 집자비의 한계로 볼 수 있지만 전자의 경우라면 집자비의 문제와 무관한다.

둘째, 역사적 정황을 설명한 부분 역시 추가 연구가 필요해 보인다. 「성교서비」는 황제의 명으로 만든 최초의 집자비이기 때문에 다른 집자비들보다 예외적으로 시간이 더 걸렸을 수 있다. 반면, 「무장사비」는 건립 당시 「성교서비」를 비롯한 기존 자료들을 활용할 수 있는 여건이 갖추어졌기 때문에 상대적으로 작업이 훨씬 수월하였을 것이다. 현재 「홍복사단비」는 기록이 남아 있지 않아서 소요 시간을 알 수 없지만 다른 집자비들의 사례를 찾아 함께 서술하였다면 좀 더 설득력이 있었을 것이다. 현재 서자설을 주장하는 학자들 사이에서도 서자에 대해서는 의견이 나누어져 있다. 최영성, 이은혁 등은 황룡

---

[29] 이은혁(2013), 앞의 글, 185쪽.

사 승려 또는 제3자를 서자로 생각하고 있지만 이종문은 문헌을 근거로 김육진설을 고수하고 있다.[30] 본 연구에서는 서자설과 집자설 논의에 집중하기 때문에 서자설 내에서의 이견은 상술하지 않겠다.

이제 서자설에 이어서 집자설을 주장한 현대 학자들의 논의를 살펴보자. 현재 통행되는 많은 단행본 저서에서 「무장사비」를 집자비로 보고 있지만 이에 대한 설명은 제시하지 않고 있다.[31] 집자설을 학술적으로 논의한 최초의 학자는 김응현이며,[32] 정현숙은 이를 바탕으로 심화시켰다.[33] 정현숙은 「무장사비」와 왕희지 집자비의 서체가 서로 다르다는 점을 인정했지만 이러한 특징만으로 서자설을 주장하는 것은 무리가 있다고 하였다. 집자의 개념은 해당 한자를 찾은 다음에 모사하는 것이기 때문에 집자하는 사람의 기량에 따라 글자가 조금씩 달라진다. 중국의 「성교서비」와 「홍복사단비」, 신라의 「사림사홍각선사비」, 고려의 「인각사보각국사비」는 모두 집자비이지만 집자인이 다르므로 글씨가 조금씩 다르다. 그러므로 「무장사비」의 글자가 집자비 글씨와 다르다는 이유로 왕희지 집자비임을 부정하는 것은 설득력이 떨어진다는 것이다.

정현숙은 형식적인 면에도 주목하였다. 「무장사비」 비편 제1행 하단에 황룡사 승려 이름이 있었을 것이라고 한 최영성의 주장을 수용하였지만 여기서 승려는 서자가 아니라 집자승일 것이라고 하였다. 그 근거로 「성교서비」와 「홍복사단비」 서두에서 사찰명 다음에 집자승 이름이 나온다는 점을 들었다. 「성교서비」에는 "弘福寺沙門懷仁集晉右將軍王羲之書", 「홍복사단비」에는 "碑在興福寺陪常住大雅集右將軍王羲之書"라고 적혀 있다. 특히 「성교서비」에서 "太宗文皇帝製" 다음에 여백을 많이 띄운 후 "弘福寺"를 적은 양식이 「무장사비」에서 "大奈麻臣金陸珍奉 敎"를 쓰고 4자 이상의 여백을 두고 "皇龍寺"를 적은 것과 흡사하다. 이를 바탕으로 정현숙은 「무장사비」의 명문은 "皇龍寺(□□集晉右將軍王羲之書)"일 것으로 추정하였다. 아울러 승려가 서자인 경우 서두에 기록한 예가 없다고 하였다. 반면, 중국의 두 집자비와 「사림사홍

---

30 이종문(2014), 앞의 글, 271~302쪽.
31 대부분의 단행본이 그러하며 일례는 다음과 같다. 葛城末治, 『朝鮮金石攷』(京城: 大阪屋號書店, 1935), 230~231쪽. 가쓰라기 스에하루(葛城末治)는 금석학을 연구하면서 중국 문화의 영향을 강조하여 한국 문화의 예속성을 은연중에 강조한 학자로 알려져 있다. 박철상은 김정희가 옹방강의 집자설을 따르고 있다는 독특한 주장을 하였으나 관련한 설명은 제시하지 않았다. 박철상(2015), 앞의 책, 266쪽.
32 김응현(1995), 앞의 책, 174~179쪽.
33 정현숙, 『통일신라의 서예』(다운샘, 2022), 121~123쪽.

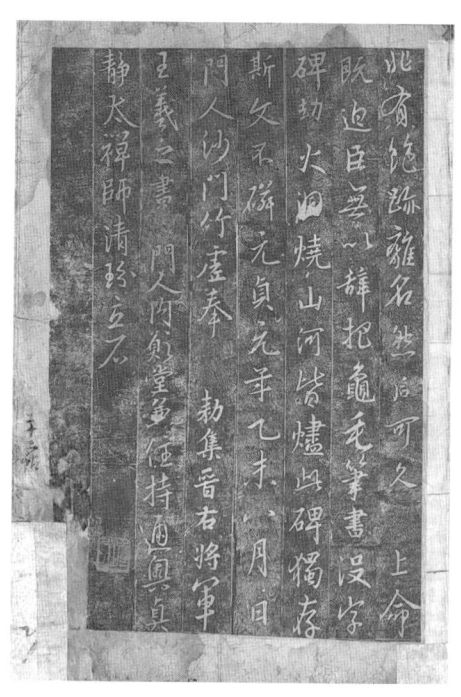

그림 7. 보각국사비명 탁본,
선조 연간, 1帖(12折), 39.2×27cm,
한국학중앙연구원 장서각 소장(청구기호 B14B 29)

각선사비」(886)는 모두 집자인의 이름이 서두에 나온다. 이에 따라서 「무장사비」 서두에 나오는 황룡사 승려를 집자승으로 보았다.

　이상과 같이 정현숙은 집자의 기본 개념과 다른 집자비들과의 양식 비교를 통하여 「무장사비」의 서체가 다른 것이 문제가 되지 않음을 논리정연하게 개진하였다. 단지, 집자승의 이름이 서두에 기록되어 있다는 형식에 관한 논의는 좀 더 보완할 점이 있어 보인다. 예를 들어 「인각사비」 역시 집자비이지만 집자승의 이름은 비문의 마지막에 위치한다. 〈그림 7〉에서 보듯이 비문은 "문인 사문 죽허(竹虛)가 칙서를 받들어 진 우장군 왕희지 글씨를 집자하고 문인 내원당 겸 주지 통오진정대선사 청분이 비석을 세우다.[門人沙門竹虛奉 勅 集 晉右將軍 王羲之書 門人內願堂兼住持通奧眞靜太禪師淸玢立石]"로 끝난다.

　아울러 「무장사비」 서두의 양식이 「성교서비」를 따랐다고 해서 집자까지 하였을 것이라고 결론을 내릴 수 있을지 모르겠다.

5. 맺음말: 집자설과 서자설의 절충

이상으로 「무장사비」의 서체에 대한 한중 문인들의 의견과 이후 학계의 성과를 고찰하였다. 조선 문인들은 전통적으로 김육진의 글씨라고 여겼는데 옹방강이 집자비라고 해서 새로운 논의를 촉발시켰다. 옹방강의 집자설은 시비 여부를 떠나서 「무장사비」의 서체가 왕체를 닮았다는 점을 처음으로 제시하였다는 점에서 중요한 의의를 갖는다. 「무장사비」를 집자비라고 한 이면에는 당시 신라에 왕체를 핍진하게 재현할 능력을 갖춘 서예가가 없었다는 생각이 자리잡고 있었을 것이다. 이러한 편견은 이미 김생(金生, 711년생)의 글씨에 대한 북송 문인들의 부정에서 나타난다.[34] 김정희는 처음에 김육진이 썼다고만 했다가 옹방강의 설을 의식하였는지 이후 「성교서비」와 같은 서체이지만 「인각사비」와 같은 집자는 아니라고 부연 설명하였다.

옹방강의 집자설은 이후 청과 조선의 많은 문인들에게 영향을 끼쳤다. 중국 문인들 중에는 자문화중심적으로 해석한 경우도 있었는데 섭창치는 왕희지의 서체가 한반도에 남아 있는 점을 강조하면서 중화문명의 헤게모니를 강조하였다. 「무장사비」와 관련해서 김정희의 견해는 논리적으로 타당하지만 「황초령비(黃草嶺碑)」의 서체 해석에서는 마찬가지로 오류를 범하였다. 김정희는 「황초령비」가 구양순체를 모델로 하였다고 했지만 이 비가 세워진 568년에 구양순은 겨우 12살이었기 때문에 구양순의 서체가 신라에서 유행하지는 않았을 것이다.[35] 김정희는 신라 진흥왕 대 서예 문화가 중국과 대등한 수준이었음을 보여주기 위해서 무리한 해석을 한 것으로 보인다.

다음으로 이은혁의 서자설과 정현숙의 집자설을 중심으로 현대 학술 성과를 검토하고 필자의 의견을 개진하였다. 가장 큰 쟁점이 되는 사항은 왕서에 보이지만 「무장사비」에서는 형태가 다르게 나타나는 한자군이다. 이은혁은 이런 부류의 한자를 총 161자로 계수하였고 이를 토대로 개인의 창의적 서체라고 판정하였다. 반면에 정현숙은 이러한 한자군이 집자인의 기량과 개인적 서풍(書風)에서 비롯되었다고 본다. 이 두 가지 사안은 본 연구자의 역량을 넘

---

34 『三國史記』卷49 「金生列傳」. "崇寧中, 學士洪灌隨進奉使入宋, 館於汴京. 時翰林待詔楊球·李革, 奉帝勅至館, 書圖簇. 洪灌以金生行草一卷, 示之. 二人大駭曰, '不圖今日得見王右軍手書.' 洪灌曰, '非是, 此乃新羅人金生所書也.' 二人笑曰, '天下除右軍, 焉有妙筆如此哉.' 洪灌屢言之, 終不信."

35 정현숙, 『신라의 서예』(다운샘, 2016), 90~93쪽.

어서기 때문에 후속 연구를 기다린다.

　두 사람은 논의 과정에서 일정 부분 유사한 면모를 보여주지만 해석과 강조점에서는 차이가 있다. 이 차이에 주목하면 문제의 핵심을 파악하고 이를 판단하기 위한 실마리를 찾을 수 있다. 「무장사비」의 서체에 대하여 이은혁은 글자의 획이 일정하고 날카롭다고 하였으며 정현숙 역시 당나라 두 집자비보다 획이 가늘고 해서의 필의가 있어서 수경(瘦硬)하다고 하였다. 두 사람의 서술은 상통하는 면이 있지만 해석은 달랐다. 이은혁은 서체의 일관성과 자간의 일정한 간격으로 볼 때 「무장사비」가 한 사람이 쓴 작품이라고 하였다. 반면, 정현숙은 집자도 결국 모사를 하기 때문에 시대, 국가, 모사자에 따라서 개성적인 서풍이 나타날 수 있다고 하였다. 집자의 개념과 과정을 생각하면, 정현숙의 의견이 좀 더 설득력 있어 보인다. 아울러 두 사람 모두 「무장사비」의 서체가 「성교서비」에 가장 근접한다고 하였는데 이러한 관찰은 역사적 상황에도 부합한다. 「무장사비」를 세울 때 「난정서」는 이미 희귀본으로 구하기 어려웠고 「홍복사단비」는 아직 발견되지 않았다. 따라서 「성교서비」가 당시 왕희지 서체로 글씨를 쓸 때 가장 유용한 자료였을 것이다.

　마지막으로 필자의 의견을 말하자면, 이은혁과 정현숙은 각각 부분적으로는 타당하지만 양쪽 모두 「무장사비」 전체의 서체를 판정하는 데에는 한계가 있어 보인다. 이은혁은 「무장사비」에서 판독된 한자 총 431자 중에서 156자가 왕희지 글씨와 일치한다고 하였는데 이 분량은 절반까지 미치지는 못하지만 상당한 분량이다. 이러한 글자들은 「성교서비」 등의 자료를 바탕으로 집자하였을 가능성이 크다. 정현숙은 왕희지 글씨에 없는 글자는 집자승이 왕희지 서체로 직접 쓸 수밖에 없으니 당연히 글자가 달라진다고 하였는데,[36] 이러한 서술은 일정 부분 서자의 역할을 인정한 것이다. 이와 같이 기존의 왕체에 없는 한자도 상당하기 때문에 결코 간과할 수 없는 분량이다. 이러한 맥락에서 「무장사비」는 왕희지 모본에 있는 기존의 글자는 집자로 쓰고, 없는 글자는 서자가 직접 썼다고 보는 절충적인 견해가 합리적일 것이다.[37]

---

[36] 정현숙, 「한국 서예사에서 왕희지 집자비의 출현과 전개」, 2023년 한국학중앙연구원·고려대 한자한문연구소 주최 東亞石刻文化國際學術大會 발표집(2003), 122쪽.

[37] 송명신이 이미 절충설을 제시한 바 있다. 한자에 따라서 집자와 서자의 특징이 다르게 나타나며 「무장사비」 서체는 왕희지 서체의 창조적 변용·수용이라고 결론지었다. 송명신, 「무장사비의 서자와 서체 분석」, 신라 무장사비 국제학술대회 논문집(2010), 227~231쪽. 자료를 제공해 주신 신종원 교수님께 감사드립니다.

●참고문헌

원전

『三國史記』.

『三國遺事』.

『耳溪集』.

『阮堂集』.

『復初齋文集』.

『蘇米齋蘭亭考』.

『舊唐書』.

논저

과천문화원, 『海東金石零記』, 2010.

김응현, 『書如其人』, 동방연서회, 1995.

로타 레더로제 지음, 정현숙 옮김, 『미불과 중국 서예의 고전』, 미술문화, 2013.

박철상, 『나는 옛것이 좋아 때론 깨진 빗돌을 찾아다녔다: 추사 김정희의 금석학』, 너머북스, 2015.

박현규, 「『東籬藕談』의 편저자 문제」, 『대동한문학』 12, 2000, 123~170쪽.

박현규, 「『海東金石零記』의 저자와 실상」, 『대동한문학』 35, 2011, 385~413쪽.

宋明信, 「무장사비의 서자와 서체 분석」, 신라 무장사비 국제학술대회 논문집, 2010, 227~231쪽.

이은혁, 「鍪藏寺碑와 王羲之體의 對比考察」, 『전통문화연구』 12, 2013, 171~212쪽.

이종문, 「무장사비를 쓴 서예가에 관한 한 고찰」, 『남명학 연구』 13, 2002, 223~254쪽.

이종문, 「鍪藏寺碑를 쓴 서예가에 대한 再檢討」, 『대동한문학』 41, 2014, 271~302쪽.

정은주, 「김정희의 연행과 서화교류」, 김영복 등 편, 『김정희와 한중묵연』, 과천문화원, 2009, 168~200쪽.

정현숙, 「통일신라 서예의 다양성과 서풍의 특징」, 『서예학연구』 22, 2013, 33~72쪽.

정현숙, 『신라의 서예』, 한국금석문연구 총서 1, 다운샘, 2016.

정현숙, 『통일신라의 서예』, 한국금석문연구 총서 4, 다운샘, 2022.

정현숙, 「한국 서예사에서 왕희지 집자비의 출현과 전개」, 2023년 한국학중앙연구원·고려대 한자한문연구소 주최 東亞石刻文化國際學術大會 발표집, 2003, 263~270쪽.

최영성, 「新羅 鍪藏寺碑의 書者 硏究」, 『신라사학보』 20, 2010, 179~218쪽.

후지츠카 치카시 저, 윤철규·이충구·김규선 공역, 『秋史金正喜研究』, 과천문화원, 2009.

台東区立書道博物館 編, 『王羲之と蘭亭序』, 東京: 台東区學術文化財團, 2023.

葛城末治, 『朝鮮金石攷』, 京城: 大阪屋號書店, 1935.

李豐楙, 「翁方綱著述考」, 『書目季刊』 8-3, 1974, 39~45쪽.

藤塚鄰(1879~1948), 『清朝文化東傳の研究: 嘉慶·道光學壇と李朝の金阮堂』, 東京: 国書刊行会, 1975.

Ledderose, Lothar, *Mi Fu and the Classical Tradition of Chinese Calligraphy*, Princeton University Press, 1979.

Shin, Jeongsoo, "Kim Chŏnghŭi and His Epigraphic Studies: Two Silla Steles and Their Rubbings," *Journal of Korean Studies* 27.2 (October 2022), pp. 199-223.

Wang, Eugene, "The Taming of the Shrew: Wang Hsi-Chih (303-361) and Calligraphic Gentrification in Seventh-century China," Cary Liu ed., *Character and Context in Chinese calligraphy*, Princeton, N.J.: Princeton Art Museum, 1999.

조선 유학자의 심의에 대한 비판적 해석

이민주 | 한국학중앙연구원 전통한국연구소 중견연구원

1. 머리말

조선시대에 복식은 신분과 의례를 표시하는 대표적인 수단이었다. 시대가 바뀌면서 복식에는 각 시대에 맞는 정치·경제·사회·문화적 담론들이 투영되었고, 이를 바라보는 다양한 시선은 복식을 변화시키는 주된 요인으로 작동하였다. 예가 인간의 질서로 파악되던 조선에서 복식을 둘러싼 논쟁은 끊이지 않았으며, 그 중심에 심의(深衣)가 있었다.

심의가 형성된 시기는 주(周)나라 이전이며, 우리나라도 삼국시대 이전으로 거슬러 올라간다.[1] 이후 심의는 주자학의 유입과 더불어 조선의 전 시기에 걸쳐 예복은 물론 편복, 길복, 흉복 등 다양한 용도로 착용되었다. 조선시대 유학자들 사이에 이러한 심의를 둘러싼 논란은 끊이지 않았으며, 이는 『가례』에 수록된 심의 제도에 대한 다양한 해석에서부터 출발한다.

인간으로서 갖추어야 할 예를 중요시했던 조선 유학자들에게 유교 철학의 사상적 기반을 담고 있는 심의에 대한 관심은 자연스러운 일이었다. 더욱이 주자의 『가례』는 조선 유학자들에게 기본 지침서와 같은 것이어서 『가례』에서 다루는 심의를 착용하고 연구하는 것은 유교 사상의 실천과 일맥상통하는 것으로 이해되었다. 이에 심의에 대한 연구는 조선 전 시기를 통해 사상적 조류에 따라 다양하게 연구되었다. 예학기로 구분되는 16~17세기에는 영남학파의 종조(宗祖)인 이황을 비롯해 정구(鄭逑), 허목 등이 연구를 이어갔고, 기호학파에서는 송익필을 시작으로 김장생, 신의경, 김집 등으로 이어졌다. 이후 실학기로 구분되는 17~19세기 유학자들은 주자설에 입각한 성리학이 현실과 괴리된 것이라고 판단하고 주희의 경전 해석에 대한 문제점을 극복하고자 하였다. 그럼에도 불구하고 여전히 주자를 신봉하는 인물들도 있었으며, 주자의 의견에 자신의 의견을 덧붙이는 인물들도 존재했다. 이들은 크게 서인과 남인으로 구분할 수 있는데, 서인의 영수인 송시열을 비롯해 권상하는 주자설을 신봉하였으며 박규수는 의미를 새롭게 부여했다. 또 이익을 비롯해 안정복, 허전 등으로 이어지는 남인계에서는 심의에 대한 새로운 해석을 내놓기 시작했다. 특히 이익은 시속을 따를 것을 제안함으로써 중국과는 다른 우리나라의 심의를 만들고자 했다. 한편 한백겸에서부터 시작된 새로운 해석은 유

---

[1] 정혜경, 『심의』(경남대학교출판부, 1998), 13쪽.

형원(柳馨遠), 이덕무(李德懋), 빙허각 이씨, 서유구(徐有榘) 등에 의해 학파를 떠나 각자 심의를 만들어 보고 그에 따른 문제점을 기술하는 것으로 발전하였다. 이들은 상호 교류를 통해 문답을 주고받는 과정에서 더욱 명확하게 심의에 대한 규정을 드러내고자 했다.

 이에 본 연구에서는 조선 전 시기를 통해 유학자들의 정체성을 드러내는 심의가 어떠한 논쟁 또는 문답을 통해 정착되어 갔는지를 조망하고자 한다. 이를 위해 먼저 초기 조선 유학자들의 지침서였던 『가례』에 수록된 심의의 형태를 분석해 보고자 한다. 그다음으로 학맥 및 교류에 따라 심의 제도가 어떻게 구분되는지 확인하고자 예학자의 시선과 실학자의 시선 및 새로운 시선으로 구분하여 심의의 변화 과정을 살펴보고자 한다. 이러한 일련의 과정은 복식을 통한 학자들 간의 논쟁 및 교류가 궁극적으로 무엇을 드러내고 추구하였는지를 밝히는 단서가 될 것이다. 특히 복식은 동조성을 드러내는 데 가장 효과적이며 시각적인 단서이기에 학맥 및 교류가 자신의 정체성을 밝히는 데 중요한 수단이었음을 방증하는 계기가 될 것이다.

2. 『가례』 속 심의

조선시대 유학자들에게 주자의 『가례』는 의례를 치를 때 기준으로 삼아야 하는 지침서였다.[2] 특히 심의는 그 형태가 철학적인 의미를 내포하고 있어 조선시대 학자들에게는 특별한 옷으로 이해되었다. 즉 일반 편복(便服)인 포와 달리 심의는 의(衣)와 상(裳)을 따로 마름질하는데, 이는 우주의 근본이 하늘과 땅 즉 건곤에 있음을 상징하는 것으로 원래 건은 위에, 곤은 아래에 있어서 우주를 형성하는 것이라 했다. 그리고 건과 곤을 이어 붙임으로써 우주를 통섭하려 한 것이다. 다음으로 상을 12폭으로 마름질한 것은 열두 달에 응하는 것으로 하늘의 순리가 운행되면 1년 4계절이 열두 달로 구현된다는 것을 나타낸다. 소매의 둥근 모양은 규(規)에 응하는데 걸으며 손을 올려도 부승(負繩) 즉 심의의 뒷중심선이 흐트러지지 않도록 하였다. 이는 부승이 지니는 철학적

---

[2] 이민주, 「충청도 지역 17세기 사대부의 의례별 복식연구-조극선의 인재일록을 중심으로」, 『서강인문논총』 51(2018), 40쪽.

의미가 다른 것에 의해 흩어지지 않게 하려는 것이다. 또한 부승은 직(直)에 응하였다. 이는 곧고 바른 선을 등에 짐으로써 그 정(政)이 풀어짐을 바로잡아 곧게 하려는 뜻이다. 또 아랫단은 저울처럼 평평하게 하였는데 이는 뜻과 마음을 평안하게 하기 위한 것으로, 옷 모양을 높고 낮음이 없이 고르게 하려는 의도이다. 선의 색은 부모와 조부모를 모두 모시고 있는 사람은 오채(五彩)로 꾸며 즐거움을 나타내고, 부모만을 모시고 있는 사람은 청색으로 연을 둘러 공경함을 드러냈다. 또 부모가 없는 사람은 바탕색과 같은 색으로 하여 슬픔을 드러내었는데 후대에 와서는 그것이 번거롭다 하여 모두 검은색 선을 두르게 되었다.

『가례』에 나타난 주자의 심의제는 다음과 같다.[3]

- 옷감: 희고 가는 베를 쓴다.
- 자: 자는 지척(指尺)을 사용한다. 지척은 가운데 손가락의 가운데 마디를 1촌(寸)으로 삼는다.(그림 1)
- 상의(上衣): 의는 전후좌우로 네 폭이며, 길이는 늑골 부위를 지나고 아래에 상이 연결된다. 즉 포 2폭을 사용하여 의의 길이만큼 되게 반을 접으면 전후좌우 네 폭이 된다. 당시의 직령삼(直領衫)과 같은 형태이지만 겨드랑이 아래를 자르지 않으며, 길이는 늑골 부위를 지나도록 한다. 상에 연결되는 허리 부위의 둘레는 7척 2촌이며, 의 한 폭에 상 3폭씩이 연결된다.(그림 2)
- 하상(下裳): 상은 열두 폭을 서로 비스듬히 마름질하여 위로는 상의에 붙이고 그 길이는 복숭아뼈에 닿게 한다. 즉 베 6폭을 사용하여 매 폭을 어슷하게 마름질하여 두 폭으로 만드는데, 좁은 쪽의 머리가 넓은 쪽 머리의 반이 되게 한다. 좁은 머리 쪽이 위로 향하게 솔기를 이어 의 1폭에 상 3쪽을 붙이니, 의에 붙은 허리둘레가 7척 2촌이 되고 아랫단의 둘레는 14척 4촌이 된다.(그림 2)
- 소매: 소매는 원몌(圓袂)라 하여 둥근 소매이다. 상의의 길이와 같은 베 두 폭의 가운데를 각각 접어 상의의 좌우에 붙이고 배래를 합하여 소매를 만든다. 소매 너비는 의의 길이와 같고 소맷부리 쪽을 향하여 점점 둥글게 줄이면 소맷부리는 1척 2촌이다.(그림 2)
- 깃: 깃은 방령이다. 두 깃을 서로 여미서 여밈이 늑골 아래에 오게 하면 자연히 두 깃이 만나는 곳은 저절로 네모지게 된다.

[3] 주희, 임민혁 역, 『주자가례』(예문서원, 2000), 81~91쪽.

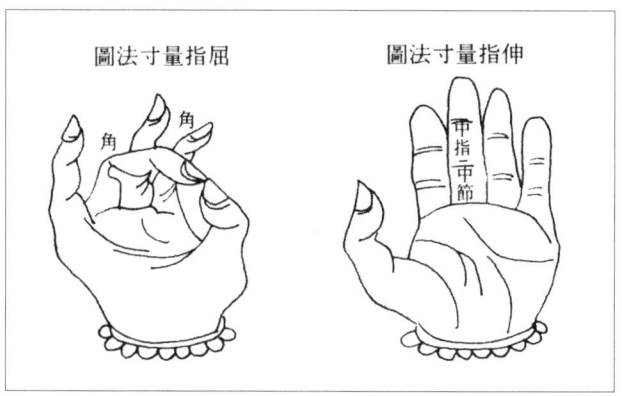

그림 1. 중지 중절을 1촌으로 삼는 그림, 그림 1~4 출처: 『주자가례』(예문서원, 2000)

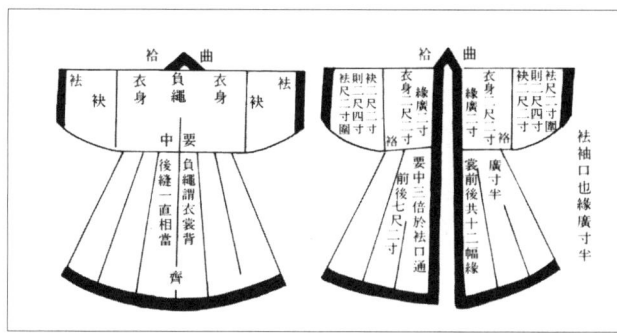

그림 2. 심의 앞뒷면 그림

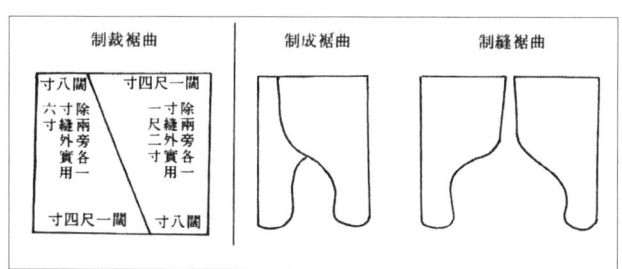
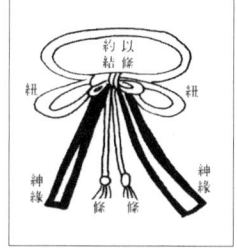

그림 3. 곡거도 　　　　　　　　　　　　　　　　　　　　그림 4. 대대

- 곡거(曲裾): 베 한 폭을 치마의 길이와 같게 하여 서로 비스듬히 마름질하는 것은 하상의 제도처럼 한다. 다만 넓은 머리 쪽을 위로 향하게 하고 베의 가장자리는 밖으로 향하게 하여 왼쪽으로 오른쪽을 여미어 서로 비춰 드리워서 제비 꼬리 모양이 되게 한다. 또 그 안쪽 옆의 절반 남짓한 아래를 조금 마름질하여 점점 물고기의 배처럼 하고 끝은 새부리 모양을 만들어서 안으로 향하게 하여 치마의 오른쪽 옆에 단다.(그림 3)

- 대대(大帶): 대대는 흰 비단으로 하고 너비는 4촌으로 한다. 그 길이는 허리를 둘러서 앞에서 매며, 다시 감아 두 귀 모양을 만든다. 그 남은 것을 드리워서 신(紳)을 삼아 아래로 치마와 나란하게 하고 검은 비단으로 그 신을 꾸민다. 다시 오채조(五彩條)로서 너비 3분(分)으로 하여 서로 맨 곳을 묶는데 길이는 신과 나란하게 한다.(그림 4)
- 흑연: 검은 선을 두른다. 깃의 겉과 안이 각각 2촌이다. 소맷부리와 치마 가장자리의 겉과 속 각각 1.5촌이다. 소맷부리는 소매의 바깥쪽으로 1.5촌의 너비로 가선을 두른다.[4]

위와 같이 『가례』에 수록된 심의를 조선의 학자들이 실제 제작하는 과정에서 깃과 곡거에 대한 여러 논란이 제기되기 시작했다. 그 이유는 실제 옷을 만들어 보니 방령이 되지 않았으며 곡거를 만든 부분인 속임구변(續袵鉤邊)에 대한 이해가 상충했기 때문이다. 주자를 신봉한 까닭에 각자의 문집에는 『가례』에 수록된 심의를 기록해 놓았지만 실제 제작에서는 변화를 보이기 시작하였을 뿐 아니라 새로운 설을 제기하기도 했다.[5]

3. 예학자의 시선으로 본 심의

심의를 바라보는 예학자의 시선은 크게 세 가지로 구분된다. 하나는 주자의 『가례』를 기본으로 그 체제를 따르는 동시에 고례를 추가하는 방식이다. 대부분 『가례』와 유사한 형식으로 항목을 배열하고 그 내용도 『가례』를 따른다. 두 번째는 첫 번째에 자신의 의견을 덧붙이는 방식이다. 세 번째는 전혀 새로운 제도를 제시하는 방식이다. 이로써 심의의 유형이 매우 다양해지는 결과를 가져왔다. 이러한 문제는 이미 주자가 심의 제도를 『가례』에 수록해 놓았을 때부터 있었던 일이다. 주자는 "옛날과의 거리가 더욱 멀어져서 관복 제도도 겨우 남아, 볼 만한 것은 이것뿐이다. 그러나 먼 곳의 선비들은 이것을 드물게 보게 되어서 왕왕 사람들이 스스로 만들어 보지만 괴이하고 법도에 맞지 않아

---

[4] 위의 책, 81~91쪽.
[5] 이민주, 「『성호사설』을 통해 본 이익의 복식관」, 『성호학보』 4(2008), 165~169쪽.

기괴한 옷에 가까우니 매우 탄식할 만하다"고 하여『가례』에 수록된 심의만이 제대로 된 방식임을 피력하였다.[6] 그러나 주자의 심의 역시 조선 유학자들을 만족시키지 못하였으므로 조선의 예학자들 사이에서 심의에 대한 논란이 지속되었다. 구체적으로 무엇이 문제였는지 확인해 보자.

1) 영남학파의 심의 제도

(1) 이황(李滉, 1501~1570): 이황은 영남학파의 종조(宗祖)로 1570년(선조 3) 심의를 '옛사람들의 의관'이라 표현하고 이를 시험하고자 한다[7]고 한 것으로 보아, 이 시기에는 아직 심의가 정착되지 않았음을 알 수 있다.『퇴계집』에 수록된 심의 제도는『가례』를 기반으로『예기』와『주자대전』을 따른 것으로 그 내용은 다음과 같다.[8]

- 척도: 지척을 사용한다.
- 소매: 한 폭의 너비가 척(尺)에 미치지 못하므로 소매길이는 한 폭을 더하여 손끝에서 접었을 때 팔꿈치에 이르도록 한다. 즉 1폭에 반 폭씩을 더 이은 것인데, 이는『예기』를 따른 것이다.
- 방령: 깃에 연을 2촌으로 한다. 방령에 대해서는 구준(명대 유학자,『가례의절』의 저자)의 깃이 있는 심의제는 곡겁(曲袷)을 이룰 수 있으나 잘못된 것이라 하였으며,『가례』를 따르면 곡겁이 방(方)을 이루지 못하지만 그의 설을 따랐다. 또 양어깨 위를 3촌씩 잘라 넣어 깃으로 만드는 것은 잘못된 것이라 비판하였다.
- 상: 길이는 복숭아뼈에 이르는데 신체를 따른다고 하였으며, 심의 12폭은 상에 해당한다고 하였다. 또한 주자의 〈심의도〉를 분석하여 앞뒤의 너비가 일치하지 않는데 옷을 그렸을 때 앞뒤의 너비가 같도록 그린 것은 잘못이지만 이와 같이 그린 이유는 곡겁을 표현하기 위한 것으로 보았다.
- 연: 깃의 연은 2촌이며, 그 외에는 모두 1.5촌으로 하였으며, 간혹 상 아랫단의 연을 겹으로 하지 않고 겉에만 하는 것은 잘못되었다고 비판하였다.

---

6 주희, 임민혁 역(2000), 앞의 책, 81쪽.
7 이황,『퇴계집』「언행록 3」유편, 飮食衣服之節.
8 정혜경,『심의』(경남대학교출판부, 1998), 102쪽.

이처럼 이황은 주자의 『가례』가 잘못되었음을 알면서도 주자를 따르고자 했다. 그러나 『가례』에 수록된 심의에서 문제로 지적한 것은 깃의 모양이지만 이황이 〈심의도〉를 그려 놓지 않았기 때문에 정확한 형태를 확인할 수는 없다. 다만 제자 김취려가 복건과 심의를 만들어 보내왔을 때 복건의 제도가 틀렸기 때문에 쓰기에 마땅하지 않다고 하였으며, 자신이 서울에서 지어 온 심의를 입고 정자관을 쓰고 재실에 있었다고 하는 것[9]으로 보아 심의를 예복으로 착용한 것은 분명하다.

(2) 정구(鄭逑, 1543~1620): 정구는 이황에게서 수학한 영남학파이지만 이황과 조식을 계승하여 독자적인 예학을 형성하였다. 정구는 심의를 제작하는 데 있어 경전을 참조하되 주자의 설을 위주로 하고 제유의 설도 아울러 채택하였다.[10] 『한강집』에 수록된 심의제는 다음과 같다.

- 척도: 지척을 사용하되 옷을 마름질할 때는 포백척(布帛尺)을 사용한다.
- 의: 의의 너비는 포 폭인 2척 2촌을 쓰고 길이도 2척 2촌으로 하며, 허리둘레는 1척 8촌이 되게 한다. 어깨 좌우 각 3촌씩을 비스듬히 잘라 고대를 이루게 하는데 석산풍(錫山馮)의 설에서 나온 것이다.
- 소매: 소매길이는 포 폭을 사용하며 너비는 2척 2촌으로 하고 소매 아래를 합봉하며 수구에 이르러서는 점차 원이 되도록 잘라 그 둘레가 1척 2촌이 되게 한다.
- 깃: 2촌의 포로 깃을 만드는데 길이는 5척 9촌이며, 포백척으로는 3척 2촌 9분이다. 영(領)은 겹(袷)이라고도 하는데 저고리를 만들 때와 같다.
- 상: 길이를 3척 4촌으로 정하고 6폭을 각각 비스듬히 잘라 12쪽이 되게 한다. 넓은 쪽은 1척 4촌 6분 6리이고, 좁은 쪽은 7촌 3분 3리이며 완성된 치수는 각각 1척 2촌과 6촌이 된다.
- 속임구변: '속임'이란 4척 9촌의 포 1폭을 위는 좁고 아래는 넓게 마름질하여 의상 안팎의 가장자리를 잇는 것이며, '구변'은 그 가장자리에 비스듬히 자른 곳을 구부려 접어 풀어지지 않게 한 것이라 하였다. 심의 12폭이란 백운주(白雲朱) 씨 설을 따라 의 2폭, 소매 2폭, 깃 1폭, 섶 1폭, 상 6폭으로 이루어

---

9 이황, 『퇴계집』「언행록 3」유편, 飮食衣服之節.
10 정구, 『한강집』 9권 「잡저」, 深衣製造法.

진다고 보았다.

- 연: 깃, 소맷부리, 상 모두 1.5촌의 연으로 바탕 포를 겹으로 싸서 두른다. 다만 소맷부리는 포의 바깥쪽에 꿰맨다.

정구가 관심을 가진 것은 '속임구변'에 대한 해석이다. 그는 속임구변을 의상 전체에 연결되는 섶으로 보고 일상적인 포(袍)류의 섶과 동일한 형태로 섶을 더하여 입으면 편안하고 은연 심수하므로 심의의 본뜻에 합당하다고 하였다.

(3) 허목(許穆, 1595~1682): 허목이 만든 심의에 대해서는 『기언별집』에 수록된 남궁억(南宮檍)의 문답을 통해 확인할 수 있다. 허목이 만든 심의는 어떤 제도를 따른 것이냐는 남궁억의 질문에 "선유의 논의가 매우 많아서 재량해서 택하지 못하였네. 내가 전에 만든 심의는 주자의 도식(圖式)만을 따랐고 소매의 길이는 손목을 기점으로 해서 반대로 접어 올렸을 때 팔꿈치에 이르게 한 것과 1촌을 박아 넣은 것은 『예기』를 따랐네."라고 답함으로써 『가례』와 『예기』에 충실했음을 드러내고 있다.[11]

- 첫 번째 질문: 『가례』의 〈양금상엄도(兩襟相掩圖)〉에는 왼쪽 깃 3폭이 밖에 있으니 오른쪽 깃 3폭이 안에 있는 것인데 내금과 외금이 서로 덮이는 것은 흡사 시복의 제도와 같은데 시복은 내금과 외금에 모두 별폭이 있고 그 뒤가 날카로우며 깃에 이어져 있습니다. 심의의 치마는 12폭인데 밖에 별폭이 없으니 양쪽 금이 반드시 서로 맞닿되 서로 덮이지 않고 끌어당겨서 덮어도 한 폭에 지나지 않아서 『가례』의 〈양금상엄도〉에 세 폭이 밖에 있는 제도와 같지 않습니다. 왜 그런 것입니까? 또 한강 선생의 『예설』에 나오는 〈심의도〉를 보면 방령이 앞에서 교차되지 않고 앞의 금은 다섯 폭이 밖으로 나와 있습니다. 이것은 왼쪽 금이 3폭인 『가례』의 그림과 같지 않습니다. 한강은 아마도 백운 주 씨의 설을 취한 듯합니다. […] 한강은 이 제도를 따랐으니 양쪽 금이 서로 덮이고 4폭은 밖에 있어야 하는데 『예설』 〈심의도〉에 다섯 폭이 밖에 있는 것은 어찌해서입니까? 방령의 제도는 주씨의 설이 『가례』와 차이가 없는 듯한

---

11 허목, 『기언집』 「기언별집」 5권, 서독 1. "深衣之制 家禮兩襟相掩圖 左襟三幅在外 則右襟三幅在內也 內外襟相掩 恰如時服之制 時服則內外襟俱有別幅 刻其上 續於領 深衣之裳 則十二幅 外無別幅 然則兩襟必相接而不相掩 挽而掩之 不過一幅而止 不如家禮圖三幅在外之制 何也 […]"

 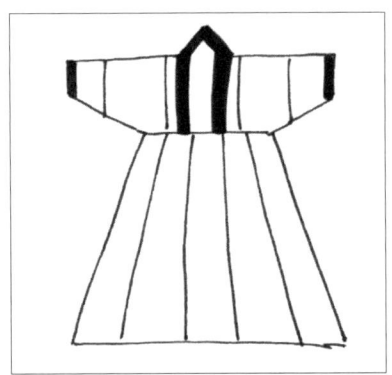

그림 5. 금 3폭이 밖에 나와 있는 모습, 이민주 그림 편집

그림 6. 금 5폭이 밖에 나와 있는 모습, 이민주 그림 편집

데 『예설』의 〈방령도〉가 『가례』와 일치하지 않는 것은 어찌해서입니까?

- 두 번째 질문: 『가례의절』재의법에, "베 2폭을 쓰되 베의 너비와 폭을 1척 8촌으로 법을 삼는다. 가운데를 접어 앞과 뒤가 4길이 되게 한다. 앞쪽에 있는 두 자락은 길이가 2척 6촌이다. 마름질을 할 때에는 한쪽 가에서부터 마름질을 시작하여 4촌을 잘라내고 1척 2촌을 남겨두며 점차적으로 비스듬하게 마름질하여 가장자리 쪽에 가까워지면 길이를 변동시키지 않는다. 마름질을 하기 시작한 곳에 비하여 가장자리 쪽은 4촌 정도를 길게 남겨둔다. 뒤쪽에 있는 두 길은 매 길마다의 길이가 2척 3촌이다. 또한 한쪽 가에서부터 마름질하기 시작하여 1촌을 잘라내고 1척 2촌을 남겨두며 점차적으로 비스듬하게 마름질하여 가장자리 쪽에 가까워지면 길이를 변동시키지 않는다. 마름질을 시작한 곳에 비하여 가장자리 쪽은 1촌가량 길게 남겨둔다. 『가례』는 상의의 길이가 2척 2촌인데, 지금 앞쪽은 4촌을 더 길게 하고 뒤쪽은 1촌을 더 길게 한 것은 재단하는 법이 그런 것이다. 이와 같이 하지 않으면 양쪽 금이 서로 겹쳐서 상의의 옷깃이 서로 교차하면서 아랫단이 가지런하지 않게 되기 때문이다." 하였습니다. 베의 너비는 2척 2촌인데 "1척 8촌으로 법칙을 삼는다." 하였으니 그 나머지 4촌을 마름질에 들어가는 양으로 본 것인지요?

이상의 질문에 대한 허목의 답변은 그저 『가례』와 『예기』를 좇았다는 것일 뿐 제대로 된 답을 제시하지 않고 있다. 심의에 대한 정확한 이해가 없었던 것으로 보인다. 〈그림 5〉는 『가례』에 수록된 〈심의도〉대로 제작한 그림이며, 〈그림 6〉은 정구가 『예기』와 『가례』를 인용하여 아주 간략하게 그려 놓은 것이지만, 실제 『한강집』에 수록해 놓은 심의제와는 차이가 있다.

정구가 『예설』에 그려 놓은 심의는 남궁억이 질문한 대로 방령이 앞에서 교차하지 않고, 앞의 금은 다섯 폭이 밖으로 나와 있다. 이에 대해 백운주 씨 설대로 "임은 옷깃(금衿)이고 임을 교차한 것이 금(襟)이라고 하였으며," 『이아』에도 "옷에는 모두 금을 만드는데 금(衿)과 통용된다"고 하면서 주씨가 『예기』에 이른바 '속임구변(續袵鉤邊)'이라고 하는 것은 바로 구변을 임에 잇댄 것이라고 이해했다. 그러나 허목이 속임구변을 제대로 이해했는지를 그림으로는 알 수 없다. 그 이유는 상의 폭을 이은 모습만 확인될 뿐이며 의와 상이 막혀 있어 마치 서양의 튜닉과 같은 모습이므로 앞깃 사이로 목을 넣어 옷을 입어야 하는 형태이기 때문이다.

2) 기호학파의 심의 제도

(1) 송익필(宋翼弼, 1534~1599): 송익필은 이이(李珥, 1536~1584), 성혼(成渾, 1535~1598)과 함께 기호학파의 학문적 원류를 형성했다. 그는 고례를 기반으로 하면서 시속을 참작한 주자의 『가례』를 따랐다. 그는 실제 심의를 제작할 때 활용할 수 있도록 치수를 구체적으로 제시해 놓았다.[12]

- 척도: 지척을 사용한다.
- 의: 길이는 늑골 부위를 지나는 것을 기준으로 2척 2촌이다. 나비는 좌우 각 1폭으로 2척 2촌씩이며, 등솔, 깃 가장자리, 진동에 각 1촌씩의 시접을 제하고 소매 쪽으로 2촌이 들어가도록 하면 1척 8촌이 되고 결국 허리둘레는 7척 2촌이 된다.
- 소매: 2척 2촌으로 팔꿈치를 돌릴 수 있는 치수이며, 소맷부리는 1척 2촌이다.
- 깃: 교령(交領)이며, 『예기』 옥조 편의 겁은 2촌이고 연은 1촌 반이라 한 구절을 제시하고 있다.
- 상: 6폭을 잘라 12폭을 만들며, 『예기』의 12폭은 의 4폭, 소매 2폭, 상 6폭을 가리킨다고 했다.
- 임: 『예기』 옥조 편에 '임당방(袵當旁)'이라고 하여, 당나라 때 공영달(孔穎達)의 설에 따라 임은 의상이 서로 만나는 곳으로서 몸의 양 가장자리에 있다는 해석을 따랐다.

---

12 송익필, 『구봉선생집(龜峯先生集)』 7권 「家禮註說」, 深衣.

이와 같이 송익필은 고례에 충실하고 『가례』를 따르고자 한 초기 예학자의 특성을 갖고 있다. 이처럼 초기 심의 제도는 영남학파든 기호학파든 모두 『가례』를 따르고자 했음을 알 수 있다.

(2) 김장생(金長生, 1548~1631): 김장생은 이이와 송익필에게서 수학하였으며, 『가례집람(家禮輯覽)』과 『의례문해(疑禮問解)』에 〈심의도〉를 수록해 놓을 정도로 심의에 깊은 관심을 지니고 있었다. 그는 정구의 심의제를 비판하면서 『가례』의 심의제를 적극적으로 옹호하였다. 특히 실제 심의를 제작함에 있어서 바느질에 필요한 시접 등의 치수까지 적어 놓고 있어 구성에 대한 이해가 높았음을 알 수 있다. 이러한 식견으로 실제 문인(門人)과 친우들의 질문에 답을 하며 『가례』에 수록된 심의가 틀리지 않았음을 논증하고자 했다.

- 의: 길이는 2척 2촌으로 하고, 나비는 포 폭인 2척 2촌을 쓰고, 허리 부위는 1척 8촌이 되도록 한다.
- 소매: 소매길이는 2척 2촌으로 하고, 의의 양 겨드랑이 부위에 남긴 3촌을 합해 2척 5촌이 되도록 한다.
- 깃: 양어깨 위에 3촌씩을 자르고 접어 넣어 깃으로 삼는다.
- 상: 6폭을 서로 엇갈려 12쪽이 되게 하는데, 좁은 머리는 7촌 3분이고 넓은 쪽은 1척 4촌 6분으로 한다.
- 곡거: 상 가장자리의 내·외폭을 같이 꿰맨다.
- 연: 깃·소맷부리·상 가장자리에 겉·안을 1.5촌으로 다는데, 깃과 상은 본 바탕의 천 위에 달고 소맷부리는 바깥쪽에 붙인다.

김장생이 말하는 깃을 만드는 방법은 이황과는 전혀 다른 설이다. 결국 김장생은 『가례집람』에 수록해 놓은 심의 제도는 『가례』에 기반했다고 하며, 정구가 백운주 씨의 설을 따르는 것에 대해 비판했다. 그러나 김장생도 『가례』를 중심으로 하되 다른 예학자들과의 문답을 통해 자신의 견해를 넣어 심의를 제작하고자 했다. 정구와 이유태의 대표적인 문답을 들어보면 다음과 같다.[13]

- 정구 문: 비생이 만든 것은 『가례의절』, 『가례』, 백운주 씨의 설을 많이 원

---

[13] 김장생, 『사계전서』 35권 「의례문해」 통례, 심의.

용하였는데 그렇게 해야 비로소 옷이 심수(深邃)한 뜻을 지니고 입기에도 편안했습니다. 다른 주소(註疏)와 제가의 설을 모두 원용할 수 없으며, '베'라고 하는 것은 명주와 비단을 제외하고는 모두 베라고 해도 괜찮은 것 같은데 실을 짜서 베를 만든 경우에는 그 가부를 모르겠습니다.

- 이유태 문:『예기보주』의 심의의 상을 마르는 제도에 이르기를 "베 6폭이면 너비가 1장 3척 2촌인데 이를 한 폭씩 대각선으로 엇갈리게 베서 12폭으로 만들면 위의 좁은 폭은 6촌 3분 남짓하여 12폭의 너비가 8척 8촌이 되고 아래로 넓은 끝은 12폭의 너비가 7척 6촌이 된다. 여기서 상 12폭의 합봉 부분 및 앞자락의 접은 부분 1촌씩을 제하면 허리둘레는 7척 5촌이 되고 아랫단은 1장 6척 3촌이 된다. 이렇게 하면 위는 3촌이 더 많고 아래 끝은 1척 9촌이 더 많은데 바로 잘라버린다"고 하였는데 어떠합니까? 또『가례』에 곡거(曲裾)를 마르는 제도도 만약 "좁은 끝은 넓은 끝의 절반이 되어야 한다."라는 설로 본다면 이는 3분의 1로 좁은 끝을 만들고 3분의 2로 넓은 끝을 만든다는 말입니다. 그렇다면 당연히 좁은 끝은 7촌 3분 남짓이 되고 넓은 끝은 1척 4촌 6분 남짓이 되어서『예기보주』의 상을 마르는 제도와 같습니다. 그러나 이 그림의 주를 보면 "넓은 끝의 너비는 1척 4촌이고 좁은 끝의 너비는 8촌이다."라고 하였으니 어떻게 되는 것입니까?

정구가 백운주 씨의 설을 원용하여 심의를 만든 결과 심수한 뜻도 지니면서 입기에도 편안했다고 하자 김장생은『가례』의 심의도『예기』「옥조」및「심의」편의 것과 다르지 않아 심수한 뜻을 지니고 있는데 왜 별도의 설을 만들었는가에 대해 비판했다.

또 이유태가 상을 마르는 제도와 곡거를 마르는 제도가 그림과 다른 이유를 묻자 실제 옷감을 마름질하고 시접을 넣어 봉합하고 넓은 쪽과 좁은 쪽을 연결하여 허리 쪽에 좁은 쪽이 가도록 하면 치수가 딱 맞는다고 하여 실제 심의를 제작한 경험을 토대로 답을 하고 있다. 결국 김장생은『가례』에 수록된 심의의 제도가 틀리지 않았음을 논증하고자 했던 것으로 보인다. 그러나 김장생도『가례』를 전적으로 따른 것은 아니다. 깃에 사용한 연의 너비를『가례』에서는 2촌을 사용하였지만 김장생은 1.5촌으로 바꾸었다. 큰 틀에서는『가례』를 따르고 있지만 실제 제작할 때에 자신의 의견을 덧붙이고 있음을 알 수 있다.

(3) 신의경(申義慶, 1557~1648):『상례비요(喪禮備要)』에서 신의경이 밝힌 바

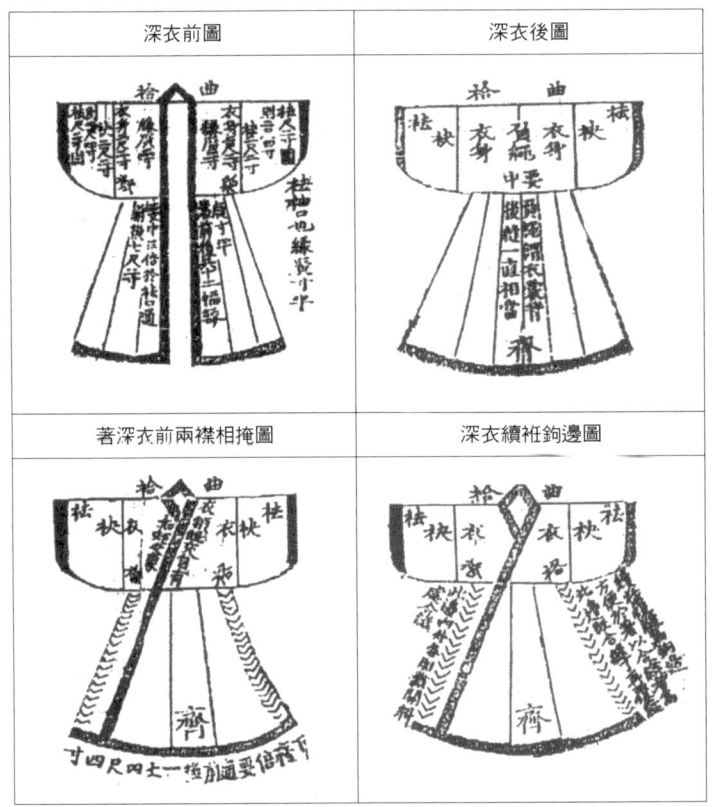

그림 7. 신의경, 『상례비요』 〈심의도〉

와 같이 심의를 만들 때 고금의 예와 여러 설을 참고하였으며, 경우에 따라서는 보충하고 시속의 제도를 더함으로써 사용하는 자들이 편리하게 만들었다고 하였다.[14] 〈그림 7〉의 〈심의도〉는 습구(襲具) 안에 포함되어 있으며,[15] 『가례』의 〈심의도〉와 형태 면에서는 같지만 '속임구변'에 대한 해석과 그림을 덧붙여 놓았다.

- 의: 길이는 2척 2촌이다.
- 깃: 양 령(領)이 만나 방(方)을 이룬다. 보주(補註)에는 양어깨 위를 각 3촌씩 잘라 아랫단까지 이르게 하고 따로 포 1폭을 써서 2촌의 깃을 만든다.

---

14 신의경, 『상례비요』 「喪禮備要序」.
15 『상례비요』는 1583년 김장생의 교정을 거쳐, 1648년(인조 2) 김집, 송시열, 송준길, 이유태 등이 수정 증보하여 간행한 것이다.

- 상: 6폭을 쓰며 각 폭을 서로 비스듬하게 마름질한다. 넓은 쪽은 1척 4촌이 되고 좁은 쪽은 8촌이 된다.
- 속임구변: 상의 양 가장자리를 합봉하고 다시 복봉하여 '속임구변'이라 하였으며, 그렇게 했을 때 입기에 편하다고 하였다. 상의 옆에 V자형의 바느질 자국이 보이는데, 이에 대한 설명으로 '앞뒤의 상을 합봉하는 이곳을 속임이라 하고 좌우를 서로 걸어 다시 합봉하는 것을 구변이라고 한다'고 해석하고 있다.

'속임구변'을 표시하고 있는 바느질법은 마치 사뜨기처럼 보인다. 사뜨기는 장식을 위한 바느질법으로 겉에서 바느질한 모습이 보이게 된다. 다만 그림상의 표현이므로 실제 바느질 자국이 보이는 것인지, 아니면 속임구변이라는 것을 보이기 위한 그림인지는 알 수 없다.

4. 실학자의 시선으로 본 심의

18~19세기는 서인과 남인 간에 심의에 대한 논쟁이 활발하게 이루어진 시기이다. 노론의 송시열, 남인의 이익을 비롯해 이후 이들을 계승한 유학자들 간에 심의에 대한 논쟁이 치열해진다. 이들의 시선을 통해 심의 제도가 어떻게 바뀌는지 살펴보고자 한다.

1) 서인의 심의 제도
(1) 송시열(宋時烈, 1607~1689): 조선 유학을 대표하는 학자인 송시열은 심의를 착용한 초상화가 남아 있어 그가 심의를 실제 착용하였음을 알 수 있다. 『송자대전』에 수록된 문인과의 문답에 나타난 심의에 대한 송시열의 생각은 다음과 같다.

- 박시증(朴是曾) 문: 심의의 곡거(曲裾)·속임(續衽)·구변(鉤邊)은 같은 것입니까, 다른 것입니까?
- 송시열 답: 심의 곡거 조의 부주(附註)에 채씨, 양씨의 설이 매우 분명한데 지금 다시 다른 말을 할 필요가 있겠는가?

- 이성미 문: 심의 깃에 대해 묻습니다.
- 송시열 답: 『가례』에서 치수를 말하지 않고 다만 선이 2촌이라고만 말하였는데 만약 고례에서 깃이 2촌이 된다는 말에 의한다면 소위 선이 깃을 다 가리고 말 것일세. 그렇다면 깃을 달았다는 의의가 없게 되므로 『가례보주』에서 고례에 의거하여 깃이 2촌에 선을 반촌으로 정하였기 때문에 지금 사람들이 이를 따르고 있네. 그러나 『가례』의 제도에 위배되는 것이 있으니 어떻게 보아야 좋을지 모르겠네. 깃의 길이가 의당 심의의 길이와 가지런해야 할 것이므로 이른바 선을 그 위에 두른다는 것은 바로 깃을 가리켜 말한 것이네. 그러나 반촌의 선은 의당 치마의 옆과 아래를 아울러 둘러야 할 것일세.
- 김간 문: 『가례』의 심의 제도에 "깃이 2촌이다." 하였고 또 "선이 2촌이다." 하였는데 이제 만약 이와 같이 만든다면 선이 깃을 덮어서 깃이 보이지 않을 터인데 이런 것은 어찌해야 합니까?
- 송시열 답: 선을 1촌 반으로 한다는 제도는 이미 고인의 정론이 있으니 마땅히 참고해 보아야 한다.
- 송준길 문: 『가례』 심의 장 곡거 아래에 주자의 본주에 이르기를 "정씨의 주에 구변은 지금의 곡거와 같다." 했다 하여 양씨가 인용한 정씨의 말과는 다르니 이는 무슨 까닭인가? 부주에는 이르기를, "정강성의 주는 뜻이 분명한데 다만 소(疏)를 하는 자들이 혼란시켜서 주의 본뜻이 가려져 알 수가 없다." 하였으니 이 말은 알 수가 없다. 정씨의 주에 "이미 지금의 곡거와 같다." 하였으니 소를 하는 자들이 별도로 곡거를 만든 것은 정씨의 주설을 보고 한 것인데 부주에 '본뜻이 가려져 알 수 없다.' 한 것은 무슨 까닭인가?
- 송시열 답: 의심한 바와 같이 나도 알 수가 없습니다. 만일 정씨의 주에 '구변은 지금의 곡거의 제도와 같다.' 한 것으로 보면 문세(文勢)가 매우 난삽하니 결코 주자의 문법은 아닙니다. 아마도 정씨의 주에 두 가지 설이 있는 듯하니 구경 주소를 상고해야 합니다.

송시열은 주자의 『가례』보다는 채씨, 양씨 등의 해석을 문제 삼았다. 더욱이 『가례』를 주자가 짓지 않았다고 하는 응씨(應氏)의 말에 대해서도 "주자가 별세한 후에 『가례』가 나왔다 하여 주자의 저작이 아니라 하였지만 만일 주자의 솜씨가 아니라면 반드시 이 책을 지을 수 없을 것입니다."라고 하여 주자만이 『가례』를 저술할 수 있다고 하였다. 또한 속임구변에 대한 물음에도 "정강성 시대에는 반드시 곡거라는 것이 있어 꿰매어 구변을 만드는 제도가 있었을 것이다. 이는 마치 지금 사람의 옷에 안쪽 자락을 비스듬하게 재단하여 양쪽 가장자리를 구인(鉤引)하여 꿰매는 것처럼 했을 터인데 지금 상고할 수가 없다. 소(疏)를 하는 자들이 그 말을 잘못 알아 별도로 곡거를 만들어 치마 곁에 드리웠기 때문에 『가례』에 별도로 곡거를 만드는 제도를 기록하였는지 자세히 알 수 없다. 그러나 속임구변이라 한 것은 다른 뜻이 없다. 임은 옷자락을 비스듬하게 재단한 것이니 그 비스듬하게 재단한 폭은 연속하여 좌우 양쪽 가장자리를 구인하여 꿰맨다는 뜻이다. 구는 끌어당겨 취한다는 뜻이고 갈고리란 명칭이 아니다. 어쩌면 곡구(曲鉤)의 뜻이고 구인을 말한 것이 아닌가 본다."라고 하여 직선 깃으로 이루어진 심의 제도를 『가례』에 수록된 심의 그대로 인용하고 있음을 알 수 있다. 이는 〈그림 8〉의 송시열 초상화에서도 확인된다. 깃의 너비보다 좁은 연의 너비를 확인할 수 있다.

(2) 권상하(權尙夏, 1641~1721): 권상하는 송시열의 학문과 학통을 계승한 인물이다.(그림 9) 그는 당쟁에 초연한 태도로 학문과 교육에만 전념하였고 성리학적 기본 문제를 규명하는 데 힘을 기울였다. 그 역시 심의와 관련하여 문인들과 문답을 주고받았다. 『한수재집(寒水齋集)』에 수록된 내용은 다음과 같다.

- 최미백 문: 『가례』 심의 조에 '衣全四幅'의 주에 "치마에 닿는 부분은 약 7척 2촌이다." 하였고, '交解十二幅'의 주에 "웃옷에 닿는 부분은 약 7척 2촌이다." 하였는데 만약 웃옷과 치마의 각 폭 양쪽 가장자리를 다 1촌씩 재봉질한 그 치수를 제하고 나면 치마가 웃옷에 닿는 부분은 물론 7척 2촌이 되지만 웃옷의 경우는 8척이 되네. 그런데 어찌하여 치마에 닿는 부분이 7척 2촌이라고 한단 말인가?
- 권상하 답: 포의 너비는 2척 2촌이니 4폭을 합산하면 8척 8촌입니다. 웃옷 4폭의 양쪽 가장자리를 재봉질한 부분 각 1촌씩 도합 8촌을 제하고, 두 겨드랑이를 비롯하여 앞뒤 각 2촌씩 도합 8촌을 제하고 나면 치마에 닿는 부분은 사실 7척 2촌이 됩니다.
- 최미백 문: 대대의 재료(再繚)에 대해 혹자는 이르기를 "허리에 두 번 두른다는 뜻이다."라고 하고 혹자는 "다만 고를 맨 곳에 두 번 두른다는 뜻이다." 하는데 어느 설이 옳은가?
- 권상하 답: 대대 재료는 「옥조」에 "대부는 대대로서 4촌이고… 두 번 둘러

그림 8. 〈송시열 초상〉, 국립중앙박물관 소장   그림 9. 〈권상하 초상〉, 제천의병전시관 소장

4촌이 된다."고 한 곳의 주에 "대부 이상의 띠는 너비가 전부 4촌이고 사(士)는 연대(練帶)로서 너비가 2촌 정도에 불과하지만 허리의 둘레를 두 번 두르니 또한 4촌이 된다." 하였습니다. 저의 생각에는 『가례』의 글은 「옥조」에 근본을 둔 것으로서 그 출처가 있으니 어찌 의심할 것이 있겠습니까? 『가례』의 '두 번 두른다[再繚之]' 세 글자는 소주를 큰 글자로 잘못 쓴 것인 듯하니 『가례』의 내용에는 이와 같은 데가 상당히 많습니다. 일찍이 이 사항을 가지고 선생에게 여쭈었더니 선생께서 매우 긍정적으로 받아들이셨습니다.[16]

- 윤서응 문: 참최인의 최복 이외의 옷은 모두 옷의 가장자리를 꿰매야 할 듯한데 신재(愼齋)께서 최석유에게 답한 글에 "직령(直領)도 참(斬)한다." 하였으니 감히 모르겠습니다마는 어떻게 생각하시는지요?

- 권상하 답: 『상례비요』 남자복제 조에 "비록 참최중이라 하더라도 심의는 삼베로 가장자리를 싸서 돌린다." 하였으니 이에 의거하면 최복 이외의 옷은 모두 가장자리를 꿰매는 것인 듯하네.[17]

- 최성중 문: 심의는 남녀가 공통으로 입는 것을 꺼리지 않기 때문에 남녀의 옷을 구별해 말하지 않은 것이 아닌지요? 일찍이 듣건대 노선생께서도 여상

16　권상하, 『寒水齋集』 6권 「答崔美伯」.
17　권상하, 『한수재집』 12권 「答尹瑞膺」.

(女喪)에 심의를 사용했다 하니 이 역시 『가례』를 따랐기 때문이 아니겠는지요?

- 권상하 답: 『가례』에 부인의 옷을 구별해 말하지 않은 것은 글이 갖추어지지 않아 그런 것 같네. 남녀가 공통으로 심의를 입는 것이 비록 고문에는 있으나 『가례』에 평상시 남녀가 각기 따로 성복이 있으니 송종(送終)의 예절에 있어 구별 없이 공통을 입는 것은 불가할 듯하네.[18]

- 한창경 문: 『비요』 소주에 "심의와 공복(公服)을 병용해도 무방하다" 하였습니다. 그러니 병용한다면 공복이 습할 때 위에 입히는 옷이 될 듯합니다. 공자의 상에 습의가 열 벌이었고 조복(朝服)을 위에 입혔으니 이로써 미루어 보면 공복을 상의(上衣)로 삼는 것이 틀림없습니다.

- 권상하 답: 『가례』 채씨 주에 "사(士) 이상은 심의로 습하고 그 이하 서인(庶人)은 길복으로 심의를 입을 뿐이다." 하였으니 이에 의거하면 대부 이상은 조복을 상의로 삼고, 사는 심의를 상의로 삼는 것이니, 습할 때에 관직이 있는 사람이면 마땅히 공복을 사용해야 하네.[19]

- 김대유 문: 심의와 복건이 곧 유복(儒服)이지만 상을 치를 때에는 문관, 무관, 사, 서인을 막론하고 모두 사용할 수 있습니까?

- 권상하 답: 『가례』 심의 장 주에 "심의는 문무(文武)의 뜻을 포함하고 있으므로 외교관이 입을 수도 있고 장군이 입을 수도 있다." 하였으니 비단 상사(喪事)에 사용할 뿐만이 아니네.[20]

여기에서 다 열거할 수 없지만 이외에도 권상하와 문답을 나눈 문인들이 많다. 권상하가 『가례』를 기본으로 하여 심의를 해석하고 있음을 알 수 있다. 그러나 작은 글자로 된 소주를 큰 글자로 잘못 써 놓은 것이 있어 오해를 불러일으킬 수는 있다고 하며, 주석자들의 오류이지 주자의 오류는 아니라고 보았다. 한편 심의는 문무관은 물론 사서인(士庶人)까지도 착용하지만 여성의 상복(喪服)으로는 사용하지 않는다는 사실을 분명히 밝히고 있다.

(3) 박규수(朴珪壽, 1807~1876): 박규수는 송시열 이후 노론계의 학맥을 이은

---

[18] 권상하, 『한수재집』 13권 「答崔成仲」.
[19] 권상하, 『한수재집』 16권 「答韓昌卿」.
[20] 권상하, 『한수재집』 17권 「答金大有」.

인물이다. 『거가잡복고』「외복」편에는 현단을 입을 때 중의에 해당하는 심의를 수록하고 있으며 제작법과 착용법을 기술하고 있다.[21] 박규수는 실용적이면서도 우주의 도를 구현하는 의복으로 심의를 제안하였다. 이 심의는 평상시의 상복(常服)으로 착용하였으며, 현단을 입을 때에는 안에 입는 중단으로 입을 것을 제안하기도 했다.[22]

『거가잡복고』에는 〈심의도〉와 심의를 착용한 모습, 상의 마름질법 및 재봉법을 그려 놓고 있다.(그림 10) 더욱이 이들 마름질의 이유를 반문하는 것으로 심의에 담긴 철학적 사상을 찾고 있다. 그 내용을 보면 다음과 같다.[23]

- 어깨로부터 복사뼈에 이르기까지 천지의 수 55인가? 3등분하여 복사뼈에 이르면 상의가 1이고 하의가 2인 것은 하늘이 1이고 땅이 2이기 때문인가?
- 상의는 전폭을 쓰고 하의는 폭을 나눈 것은 건이 전일하고 땅이 열리기 때문인가? 건은 양(陽)이어서 9·9로 계산하고 나누지 않으므로 상의 폭의 넓이는 2×9를 거듭하는 것인가? 곤은 음이어서 6·6으로 계산하고 나누므로 하의 폭을 나누어 위는 1×6이고 아래는 2×6인가?
- 상의의 앞뒤가 24×9인 것은 건의 책이 216이기 때문인가?
- 옷감을 모두 49척 3촌 5분을 쓰는 것은 "대연의 수가 50이고 사용하는 것은 49이다." 하는 것인가?
- 상의는 하의에서 취하고 하의는 상의에서 취한 것은 음양이 교접하여 그 수가 각각 32이니 괘가 64이기 때문인가?
- 상의의 폭과 하의의 폐매는 곳이 모두 18인 것은 18번 변하여 괘를 이루기 때문인가?
- 상의가 6폭이고 하의가 6폭인 것은 1년 중에 여섯 달이 양월이고 여섯 달이 음월이기 때문인가?
- 별도로 베를 써서 속임을 한 것은 윤달로써 시간을 조정하여 한 해를 완성하는 것인가? 모서리를 잘라 안팎에 나눠 덧댄 것은 중기(中氣)를 기준으로 나눠 전후의 달에 속하게 하는 의미인가?
- 목깃의 옷감이 4척인 것은 12개월이 4계절에 소속된 의미를 취한 것인가?

---

21 이민주, 「오사카 주립 나카노시마도서관 소장 『거가잡복고』 해제」, 『민족문화연구』 80(2018), 235쪽.
22 정혜경(1998), 앞의 책, 134쪽.
23 朴珪壽, 『瓛齋集』 4권 「雜著」 深衣廣義.

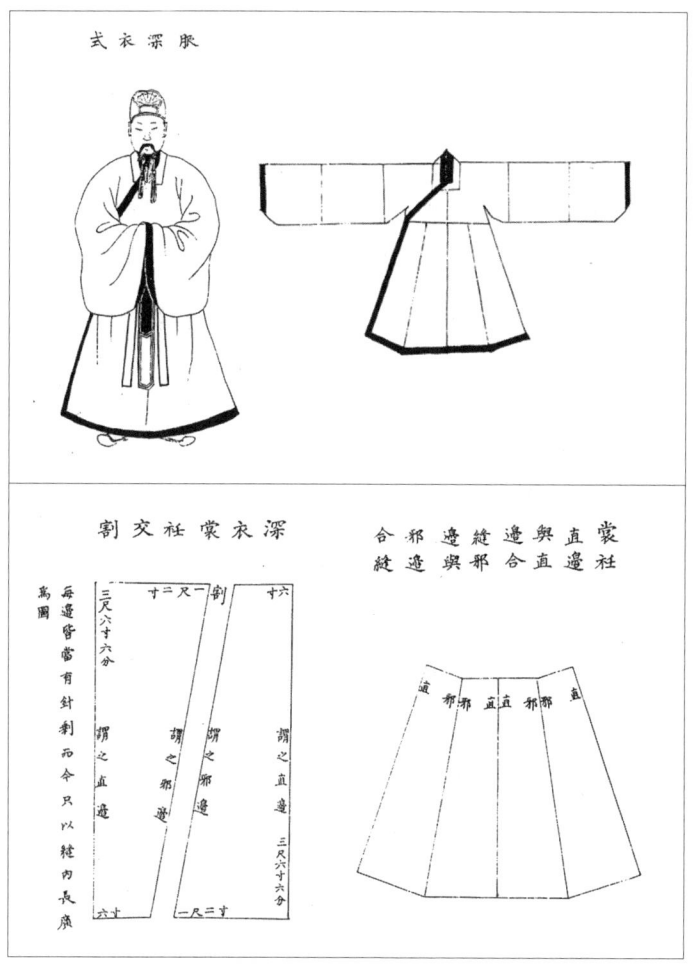

그림 10. 박규수, 『거가잡복고』, 〈심의도〉

- 상의의 앞뒤와 하의의 아랫단이 모두 360촌인 것은 1년의 날수를 취한 것인가?
- 옷감을 3척 6촌 6분으로 자르는 것도 1년이 366일이기 때문인가?
- 24라는 것은 15일마다 기후가 한 번 변하는 것인가?

이에 대한 답변을 보면 다음과 같다.

- 어깨로부터 복사뼈에 이르기까지 길이가 5척 5촌이다.
- 상의의 길이는 1척 8촌 3분이고 하의의 길이는 3척 6촌 6분이다.
- 상의는 온 폭을 사용하니 폭 너비는 1척 8촌이다.

- 하의는 폭을 나누어 쓰는 폭 너비가 1척 8촌이면 위는 좁고 아래는 넓게 교차하여 잘라내니 윗너비는 6촌이고 아래 너비는 1척 2촌이다.
- 상의 6폭의 합은 폭이 1척 8촌이니 모두 합하면 앞뒤의 합이 21척 6촌이니 실제 216촌이다.
- 하의의 아랫단은 14척 4촌으로 실제 144촌이다.
- 상요(裳要)는 7척 2촌이다.
- 소매는 1척 2촌이고 휘감으면 2척 4촌이어서 좌우를 합하면 4척 8촌이다.
- 상의는 6폭이고 하의는 12곳을 꿰매니 모두 18이다.
- 속임의 옷감은 길이가 1척 4촌 3분이고 너비가 1척 4촌 3분이다. 모서리를 잘라서 안팎의 임에 엇대는 것은 중기의 전후로 가 15일씩 나누어 전후의 달에 속하게 하는 것과 같다.
- 상의의 앞뒤가 21척 6촌이고 하의의 아랫단이 14척 4촌이므로 합하면 360촌이다.
- 처음에 옷감을 12폭으로 자르는데 각각의 길이가 3척 6촌 6분이다.
- 상의의 앞뒤는 9로 계산하니 24×9이고 하의의 아랫단은 6으로 계산하니 24×6이다. 6을 9에 합하면 15가 되고 24×6과 24×9를 합한 것은 15로 계산해 보면 또한 24×15와 같다.
- 폭 너비가 1척 8촌이니 교차로 줄여 허리가 절반이 되고 아랫단이 허리의 두 배가 되게 한다.
- 상의 폭이 10척 8촌이니 허리둘레는 7척 2촌이다.
- 하의의 아랫단은 14척 4촌이니 속임의 길이는 1척 4촌 3분이다.
- 허리둘레는 7척 2촌이니 목깃의 안팎은 너비가 도합 8촌이다.
- 목깃의 너비가 4촌이므로 허리는 7척 2촌이다.
- 의례의 앞뒤 폭은 모두 21척 6촌이다.
- 하의의 아랫단은 14척 4촌이다.
- 소매의 길이는 모두 1척 2촌이다.

박규수가 사용한 포의 너비는 1척 8촌[24]으로 『가례』에서 사용한 2척 2촌의 폭과는 차이가 있다. 이는 중국의 포와 조선의 포가 달라서 생긴 것으로 박규

---

[24] 주척은 도량형의 하나로 세종 대에는 20.81cm이며, 영조 대에는 20.83cm이다. 따라서 1척 8촌은 약 37.44cm의 포이다.

수는 시속을 따르고자 했음을 알 수 있다.

2) 남인의 심의 제도

(1) 이익(李瀷, 1724~1776): 이익은 고문헌의 고증을 통하여 심의가 갖는 본래의 뜻을 밝혀내려 하였다. 그는 심의를 구성하는 의, 대, 복건에 대해서는 옛 문헌을 고증하는 데 그쳤으나 심의를 실제 만들기 위해 필요한 옷감과 치수를 재는 방법 등 근본적인 문제에 대해서는 주자의 설을 비판하고 대안을 제시하였다.

> 사람의 생김새는 몸집이 호리호리하면서 키가 큰 자도 있고 몸집이 크면서 키가 작은 자도 있으며, 손가락은 짧은데 키는 큰 자가 있고 손가락은 긴데도 키는 작은 자가 있으니, 이 지척이 꼭 법으로 될 수는 없는 것이다. 나는, 옛날 이른바 자[尺]라는 것은 즉 주척(周尺)을 가리킨 것이라고 여긴다. 맨 처음 심의를 만들어낼 때에 길고 짧고 넓고 좁은 그 중간을 법칙으로 했다면, 그 몸집은 반드시 키는 여덟 자, 둘레는 석 자 다섯 치로 되었을 것이다. 그러나 그렇지 않은 자가 있을 경우에는 그 몸집에 따라 더하기도 하고 줄이기도 해서 알맞도록 해야 할 것이다.[25]

- 척도: 지척은 손가락의 길이와 체형이 비례하지 않는 경우가 있으므로 주척을 써야 한다.
- 포 폭: 당시 국내 포의 폭이 좁아 1척 4~5촌에 불과하였으므로 심의를 만들기 위해서는 반드시 연경 시장에 가서 베를 사와야 하는데 이는 가소롭다고 하며 시속을 따라야 한다고 했다.
- 의: 심의의 치수를 신체와 비교 분석하여 키 8척, 몸 3척 5촌의 몸집을 기준으로 하여 만들었다. 그래서 심의의 너비는 7척 2촌이지만 세 겹으로 여며 입으면 한 겹을 제한 치수인 4척 8촌이 되므로 둘레 3척 5촌의 몸집을 넉넉히 용납할 수 있을 것이다.

위에 지적한 바와 같이 이익은 심의를 구성하는 복건과 대에 대해서는 옛

---

[25] 이익, 『성호사설』 제5권 「만물문」 指尺.

그림 11. 〈이익 초상〉, 성호박물관 소장   그림 12. 〈허전 초상〉, 경기도박물관 소장

문헌을 상고하고 고증하는 것에서 근본을 찾고자 했는데, 이는 예를 잊지 않으려는 태도에서 나온 것이다. 한편 심의를 제작하는 과정에서는 먼저 깃의 형태를 방령으로 바꿨으며, 옷감을 마름질할 때 사용하는 척도를 문제 삼아 주척을 사용하였다. 또한 심의를 만드는 데 쓰는 포는 중국에서 사 오지 말고 시속을 따르라고 하였다. 이익은 예를 근본으로 하는 유학자의 기본 사상을 바탕으로 실증적이고도 실제적인 측면을 중시하는 실용적 사고를 통해 심의를 제작하였다. 〈그림 11〉은 방령의 심의를 착용하고 있는 이익의 모습이다.

(2) 안정복(安鼎福, 1712~1791): 안정복은 성호학파를 잇는 대표적인 학자이다. 그는 몰락한 남인 출신으로 벼슬에는 영달하지 못했으나 강학과 연구를 통해 많은 저작을 남겼다.[26] 『순암집』에 수록된 심의에 대한 그의 의견은 다음과 같다.

- 이경협에게 답함: 구변(鉤邊)에 대한 설을 보면, 심의에 대하여 본경(本經)에서 열두 폭으로 만든다고 했는데 그것은 옷 한 벌 전체를 말한 것이지 아랫도리 옷만을 가리켜 말한 것은 아닐 것입니다. 열두 폭이라고 한 것을 미루어 볼 때 상의 몸통이 두 폭, 소매와 깃이 각각 두 폭, 아랫도리가 여섯 폭으로

---

[26] 이민주, 「성호 이익(1681~1763)의 상례인식과 실천」, 『성호학보』 8(2010), 113쪽.

딱 맞고 좌임(左袵)·염임(斂袵)의 설을 기준한다면 임은 곁에 있다는 뜻인데 옷의 안팎의 임을 말한 것으로 보면 어떻겠습니까? 그렇다면 상복(喪服) 앞자락에 양쪽으로 드리워져 있다는 것은 모양이 되질 않습니다. 정씨가 말한 연미 제도라는 것이 과연 경문에 있는 말입니까? 형은 틀림없이 분명한 근거가 있어서 한 말씀일 것이니 심의에 대해 일러 주시면 좋겠습니다.[27]

- 이질의 문목에 답함: 심의 제도에 대해 이해가 안 가는 점이 많다고 하였는데 정말로 그렇다. 구암은 "구변은 지금의 단추 종류이다."라고 하였는데 그대의 편지에는 "임(袵)이 단추이다."라고 하였다. 그리고 사계는 "치마의 가장자리가 임인데 가장자리를 접어 기운다."고 하였는데 그대는 또 "사계가 말한 임은 옷을 매는 것이다."라고 하였다. 두 분의 말씀이 별도로 다른 설이 있는가? 혹시 그대가 살피지 못하여 그런 것인가? 그에 대한 우열을 논한다면 구암의 의복 제도는 지금의 쾌자 종류로서 군인의 복장과 비슷하여 법복처럼 보이지 않으니 매우 의심스럽다. 사계의 의복 제도는 금세 사람들이 많이 따르고 있으니 졸지에 그 설을 다 말하기 어렵다.[28]

두 질문에 대한 답변을 보면 심의에 대한 안정복의 견해는 크게 자신의 의견을 피력했다기보다는 경전을 그대로 받아들이는 수준에서 언급하고 있다. 그러나 구암 한백겸이 구변을 단추라고 한 것에 대해서는 의심하고 있으며, 사계 김장생의 의견 역시 다양하게 해석될 수 있음을 밝히고 있어, 당시 심의 제도의 논란에 대해 공감하고 있음을 알 수 있다.

(3) 허전(許傳, 1797~1886): 허전은 이익을 통하여 실학을 접한 기호 남인계 인물이다.(그림 12) 그는 『사의(士儀)』와 『사의절요』에 방령심의를 제시하였다. 특히 〈그림 13〉과 같이 심의의 마름질법을 각 부위별로 자세하게 그려 놓고 있다. 이는 실제 심의를 만들어 착용하였음을 방증하는 것이다.

- 의: 길이는 2척 2촌이며 너비는 포 폭 2척 2촌을 잘라 1척 2촌으로 줄여 신체에 알맞도록 제작하였다.
- 깃: 의를 만들고 남은 여분을 사용하여 너비 2촌에 길이 3척 2촌으로 된 겹

---

[27] 안정복, 『순암집』 4권, 「答李景協書」.
[28] 안정복, 『순암집』 7권, 「答李侄宇福問目」.

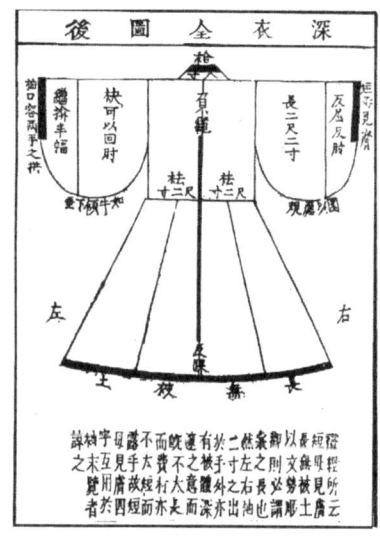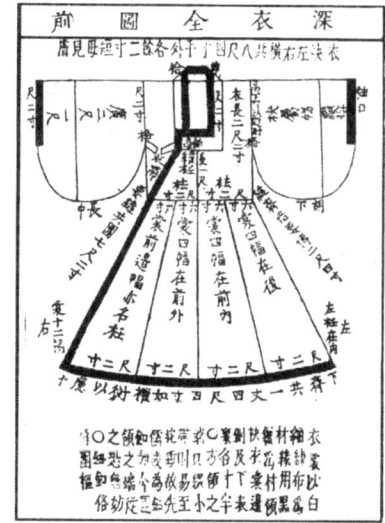

그림 13. 허전, 『사의(士儀)』, 〈심의도〉

깃을 만든다.

- 임: 깃 아래의 섶을 임이라 하고, 임을 '구변'인 '곡겁'에 연결시켜 '속임'이라 하였다. 섶의 너비는 위가 4촌 아래가 1척 2촌이며 길이는 1척이다.
- 소매: 소매에 반폭을 더 붙여 팔꿈치까지 닿을 정도가 되게 했다.
- 상: 6폭의 포를 비스듬히 잘라 12쪽으로 만들고 좁은 머리를 연결한 것이 허리에 오도록 했다.
- 연: 깃, 소맷부리, 옷 가장자리에 모두 1.5촌의 연을 둘렀으며, 소맷부리의 연을 소매의 밖이 아닌 안에 대었다.

5. 새로운 시선으로 본 심의

(1) 한백겸(韓百謙, 1552~1615): 심의에 대한 새로운 시선을 제시한 인물은 구암 한백겸이다. 그는 『구암유고』에 지금까지 볼 수 없었던 전혀 다른 심의를 수록해 놓았다. 그가 새로운 제도를 내놓은 것은 『예기』나 『가례』의 주석이 잘못되었다고 지적하며 결국 주자의 견해에까지 의문을 제기한 것이다. 그는 "심의의 제도는 『예기』 본편 및 「옥조」에 실려 있다. 명백하고 간단하여 본래 깨닫기 어렵지 않다. 그런데 주석가들이 의견을 왜곡하고 복잡하게 파고들

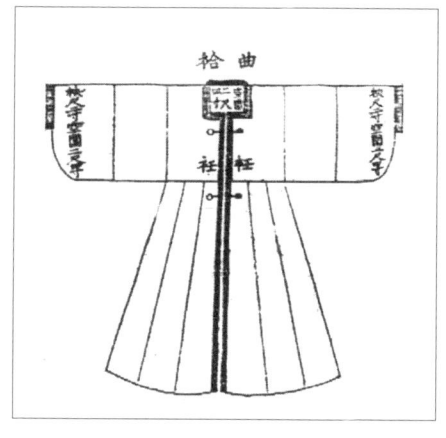

그림 14. 한백겸의 〈심의도〉   그림 15. 『규합총서』, 정양완가장본

어 마침내 경문의 본뜻을 흐리게 하였다. 대개 주자가 만년에 입었던 것은 『가례』와 같지 않았으니 필시 정설이 있었을 것이나 지금 그 저작들에서는 명확한 논증을 볼 수 없다. 겨우 제자인 채(蔡)·양(楊)씨의 설이 있는데 당시에도 상세하게 듣지 못했음을 한탄하고 있다"고 하여 주자가 입은 심의가 『가례』와 다르다는 의문을 품었다. 한백겸의 심의 제도를 보면 다음과 같다.[29] (그림 14)

- 속임구변(續衽鉤邊): 속은 이어졌다는 것이다. 『의례상복』에서 "메(袂)는 폭(幅)이고 속(續)은 속(屬)으로 옛 글자에서는 통용하였다"고 했다. 임은 의 앞에 있는 양 깃이고 옛날 옷에서는 모두 상의하상이 되며 상은 허리둘레를 따른다. 전면은 이미 나뉘어서 열리지 않아 별도의 한 폭의 포를 사용한다. 서로 풀어서 마름질하는데 위가 좁고 아래가 넓다. 의의 양 깃을 나누어 연결하면 좌가 우를 덮는다. 즉 우임을 만든다. 옛사람들이 우임으로 열고 여민다고 한다. 모두 심의를 지칭하는 것으로 의와 상이 이어져 꿰매지며 목 아래에서 치마의 끝에 이른다. 한 면이 나뉘어 열리는데 별도의 폭을 임으로 사용하지 않고 다만 양 깃이 아래까지 마주하는데 연속되기 때문에 속임이라고 한다. 양 깃이 서로 교차하여 덮을 수 없으므로 반드시 결뉴가 필요하다. 돌마기는 좌우를 교차하는 갈고리이다. 그런 연후에는 나뉘어서 열릴 걱정이 없기 때문에 구변이라고 한다. 지금의 기배령(箕排領)인 돕지이다.
- 곡겹(曲袷): 겹은 깃의 연이다. 의령(衣領) 양변에 턱이 닿는 곳을 잘라서

29 한백겸, 『구암유고』 상, 심의설.

방형을 취한다. 지금 상복(喪服)에서 활중(闊中)의 제도와 같다. 검은 비단으로 가장자리를 돌리기 때문에 곡겹이라고 한다. 곡겹은 구(矩)와 같아서 방형을 따르기 때문에 옛사람들이 방령이라고 한다고 했다. 지금 소아(小兒)의 의령과 같다고도 했다. 원래는 호복에서 나왔는데 결뉴를 쓴다고 했다.

- 거(袪): 거는 수구(袖口)이다.
- 순(純): 소맷부리와 상의 가장자리이다. 경(經)에는 안팎에 모두 두른다는 글이 없다. 다만 순을 밖에만 두르는 것 같다고 하고 설문에서는 의에 솜이 없으면 겹이 된다고 하며 겹(袷)을 뜻하는 것이라고도 한다. 검은 비단 4촌을 겹으로 꿰매서 2촌이 되게 한다. 또한 순을 겹이라고는 부르지 않는다고 했다. 즉 별도보 꿰매시 지금의 상령(上領)같이 했기 때문에 이 역시 곡령이라고 하고 혹 겹(袷)이라고도 하는데 교령이다. 양 깃이 서로 교차해서 합쳐지기 때문에 겹이라 부르지만 잘 알려져 있지 않다.
- 부승(負繩): 의의 뒤에서 상의 가운데까지 상하가 서로 접해 있어 이를 부승이라고 한다.
- 대대(大帶): 「옥조」에는 천자·제후·사대부·거사제자의 대는 모두 같지 않다.

한백겸의 심의 제도에서 가장 특이한 점은 깃이 방령이며, 대금으로 좌우에 갈고리를 걸어 연결하고 있다는 것이다. 소매는 1척 2촌이고 둘레가 2척 4촌이라는 치수를 적어 놓고 있다. 또한 깃·소맷부리·거에는 흑연을 두르고 있다. 이 제도는 당시 유학자들 사이에 큰 논란을 일으켰으며, 정구 및 김장생 등의 비난이 대표적이다. 이후 한백겸의 속임구변에 대한 논의는 새로운 해석을 유도하며 실학자들의 관심 대상이 되었다.

(2) 유형원(柳馨遠, 1622~1673): 학파와 상관없이 실제적인 문제에 관심을 둔 유형원은 한백겸의 설을 따른 인물이다. 그는 『예기』 본편 및 「옥조」에 실려 있는 심의 제도는 명백하고 간절하여 본래 어려울 것이 없는데 주소를 덧붙인 여러 학자들이 잘못된 의견을 만들어낸 것이라고 했다.

- 속임구변: 심의는 의와 상이 연철된 옷으로 턱 아래에서 치마 끝에 이른다. 한 면이 나뉘어져 있어 임을 만들기 위해 별도의 폭을 쓰지 않는다. 다만 양 깃 아래가 서로 마주하고 서로 연속되어 있어 속임이라고 한다. 양 임이 서

로 교차하여 덮어지지 않기 때문에 결뉴가 필요하며 '달마기'를 좌우에서 서로 건다. 그러면 앞이 열려 벌어질 염려가 없으므로 이를 구변이라고 한다고 했다.

- 곡겁: 겁은 영연인데 옷깃의 양 가장자리라고 했다. 턱이 있는 곳에서 방형을 취해 마름질한다.
- 거: 수구(袖口)를 말한다.

(3) 이덕무(李德懋, 1741~1793): 이덕무는 당시 가장 논란이 된 '속임구변'과 '곡겁', '대'에 대하여 논하였다. 그는 심의가 매우 간편한 옷이기에 상하가 같은 이름으로 사용되는 것을 혐의치 않고 길흉에 같은 제도를 사용하는 것을 혐의치 않으며 남녀가 같이 입는 것을 혐의치 않으니, 그것은 척수에 구애받지 않고 인체의 장단을 따르기 때문이라고 했다. 그러면서 지금 사람들이 척수에 얽매여서 '넓고 길게 만듦으로' 그 넓고 긴 것을 감당하지 못하여 거의 수족을 제대로 움직이지 못하는 형편이라고 비판하였다.[30]

- 속임구변: 옷깃을 이어서 가장자리를 감친다. 이에 대해 이덕무는 심의에 대한 설은 시대가 너무 오래된 것이라 상고할 수 없다고 하였다. 우리나라 구암 한백겸의 설은 "임으로 옷 앞의 두 옷깃을 삼아 두 가닥을 아래로 드리워서 치마와 연속시킨다. 그러므로 '속임'이라 한 것이다. 두 임은 서로 가릴 수 없는 것이니 결뉴를 써서 좌우를 교차로 걸어야 한다. 그러므로 '구변'이라고 한 것"이라고 하여 한백겸의 설을 설명하고 있다.
- 곡겁: 굽은 옷깃은 곡척과 같아서 그로써 모진 데 응한다. 곡겁 역시 구암의 설을 인용하여 "겁은 영연(領緣)인데 의령 양쪽 가장자리의 턱이 닿는 곳에 모가 나게 베어내기를 마치 지금 상복의 앞을 활중하는 제도처럼 하여 목을 편하게 하고 2촌 길이의 검은 비단으로 그 가장자리를 두른다. 그러므로 '곡겁'이라고 한 것이다. 『예경』에 이르기를, '승을 붙이고 방을 안는다.[抱方負繩]'라고 하였으니 승은 등에 있고 방은 앞에 있는 것이 또한 명백하지 않은가? 대개 방령을 하려면 속임을 아니할 수 없게 되고 속임을 하려면 구변을 아니할 수 없게 된다." 하였다.
- 대: 허리띠는 아래로는 넓적다리뼈를 누르지 않게 하고 위로는 갈빗대를

---

30 李德懋, 『靑莊館全書』 8권 「禮記臆 2」, 深衣.

누르지 않게 하고 뼈가 없는 곳에 위치하게 한다는 말에 대해 "배꼽은 몸의 중심 부분이다. 그러므로 허리띠가 배꼽에 위치하게 한 것은 그 제일(齊一)의 뜻을 취하여 인신의 상하를 경계지은 것"이라고 하였다.

결국 이덕무는 속임구변이나 곡겁 등이 논란이 되는 것은 사실이지만 이것보다는 심의 자체가 누구나 입을 수 있는 옷이라는 점에 더 무게를 두고 있음을 알 수 있다. 그럼에도 불구하고 한백겸이 방령을 쫓아 제작하는 것에 대해서는 큰 문제가 없다고 판단하였다.

(4) 빙허각 이씨(1759~1824): 빙허각 이씨는 서유본의 아내이며 조선시대 백과전서인 『규합총서』의 저자이다. 직접 심의를 제작했던 여성으로서 빙허각 이씨가 만든 심의는 어떠했는지 살펴보고자 한다. 심의에 대한 그의 기록은 치수 중심으로 간략하다.(그림 15)

심의샹삼일쳑오촌하샹은일쳑구촌십이복샹광은삼촌하광은오촌냥변졉는것 각이분광슈 일쳑오촌[31]

이는 심의를 만드는 여성들을 위해 치수를 중심으로 언문으로 기록한 것이다. 이를 보면 심의의 상의는 1척 5촌이고, 하상은 1척 9촌이며, 12폭으로 재단하였다. 또 상의 윗너비는 3촌이고 아래 너비는 5촌이며 양변을 접는 것은 2분이고, 소매의 너비는 1척 5촌으로 한다고 하였다. 치마의 윗너비가 3촌이고 아래 너비가 5촌이면 포 폭이 8촌임을 알 수 있다. 또 양변을 접어 넣는 것이 2분이라고 한다면 주척이나 지척이 아닌 포백척을 사용한 것으로 보인다. 당시 포백척의 도량형이 지역마다 다르지만 『경국대전』에 의거하여 재정비한 1750년(영조 26)의 기록에 의하면 1척은 대략 46.73cm이다. 따라서 8촌의 포 폭은 37.38cm임을 알 수 있다. 위의 치수만으로 심의를 완성할 수는 없다. 다만 옷을 자주 짓는 여성들이었기에 연의 너비 등이 심의를 제작하는 데 큰 문제가 되지 않았던 것으로 보인다. 따라서 여성들이 쉽게 재단할 수 있는 정도의 치수만을 기록하였다고 판단된다. 특히 예복을 재단하고 바느질하는 것

---

31 한국정신문화연구원, 『규합총서』(한국정신문화연구원, 2001), 권지2 「봉임측」, 심의.

은 집안에서 내려오는 양식이 있었기 때문에 이에 대한 문제의식은 크게 없었던 것이 아닌가 생각한다.

(5) 서유구(徐有榘, 1764~1845): 서유구는 18세기 소론계 명가인 달성서씨의 후예로 태어나 문·무반의 고위 관직을 두루 역임한 실무형 학자 관료이다. 특히 백성들의 삶에 천착한 관료학자로서 백성들의 일상생활에 깊은 관심을 갖고 있었다.[32] 그는 『임원십육지』 「섬용지」 복식지구(服飾之具)에 심의 제도와 심의 변증에 대한 의견을 실었다. 심의는 논란이 많은 옷이지만 향촌에 사는 선비들이 편복으로 삼고자 했기 때문에 논란이 된 속임구변을 정리하는 데 총력을 기울였다.

- 속임구변: 하상의 가장자리에 '임(衽)'을 이어 하상의 앞과 뒤가 구별되지 않게 하는 것을 '속임(續衽)'이라 하고 구부러진 형태의 '곡거(曲裾)'가 뒤에 있는 것을 '구변(鉤邊)'으로 보았다.
- 방령: 한백겸의 방령심의설에 두깃이 서로 가리지 않고 앞에서 마주하여 아래로 내려가고 또 매듭단추로 서로 교차시켜 거는 것으로 설명한 것에 대해 "이 제도는 진(秦)의 배자나 수(隋)의 반비와 서로 닮은 것으로 모두 호복의 제도에서 나온 것이니 삼대의 모범이 되는 복식에 어찌 이와 같은 것이 있었겠는가? 우리나라 유학자들의 예설이 이에 관해 변론한 것이 없기 때문에 산만하게 수록하여 하나의 설을 마련하게 되었다"고 하였다.[33]

이로써 서유구는 방령에 대해서는 한백겸의 설에 대해 비판적 태도를 취하고 있으며, 속임구변에 대해서도 지금까지와는 다른 시선으로 바라보고 있다. 즉 서유구는 속임구변을 임을 연결해 상이 나뉘지 않게 꿰매는 것이라고 하였으며,

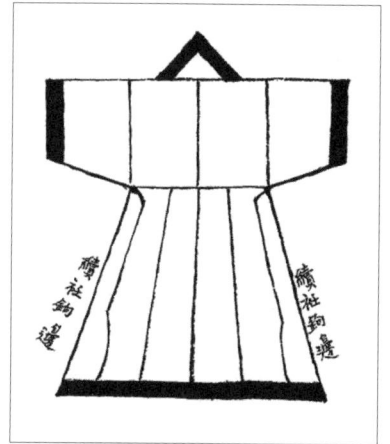

그림 16. 서유구, 심의의 뒷모습, 『풍속고협집(楓石鼓篋集)』

---

32 이민주, 「楓石의 복식분류와 '鄕居養志'」, 『풍석 서유구 연구 하』(사람의 무늬, 2015), 94쪽.
33 차서연·장동우, 「서유구의 복식관」, 『복식』 62(2012), 87~88쪽.

임은 구부러진 형태이기 때문에 곡거인 연미의 모습을 취하고 있어 뒤쪽에서 보인다고 하여 〈그림 16〉과 같이 속임구변을 그려 놓고 있다. 이 또한 지금까지와는 전혀 다른 새로운 해석이다.

6. 맺음말

본 연구는 조선 전 시기를 통해 조선 유학자들의 대표적인 예복이면서 동시에 야복이었으며 상복으로 입혀진 심의가 왜 논란의 대상이 되었고 그 결과 심의가 어떻게 변화되었는지 학자 간 시선을 탐색하고자 하였으며, 그 결과는 다음과 같다.

첫째, 주자의 『가례』에 수록된 심의는 자는 지척을 사용하며, 상의는 좌우 한 폭을 앞뒤로 연결하여 만들고 그 옆에 소매 각 한 폭씩을 붙이고 소맷부리로 가면서 둥글게 바느질한다. 하상은 베 6폭을 12폭으로 마름질하는데 위는 좁고 아래는 넓게 하여 위가 3분의 1이 되게 한다. 깃은 방형이라고 하였으나 그림상으로는 직령의 형태인데, 실제 옷을 입으면 여밈이 아래로 내려와 네모지게 된다고 했다. 여기서 문제가 되는 것이 곡거이다. 곡거는 베 한 폭을 치마의 길이와 같게 하여 비스듬히 마름질하되 이번에는 넓은 쪽을 위로 가게 하여 제비 꼬리 모양이 되게 한다고 했다. 결국 조선 유학자들에게 문제가 된 것은 방령의 깃과 곡거의 부분이 어디이며, 어떻게 생긴 것인가 하는 문제였다.

둘째, 예학기라고 할 수 있는 16~17세기의 유학자들인 이황, 정구, 허목, 송익필, 김장생, 신의경 등은 기본적으로 『가례』에 수록된 심의의 제도를 따르고자 하였다. 다만 이황은 연의 너비만을 바꿨으며 정구는 속임구변을 섶으로 보는 새로운 견해를 드러냈지만, 이들 모두 『가례』와 『예기』를 따랐다고 할 뿐 정확한 이해는 없었던 것으로 보인다. 다만 신의경은 속임구변에 대해 앞뒤의 상을 합봉하는 것을 속임이라고 하며 좌우를 서로 걸어 합봉하는 것을 구변이라고 한다고 함으로써 속임구변이 심의의 상 양옆을 의미한다고 보았다. 이는 주자의 곡거에 대한 해석이지만 그 형태에 있어서는 차이를 보이고 있다.

셋째, 예학기와 실학기를 연결하는 17~19세기에는 보다 다양한 해석이 주를 이루고 있음을 확인할 수 있다. 그러나 여전히 서인의 수장인 송시열과 그의 수제자 권상하는 『가례』를 쫓고자 했으며, 오히려 채씨, 양씨 등의 해석이나 주석을 잘못 이해한 것으로 판단했다. 그러나 박규수는 실용성에 초점을 맞추고 실제 옷을 만들어 보며, '심의도'를 기본으로 구체적인 치수를 제시하면서 구체적인 심의 마름질법과 봉재법을 제시하였다. 박규수는 심의의 깃 부분을 그만의 방법으로 방령으로 만드는 법을 제시하였다. 한편 남인의 종장인 이익은 예는 옛것을 찾는 것에서 출발한다고 생각하고 옛 문헌을 상고하고 고증하고자 했다. 그러면서도 실증적인 태도에 입각하여 심의를 제작하여 방령의 심의를 만들어 입었다. 이는 안정복과 허전에게도 이어졌다. 허전도 방령 심의를 제시하고 착장법을 제시하였다. 이로써 18세기 이후가 되면 실증적인 태도가 뒷받침되면서 실제 직령의 심의가 아닌 방령의 심의를 제작하여 입고 있음을 알 수 있다.

넷째, 주자의 『가례』를 따르고자 했던 유학자들과 달리 조선 초부터 『가례』의 주석을 비판하고 주자의 견해에 의문을 제기한 인물들이 있었다. 가장 대표적인 인물로는 한백겸을 들 수 있는데 그는 처음부터 직령의 심의로는 방령의 깃이 나오지 못한다고 판단하고 깃을 방형으로 재단하여 대금 형태의 심의를 제안했다. 당시에는 이에 대한 반발이 심했지만 점차 유형원, 이덕무 등이 그의 방령심의가 일견 일리가 있다고 판단하였을 뿐 아니라 심의를 나름대로의 방식으로 제작하는 인물들이 등장하였다. 빙허각 이씨는 당시 심의의 재의법을 『규합총서』에 수록해 놓고 있으며, 서유구는 방령에 대해서는 이의를 제기하면서 속임구변에 대해서는 상이 나뉘지 않도록 꿰매는 것이라 하여 새로운 해석을 내놓고 있다.

이상에서 살펴본 바와 같이 주자의 『가례』에 수록된 심의에서 조선 학자들 간에 가장 논쟁이 된 것은 깃의 모양과 속임구변에 대한 해석이었다. 처음에는 주자의 의견을 그대로 따르고자 하였으나 점차 실증적인 태도를 갖게 되면서 주자의 의견을 따르면 옷이 제대로 이루어지지 않는다고 판단하고 이를 바꾸기 시작하였다. 이에 따라 깃은 방령으로 바꾸는 것이 일반적인 추세였으며, 속임구변은 여전히 여러 가지 설이 있었으나 상의 옆선을 마무리하는 방법에 대한 해석의 차이라 이해하였음을 알 수 있다. 이는 해석자에 따라 여전히 바뀔 수 있는 부분으로 시속을 따르는 것이 대세였음을 알 수 있다.

● 참고문헌

원전
『구암유고』.
『기언집』.
『상례비요』.
『성호사설』.
『순암집』.
『청장관전서』.
『퇴계집』.
『한수재집』.
『한강집』.
『헌재집』.
한국정신문화연구원, 『규합총서』, 2001.

논저
이민주, 「『성호사설』을 통해 본 이익의 복식관」, 『성호학보』 4, 2008.
이민주, 「성호 이익(1681~1763)의 상례인식과 실천」, 『성호학보』 8, 2010.
이민주, 「楓石의 복식분류와 '鄕居養志'」, 『풍석 서유구 연구 하』, 사람의 무늬, 2015.
이민주, 「오사카 주립 나카노시마도서관 소장 『거가잡복고』 해제」, 『민족문화연구』 80. 2018.
이민주, 「충청도 지역 17세기 사대부의 의례별 복식연구-조극선의 인재일록을 중심으로」, 『서강인문논총』 51, 2018.
정혜경, 『심의』, 경남대학교출판부, 1998.
주희, 임민혁 역, 『주자가례』, 예문선원, 2000.
차서연·장동우, 「서유구의 복식관」, 『복식』 62, 2012.

해방 전후 정인보의 교유 관계

이남옥 | 한국국학진흥원 책임연구위원

1. 머리말

정인보(鄭寅普, 1893~1950)는 조선을 강제로 병합한 일제에 저항한 지식인으로 일제 강점 직후 중국으로 가서 동제사(同濟社)에 가입하고 독립운동에 참여하였다. 귀국 후 1920년대부터는 동아일보 논설위원과 연희전문학교 교수로 활동하며 조선학운동의 이론적 배경을 제시하였다.[1] 학문적으로는 대체로 당대를 대표하는 한학자로 평가받았지만, 날로 쇠퇴해 가는 국학을 진흥시키고자 노력한 국학자였다.[2]

그동안 정인보에 대한 연구는 문학·사학·철학 분야에서 다양하게 진행되었고, 국학과 관련하여서도 많은 연구가 축적되었다.[3] 다만 정인보의 교유 관계에 대해서는 일제강점기 지식인의 교유에 주목하여 조선학운동과 연희전문학교에서 인연이 있었던 인물들을 중심으로 진행되었다.[4] 하지만 정인보는 조선 후기 소론 가계 및 학통을 이은 인물로 세교(世交)와 문교(文交)라는 전통적 교유 의식을 계승하고 있었다.

정인보는 1893년(고종 29) 5월 6일에 서울 종현(鍾峴)에서 정은조(鄭誾朝)와 달성서씨(達城徐氏)의 아들로 태어났다. 증조부는 영의정을 지낸 정원용(鄭元容)이며, 조부는 부평부사를 지낸 정기년(鄭基季)이다. 이 가문은 성종 대 이조판서 정난종(鄭蘭宗), 중종 대 영의정 정광필(鄭光弼), 효종·현종 대 영의정 정태화(鄭太和) 등 다수의 고위 관료를 배출하였다. 이후로도 정재악(鄭載岳, 지돈녕知敦寧)-정임선(鄭任先)-정석견(鄭錫臺)-정계순(鄭啓淳, 대사간)-정동만(鄭東晚, 도정都正)-정원용(영의정)-정기세(鄭基世, 부정副正)/정

---

* 이 글은 이남옥, 「해방 전후 정인보의 교유 관계」, 『한국학』 170(2023)을 수정 보완한 것이다.
1 이지원, 『日帝下 民族文化 認識의 展開와 民族文化運動』, 서울대학교 박사학위논문(2004), 303쪽.
2 백남운은 『담원국학산고(薝園國學散藁)』(文敎社, 1955)의 서문에서 "위당(爲堂)을 칭송하여 한학자라고 한다. 위당이야말로 운양(雲養) 이후에 국내에서 학통이 끊어져 가는 한학계의 태두인 것은 말할 것도 없다. 그리하여 우리는 그를 국보라고도 하였다. […] 위당은 쇠퇴하여지는 국학을 진흥시키고 캄캄하여져 가는 국사를 빛내어 진(眞)과 실(實)을 알게 하여 사람으로 그 본연에 귀(歸)하게 하려 함이 그의 평생 노력이었다."라고 하여 정인보의 국학 진흥을 위한 노력을 높이 평가하였다.
3 강석화의 「담원 정인보선생에 대한 연구사 정리」(『애산학보』 39, 2013)에서 당시까지 정인보에 대한 연구를 정리하였다. 그는 정인보에 대한 연구를 개인 이력과 인물평, 역사학 관련 연구(고대사 연구, 조선 후기 실학 연구), 사상·철학 관련 연구(세계관과 역사관, 양명학적 사유, 강화학파, 조선학), 문학 작품 연구(시조·문학 작품 및 전기류·한시와 한문학)를 중심으로 분류하였다. 이후로도 문학·사학·철학 분야에서 모두 연구가 누적되고 있다.
4 윤덕영, 「위당 정인보의 교유 관계와 교유의 배경-백낙준·백남운·송진우와의 교유 관계를 중심으로」, 『동방학지』 173(2016).

표 1. 정원용-정인보 가계의 관직 및 혼인 관계

성명(관직)	처부 성명(성관姓貫/관직)	성명(관직)	처부 성명(성관/관직)
정원용(영의정)	金啓洛(강릉김씨/판서)	정묵조(진사)	李裕奭(경주이씨/이조참의)
정기세(찬성)	金永受(경주김씨/부정)	정신조	李圭聞(경주이씨)
정기년(음정)	尹鼎烈(해평윤씨/대사간)	정은조(부경)	徐相眞(달성서씨/진사)
정기명(부사)	林迵鎭(나주임씨/군수) 崔在三(전주최씨/현감)	정인보	成健鎬(창녕성씨/부첨사) 趙東俊(풍양조씨)

기년(음정蔭正)/정기명(鄭基命, 부사府使)-정은조(부경副卿)로 이어지는 학자 관료를 배출한 소론계 가문이라 할 수 있다.

정인보의 학통 역시 소론계로 분류할 수 있다. 정인보의 스승으로는 정인표(鄭寅杓), 이건승(李建昇), 이건방(李建芳)을 꼽을 수 있는데,[5] 이들은 모두 정제두(鄭齊斗, 1649~1736)로부터 이어지는 하곡학파의 일원이었다. 정제두의 문인 심육(沈錥, 1685~1753) 계열은 심악(沈鍔)-심신지(沈新之)-심완륜(沈完倫)-심대윤(沈大允)-정인표로 이어지며, 정제두의 손녀사위 이광명(李匡明, 1701~1778) 계열은 이충익(李忠翊)-이면백(李勉伯)-이시원(李是遠)-이상학(李象學)-이건승/이지원(李止遠)-이상기(李象夔)-이건방으로 이어진다.[6] 즉 정제두로부터 내려오는 학문이 심육과 이광명 등을 통해 정인보까지 계승되는 것이다.

이상의 내용을 통해 정인보는 혈통상·학통상으로 소론의 진전을 이은 인물이라고 할 수 있다. 이러한 관계 속에서 정인보는 세교와 문교라는 전통적 교유 의식을 계승하고 있었다. 다만 구한말 격동하는 시대 상황 속에서 노소남북의 사색당파의 구분은 이미 그 의미가 퇴색해 갔고, 교유 관계 역시 다양성을 보이게 되었다.

앞서 언급한 바와 같이 정인보의 교유 관계는 그동안 조선학운동과 연희전문학교에서 깊은 교유를 맺었던 홍명희(洪命熹), 문일평(文一平), 송진우(宋鎭禹), 안재홍(安在鴻), 백남운(白南雲), 백낙준(白樂濬) 등을 중심으로 연구가 진행되어 왔다.[7] 하지만 정인보의 스승으로 지목되는 정인표·이건승·이건방

---

5 정양완,「아버지 薝園의 세 스승: 學山, 耕齋, 蘭谷」,『양명학』13(2005).
6 이남옥,「정인보의 학문 연원과 조선학 인식」,『유학연구』38(2017), 218~220쪽.
7 윤덕영(2016), 앞의 글.

을 제외하고도 정인보가 백부나 숙부처럼 따랐던 사람으로 홍승헌(洪承憲), 이범세(李範世), 박풍서(朴豊緖), 이희종(李喜鍾), 유창환(兪昌煥), 이회영(李會榮), 이시영(李始榮), 유진태(兪鎭泰) 등이 있었다. 학문적·사상적으로 영향을 받은 박은식(朴殷植)과 신채호(申采浩)를 제외하고도 그가 존경한 인물로 안효제(安孝濟), 이상재(李商在), 이승훈(李昇薰), 안창호(安昌浩), 하겸진(河謙鎭) 등이 있었다.[8]

또한 교유한 인물로는 홍명희, 문일평, 송진우, 안재홍 등 외에도 유치웅(兪致雄), 심재찬(沈在瓚), 이빈승(李斌承), 김성수(金性洙), 현상윤(玄相允), 김법린(金法麟), 김병로(金炳魯), 백관수(白寬洙), 김용무(金用茂), 허유(許有), 정낙훈(鄭樂薰), 이헌규(李玄圭), 김용승(金庸升), 석주명(石宙明), 양주동(梁柱東) 등이 있었다. 아끼는 후학으로는 홍이섭(洪以燮), 민영규(閔泳珪), 성낙서(成樂緖), 민태식(閔泰植), 김춘동(金春東), 정지용(鄭芝溶), 이원조(李源朝), 김충현(金忠顯), 윤석오(尹錫五) 등이 있었다.[9]

이처럼 수십 명에 달하는 정인보의 교유 인물들 간의 관계를 검토하는 것은 구한말-일제강점기-대한민국으로 이어지는 근대사의 주요 사건을 종합적으로 연구할 수 있는 하나의 사례 연구가 될 수 있겠지만, 이들의 관계는 복잡다기하므로 짧은 글로 다루기에는 한계가 있다고 할 수 있다. 따라서 이 글에서는 그동안 다소 연구가 부족했던 1930년대 후반 은둔기부터 해방 이후 활동기를 중심으로 정인보의 교유 관계를 검토하여 기존 연구를 보완하고자 한다.[10]

---

[8] 정인보 저, 정양완 역, 『담원문록 하』(태학사, 2006), 528~529쪽, 「담원문록 발문」.

[9] 위의 책, 529쪽, 「담원문록 발문」.

[10] 정인보의 생애는 대체로 성장기(1983~1909), 수학기(1910~1922), 교단 저술기(1923~1937), 은둔기(1938~1945), 광복 활동기(1945~1950)로 구분되고 있다. 조동걸, 「年譜를 통해 본 鄭寅普와 白南雲」, 『한국독립운동사연구』 5(1991), 389쪽.

2. 파평윤씨 노종파와의 세교

정인보는 파평윤씨(坡平尹氏) 노종파(魯宗派) 인물들과 긴밀한 관계를 맺었는데, 같은 소론계라는 선대로부터 이어진 인연도 있었지만, 직접적인 시작은 윤기중(尹器重)이었다. 정인보는 스승 이건방을 통해 윤기중에 대해 "사우들이 모두 그를 예를 아는 자라고들 하더라."라는 말을 들은 적이 있는데, 그로부터 얼마 후 서울에 온 윤기중을 직접 만나게 되었다.[11]

이후 정인보는 윤기중과 친교를 맺게 되었다. 스승과 선배로 모셨던 이건방·이건승·박풍서·이범세·이희종 등이 차례로 세상을 떠난 뒤에 정인보는 "옛 친구로는 한강 이남에는 그대가 있을 뿐이요, 옛 경기도 한 귀퉁이(양주군 노해면 창동)에서 뜬구름에 목을 늘이고 마음을 그대에게 향하는 자라고는 또한 오직 보(普)가 남았을 뿐이다."라고 하였고,[12] 윤기중도 황화정리(皇華亭里)로 이거한 후에 "가시는 길에 혹 저희 마을을 거치시는지 목을 늘이고 발돋움하고 기다린 지 벌써 열흘 남짓하오. 아니면 아직 영남(嶺南)에 머물고 계시리라."라고 하여 정인보의 방문을 기다릴 정도였다.[13]

이러한 관계 속에서 정인보는 윤기중의 청에 의해 그의 직계와 방계 선조인 윤성교(尹誠敎), 윤동주(尹東周), 윤동설(尹東卨), 윤광운(尹光運), 윤자원(尹滋遠) 등에 대한 묘비문을 찬술하였다.(부록 1, 2 참고) 또한 정인보는 윤기중이 황화정리로 이거하자 「중리신거기(中里新居記)」를 지어 그의 학문과 행실을 비롯해 자신과의 관계를 기록하기도 하였다.

한편 윤기중은 이건방이 찬술한 유봉휘(柳鳳輝, 1659~1727)의 신도비명[14]을 읽고 "이 글을 지어서 저 당(노론)의 철안(鐵案)이 거짓임을 깨어 부수고, 몇 분의 외로운 충성을 눈처럼 밝혀서 영원히 빛이 있게 하였으니 난곡(蘭谷)의 공은 크오."라고 하였는데, 같은 소론계라는 점이 작용하여 이들의 관계가 더욱 깊어진 것이라 할 수 있다.[15] 윤기중은 조카인 윤석오와 함께 정인보의 문장에 대해서 다음과 같이 높이 평가했다.

---

11 정인보 저, 정양완 역(2006), 앞의 책(하), 297쪽, 「중리신거기(中里新居記)」.
12 위의 책, 298쪽, 「중리신거기」.
13 정인보 저, 정양완 역, 『담원문록 상』(태학사, 2006), 123쪽, 「尹器重 先生이 담원 선생에게 한 서한」.
14 이건방, 『蘭谷存稿』 권11 「左議政晩庵柳公神道碑銘」.
15 정인보 저, 정양완 역(2006), 앞의 책(상), 123~124쪽, 「尹器重 先生이 담원 선생에게 한 서한」.

만약 우리 담원(薝園)에게 이 제목을 짓게 한다면 그 문장이 마땅히 어떠할 것인가? […] 담원의 문세(文勢)는 우레가 진동하고 용이 달리는 위풍이 있고, 깊이 스며드는 자욱한 전국의 향내가 있고, 일을 따질 때 강개함을 극에 이르게 하여 질탕한 소리와 채색이 사람의 정신을 번쩍 불러일으켜 그 신묘함을 이루 헤아릴 수 없다. 비록 타고난 품성에도 기인하지만 그 이룩함이 남다르니, 인공(人工) 또한 속일 수 없다.[16]

이 때문에 윤기중을 비롯해 파평윤씨 노종파 인물들은 문명이 높았던 정인보에게 선대에 대한 묘문을 찬술해 달라고 청했다.[17] 또한 윤석오는 정인보에게 학문과 문장에 대한 가르침을 받게 되었다. 정인보 역시 "어제 조카님[윤석오] 편지를 받으니 허우룩한 마음 없으련만 이 해도 다 저물어 가는데 누가 나를 기쁘게 하리오?"[18], "조카님[윤석오]은 우리 무리의 뛰어난 후배니"[19], "보내 준 편지를 보니 글 짓는 솜씨가 전아하고도 아름다우며 속에 굳고 건실함을 머금고 있으니 자네[윤석오] 문장의 조예가 문득 이 정도에 도달했단 말인가?"[20], "내가 알고 좋아하는 이 중에서 이 도에 대해서는 그대[윤석오]에게 기대가 가오."[21], "뒤에 온 편지는 더욱 넓고 커서 사람을 감동시켰고 또한 결구의 전개·수합 등의 변화가 굽이지고, 문채가 번쩍번쩍하여 보고 또 보고 손에서 놓을 수 없었소."[22]라고 할 정도로 윤석오에 대한 관심과 기대가 컸다. 정인보는 윤석오의 문장이 발전할 수 있도록 많은 조언을 아끼지 않았는데, 그 핵심은 다음과 같다.

여러 경서(經書)의 요체는 익숙히 튼튼히 해야 할 것은 말할 필요도 없습니다. 제 생각으로는 정주(程朱)의 글을 한번 읽히고 싶습니다. 정자의 글은

---

16 위의 책, 123~125쪽, 「尹器重 先生이 담원 선생에게 한 서한」. "家侄亦來讀, 因相謂曰: '使吾薝園作此題, 其文章當何如? […] 薝園之文勢如雷動龍行,而有沈浸醲郁之味, 其論事極致慷慨跌宕, 聲彩喚人精神, 妙不可測, 雖因天稟, 而所就有異, 人工亦不可誣也."
17 정인보가 쓴 묘비문 가운데 「박유인 묘지명(朴孺人 墓誌銘)」은 윤석오와의 관계로 찬술한 것이다. 박유인은 윤석오의 조모이다.
18 정인보 저, 정양완 역(2006), 앞의 책(하), 400쪽, 「윤여련 기중에게 보내는 편지[與尹璵璉 器重]」.
19 같은 곳.
20 위의 책, 392쪽, 「윤사건 석오에게 답하다(1)[答尹士建錫五]」.
21 같은 곳.
22 위의 책, 395쪽, 「윤사건 석오에게 답하다(2)」.

간결하고도 심원하여 초학자로서는 알기 어려우나, 주자의 글은 예의(禮儀) 삼백에 위의(威儀) 삼천이 다 이에 갖추어 있어서 초학으로부터 뻗어 올라가기에 갖추어지지 않음이 없으며, 게다가 문장의 기상이 순후하기가 깊은 바다 같고 충충한 못과 같아서, 입에 익숙해지면 저절로 정신과 어울릴 것입니다.[23]

즉 경서를 기초로 하되 정주의 글을 통해 문장의 깊이를 더해야 한다는 것이다. 정인보는 불가(佛家)의 말을 인용하며 "깨달은 뒤에 다시금 반드시 한 걸음 한 걸음 수행한다 하였으니 부디 이로써 스스로를 어여삐 여기지 말고, 더욱 경전(經傳)을 잡아 익숙해지도록 읽기 바라며, 한편 손수 책을 베낄 때, 내 마음으로 정밀하게 깨달으면, 그날은 깊이 터득함이 있는 것이오."라고 하면서 경전에 대한 이해와 함께 깨달음의 중요성을 강조하였다.[24] 정인보는 윤석오가 집안의 대소사를 관장하는 입장에서 학문에 전념하긴 어렵겠지만 사사물물(事事物物)에서 이치를 구하도록 권하였다. 정인보는 "사물을 꼼꼼히 연구함은 역시 독서에 도움이 되는 것이오", "낮에는 인사에 접하더라도 밤에 신기가 좋거든 서사(書史)로 연구하면, 일은 일대로 폐하지 않고서 학문이 덩달아 깊어짐을 알게 될 것이니."라고 하였는데,[25] 이는 내 마음에서 사사물물의 이치를 구하여 마음과 이치를 구분하지 않는 양명학의 치양지로 내 마음의 양지를 사사물물로 확대하는 방법이다.

또한 당시 중국 학계의 주요 인물인 장병린(章炳麟, 1898~1936)에 대해서도 주목할 필요가 있다고 하면서, "장씨는 솜씨가 뛰어난 사람으로 논의의 전개·수합 등의 변화가 아주 볼 만한데, 만약 진화론 중의 일 장을 쪼개면 살가죽 속의 결이 층층이 달려 나가는 것 같으니, 한가할 때 수십 번 읽으면 좋을 것이오."라고 하였다.[26] 정인보는 당시 장병린의 굉박(宏博)하고 전아(典雅)함을 높이 평가하였는데, 이는 장병린이 청나라 말에 태어나 박학(樸學)을 집대성했기 때문이라고 하면서 힘써 노력한다면 윤석오 역시 그와 같은 경지에 올라

---

23 위의 책, 400~401쪽, 「윤여련 기중에게 보내는 편지」.
24 위의 책, 393쪽, 「윤사건 석오에게 답하다(1)」.
25 위의 책, 396~397쪽, 「윤사건 석오에게 답하다(2)」.
26 위의 책, 394쪽, 「윤사건 석오에게 답하다(1)」.

설 수 있을 것이라고 기대하였다.²⁷

또한 정인보는 윤석오를 아껴 자신의 친구들과 함께하는 유람에 동행시키기도 했다. 정인보는 석전(石顚) 스님, 안재홍, 윤석오 등과 함께 1934년 7월 14일부터 8월 16일까지 서울을 출발해서 청주 화양동, 속리산 법주사, 논산 관촉사, 정읍 내장사, 순창 신경준 고택, 순천, 여수, 다도해, 목포 등을 유람하고 돌아왔다. 도중에 관촉사를 보고 충남 논산 오강리(五岡里)에 있는 윤석오의 집에서 하룻밤을 묵기도 했다.²⁸

윤기중·윤석오 외에도 정인보와 교유한 파평윤씨 노종파 인물로 윤정중을 들 수 있다. 윤정중은 윤황의 10대 종손 윤필병의 둘째 아들로 형 윤대중이 일찍 죽은 이후로 당시 집안의 대소사를 관장하고 있었다. 윤정중은 정인보에게 종택의 「백련당기(白蓮堂記)」, 6대조 윤광운과 부친 윤필병의 묘비문을 청하였다. 정인보는 이 글에서 파평윤씨 노종파의 종손과 지손(支孫)이 노성(魯城)에 모여 살며 집안의 법도를 지키고 화락하게 살아감을 기렸다.

그 집은 바로 팔송(八松) 윤문정공 이후 여러 대 대종(大宗) 무덤에서 수백 보 못 미처에 있는 데다가, 사당은 불천위라, 후손이 철철이 모여서 차례를 지내기 때문에 그 규모가 넓고도 툭 트였다. […] 윤씨네 가훈이 이미 신칙되어 어버이를 소중히 여기기에 조상을 높이고, 조상을 높이기에 종가를 공경하니, 그 의가 사람마다의 마음에 오래 머물러 있는지라, 종가를 보존하는 법이 충청남도에서 으뜸이라. 이제 이 집도 실은 시경(始卿)의 집안 할아버지 자참(滋參) 씨가 재산을 기울여 세운 것인데, 오륙십 년이 지나도 마치 새로 지은 것과 같다.²⁹

노성 장구리 문정공 무덤 아래서 대대로 살아, 종손이 사당을 받들며 그 집을 지키면서 공에 이르렀는데, 문정공의 자손이 대부분 어질고, 지손들이 몹시 퍼지고 더욱 잘되었다. 대개 노성에 모여 살거나, 더러 서울 살더라도 후손을 바라보며 그 고향을 뜨지 않았다.³⁰

---

27 위의 책, 396쪽, 「윤사건 석오에게 답하다(2)」.
28 정인보, 『薝園 鄭寅普全集 1』(연세대학교 출판부, 1983), 159~214쪽, 「南遊寄信」.
29 정인보 저, 정양완 역(2006), 앞의 책(하), 345쪽, 「결성현감 윤공 묘갈명(結城縣監尹公墓碣銘)」.
30 위의 책, 86~87쪽, 「백련당기(白蓮堂記)」.

정인보는 1945년 6월에 윤정중의 환갑을 기려 "벗 윤시경[윤정중]이 올에 예순이라. 생신에 보가 본대 가려고 했으나 갈 수가 없어 편지로 부쳐 말로나마 수(壽)를 기리려 하니, 일찍이 부탁이 있었던 것은 아니다. 다만 서로 알아주고 정답게 지낸 지 오래다 보니, 남달리 깊이 알기 때문이다."라고 하여 친교를 표하기도 했다.[31]

한편, 서울에서 생활하던 정인보는 일제의 탄압 속에 더 이상 일상생활이 어려워지자 1945년 3월에 윤기중과 윤석오가 있는 전북 익산군 황화면 중기리로 이사 가서 은거하였다. 1893년 서울 장흥방 회현동에서 태어난 정인보는 경기도 양근(1903), 충청도 진천 금한리(1904), 충청도 목천 동리(1918) 등으로 이사 다니다가 1920년에 서울로 돌아오게 된다. 그는 1920년에 원서동에 기숙할 곳을 마련하고 1922년 연희전문학교로 출강하면서 서울 생활을 다시 시작했다. 본격적으로는 1923년에 목천에서 서울 양사동 66번지로 이사하고 연희전문학교의 전임이 되면서 생활의 안정을 찾게 되었다. 이후 효자동(1925), 숭인동(1928), 미근동(1930), 수창동(1933) 등으로 이사 다니다가, 1937년 일제의 탄압에 못 이겨 동아일보 연재와 연희전문학교 교수를 그만두고 1940년 경기도 양주군 노해면 창동 733으로 이사하면서 은둔 생활을 시작했다. 그리고 일제의 탄압이 심해지자 1945년 3월 전북 익산군 황화면 중기리로 이사 갔던 것이다. 해방 후 서울 왕십리로 돌아온 후로는 서울 흑석동(1946), 남산동(1948) 등에 거처하였다.[32]

전에 정인보는 이미 전북 익산군 황화면 중기리로 이거한 윤기중을 위해 「중리신거기」를 지어 주면서 "만약 보가 어느 날 온 식구와 함께 군의 곁에 가서 그 정화(精華)에 은혜 입을 수 있다면 넉넉히 시끄러움을 잊을 수 있겠고, 또한 아래로 자손에게 훈염(薰染)이 되련만, 오직 가난 때문에 스스로 실행치를 못하고 있다."라고 하였고, 또 "보가 이미 군의 이웃에 갈 수는 없지만, 이 청을 어찌 가히 저버리리오?"라고 하였는데, 친교가 있던 윤기중과 함께 중기리로 이거해 살고 싶지만 가난 때문에 이사하기 어렵다는 뜻을 밝혔었다.[33] 이러한 사정을 잘 알고 있던 윤기중과 윤석오가 도움을 준 덕분에 정인보는 광복을 맞이해 서울로 돌아올 때까지 익산 황화면에 은거할 수 있었던 것이다.

---

31 위의 책, 137~139쪽, 「윤시경 육십수 서(尹始卿 六十壽序)」.
32 조동걸, 「年譜를 통해 본 鄭寅普와 白南雲」, 『한국독립운동사연구』 5(1991), 389~396쪽.
33 정인보 저, 정양완 역(2006), 앞의 책(하), 300쪽, 「중리신거기」.

3. 국학대학 설립과 한중문화협회 재건 등을 후원한 이만환

정인보가 1945년 3월 전북 익산군 황화면 중기리 윤석오의 집에 은거하면서 몇몇 사람들에게 그 사실을 알렸는데, 그중 한 사람이 경북 칠곡 매원의 이만환(李萬煥, 1911~1968)이었다.[34] 정인보는 "하농(이만환의 호)께서 다음에 편지를 보내실 때는 익산군 황화면 중기리 윤석오의 집으로 보내시기 바랍니다. 윤군은 일찍이 저에게 수학하여 그 재능이 뛰어나며, 저를 위해 서옥을 짓고 있습니다."라고 하여 자신의 은거 장소를 알렸다.[35]

정인보와 이만환의 관계는 광주이씨(廣州李氏) 칠곡파(漆谷派)의 일원인 이수기(李壽麒)를 비롯해 그 선조와의 인연으로부터 시작되었다. 이수기는 1925년 '제2차 유림단 의거'로 인해 옥고를 치르기도 했는데, 김헌식(金憲植)·홍묵(洪默)·이동흠(李棟欽) 등과 함께 경상도 지역에서 군자금 모집 활동을 하다가 체포되었다.[36]

정인보는 이수기를 벗으로 여기고 그의 환갑에 시를 보내 수를 빌기도 했다. 그 시에서 "수헌(遂軒, 이수기)의 11대조 낙촌공(洛村公, 이도장)이 벼슬을 버리고 시골 가서 살 때 나의 선조 익헌공(翼憲公, 정태화)이 영남절도

---

34 한국학중앙연구원 장서각에서는 칠곡 석전 광주이씨 해은 고택 전적을 수집·조사·정리하여 2007년에 『廣州李氏 仁同張氏 奇託典籍』으로 출간한 바 있다. 장서각은 정인보가 이만환에게 보낸 간찰(39건) 및 엽서(8건)를 소장하고 있으며, 『광주이씨 인동장씨 기탁전적』에서 〈漆谷 石田 廣州李氏 海隱古宅 典籍 書簡通告類〉-000096을 비롯한 주요 자료를 소개하고 있다. 이 글은 〈칠곡 석전 광주이씨 해은고택 전적 서간통고류〉-000010, 000017, 000041, 000081, 000083, 000085, 000092, 000096, 000098, 000109, 000114를 토대로 작성되었다. 『광주이씨 인동장씨 기탁전적』에서 탈초 및 번역한 〈칠곡 석전 광주이씨 해은고택 전적 서간통고류〉-000096을 제외한 나머지 자료는 필자가 탈초·표점·번역하였다. 이 과정에서 도움을 준 임노직 선생님, 김지연 선생님께 감사를 드린다.

35 〈칠곡 석전 광주이씨 해은고택 전적 서간통고류〉-000081. "荷農他日書信便書, 以益山郡皇華面中基里尹錫五處如可. 尹君, 曾學於我, 其才識可愛. 方爲我築城書屋."

36 김희곤, 「제2차 유림단의거 연구-心山 金昌淑의 활동을 중심으로」, 『대동문화연구』 38(2001), 475~456쪽.

37 정인보 저, 정양완 역(2006), 『담원문록 중』(태학사, 2006), 83~88쪽, 「벗 수헌 이수기의 회갑에 그 쓸쓸하고 휑하여 기쁨이 적을 것을 생각하여 시를 보내 수를 빌다[遂軒李友壽麒周甲 念其蕭寥寡懽 奇詩爲壽]」; 이도장의 아들 이원정의 문집인 『귀암집』에 "지난 임오년(壬午年, 1642)은 선군(이도장)께서 질병으로 인해 향촌으로 물러나신 지 이미 몇 년이 되었을 때입니다. 이때 상공(정태화)께서 영남절도사로서 향곡에 방문하시어 각기 운수(雲樹)의 그리움을 풀고 평소 품었던 생각을 온안히 토하여 말에 싣고 웃음에 실어 밤을 지새웠습니다."라는 내용이 수록되어 있다. 李元禎, 『歸巖集』 권7 「祭鄭領相【太和】文」. "昔壬午之歲, 吾先君以疾退休已有年矣. 惟時相公, 以嶺南之節, 訪于鄕曲. 各紆雲樹之戀, 穩吐宿昔之懷, 載言載笑, 竟曷竟夕."

사로서 찾아가셨음이 『귀암집(歸巖集)』에 보임"이라고 하여 정인보의 선조인 정태화(鄭太和, 1602~1673)와 이수기 및 이만환의 선조 이도장(李道長, 1603~1644) 사이에 친교가 있음을 밝혔다.[37] 또 정인보는 "낙동강가에 열 대를 이어 온 청렴한 가풍[淸風十世洛江濱]",[38] "영남의 내 벗을 따지자면 갑자기 반가움에 눈썹이 으쓱[嶺外論交驟聳眉]"[39]이라고 하여 이도장 이후 광주이씨 칠곡파 인물들에 대한 호감을 내비쳤다. "세교(世交)가 있으면 인사만으로도 오랜 벗이 된다"[40]는 정인보의 평소 언사에 비추어 보면, 정태화와 이도장 대부터 이어져 온 세교로 정인보는 광주이씨 칠곡파 인물들과 오랜 벗과 같은 관계를 가지게 된 것으로 보인다.[41]

특히 이만환과 그의 생부 이상기(李相琦, 1881~1953)와는 깊은 관계를 유지했다. 이만환이 자신의 생부 이상기가 지은 분송(盆松)과 분매(盆梅)에 관한 시를 보내고 화답을 청하자 정인보는 그 시의 운에 차운하여 시를 보내기도 하였고,[42] 이상기의 환갑에 그를 위한 시를 지어 보내기도 했다.[43]

講來世好感當年	세의(世誼)를 이야기하다 보니 그 당시가 생각나니
一壑如君望杳然	한 골짝씩 차지하고 살던 집 이제 와선 아득하나
[…]	
令郞有意勤邀我	자제가 생각 있어 정성껏 날 초청했으나
此日替行聊累篇	오늘 가는 대신 글 몇 편 보내옵네.[44]

정인보는 1939년에 광주이씨 칠곡파의 세거지인 매원(梅院)을 방문하여 시

---

38 정인보 저, 정양완 역(2006), 앞의 책(중), 84~85쪽, 「벗 수헌 이수기의 회갑에 그 쓸쓸하고 휑하여 기쁨이 적을 것을 생각하여 시를 보내 수를 빌다」.

39 위의 책, 87쪽, 「벗 수헌 이수기의 회갑에 그 쓸쓸하고 휑하여 기쁨이 적을 것을 생각하여 시를 보내 수를 빌다」.

40 위의 책, 180쪽, 「취정(박승돈)에게 차운하다[次韻翠庭]」.

41 한국학중앙연구원 장서각에서 수집·조사·정리한 〈칠곡 석전 광주이씨 해은고택 전적 서간통고류〉를 통해 본다면 정인보는 이만환과 최소 1939년부터 1948년 이후까지 교유한 것으로 볼 수 있다.

42 정인보 저, 정양완 역(2006), 앞의 책(상), 473~474쪽, 「칠곡 범일 이만환이 그 어르신네 금당의 분송·분매시를 보내고 화답하기를 청하기에[柒谷李範一萬煥寄示其尊人錦堂盆松盆梅詩 請和]」; 위의 책, 475~476쪽, 「먼저 운에 거퍼 차운하다[疊次前韻]」.

43 정인보 저, 정양완 역(2006), 앞의 책(중), 547~549쪽, 「금당 이상기의 주갑 원운[李錦堂相琦 周甲 原韻]」.

44 위의 책, 548~549쪽, 「금당 이상기의 주갑 원운」.

를 짓고 이상기·이만환 등과 교유하였다.⁴⁵ 또한 이때 해운정(海雲亭)을 다녀와서는 "매번 창문을 열고 안개 낀 물결과 작은 섬들을 바라보게 되면 언제나 해운정을 생각하게 됩니다."라고 할 정도로 깊은 감흥을 느꼈고,⁴⁶ 이후 해운정에 대한 시를 짓기도 했다.⁴⁷

정인보는 이만환과 시를 통한 교유를 이어 갔는데, 이만환의 시에 감흥이 일어 차운하거나 평론하기도 했다.⁴⁸ 1940년경 병석에 있던 정인보는 이만환이 보낸 시 3수를 받고 감회를 담아 그 시에 차운하여 칠언율시 3수를 적어 답장을 하기도 하였다.⁴⁹ 또한 정인보는 이만환에게 엽서를 보내 자신의 해운정 시의 구절을 수정하고, 앞서 보냈던 이수기의 환갑 시에 대한 이만환의 견해를 청하기도 했다.⁵⁰

1939년 매원에서의 만남 이후 정인보와 이만환은 다시 만나길 고대했지만 쉽지 않았다. 1940년 봄에는 이만환이 정인보를 만나기 위해 서울로 왔지만, 정인보가 일이 있어 지방에 내려가 있었고 며칠을 기다렸지만 귀환이 늦어져 결국 만나지 못했다.⁵¹

이런 일이 여러 차례 있었음에도 불구하고,⁵² 정인보는 이만환에게 자신의 스승인 이건방의 장자 이종하(李琮夏, 1883~1940)의 상에 대한 정보를 공유하거나,⁵³ 1945년 전북 익산군 황화면 중기리 윤석오의 집으로 은거한 일에 대한 소식을 알리고 주변에도 전해 달라고 하는 등 이만환을 특별한 교유 대상으로

---

45 〈칠곡 석전 광주이씨 해은고택 전적 서간통고류〉-000114. "素拙韻語, 獨以不耐苦索, 信筆縱橫. 向年梅園諸句, 速則速矣. 自前秋來, 文思頓閉, 卽數句無以綴得."

46 〈칠곡 석전 광주이씨 해은고택 전적 서간통고류〉-000114. "每開窓望煙波洲渚, 未嘗不思海雲亭也."

47 정인보 저, 정양완 역(2006), 앞의 책(중), 530~531쪽, 「이씨의 해운정 원운에 2수를 적다[李氏 海雲亭 原韻 二首]」.

48 〈칠곡 석전 광주이씨 해은고택 전적 서간통고류〉-000041. "範一爲余誦其所作詩, 余安爲討論? 且次其韵."

49 〈칠곡 석전 광주이씨 해은고택 전적 서간통고류〉-000017. "荷農寄詩三篇, 纏綿悱惻之思·道壯駿厲之音, 使病夫興復, 不識旣已走筆步和, 長夜無寐, 又復疊之."

50 〈칠곡 석전 광주이씨 해은고택 전적 서간통고류〉-000144. "昨付小牘當先此抵照也. 前呈海雲亭詩第一首雁下, 改以簾捲如何. 刻揭亭上則不宥, 不細做故了. 遂軒周甲詩, 荷農見之何如耶."

51 〈칠곡 석전 광주이씨 해은고택 전적 서간통고류〉-000114. "胤君巧値弟發鄕行時, 空費數日留, 竟落莫南邁, 其後遂不能來往, 見今又無稱心, 故雖日欲見面, 而難於簡招也."

52 〈칠곡 석전 광주이씨 해은고택 전적 서간통고류〉-000085. "荷農爲我北上, 而我遽南行, 歸又遲致."

53 〈칠곡 석전 광주이씨 해은고택 전적 서간통고류〉-000010. "昨又喪一知好, 卽吾師蘭翁長胤也."; 1941년 정인보는 이종하의 묘지를 작성하였다. 정인보 저, 정양완 역(2006), 앞의 책(중), 536~538쪽, 「황헌 이군 묘지(黃軒 李君 墓誌)」.

인식하였다.[54] 이만환 역시 정인보에게 능금과 땅콩을 보내거나 집안 살림을 보살펴 주기도 하였으며, 아들의 진학 문제를 상담하기도 하였다.[55]

1945년 해방 이후 정인보는 남조선민주의원 의원(1946), 대한독립촉성국민회(大韓獨立促成國民會) 부위원장(1946), 전조선문필가협회장(全朝鮮文筆家協會長, 1946), 국학대학장(國學大學長, 1947), 감찰위원장(1948) 등으로 활동하며 적극적으로 사회에 참여하였지만, 정치활동보다는 국학 연구 등 학술활동에 더욱 큰 힘을 기울였다.[56] 이 과정에서 정인보는 국학대학 설립 및 한중문화협회 재건과 관련하여 이만환에게 주요한 내용을 공유하며 도움을 요청하였다.

저는 여름 사이에 정계를 벗어나 예전처럼 두타산에서 칩거하고 있었습니다만, 국학의 제생(諸生)들이 저의 떠남을 억지로 만류하는 바람에 새해 이후로는 다시 학계의 일원이 되었습니다. […] 국학 한 가지 일은 그 관계됨이 매우 큰데, 저의 어리석은 소견으로 생각하기를, 국학의 장(長)으로 취임하는 일도 또한 정치를 도모하는 방법이니, 구차하게 하지 않아야 한다고 여길 뿐입니다. 다만 학교도 또한 시속의 낡은 틀을 벗어나지 못하고 있으니, 겉으로 교수 노릇 하는 자들은 태반이 우리들과 취향을 달리하고 있습니다. 한번 정리하여 까마득히 물정 밖에 서 있고자 한다면, 오로지 재단을 확고히 세워서 여러 사람들의 심정을 결집시켜야 하는데, 저는 그 자리에 나간 지가 오래되지 않았는 데다가 서울에는 동지도 거의 없다 보니 한스럽습니다. 대개 이 학교는 당초 적은 재정으로 창설하였기 때문에, 가르치는 과목은 비록 대학에 부끄럽지 않지만 실로 문교부의 대학 인가를 얻을 수 없습니다. 따라

---

54 〈칠곡 석전 광주이씨 해은고택 전적 서간통고류〉-000083. "趣倭館至論山, 較京則甚近, 特換車太田爲不便, 然亦騰於淸凉改乘也. 論山驛前, 有定期行自動車, 買礪山行票, 不過二園, 鄙居皇華亭, 面所之在, 借稱長久篷, 過此卽礪山也. 車行於礪山爲準, 而鄙居與面所相望, 苦徑下面所前, 然後可卽到也. 下車卽望高原負山人家成聚, 指此以行, 則自渡溪自登丘陵, 旣到俄. 望人家處, 問尹錫五所住, 則當指示, 雖不問, 右折而行, 至山下墨板代墻之廣庭見字此卽是也. 鄙居, 雖此可百餘步, 新築未盡, 門茅髣髴, 按此以尋可也. 尹君熟間, 荷農常歡然迎導. […] 柳用夏君餘便作書報我南從爲好."

55 〈칠곡 석전 광주이씨 해은고택 전적 서간통고류〉-000109. "遠寄林擒·花生以櫃者, 三家人數謹佳餤, 累旬而修謝.": 〈칠곡 석전 광주이씨 해은고택 전적 서간통고류〉-0000098. "聞近者荷農有助, 家人賴紓旬間眉. 然其後, 又復因蟲臂鼠肝, 不知竟當作何狀也. 令胤試延校, 不得諧, 歎我力綿, 欲使更就東國大學, 而亦時晩矣, 不如姑就故校習所. 謂高等中學, 無論京郷, 校多師宴, 非細悶也. 鄙居旣遠城闉, 近又厭出, 閉戶亦久矣. 日課左氏傳, 頗覺有勝於前, 而荷農不可得見, 奈何."

56 조동걸(1991), 앞의 글, 395~396쪽.

서 지금 모름지기 독지가를 만나 3, 4백 석의 기부로써 힘껏 하나의 큰 재단을 만들어야 합니다. 요컨대, 기부금을 많이 낸 사람이 이 재단의 운영을 주관하는 것입니다. 하농은 저의 동지입니다. 정계는 아직 진출할 때가 아니니, 우선 이 학부를 함께 만들어 나가기를 또한 바라겠습니다. 영남의 지역 중 힘이 미칠 수 있는 곳을 낱낱이 헤아린 뒤에 함께 도모하여 의론할 수 있을 경우에는 비록 심히 수고롭다 하더라도 몸소 방문하고 요청하시기 바랍니다. 만약 몇 곳의 5, 6백 석을 합하여 몇 개를 얻게 된다면, 그 나머지는 널리 모금하기를 꾀하더라도 가할 것입니다. 이전에 한번 찾아가서 직접 의논하기를 매우 원했습니다만, 지금 자동차의 통행이 극히 어려워서 저와 같은 병약자는 도저히 스스로의 힘으로 갈 방법이 없습니다. 하농은 모름지기 힘껏 도모해 주십시오.[57]

국학대학은 1929년 설립된 보명의숙(普明義塾)에서 비롯되는데, 1933년에 정봉현(鄭鳳鉉)이 보명의숙을 인수하여 화산재단(華山財團)을 만들고 화산보통학교를 설립하여 운영하였다. 1945년에는 정봉현의 장손 정의채(鄭義采)와 그 가족들이 기부하여 국학전문학교 설립 인가를 받았다.[58] 국학전문학교는 대학으로 승격하고자 정의채와 기성회에서 재단을 세워 준비하였으나,[59] 당초 적은 재정으로 학교를 설립하였기 때문에 문교부의 대학 인가를 얻기 어려웠다.

국학전문학교에서는 현재 결원 중인 교장 추천에 있어서 장차 승격될 국학

---

[57] 〈칠곡 석전 광주이씨 해은고택 전적 서간통고류〉-000096. "普夏間, 擺脫政界, 依舊閉戶頭陀. 國學諸生, 強挚我去, 獻歲以後, 又作學界一人矣. [⋯] 國學一段, 關係甚大, 區區迂計, 竊謂就長國學, 亦所以圖政, 非苟而已也. 但學校亦不出時俗窠臼, 外爲教授者, 太半與吾輩異趣, 欲一番整理, 迺以物表, 則惟有確立財團, 以總衆情, 而吾之就彼不久, 京中絶少同志, 可歎. 蓋此校, 初由小貲財倡設. 故雖科目不愧大學, 而實不得文教部大學認可, 今須得篤志家, 以三四千石寄附, 勒成一大財團, 要之, 出義多者, 主持此財團也. 荷農, 吾一個同志也. 政界, 尙非進出時, 姑共成此學府, 亦可望. 歷數嶺中力所及處, 其可與圖議, 則雖甚勞, 幸躬訪要請. 若數處五六百石, 合得幾個, 則其餘雖廣圖鳩聚, 可也. 前此甚欲一往面議, 而見今車行極艱, 如吾疲病者, 萬無自力之道. 荷農須勉圖之."; 탈초 및 번역은 『廣州李氏 仁同張氏 寄託典籍』(한국학중앙연구원, 2007), 24~25쪽 참고.

[58] 송강호, 「國學大學의 滿蒙語敎材-表文化 著, 『蒙古語·滿洲語敎科書』」, 『만주연구』 13(2012), 182~183쪽.

[59] 『동아일보』 1946년 5월 29일. "국학전문학교에서는 이번 학제 개정에 따라 대학을 승격하려고 기성회를 결성하였는데 동교 교장 정의채(鄭義采) 씨는 오백만 원을 기부하기로 되어 동 기성회에서는 나머지 오백만 원을 모집하야-천만 원의-재단을 세우려고 다음과 같이 역원을 선정하고 활동을 시작하였다."

대학학장으로서 손색이 없는 학계의 권위자를 전형 중이든차 이번에 사학계에서 이름이 높은 정인보 씨가 취임하기로 결정되었다.[60]

1946년 11월에 국학전문학교장에 취임한 정인보는 영남 지역 유지들에게 기부를 받아 재정을 확충하여 대학으로의 승격이 가능하게 하고자 이만환에게 도움을 요청했다. 결국 정인보의 노력과 이만환 등의 도움 그리고 재단 이사장인 정의채 및 그의 가족들의 기부로 재정을 확보하여 1947년 11월 19일에 문교부의 인가를 받아 대학으로 승격하였고, 국학대학 초대 이사장에 정의채, 초대 교장에 정열모(鄭烈模), 초대 학장에 정인보가 취임하였다.[61]

하지만 1948년 7월에 정인보는 재단 이사의 독단적 운영에 반발하여 사표를 제출하였다. 이에 학생회는 즉각 재단에 정인보의 유임을 요구하는 성명서를 제출하였고, 교수회 역시 사퇴를 반대했음에도 불구하고 정인보의 사직이 그대로 처리되었다.[62]

한편, 1942년 항일독립운동의 협력을 위해 성립된 한중문화협회가 해방 후 확장되면서 정인보는 부회장이 되었다. 한중문화협회는 1942년 10월 11일에 한국 측 김구·조소앙·이청천·김원봉 등과 중국 측 손과(孫科)·오철성(吳鐵城)·백숭희(白崇禧)·주은래(周恩來) 등 400여 명이 참가한 가운데 중경시 방송국에서 성립식을 거행하였다. 성립식에 직접 참석하지는 못했지만 장개석 역시 훈사를 보내 협회의 창립을 축하하였다. 이 훈사에서 "중한 문화의 교류는 3천여 년의 역사를 가지고 있고, 양국은 순치상의(脣齒相依)할 뿐만 아니라 같은 수족(手足)를 가지고 있다. 잔학(殘虐)한 일구(日寇)는 중한의 공적(公敵)이다. […] 한국의 지사들이 복국운동(復國運動)과 반침략전쟁에 노력하고 있는데 이를 도울 것이고, 양국은 그 문화를 지키고 독립과 자유를 회복하여 민족부흥의 기본을 마련하는 데 노력하여야 한다."라고 하였는데, 한중문화협

---

60 『조선일보』 1946년 11월 14일.

61 『경향신문』 1947년 11월 27일. "국학전문학교에서는 그동안 국학대학기성회를 조직하고 맹활동 중이던 바 동교 재단의 창설자인 고 정봉현(故鄭鳳鉉) 씨의 부인 김여사를 비롯하여 자부인 고대복(高大福) 여사와 영손인 정의채(鄭義采) 삼 씨는 고인의 유지를 계승하여 그 재산 중 약 1억여만 원에 해당하는 토지를 희사하였다 한다. 이 낭보를 들은 서울 창성동에 거주하는 고봉기(高鳳基) 씨는 역시 4천만 원에 해당하는 토지를 기부하였다는바 국전(國專)은 이로써 지난 19일부로 정식 대학으로 인가가 되어 앞으로 많은 발전이 기대된다."

62 『경향신문』 1948년 7월 17일. "鄭寅普氏國大辭任"; 『조선일보』 1948년 7월 24일. "國學大學長留任要求 學生會에서 聲明書"; 『경향신문』 1948년 8월 4일. "國學大學長鄭氏 辭表撤回를 決議"

회의 성립 목적이 역사적 우의를 바탕으로 항일독립운동의 협력 관계를 구축하는 데 있음을 분명히 하고 있다.[63] 또한 한중 관계의 긴밀함을 유지하기 위해 중정학원을 만들었는데, 정인보는 중정학원의 부원장에도 물망에 오르게 되었다.

한중문화협회는 이번에 확장하여 이시영 씨가 회장이 되고 제가 부회장이 되었습니다. 전에 말씀드린 중정학원(中正學院) 역시 학당을 만들었으니, 중정(中正)은 장총수(蔣總帥, 장개석)의 이름입니다. 한중 관계는 긴밀하니, 이로부터 모든 일은 서로 도와주기를 기약합니다. 그러므로 중국의 학술·문자·언어·지리 등 중국과 관계된 모든 것은 정확하게 숙지하여야 할 것입니다. 중정학원은 이 때문에 장총수와 백범 김구 주석이 이미 오래전부터 서로 준비했다고 합니다. 이 또한 재단을 모아야 해서 김공을 추대하여 원장을 삼고, 저를 부원장으로 위촉한다고 합니다. 하농께서 서울에 온 뒤에 이 일도 함께 상의하고 도와주십시오.[64]

정인보는 이러한 상황을 이만환에게 알리면서 "칠곡 근처 고을은 궁핍하지 않으니 하농 동지께서 노력하시어 빨리 진행해 주시기 바랍니다. 김제와 광주 사이에는 의논할 만한 곳이 여러 곳이 있습니다. 비록 하농처럼 정성스럽지는 않지만 만일의 상황에 기대할 만합니다. 그러므로 양력으로 다음 달 초에 잠깐 방문해 주시기 바랍니다."라고 하여 재정 확보에 도움을 요청한 것으로 보인다.[65] 세교와 문교를 통한 인연이 해방 정국에서 국학과 한중 교류에 대해 뜻을 함께하는 동지 관계로 발전하게 된 것이다.

---

63 한시준, 「중한문화협회의 성립과 활동」, 『한국독립운동사연구』 35(2010), 375~382쪽.
64 〈칠곡 석전 광주이씨 해은고택 전적 서간통고류〉-000092. "韓中文化協會, 次第擴張, 李始榮氏爲會長, 普副之. 而日間中正學院, 又堂辦立, 中正蔣總帥名也. 韓中關係綦密, 從此萬般, 相期扶携. 故中國學術文字言語地理凡關中國, 皆宜確容熟悉. 中正學院, 以此, 而蔣帥與我金白凡主席, 商略已久云. 此亦財團的聚, 推金公爲院長, 聞以副屬我. 荷農來京後, 此事亦須商助."
65 〈칠곡 석전 광주이씨 해은고택 전적 서간통고류〉-000092. "漆谷近郡當不乏荷農同志, 切須努力, 又須及早也. 金堤光州間, 有數處可議處, 雖不如荷農拳拳, 不能無萬一冀. 故陽曆來月初, 欲暫往歷訪."

4. 맺음말

지금까지 파평윤씨 노종파·광주이씨 칠곡파와의 관계를 중심으로 해방 전후 정인보의 교유 관계를 살펴보았다. 일제강점기 일제에 저항한 지식인이었던 정인보의 교유 관계에 대해서 그동안 조선학운동과 연희전문학교에서의 인연을 중심으로 연구가 진행되었으나, 조선 후기 소론 가계 및 학통의 진전을 이은 정인보는 세교와 문교라는 전통적 교유 의식을 계승하고 있었다. 그가 해방 전후 교류했던 대표적 인물은 바로 충남 논산 및 전북 익산의 윤기중, 경북 칠곡의 이만환이었다. 이들은 지방에 거주하고 있었지만 세교와 문교로 정인보와 교유하였다.

정인보와 파평윤씨 노종파 인물들의 긴밀한 관계의 직접적 시작은 당시 예에 밝은 학자로 알려졌던 윤기중이었다. 정인보는 스승과 선배로 모시던 이건방·이건승·박풍서·이범세·이희종 등이 세상을 떠난 뒤로 윤기중에 대해 "옛 친구로 한강 이남에는 그대가 있을 뿐이오, 옛 경기도 한 귀퉁이에서 뜬구름에 목을 늘이고 마음을 그대에게 향하는 자라고는 또한 오직 보가 남았을 뿐이다."라고 표현할 정도로 깊은 관계를 맺었는데, 같은 소론계라는 인연이 작용한 것으로 보인다.

이후 정인보는 윤기중·윤정중·윤석오 등의 요청에 의해 파평윤씨 노종파 선대의 묘문을 찬술하였고, 또한 윤기중의 조카 윤석오에게 학문과 문장을 가르쳤다. 한편 서울에서 생활하던 정인보는 일제의 탄압으로 더 이상 일상생활이 어려워지자 1945년 3월 윤기중과 윤석오의 도움으로 전북 익산군 황화면 중기리에 은거할 수 있었다.

정인보는 은거 소식을 친밀한 몇몇 사람에게 알렸는데, 그중 한 사람이 경북 칠곡 매원의 이만환이었다. 정인보와 이만환의 관계 역시 선대의 인연으로 강화되었다. 정인보의 선조 정태화와 이만환의 선조 이도장 사이에 친교가 있었기에 광주이씨 칠곡파 인물들과 긴밀한 관계를 가졌으며, 이만환의 생부 이상기에게는 회갑에 시를 보낼 정도로 특별한 관계를 유지했다. 정인보는 이만환의 시에 대해 품평을 해주거나 화운시를 보내기도 하였으며, 이만환의 아들의 진학 문제를 상담해 주기도 하는 등 이만환 집안에 대해 깊은 관심을 가지고 도움을 주었다. 이만환 역시 일제의 탄압으로 어려움을 겪고 있던 정인보의 집안 살림을 보살펴 주었으며, 해방 후에는 국학대학 설립과 한중문화협회 재건 등에 적극적으로 참여하였다.

정인보와 윤기중·이만환 등의 교유 관계는 세교와 문교를 통해 시작되었지만, 이들은 단순한 교유를 넘어 일제강점기 탄압을 받던 정인보에게 물심양면으로 도움을 주었고 해방 이후 정인보의 국학부흥운동에 적극적으로 참여하였다. 즉 정인보와 이들의 관계는 전통적 개념의 세교이자 문교에서 시작되었으나, 해방 정국에서 적극적으로 사회운동에 참여했던 정인보와 뜻을 같이하는 동지 관계가 되었던 것이다.

부록 1. 윤황-윤정중·윤기중·윤석오 관계 약도[66]

```
尹煌┬尹勛擧┬尹忬┬尹敬敎──尹東魯─*尹光運─尹顯基─尹定鎭─尹滋贊─尹相鳳─*尹弼炳┬尹大重─係 尹錫龜
    ├尹舜擧│   ├*尹誠敎─*尹東周─尹光迪─尹勉基                              └尹正重┬出 尹錫龜
    ├尹商擧│   └尹明敎─出 尹東皐                                                    ├尹錫麟
    ├尹文擧├尹撼─尹正敎─係 *尹東皐─尹光宅─尹趾基                                    └尹錫鴻
    └尹宣擧│                            └尹美基┬尹景鎭
                                                └尹昇鎭┬尹滋顯
                                                        └*尹滋遠─尹相靖─尹惠炳┬**尹器重**
                                                                                └尹彛重─**尹錫五**
```

* 표시는 정인보가 묘비문을 찬술한 인물을 나타냄

부록 2. 정인보 찬술 파평윤씨 노종파 묘비문

대상	『담원문록』 수록 편명	『담원문록』 수록면	청탁인	찬술년
윤성교	「길주목사 윤공의 묘표(吉州牧使尹公墓表)」	중, 271~277쪽	윤기중	1939
윤동주	「학생 윤공 묘표(學生尹公墓表)」	중, 278~279쪽	윤기중	
박유인	「박유인 묘지명(朴孺人 墓誌銘)」	하, 77~82쪽	윤석오	1943
윤광운	「응교 윤공 묘표(應敎尹公墓表)」	하, 317~321쪽	윤정중	1936~
윤운	「봉사 윤공 묘표(奉事尹公墓表)」	하, 322~327쪽	윤기중	
윤동설	「학생 윤공 묘표(學生尹公墓表)」	하, 328~330쪽	윤기중	1945
윤광서	「학생 윤공 묘표(學生尹公墓表)」	하, 331~337쪽	윤기중	
윤자원	「지옹 윤공 묘갈명(芝翁尹公墓碣銘)」	하, 338~343쪽	윤기중	
윤필병	「결성현감 윤공 묘갈명(結城縣監尹公墓碣銘)」	하, 344~350쪽	윤정중	1944

66 윤황-윤정중·윤기중·윤석오 관계 약도는 1829년에 윤광문(尹光聞) 등이 편찬한 『파평윤씨노종파보(坡平尹氏魯宗派譜)』(장서각 청구기호: B10B 108)와 『萬家譜』를 기초로 하고, 『담원문록』에 수록된 파평윤씨 노종파 묘비문을 정리하여 작성하였다.

부록 3. 광주이씨 칠곡파 이만환 가계 약도[67]

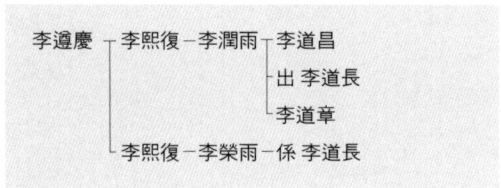

〈이윤우, 이도장 관계 약도〉

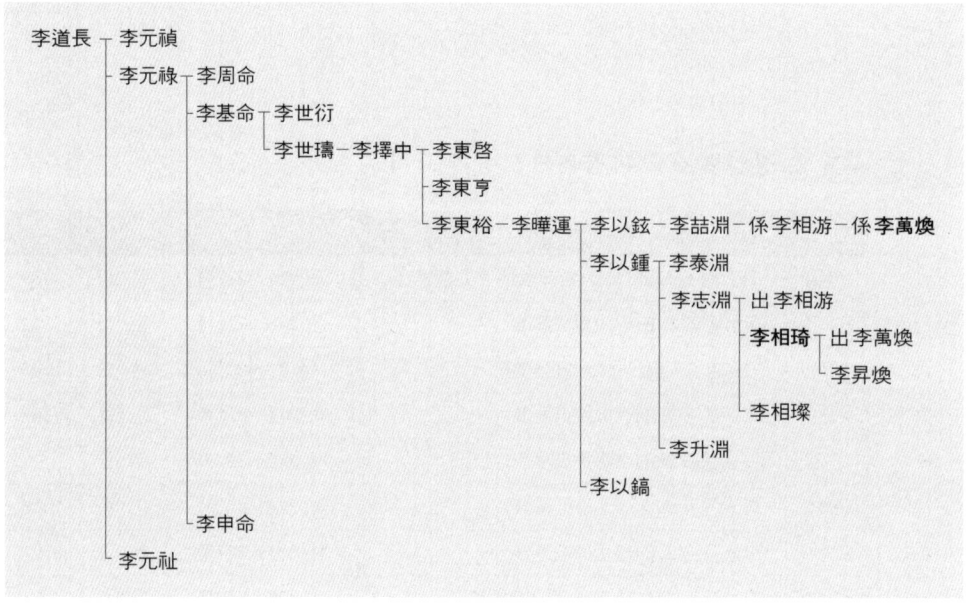

67 〈광주이씨 칠곡파 이만환 가계 약도〉는 『廣州李氏漆谷派世譜』(보전출판사, 1986), 『萬家譜』를 토대로 작성하였다. 『광주이씨칠곡파세보』 상권 12~13쪽, 720~721쪽, 812~825쪽에 해당 내용을 수록하고 있다.

참고문헌

원전

『廣州李氏漆谷派世譜』.

『蘭谷存稿』.

『萬家譜』.

『坡平尹氏魯宗派譜』.

〈漆谷 石田 廣州李氏 海隱古宅 典籍 書簡通告類〉.

정인보, 『薝園國學散藁』, 문교사, 1955.

정인보, 『薝園 鄭寅普全集』, 연세대학교 출판부, 1983.

정인보 저, 정양완 역, 『담원문록(상·중·하)』, 태학사, 2006.

『廣州李氏 仁同張氏 寄託典籍』, 한국학중앙연구원, 2007.

논저

강석화, 「담원 정인보선생에 대한 연구사 정리」, 『애산학보』 39, 2013.

김희곤, 「제2차 유림단의거 연구-心山 金昌淑의 활동을 중심으로」, 『대동문화연구』 38, 2001.

송강호, 「國學大學의 滿蒙語敎材-表文化 著, 『蒙古語·滿洲語敎科書』」, 『만주연구』 13, 2012.

윤덕영, 「위당 정인보의 교유 관계와 교유의 배경-백낙준·백남운·송진우와의 교유 관계를 중심으로」, 『동방학지』 173, 2016.

이남옥, 「정인보의 학문 연원과 조선학 인식」, 『유학연구』 38, 2017.

이지원, 『日帝下 民族文化 認識의 展開와 民族文化運動』, 서울대학교 박사학위논문, 2004.

정양완, 「아버지 薝園의 세 스승: 學山, 耕齋, 蘭谷」, 『양명학』 13, 2005.

조동걸, 「年譜를 통해 본 鄭寅普와 白南雲」, 『한국독립운동사연구』 5, 1991.

한시준, 「중한문화협회의 성립과 활동」, 『한국독립운동사연구』 35, 2010.

교유와 논쟁으로 본 관계의 문화사

지은이 | 김학수·조현범·정수환·안대회·신상후·한형조·김봉좌·한도현·정치영·신정수·이민주·이남옥

제1판 1쇄 발행일 | 2024년 8월 15일

발행인 | 김낙년
발행처 | 한국학중앙연구원 출판부

출판등록 | 제1979-000002호(1979년 3월 31일)
주소 | 경기도 성남시 분당구 하오개로 323
전화 | 031-730-8773
팩스 | 031-730-8775
전자우편 | akspress@aks.ac.kr
홈페이지 | www.aks.ac.kr

ⓒ 한국학중앙연구원 2024

ISBN 979-11-5866-766-5 94910
   979-11-86597-02-6(세트)

· 이 책의 저작권은 한국학중앙연구원에 있습니다.
   이 책 내용의 전부 또는 일부를 재사용하려면 반드시 서면 동의를 받아야 합니다.
· 값은 뒤표지에 있습니다. 잘못된 책은 바꿔드립니다.
· 이 책은 2021년 한국학중앙연구원 한국학기초연구 공동연구과제로 수행된 연구임(AKSR2021-C16).